Shine Bright Term va te permettre d'approfondir ta connaissance du monde anglophone et de progresser en anglais grâce à **des supports authentiques** et des **outils innovants** tels que Nathan live!.

Apprends en agissant avec Shine Bright Term

La première partie de ton manuel est constituée de **24 dossiers (*Files*)** ancrés dans la thématique du cycle terminal : « Gestes fondateurs et mondes en mouvement ». Pour chacun des huit axes du programme, nous te proposons **3 dossiers de longueurs différentes (*File, Short File* et *Snapfile*)**.

Grâce à **des documents variés** et **porteurs de sens** (vidéo, audio, textes littéraires et journalistiques, supports iconographiques, etc.) et à **des activités de difficulté progressive**, tu construiras les compétences culturelles et linguistiques nécessaires à la réalisation de la tâche finale.

Apprends en te cultivant avec Shine Bright Term

Les **24 *Files*** du manuel te feront découvrir **la diversité du monde anglophone** : de la représentation des Latinos Américains dans la fiction américaine aux traces de la culture britannique à Hong Kong, en passant par l'activisme en Afrique du Sud, la problématique des femmes en Inde ou l'héritage culturel australien, **c'est un véritable tour des pays anglophones qui t'est proposé** !

Apprends en variant les outils avec Shine Bright Term

Nous proposons **une palette d'outils diversifiés** afin que ce manuel s'adresse à tout type d'élève.

Ainsi, **des parcours différenciés** sont proposés pour l'étude de certains documents et la réalisation de certaines tâches intermédiaires (***Your task***).

Tu pourras aussi développer tes compétences linguistiques et langagières.

- Pour la grammaire (***Boost your English***), des infographies et des tutos vidéos t'aideront à comprendre et à maîtriser les outils linguistiques nécessaires pour bien comprendre et t'exprimer. Ces outils sont complétés par un précis grammatical en fin de manuel.
- Pour le vocabulaire, tu auras à disposition des cartes mentales récapitulatives pour chaque dossier, associées à des activités interactives via EXO Lexiquiz.
- Enfin, des rubriques dédiées à la méthodologie, conçues de manière très visuelle, t'accompagneront dans la réalisation des tâches : la rubrique ***Yes you can!*** dans les pages ***Final task*** et les pages ***Strategies*** à la fin de ton manuel.

Prépare-toi pour les épreuves du baccalauréat avec Shine Bright Term

Afin de t'accompagner pas à pas vers la réussite des épreuves communes de contrôle continu, le manuel te propose des pages pour...

... t'informer : le guide du lycéen te dit tout sur le calendrier et le détail des épreuves que tu vas passer

... t'entraîner et progresser : au sein des dossiers, **des questions** BAC t'inviteront à réfléchir au lien entre un document et l'axe d'étude. À la fin de chaque *Short File*, 1 page ***PlayBac*** te permettra de t'entraîner à l'une des parties de l'épreuve écrite avec **un accompagnement méthodologique** précis. Enfin, **pour l'épreuve orale**, tu auras à ta disposition une double page dédiée à la fin de chaque axe, y compris pour l'oral d'ETLV si tu es dans une série technologique.

... t'évaluer : à la fin de chaque *File*, tu trouveras **un sujet de bac** assorti d'**une fiche d'auto-évaluation** pour chaque partie de l'épreuve.

Nous te souhaitons un voyage culturel et linguistique enthousiasmant avec Shine Bright Term

Les auteurs

À la découverte de ton manuel

Les pictos de ton manuel

- Compréhension de l'oral
- Compréhension de l'écrit
- Expression orale en continu
- Expression écrite
- Expression orale en interaction
- Expression écrite en interaction
- MÉDIATION — Médiation écrite ou orale
- VIDÉO / AUDIO — Document vidéo ou audio
- Grammar Tuto — Vidéo de grammaire
- EXO Lexiquiz — Activités pour mémoriser le vocabulaire
- e-workbook — Fiche de différenciation ou grille d'auto-évaluation téléchargeable
- AUDIO / VIDÉO — Lien vers un document sur Internet (vidéo, audio ou texte)
- STRATEGIES — Renvoi aux pages de méthodologie en fin de manuel
- PRÉCIS — Renvoi au précis grammatical en fin de manuel
- → More in *Pump it up!* — Renvoi au cahier de langue *Pump it up!*

Pour découvrir et comprendre

Dans ton manuel, chaque chapitre comporte plusieurs pages de documents pour découvrir la langue et les différents aspects de la thématique culturelle.

À quoi sert la double page d'ouverture dans les *Files* et *Short Files* ?

- Elle te permet de découvrir la problématique de l'unité à travers des **documents courts** et un **travail collaboratif**.

Comment fonctionnent les autres pages de documents ?

- Chaque page ou double page ***Explore*** traite un des aspects de la problématique de départ à travers **plusieurs documents authentiques**. Elle propose **des activités de réception, de production et de médiation**.
- Le picto e-workbook PARCOURS DIFFÉRENCIÉS t'indique les documents qui font l'objet de parcours de compréhension plus ou moins guidés dans ton ***e-workbook***.
- La rubrique ***Your task*** te propose une tâche à réaliser à la suite de l'étude d'un document. Deux ***Ways*** sont parfois présentés afin de te donner le choix. Une boîte ***Boost your skills*** t'aidera à améliorer ta production.
- La rubrique ***At home*** te donne des pistes pour approfondir à la maison.

Comment fonctionnent les *Snapfiles* ?

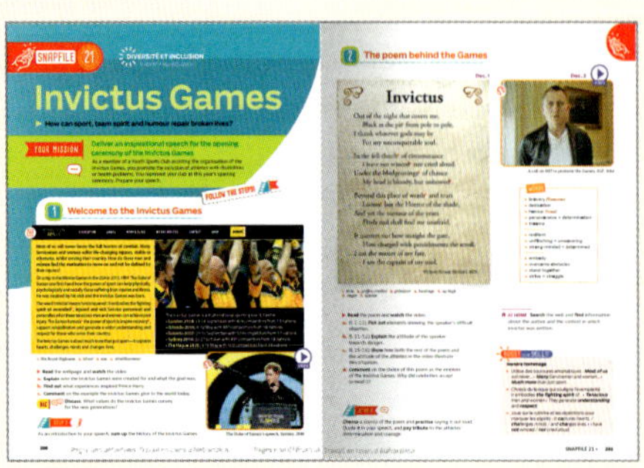

- Ces chapitres **plus courts** te feront découvrir une thématique culturelle à travers une suite de documents et **une tâche à réaliser au fur et à mesure de l'étude des documents**.

Pour maîtriser la langue et préparer la tâche finale

Quels outils sont à ta disposition pour progresser ?

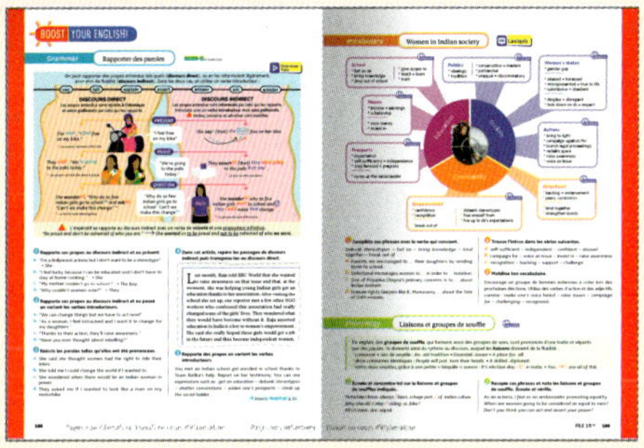

- Tu disposes de plusieurs outils pour consolider ta maîtrise de la grammaire anglaise :
  – Tu es plutôt visuel(le) ? Les **infographies** sont faites pour toi.
  – Tu es plutôt auditif(ve) ? Les ***Grammar tuto*** seront ton outil de prédilection.
- Le lexique de chaque unité n'aura plus de secret pour toi grâce aux **cartes mentales de vocabulaire**, aux **activités de mémorisation** sur EXO **Lexiquiz** et à celles de **manipulation** dans le manuel.
- Savoir prononcer et écrire correctement est essentiel pour se faire comprendre : les activités de la rubrique ***Phonology*** ou ***Spelling*** t'y aideront.
- Des renvois vers le cahier ***Pump it up! English language*** **B1 › B2** te sont proposés si tu souhaites consolider tes connaissances.

Pour progresser et t'évaluer

À quoi servent les pages *Final task* ?

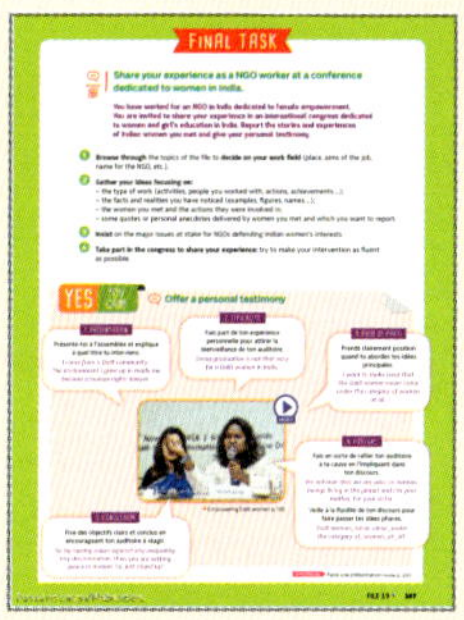

Ces pages sont l'aboutissement de ton travail sur l'ensemble de l'unité. Elles te permettront de **montrer que tu as compris et assimilé les éléments culturels et linguistiques** via une expression orale ou écrite.

La rubrique ***Yes you can*** sera un outil précieux pour t'accompagner dans ta production finale.

À quoi servent les pages *Play Bac* ?

Ces pages ont été conçues afin de t'entraîner aux différentes parties de l'épreuve écrite en contexte. L'**accompagnement méthodologique** te permettra d'**apprendre à analyser et à rendre compte de documents** selon les attendus de l'examen.

Comment fonctionnent les pages *Play Bac Oral* ?

Placées à la fin de chaque axe, ces doubles pages te proposent des cartes mentales récapitulatives qui explorent différentes thématiques reliées à l'axe. Tu y trouveras également des **sujets types** afin de **t'entraîner en vue de l'épreuve orale**.

Par ailleurs, si tu es en série technologique, tu trouveras également une **rubrique dédiée à l'épreuve d'enseignement technologique en langue vivante (ETLV)**.

Comment utiliser les pages Bac – *Test your skills* ?

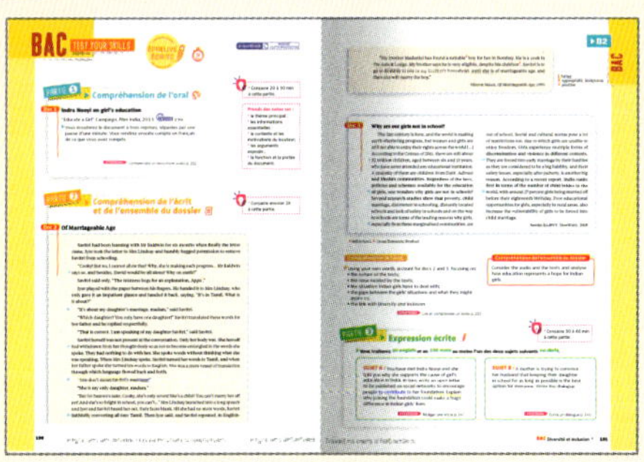

Ces doubles pages te proposent des **sujets d'épreuve écrite** afin que tu puisses **t'entraîner dans les conditions de l'examen**. Pour chaque partie de l'épreuve, tu disposes d'une **grille d'auto-évaluation téléchargeable** afin de pouvoir identifier tes forces comme tes marges de progrès.

Quels autres outils peux-tu utiliser dans ton manuel ?

À la fin de ton manuel, tu disposes de pages qui te seront utiles tout au long de l'année :

- Les pages ***Strategies*** te fournissent des outils méthodologiques y compris pour préparer l'oral d'ETLV.
- Le **précis grammatical** vient compléter les pages ***Boost your English*** de chaque chapitre et te propose des exercices supplémentaires.
- Le ***Lexique*** répertorie les mots les plus importants étudiés dans les *Files*.

SOMMAIRE

AXE 1 IDENTITÉS ET ÉCHANGES • Identity and exchanges

SNAP FILE 1

▶ **Why is Ireland such an attractive country for European students?**

FOLLOW THE STEPS!

STEP 1 Discover an amazing culture
STEP 2 Create an international network
STEP 3 Study in high-quality universities
STEP 4 Consider a career

BOOST YOUR SKILLS!

- Présenter un projet personnel
- Faire l'éloge d'un système

YOUR MISSION

Write a cover letter to enrol in an Irish university.

You decide to apply to an exchange programme in an Irish university. Write your cover letter mentioning the top four reasons why you want to study there.

SHORT FILE 2

▶ **Is Alaska a land apart in the USA?**

DISCOVER

A unique land and culture

EXPLORE

1. An attractive Land
2. A peaceful cohabitation?
3. Creating new bonds

BOOST YOUR SKILLS!

- Rendre compte d'une experience
- Sensibiliser à une situation

BOOST YOUR ENGLISH!

- *Present perfect* et *present perfect be + V-ing*
- Les formes réduites

YOUR TASKS

- **Act out** a conversation about life in Alaska.
- **Write** the storyline of an Alaskan video game.

FINAL TASK

Record a video for your travel blog to present Alaska's specificities.

YES YOU CAN! Record an attractive video.

FILE 3

▶ **What part does the radio play in British culture?**

DISCOVER

The BBC through time and across borders

EXPLORE

1. Gathering the nation
2. Radio unlimited
3. Turning away from the BBC

BOOST YOUR SKILLS!

- Capter l'attention
- Mettre en valeur des atouts
- Donner envie de faire quelque chose

BOOST YOUR ENGLISH!

- Infinitif, base verbale et gérondif
- Le modal *shall*
- L'accent de mots (1) : adjectifs et adverbes dérivés

YOUR TASKS

- **Record** an introduction to a radio programme on the BBC.
- **Interview** Jess Gillam about her new role as a radio presenter.

FINAL TASK

Create a radio spot to promote the assets of British radio.

YES YOU CAN! Create an appealing radio spot.

AXE 2 ESPACE PRIVÉ ET ESPACE PUBLIC • Private space and public space

FILE 4 Masters and servants? p. 50 à 61

▶ **To what extent are private and public spaces codified by British society?**

DISCOVER

A codified society

EXPLORE

1. One house, two homes
2. Blurring the lines
3. New codes for a new world

BOOST YOUR SKILLS!

- Parler d'habitudes passées
- Exprimer des sentiments
- Structurer un récit au passé

BOOST YOUR ENGLISH!

- *Present perfect* ou prétérit
- Verbes prépositionnels ou à particule
- La prononciation du <s>

YOUR TASKS

- As a guide, **present** the function of a room in a British house.
- **Write** a letter in which Jane Eyre expresses her feelings.
- **Tell** your friends about a temporary job.

FINAL TASK

Write the diary entry of a member of a British household.

YES YOU CAN! Write a realistic diary entry.

BAC TEST YOUR SKILLS — ÉPREUVE ÉCRITE — Évaluation de type Bac p. 60-61

SHORT FILE 5 No trespassing? p. 62 à 69

▶ **Do Native Americans consider reservations their home?**

DISCOVER

Life inside Indian reservations

EXPLORE

1. On or off the reservation?
2. What privacy is left?

BOOST YOUR SKILLS!

- Exprimer le changement
- Formuler des avis contraires

BOOST YOUR ENGLISH!

- Comparatif et superlatif
- De la lettre au son : les voyelles

YOUR TASKS

- **Discuss** the changes in Indian Alley with a resident.
- **Act out** a friendly debate after a powwow.

FINAL TASK

Take part in a round table about choosing to live on an Indian reservation today.

YES YOU CAN! Take part in a lively round-table discussion.

play BAC — ÉPREUVE ÉCRITE — Épreuve guidée d'expression écrite et sujet de compréhension de l'oral p. 69

SNAP FILE 6 Work sweet work! p. 70 à 73

▶ **How do Canadians articulate work and personal well-being?**

FOLLOW THE STEPS!

STEP 1 Innovative office spaces
STEP 2 Virtual boundaries
STEP 3 Well-being matters
STEP 4 Family first

BOOST YOUR SKILLS!

- Décrire un cadre de travail
- Valoriser une expérience

YOUR MISSION

Write a report about working conditions in Canada.

You work for an association of young professionals. You have been sent to Canada to study the working conditions and write a report for young workers planning to settle there.

play BAC — ÉPREUVE ORALE — Entraînement à l'épreuve orale sur l'axe "Espace privé et espace public" p. 74-75

AXE 3 ART ET POUVOIR · Art and power

FILE 10 Gaming citizenship

p. 102 à 113

▶ **Can video games build a sense of citizenship in the USA?**

DISCOVER

Gaming communities

EXPLORE

1. Play and learn
2. Gaming for a better world?
3. From games to work
4. We're all gamers

BOOST YOUR SKILLS!

- Exprimer une opinion
- Échanger des points de vue
- Argumenter pour convaincre

BOOST YOUR ENGLISH!

- L'opposition et la concession
- Les démonstratifs
- L'accentuation des mots composés

YOUR TASKS

- **Share** your opinion about the place of eSports.
- **Discuss** mentioning your passion for gaming in an application letter.
- **React** to comments online.

FINAL TASK

Debate on the opening of a gaming learning module at university.

YES YOU CAN! **Take part in a constructive debate.**

BAC TEST YOUR SKILLS — ÉPREUVE ÉCRITE — Évaluation de type Bac p. 112-113

SHORT FILE 11 Real or fake?

p. 114 à 121

▶ **How can the USA tackle the fake news problem?**

DISCOVER

What is fake news?

EXPLORE

1. Media Literacy
2. Journalists go into battle
3. Towards legislation?

BOOST YOUR SKILLS!

- Faire des recommandations
- Étayer des arguments

BOOST YOUR ENGLISH!

- les modaux : permission, obligation, interdiction, conseil ou reproche
- Les noms dénombrables et indénombrables

YOUR TASKS

- **Advise** your friend to attend a training class.
- **Exchange** texts about a deep fake.

FINAL TASK

React on a forum about the need to legislate on fake news.

YES YOU CAN! **Write a post on a forum.**

play BAC — ÉPREUVE ÉCRITE — **Épreuve guidée de compréhension de l'oral et sujets d'expression écrite** p. 121

SNAP FILE 12 South African online activism

p. 122 à 125

▶ **Can the Internet help South Africans tackle current issues?**

FOLLOW THE STEPS!

STEP 1 Old wounds, new fights
STEP 2 Democracy-building tools
STEP 3 Going global
STEP 4 Online activism unlimited?

BOOST YOUR SKILLS!

- Décrire une évolution
- Exprimer la réussite

YOUR MISSION

Give a talk at the Young Citizens Club of your school.

Take the example of South Africa to promote online democratic activism. Explain how the Internet has brought social, political and environmental progress to South Africa.

play BAC — ÉPREUVE ORALE — **Entraînement à l'épreuve orale sur l'axe "Citoyenneté et mondes virtuels"** p. 126-127

AXE 5 FICTIONS ET RÉALITÉS · Fiction and reality

FILE 13 Latino stories p. 128 à 139

▶ **Does fiction in the USA help tackle stereotypes about Latinos?**

DISCOVER

Stereotypes about Latinos

EXPLORE

1. Breaking the stereotypes
2. Empowering future generations
3. Success stories in the forefront

BOOST YOUR SKILLS!

- Soulever un problème
- Rétablir une vérité
- Appeler au changement

BOOST YOUR ENGLISH!

- Exprimer la quantité
- Exprimer l'accroissement ou la diminution
- L'accentuation dans les énoncés

YOUR TASKS

- **Interview** a Latino author.
- **Convince** your team to create a short film to fight stereotypes.
- **Write** the speech bubbles of a comic about a Latino/a superhero.

FINAL TASK

Create a TV spot debunking Latino stereotypes in US fiction.

YES YOU CAN! Create an efficient TV spot.

BAC TEST YOUR SKILLS — ÉPREUVE ÉCRITE — Évaluation de type Bac p. 138-139

SHORT FILE 14 Reach for the stars p. 140 à 147

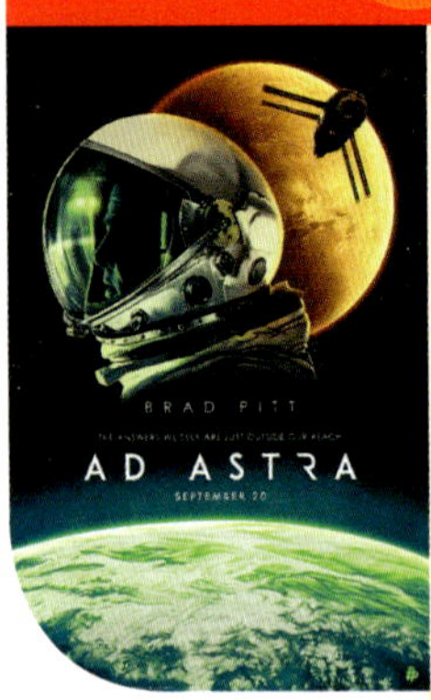

▶ **How do scientific progress and American fiction inspire each other?**

DISCOVER

Space exploration: fiction and reality

EXPLORE

1. Where science meets fiction
2. Predicting the future?

BOOST YOUR SKILLS!

- Exprimer un ressenti
- Expliquer une démarche

BOOST YOUR ENGLISH!

- Les pronoms relatifs et équivalents de « dont »
- L'orthographe américaine

YOUR TASKS

- **Share** your feelings on *The Martian*.
- **Explain** the process that could make human settlement on Mars possible.

FINAL TASK

Write the review of a film or book on space exploration.

YES YOU CAN! Write a convincing review.

play BAC — ÉPREUVE ÉCRITE — Épreuve guidée de compréhension de l'écrit p. 147

SNAP FILE 15 Gangsters on screen p. 148 à 151

▶ **How does the series *Peaky Blinders* measure up to British history?**

FOLLOW THE STEPS!

STEP 1 A historical drama
STEP 2 An urban setting
STEP 3 A dramatised representation
STEP 4 When fiction unravels real issues

BOOST YOUR SKILLS!

- Présenter un personnage
- Décrire une atmosphère

YOUR MISSION

Write the pitch of *Peaky Blinders*' next season.

The BBC is inviting fans of *Peaky Blinders* to take part in a creative-writing competition. Imagine and write the pitch of the next season.

play BAC — ÉPREUVE ORALE — Entraînement à l'épreuve orale sur l'axe "Fictions et réalités" p. 152-153

AXE 6 INNOVATIONS SCIENTIFIQUES ET RESPONSABILITÉ

Scientific innovations and responsibility

AXE 7 DIVERSITÉ ET INCLUSION · Diversity and inclusion

FILE 19 Indian girl power

▶ **How are Indian women a force for change in their country?**

DISCOVER

Indian women pushing the lines

EXPLORE

1. Reclaiming space
2. Pushing for change
3. Education is key

BOOST YOUR SKILLS!

- Rapporter des propos
- Dénoncer une situation
- Exposer les enjeux d'un engagement

BOOST YOUR ENGLISH!

- Discours direct et discours indirect
- Liaisons et groupes de souffle

YOUR TASKS

- **Report** on women's organisations in India.
- **Share** the testimony of an Indian woman voter.
- **Take part** in a forum dedicated to education in India.

FINAL TASK MÉDIATION

Share your experience as a NGO worker at a conference dedicated to women in India.

YES YOU CAN! Offer a personal testimony.

BAC TEST YOUR SKILLS ÉPREUVE ÉCRITE Évaluation de type Bac

SHORT FILE 20 Chicago swing

▶ **How does the city of Chicago use music as a means of inclusion?**

DISCOVER

Where music reflects the city's diversity

EXPLORE

1. A city in unison
2. Come, join and create

BOOST YOUR SKILLS!

- Faire une description poétique
- Exprimer une volonté ou une envie

BOOST YOUR ENGLISH!

- La proposition infinitive
- Pronoms personnels et pronoms indéfinis

YOUR TASKS

- **Write** a review about music on Chicago's web page.
- **Report** about Chicago Sinfonietta's projects.

FINAL TASK

Write the lyrics of a song celebrating Chicago's diversity.

YES YOU CAN! Write a powerful song.

play BAC ÉPREUVE ÉCRITE Épreuve guidée de compréhension orale et sujet d'expression écrite

SNAP FILE 21 Invictus Games

▶ **How can sport, team spirit and humour repair broken lives?**

FOLLOW THE STEPS!

STEP 1 Welcome to the Invictus Games
STEP 2 The poem behind the Games
STEP 3 The power of sport
STEP 4 A tight-knit community
STEP 5 A friendly, competitive spirit

BOOST YOUR SKILLS!

- Rendre hommage
- Valoriser une démarche
- Faire preuve d'humour

YOUR MISSION

Deliver an inspirational speech for the opening ceremony of the Invictus Games.

As a member of a Youth Sports Club assisting the organisation of the Invictus Games, you promote the inclusion of athletes with disabilities or health problems. You represent your club at this year's opening ceremony. Prepare your speech.

play BAC ÉPREUVE ORALE Entraînement à l'épreuve orale sur l'axe "Diversité et inclusion"

AXE 8 TERRITOIRE ET MÉMOIRE · Territory and memory

FILE 22 Landscape of History p. 206 à 217

▶ **How is Australia's heritage inscribed in the land?**

DISCOVER
Australia's mixed heritage

EXPLORE
1. Mapping memory
2. Stories from the past
3. A question of time and place?

BOOST YOUR SKILLS!
- Évoquer des traditions ancestrales
- Rendre un récit vivant
- Captiver son auditoire

BOOST YOUR ENGLISH!
- Les temps du récit au passé
- Les subordonnées de temps
- L'accent de mot (2) : noms et verbes dérivés

YOUR TASKS
- As a guide, **explain** how Aboriginal people mapped their land.
- **Write** the short entry of a diary.
- **Record** a vlog entry about Australia Day.

FINAL TASK MÉDIATION
Tell a story about the Autralian land and history.

YES YOU CAN! Tell a captivating story.

BAC TEST YOUR SKILLS ÉPREUVE ÉCRITE Évaluation de type Bac p. 216-217

SHORT FILE 23 Hong Kong: a land apart? p. 218 à 225

▶ **How does Hong Kong reflect its British heritage?**

DISCOVER
Hong Kong's double culture

EXPLORE
1. Britain's last colony
2. When cultures blend
3. One country, two systems?

BOOST YOUR SKILLS!
- Exposer une situation
- Varier les points de vue

BOOST YOUR ENGLISH!
- Voix active et voix passive
- La voix passive et la traduction de « on ».

YOUR TASKS
- **Talk** about the British influence in Hong Kong.
- **Explain** Hongkongers' relationship to both Britain and China.

FINAL TASK
Write an article about Hong Kong's double cultural heritage.

YES YOU CAN! Write a relevant article.

play BAC ÉPREUVE ÉCRITE Épreuve guidée de compréhension de l'écrit p. 225

SNAP FILE 24 Locked in Alcatraz ESCAPE GAME p. 226 à 229

▶ **What does Alcatraz tell us about US history?**

GAME ON!
- The history of Alcatraz
- The lives of convicts and guards
- A famous inmate
- Spectacular escapes
- Native American claims

YOUR MISSION
Escape from Alcatraz!

You are locked in Alcatraz at the end of the visiting hours. Find the clues to escape the legendary prison. Be quick, you have two hours before the intruder alarm goes off!

play BAC ÉPREUVE ORALE Entraînement à l'épreuve orale sur l'axe "Térritoire et mémoire" p. 230-231

LA TERMINALE VERS LE BAC

Vos disciplines

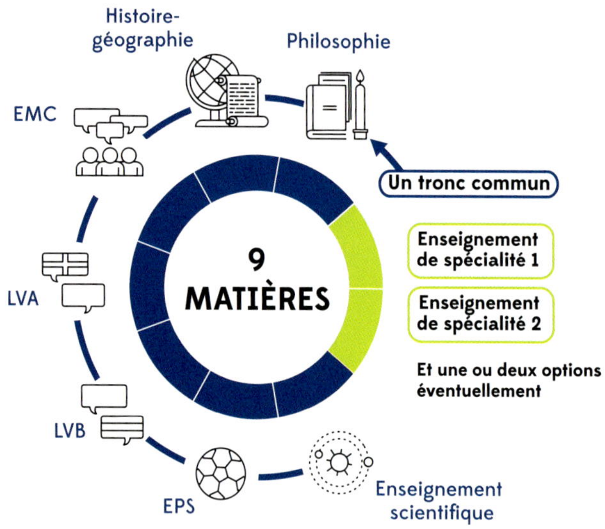

Votre calendrier*

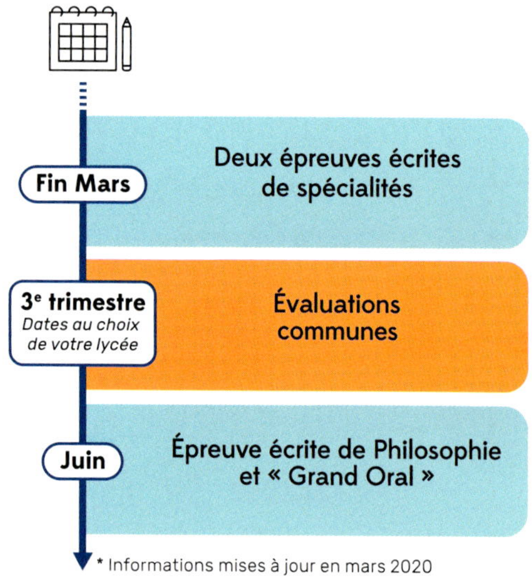

* Informations mises à jour en mars 2020

Toutes importantes, les disciplines seront évaluées et compteront dans votre note du Bac*

Le bulletin
10 % DE LA NOTE

Vos bulletins pour valoriser votre travail régulier de première et terminale — **Coefficient** 10

Les évaluations communes
30 % DE LA NOTE

Dont épreuve de spécialité arrêtée en première
Coefficient 5

Histoire-Géographie et Enseignement scientifique
Épreuves écrites
Coefficient 5
pour chaque matière
y compris évaluations communes de première

LVA et LVB
Épreuves écrites et orales
Coefficient 5
pour chaque langue
y compris évaluations communes de première

EPS
Évaluation tout au long de l'année
Coefficient 5

Les épreuves terminales
60 % DE LA NOTE

Dont notes des Épreuves anticipées de français passées en première
Coefficient 10

Une épreuve écrite de 3 ou 4 heures pour **vos deux enseignements de spécialité**

+ Numérique et Sciences Informatiques, Physique-Chimie Biologie et écologie et SVT
Une épreuve pratique de 1 heure

+ Arts, Langues littérature et cultures étrangères et régionales
Une épreuve orale

Coefficient 16
pour chaque enseignement de spécialité

Philosophie
Épreuve écrite de 4 heures — **Coefficient** 8

Le « Grand Oral »

20 minutes de préparation
\+ 20 minutes d'épreuve

› Sur une question adossée à l'une de vos spécialités
› Échange sur votre projet d'orientation

Coefficient 10

Total des coefficients 100

* Informations mises à jour en mars 2020

... PUIS VERS LE SUPÉRIEUR

Les grands itinéraires de l'Enseignement supérieur

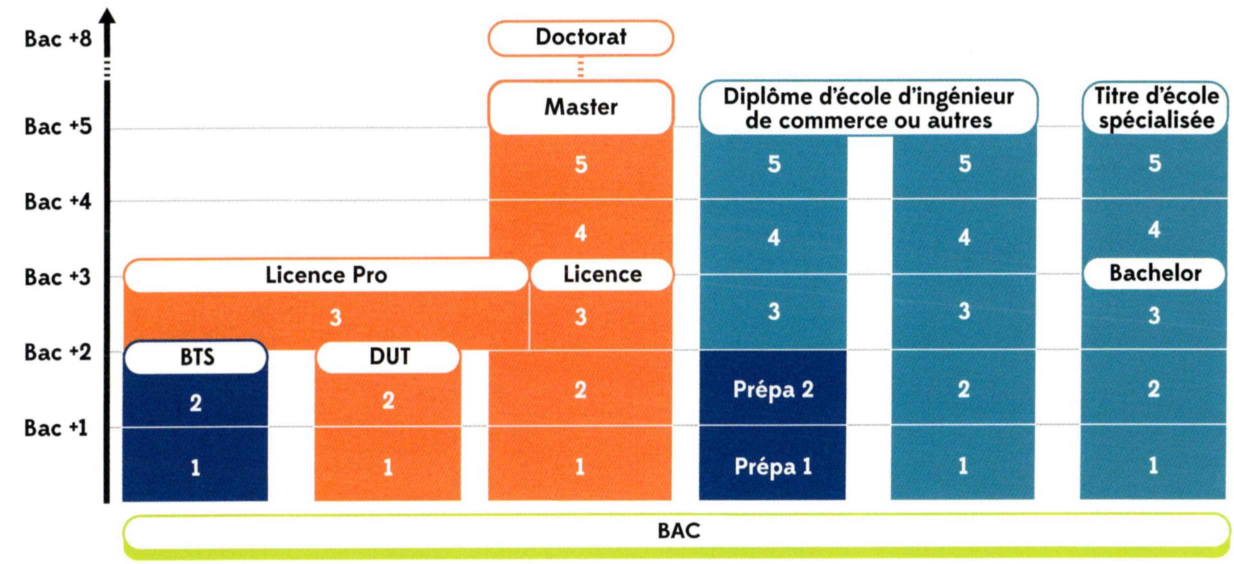

Ils témoignent de leur première année après le Bac

THÉO,
Première année de licence de Sciences de la Vie

« J'ai choisi l'Université car elle offre plusieurs parcours d'études et des matières nouvelles pour moi. Même si nous sommes plus encadrés que je ne l'imaginais, il faut travailler en autonomie et bien s'organiser entre les cours théoriques et les TP. J'espère partir en échange à l'étranger dès la L3. »

ZINEB
Première année de Prépa économique et commerciale

« Je voulais faire une école de commerce. Je craignais la prépa, j'en ai discuté avec des profs pendant les Portes ouvertes qui m'ont convaincue que je pouvais y arriver. Chaque semaine, 31 heures de cours, des colles orales, des devoirs sur table, et beaucoup de boulot à la maison pour assimiler des contenus volumineux très vite. Mais je ne regrette pas ! Il y a beaucoup de solidarité dans la classe. C'est stimulant. »

MAELLE,
IUT Info-Comm

« Grâce à mon dossier, j'ai pu entrer en IUT : un cursus court à l'Université, bien encadré avec la possibilité de poursuivre mes études. Je découvre des disciplines théoriques (marketing, droit...) et pratiques (graphisme, infographie...). C'est passionnant. J'ai hâte de débuter mon premier stage ! »

DIMITRI,
IFSI

« J'ai toujours voulu être infirmier en bloc opératoire. Mon dossier était un peu juste mais ma motivation et mes activités associatives m'ont permis de réussir l'entretien d'entrée. On alterne les cours théoriques et cliniques à la Fac ou dans l'IFSI et on a beaucoup de travail. J'ai effectué un premier stage et je suis encore plus motivé ! »

SARAH,
École d'ingénieur

« J'aimais les sciences et les TP au lycée, je voulais devenir ingénieure sans savoir dans quel domaine. J'ai réussi à intégrer une école généraliste qui me permettra de me spécialiser plus tard. Dans l'école, j'apprécie les projets en groupe, l'accès permanent à un matériel de pointe et la vie associative. »

Un lien ONISEP utile pour votre orientation *Ma première année en...*

Nathan onisep

PARCOURSUP, QU'EST-CE QUE C'EST ?

C'est la plateforme nationale de préinscription à l'enseignement supérieur pour tous les élèves de terminale. En 2019, 97% des bacheliers généraux ont reçu au moins une proposition.

1 UN LARGE CHOIX DE VŒUX NON HIÉRARCHISÉS ET DES INFORMATIONS

- **Quasiment toutes les formations du supérieur** sont sur Parcoursup (15.000 formations !) avec de très **nombreuses informations** et des possibilités de contacts directs pour **poser vos questions** sur les contenus, les critères d'examen des vœux, les débouchés.
- Vous disposez de **10 vœux (et 20 sous-vœux)** : soyez **réaliste** et **ambitieux** (tentez des filières sélectives !). Tous les candidats, comme vous, déposent de nombreuses candidatures : les établissements vont très loin dans leurs classements pour proposer une admission
- **Les attendus nationaux et locaux** sont là pour vous motiver (pas pour vous inquiéter), tout comme les questionnaires d'auto-évaluation.
- Enfin, vous avez **le droit à l'erreur** : il existe de nombreuses passerelles en cours de formation et un changement d'orientation est possible pour tous les Bac + 1 qui sont accueillis sur Parcoursup.

Astuce

Pas besoin de hiérarchiser vos vœux et l'établissement de la formation que vous demandez n'est pas informé de vos autres vœux.

2 UNE PROCÉDURE AVEC UN CALENDRIER PRÉCIS ET DES OBLIGATIONS

Calendrier et check-list

- **Un calendrier**
Ce calendrier vous laisse du temps de réflexion, coordonné avec le Bac et adapté à votre intégration dans le Supérieur.
- **Des modalités d'inscription**
  - Pour constituer votre dossier personnel à partir de votre INE, vous fournissez :
    - des informations sur votre état civil,
    - vos coordonnées, celles de vos représentants légaux (si vous êtes mineurs),
    - des informations sur votre scolarité passée en complément de celles fournies par votre lycée (bulletins de 1ère et Term, Fiche Avenir avec les appréciations de vos enseignants et l'avis du chef d'établissement).
    - Vous rédigez un **Projet de formation motivé** personnalisé adapté à chaque formation.
    - Vous remplissez soigneusement la rubrique « **Mes activités et centres d'intérêt** » qui peut renforcer vos candidatures.
  - Vous envoyez les documents complémentaires que demandent parfois certaines formations.

À savoir

Le respect de la procédure par tous les élèves et les établissements est la condition de son bon fonctionnement.

3 DES ENSEIGNANTS QUI ÉTUDIENT VOTRE DOSSIER ET VOUS RÉPONDENT

- **Parcoursup n'est pas un robot ni un algorithme qui déciderait de votre orientation !**
Toutes les formations vous répondront mais pas forcément en même temps : **surveillez les réponses** (sms, mail...) et votre compte Parcoursup.
- **N'oubliez pas de répondre** à chaque proposition dans les délais indiqués. Si plusieurs propositions vous sont faites il vous faudra choisir puis valider votre choix final et **vous inscrire définitivement**.

VOUS INFORMER SUR LES FORMATIONS

UNE DÉMARCHE À ANTICIPER

Votre démarche d'orientation ne doit évidemment pas attendre l'ouverture de Parcoursup. Peut-être ne savez-vous pas vraiment ce que vous voulez faire, ou vous avez plusieurs idées, ou encore vous avez une idée assez nette de ce que vous voulez faire. Dans tous les cas, **vous devrez vous informer sur les formations, leurs contenus, leurs modalités** (durée, sélective/non sélective, privée/publique, possibilité d'alternance ou de poursuite d'études, proximité...) et **leurs débouchés**.

S'INFORMER AVEC L'ONISEP

L'ONISEP (**Office national d'information sur les enseignements et les professions**) vous fournit toute l'info sur les métiers et les formations :

- Le site onisep.fr, notamment la rubrique *Ma première année en...*
- monorientationenligne.fr vous met en contact avec un conseiller par téléphone, mail ou par tchat.
- Le site *Terminales* à retrouver sur orientation-lycees.fr
- Des revues, des guides, des Salons...
- Vous disposez de beaucoup de sources d'informations potentielles : contacts sur Parcoursup, Journées Portes Ouvertes, salons, forums, sites, Semaines de l'orientation et bien entendu vos enseignants, et les conseillers près de chez vous...

Notez bien que vos motivations pour une formation ou des débouchés ainsi que vos démarches d'orientation vous seront aussi utiles lors du Grand Oral.

VOTRE CALENDRIER PARCOURSUP

Novembre – Janvier	Recherche des informations sur Parcoursup
Janvier – Février	Inscription sur Parcoursup (voir votre check-list ci-contre)
Février – Avril	Constitution de votre dossier complet, saisie et confirmation de vos vœux
Mai – Juillet	Propositions des établissements : vous devez y répondre !
Juillet – Septembre	Éventuellement, phase complémentaire

Pensez à vous inscrire dans votre futur établissement !

VOTRE CHECK-LIST POUR VOUS INSCRIRE SUR PARCOURSUP

- **Une adresse électronique** que vous utiliserez jusqu'à la fin de la procédure.
- **Votre numéro INE** : il est composé de 11 caractères (1 ou 2 lettres, 10 ou 9 chiffres). Vous le trouverez sur vos bulletins scolaires. Si besoin, demandez-le à votre établissement.
- **Votre relevé de notes** aux épreuves anticipées du baccalauréat.
- **Le dernier avis d'imposition** de votre (vos) parents(s) ou tuteur(s) si vous demandez une classe préparatoire avec internat ou si vous souhaitez simuler une attribution de bourse.
- **Vos bulletins** de première et terminale.
- **Votre Projet de formation** motivé en 1 500 caractères, pour chaque formation.

PENSEZ AUSSI À :

- **Remplir les questionnaires d'auto-évaluation** demandés par certaines formations universitaires. Ils sont anonymes et vos résultats ne sont pas communiqués.
- **Remplir la rubrique « Mes activités et centres d'intérêts »**
- **Fournir dans les temps les documents complémentaires** que certaines filières peuvent vous demander (CV, lettres de motivation...).

onisep Nathan

PREMIER TEMPS : L'ÉPREUVE ÉCRITE 1h30

PARTIE 1 - COMPRÉHENSION DE L'ORAL

- La compréhension de l'oral est évaluée à partir d'un document audio ou vidéo d'une durée maximale d'1 minute 30.
- Tu écouteras le document trois fois, les écoutes étant espacées d'une minute. Pendant que tu écoutes, tu pourras prendre des notes.
- À l'issue de la troisième écoute, tu devras rendre compte en **français et à l'écrit** de ce que tu as compris. Tu auras parfois des indications pour te guider, mais pas toujours.

- Note sur 30 points (10 points par partie)
- Niveaux attendus :
LVA > B2
LVB > B1

Critères d'évaluation de la compréhension orale et écrite

- Identification du contexte et de la situation d'énonciation (qui parle ? à qui ? de quoi ? dans quel contexte ?)
- Identification des réseaux de sens (quelle est l'organisation du discours ?)
- Identification des stratégies de communication (quelle est la nature du document ? son objectif ? sa visée ? son ton ?...)

PARTIE 2 - COMPRÉHENSION DE L'ÉCRIT ET DE L'ENSEMBLE DU DOSSIER

- La compréhension de l'écrit est évaluée à partir d'un ou deux textes, d'une longueur cumulée de 2 500 à 4 500 signes.
- À l'issue de la lecture du ou des textes, tu devras rendre compte de ce que tu as compris **en anglais**. Pour te guider, tu pourras t'appuyer sur des questions qui porteront sur la compréhension des textes et sur la compréhension de l'ensemble du dossier constitué par les documents supports de l'évaluation de la compréhension de l'oral et de l'écrit.

PARTIE 3 - EXPRESSION ÉCRITE

- L'expression écrite est évaluée à partir d'une ou deux questions au choix, en lien avec la thématique générale du dossier constitué par les documents du dossier de la partie 1 (sujet d'argumentation ou sujet d'invention). Les questions peuvent s'appuyer sur un document iconographique.
- Tu devras donc traiter au moins l'un des deux sujets en rédigeant ton texte en anglais.

Critères d'évaluation de l'expression écrite

- Qualité du contenu (clarté, précision, efficacité du propos)
- Cohérence de la construction du discours (structure, cohérence interne, argumentation)
- Correction de la langue écrite (maîtrise grammaticale et orthographique)
- Richesse de la langue (variété et niveau de précision du lexique et des structures employés)

SECOND TEMPS : L'ÉPREUVE ORALE

10 min

sans préparation

VOIE GÉNÉRALE (LVA ET LVB) ET VOIE TECHNOLOGIQUE (LVB)

EXPRESSION ORALE EN CONTINU ET EN INTERACTION

Au début de l'épreuve, l'examinateur te proposera de choisir entre trois axes culturels du programme.

En tenant compte de ton choix, l'examinateur te proposera des supports de discussion : deux documents iconographiques, ou deux citations, ou un document iconographique et une citation. Tu auras alors 5 minutes pour expliquer quel document ou quelle citation illustre le mieux l'axe que tu as choisi et pourquoi.

L'examinateur te posera ensuite des questions plus générales, portant par exemple sur le travail réalisé au cours du cycle Terminal sur l'axe choisi.

- Jury : un enseignant d'anglais
- Note sur 10 points
- Niveaux attendus :
LVA > B2
LVB > B1

Critères d'évaluation

- Expression orale (organisation, pertinence et fluidité du discours)
- Interaction orale (capacité à argumenter et à relancer une discussion)
- Correction de la langue orale (correction de la prononciation et de l'accentuation)
- Richesse de la langue (variété et niveau de précision du lexique et des structures employés)

VOIE TECHNOLOGIQUE (LVA)

ÉVALUATION DE L'ENSEIGNEMENT TECHNIQUE EN LANGUE VIVANTE (ETLV)

Si tu es en voie technologique, tu passeras cette épreuve orale dans ta LVA, qui est la langue dans laquelle tu as suivi l'ETLV.

Dans un premier temps, tu disposeras de 5 minutes pour présenter au jury :

STL, STI2D et ST2A un projet technologique ou scientifique mené dans ton enseignement de spécialité ;

STHR une situation technologique du secteur de l'hôtellerie et de la restauration ;

STMG une organisation (entreprise, administration ou association) ;

ST2S un fait social touchant à la santé ou au bien-être des populations.

Tu pourras apporter des ressources pour soutenir ta prise de parole.

Dans un second temps, le jury te posera des questions sur ta présentation, afin d'approfondir certains points et faire le lien avec l'axe du programme de langue vivante.

- Jury : un enseignant d'anglais et un enseignant de la spécialité sur laquelle porte l'ETLV
- Note sur 10 points
- Niveau attendu : B2

Critères d'évaluation

- Expression orale (organisation, pertinence et fluidité du discours)
- Interaction orale (capacité à argumenter et à relancer une discussion)
- Correction de la langue orale (correction de la prononciation et de l'accentuation)
- Richesse de la langue (variété et niveau de précision du lexique et des structures employés)

ORGANISER SES RÉVISIONS

Pour réussir ces épreuves, il faut t'organiser à l'avance et commencer tôt les révisions ! En effet, réviser son bac ne se prépare pas à la dernière minute, c'est un travail qui débute dès les premières semaines de septembre. Voici quelques pistes qui pourront t'aider.

1 TRAVAILLER RÉGULIÈREMENT ET AVEC RIGUEUR, EN CLASSE COMME À LA MAISON

- Dès le début de l'année, tu dois veiller à :
- être attentif et concentré en classe ;
- participer et poser des questions ;
- prendre la parole régulièrement pour t'entraîner au Grand oral de Terminale.

Les avantages de cette méthode

- Ton implication permettra d'éviter le stress de dernière minute.
- Travailler régulièrement allège ton travail de révision.

2 ORGANISER UN PLANNING DE RÉVISION

- Commence par lister tous les chapitres ou thèmes à revoir dans chaque matière, puis, dans un tableau hebdomadaire, place les révisions qu'il faudra effectuer.
- La première série d'épreuves a lieu fin mars, il faut donc commencer à réviser dès le début de l'année scolaire !
- Sois réaliste, n'envisage pas de longues ou de nombreuses séances de révisions si tu sais que ton planning ou ta capacité à travailler ne le permettra pas.
- Chaque jour, mixe les matières que tu révises. Cela te permettra de moins te lasser et d'avoir moins de pression.
- Lors des vacances scolaires ou le week-end, augmente le volume de tes séances de révision, car tu as plus de temps. Les quelques semaines avant les épreuves, le volume horaire des révisions devra être plus important : passe de 4 à 6 séances de travail par jour au moins.

Conseil

Coche au fur et à mesure sur ton planning le travail effectué. Cela te permettra de réaliser l'avancée de tes révisions, ce qui est plutôt encourageant, et de planifier à nouveau le travail non fait.

3 CRÉER DE BONNES CONDITIONS DE TRAVAIL

- **Réviser en équipe est un moyen efficace pour se motiver.** Créez des fiches de révision en groupe, interrogez-vous mutuellement, organisez des séances de révision à plusieurs, mutualisez vos cours et vos outils de révisions et profitez ainsi des compétences de chacun.

- **Détends-toi !** **Des pauses** sont nécessaires pendant les périodes de révision : il faut s'aérer le corps et l'esprit et penser à autre chose. Fais du sport, regarde un film ou une série, sors avec tes amis, fais des exercices de relaxation ou de respiration… **Pense à le faire quotidiennement**.

Les avantages de cette méthode

À plusieurs, il est plus facile de se motiver. Vous appréhenderez moins vos séances de révision.

Les avantages de cette méthode

Un esprit sain dans un corps sain est le meilleur moyen d'affronter sereinement les épreuves du bac : mange bien et accorde-toi un temps de sommeil suffisant.

PRENDRE LA PAROLE EN PUBLIC

Prendre la parole, ça s'apprend ! Suis ces conseils et entraîne-toi régulièrement, c'est le secret de la réussite.

ADOPTE UNE POSTURE SEREINE ET DES GESTES EXPRESSIFS

Fais simple : reste le plus naturel possible.

✓ **Ancre-toi dans le sol**, les pieds bien droits et légèrement écartés, la tête haute tournée vers le jury. Conserve cette posture, évite de te balancer et ne bouge pas trop.

✓ **Sois naturel** avec tes mains, tu n'es ni une personnalité politique en campagne ni un mime ! Évite de croiser les bras, ne garde pas tes mains jointes, utilise-les plutôt **pour appuyer ce que tu dis.**

✓ **Sourie régulièrement**, c'est un ingrédient important d'une intervention orale réussie.

PRÊTE ATTENTION À TA VOIX

La voix est le premier instrument de l'orateur. Ses différentes composantes sont mêlées mais tu peux en travailler les différents éléments.

✓ **Le volume**
Entraîne-toi à parler de manière **suffisamment audible**.

✓ **Le débit (vitesse / rythme)**
- Le rythme de ta prise de parole influera sur la qualité de sa réception.
- Tu attireras et garderas l'attention en **variant ton débit** en fonction de tes propos. Par exemple, en parlant plus vite quand tu racontes une anecdote, moins vite quand tu arrives en fin d'une sous-partie ou que tu veux insister sur un point.
- Si tu as l'habitude de parler vite, ce sera difficile à modifier. Dans ce cas, évite les phrases trop longues et surtout, fais des pauses !

✓ **L'intonation**
C'est le ton que tu prends pour t'adresser à ton auditoire en accord avec le texte. Entraîne-toi à bien l'adapter à différents contenus et surtout à le varier pour **éviter la monotonie**.

Conseil

Ne commence pas à parler dès qu'on te donne la parole. Silence, d'abord. Tu attireras l'attention et tu en profiteras pour respirer un grand coup. Les pauses te permettent de marquer le début ou la fin d'une sous-partie, de réfléchir avant de répondre, et d'attirer l'attention sur ce que tu vas dire ensuite.

SOIGNE TON VOCABULAIRE

Même si tu n'en n'as pas toujours conscience, il se peut que tu utilises un langage trop familier, trop quotidien..

✓ **Élimine** tous les termes qui te paraissent **relever d'un langage trop familier**. Même si ce n'est pas toujours facile, essaie de bannir tes tics de langage (*like*, *whatever*, etc.).

✓ **Emploie des termes précis** : tu dois connaître les définitions de toutes les notions que tu emploies.

✓ **Tu peux nuancer ta réponse** en utilisant des modalisateurs (*It seems to me that…*, *However…*).

Conseil

Entraînez-vous à plusieurs : un élève présente son exposé, les autres relèvent les mots issus d'un langage trop familier. Cherchez ensemble des synonymes ou des expressions plus adaptés.

RÉUSSIR LE GRAND ORAL : SE PRÉPARER

En fin d'année, tu vas passer la nouvelle épreuve du Grand oral.
Cette épreuve ne doit pas te stresser : ta préparation te mettra en confiance.
- **C'est toi qui choisis des questions qui t'intéressent.**
- **Tu as l'appui de tes professeurs, des autres élèves, du CDI...**
- **Tu peux compter sur la bienveillance du jury qui est là pour écouter, t'encourager et échanger avec toi.**

ÉTAPE 1 CHOISIR ET FORMULER TES QUESTIONS

Les deux questions doivent t'intéresser : c'est la clé de ta réussite !

- Ces questions doivent « mettre en lumière un des grands enjeux du programme » et « sont adossées à tout ou partie du programme de Première et Terminale ».
- Il est fondamental de choisir une question qui t'intéresse. Elle doit t'inspirer des idées, des arguments, des exemples, des sources... qui rendront ta présentation attractive et convaincante.
- Établis des liens entre les questions et ton projet d'orientation.
- Demande-toi s'il est réaliste d'y répondre en 5 minutes.
- Ne choisis pas un sujet trop vaste, ni trop pointu. Plus tes questions seront personnelles, plus tu seras à l'aise.

Conseil

Quelques types de questions : *Comment ? Pourquoi ? Depuis quand ? Peut-on ? Doit-on ? Dans quelle mesure ? Et si ? Est-il souhaitable ? Est-il vrai que ? Faut-il ? Pour quelles raisons ? Quelles sont ? Quelles seraient les conséquences ? ...*

ÉTAPE 2 PRÉPARER TON EXPOSÉ

Tu n'es pas seul(e) pour préparer ton oral. Interroge tes professeurs, ils sont là pour t'aider !

SE DOCUMENTER

- Élargis et varie tes sources d'information : ouvrages documentaires (manuels scolaires, revues, essais, etc.), personnes (ton professeur de spécialité, le ou la professeur(e) documentaliste, tes camarades...), ressources numériques (Internet, ressources numériques du manuel...).
- Sélectionne tes sources en fonction de leur fiabilité et de leur pertinence par rapport à ton sujet.
- Conserve et classe tes sources (par type, par date...) afin de les citer lors du Grand oral.

ORGANISER TA RÉPONSE

En introduction :
- Explique pourquoi tu as choisi cette question.
- Éveille la curiosité du jury par une accroche bien choisie.

Tu es libre du choix de ton plan.
- Dégage 2 ou 3 idées qui éclairent ta question. Chaque idée est soutenue par plusieurs arguments qui sont illustrés par un exemple ou un fait.
- Recherche des exemples, des liens qui te concernent personnellement ou avec l'actualité...

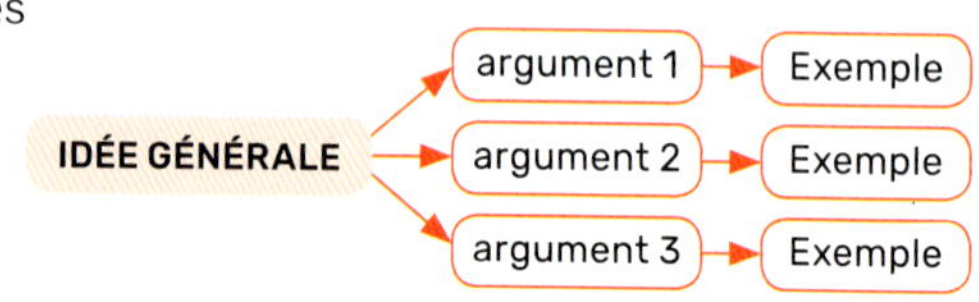

En conclusion :
- Suggère des pistes, fais le lien avec l'actualité, ton orientation, avec un autre point de programme d'une de tes spécialités...
- Montre que la question posée reste ouverte.

Conseil

Pense à l'actualité : crée un dossier dans lequel tu regrouperas toutes les actualités qui se rapportent à ton sujet.

Conseil

Tu peux choisir entre plusieurs types de plan : thématique, analytique, chronologique, dialectique...

Les différents types de plan

Conseil

Tu peux profiter de la conclusion pour « tendre une perche au jury », en posant une autre question par exemple. Réfléchis à ce que tu pourrais répondre.

ÉTAPE 3 PRÉPARER UN SUPPORT À REMETTRE AU JURY

Même s'il n'est ni obligatoire, ni évalué, prends le temps de remettre un support au jury. Il prouvera la qualité de ta préparation.

- Tu dois préparer ce support manuscrit à l'avance et le reproduire durant le temps de préparation (20 min). Cela clarifiera tes idées avant la présentation.
- Fais apparaître ton plan, les mots-clés, tes arguments, tes exemples, tes sources les plus originales, tes choix d'orientation, etc.
- Écris, dessine, souligne proprement, relis et évite les fautes d'orthographe.

Conseil

Toutes les formes sont possibles : plan détaillé, fiche mémo, carte mentale, organigramme, tableau, schéma...

Des exemples de support

ÉTAPE 4 PRÉPARER TA PRISE DE PAROLE

Le jour J, tu devras parler debout, sans note, pendant 5 minutes. Ce n'est pas un exercice facile, mais avec un peu d'entraînement, tu vas rapidement progresser.

ÉTAPE 5 PRÉPARER LA DISCUSSION AVEC LE JURY

Contrairement à ce que tu pourrais croire, il est possible d'anticiper une partie des questions du jury et de s'y préparer. Ici encore, tout est une question d'entraînement ! Multipliez les séances de travail à plusieurs et alternez les rôles : candidat, jury...

- Lors de tes entraînements en public : note les questions, contre-arguments, objections, discussions, demandes de précisions qui reviennent le plus souvent... et prépare-toi à y répondre !
- Apprends les définitions de toutes les notions que tu utilises.
- Tout au long de l'année, surveille l'actualité liée à ta question.
- Si tu ne connais pas une réponse : ne reste pas muet, essaie de faire le lien avec ce que tu sais.

Conseil

N'oublie pas de réviser le programme de tes deux spécialités !

Grille d'évaluation pour l'entretien

Liste de questions à anticiper

ÉTAPE 6 ÉCHANGER SUR TON PROJET D'ORIENTATION

Tu sais que le jury te demandera : « En quoi la question que vous avez choisie éclaire-t-elle vos choix d'orientation, voire votre projet professionnel ? ». Sois prêt(e) à répondre à cette question.

- Au moment du Grand oral, en juin, tu connaîtras tes choix d'orientation. Entraîne-toi à les exprimer précisément : intitulé exact et lieu de la formation, mode d'accès (non sélectif, sélectif, concours...).
- Le jury ne te demandera pas nécessairement de savoir quel métier tu veux faire, mais quelle voie tu emprunteras après le bac.
- Rappelle comment tu t'es informé(e) (infos fournies par Parcoursup, ONISEP, salons, rencontres, Portes ouvertes, sites...), fais le lien entre la spécialité et les attendus de la formation.
- Enfin, utilise tes activités associatives, sportives, artistiques, engagements, jobs, stages... pour mettre en avant certaines de tes qualités en phase avec tes choix d'orientation voire avec ton projet professionnel.

Conseil

Exprime ta motivation en t'appuyant sur ton projet de formation motivé.

Conseil

Tu dois connaître le contenu des formations visées : consultez les plaquettes, sites internet, allez aux Journées Portes ouvertes...

Rendez-vous sur le site Nathan.fr/grand-oral

Grille d'évaluation du Grand oral

SNAPFILE 1

IDENTITÉS ET ÉCHANGES
IDENTITIES AND EXCHANGES

Uni life in Ireland

▶ **Why is Ireland such an attractive country for European students?**

YOUR MISSION

Write a cover letter to enrol in an Irish university.
You decide to apply to an exchange programme in an Irish university. Write your cover letter mentioning the top four reasons why you want to study there.

FOLLOW THE STEPS!

Welcome to Ireland

VIDÉO

An attractive country for international students

An increasing attractivity
The number of international students coming to Ireland increased by 45% between 2013 and 2017. In 2017 some 13,500 residence permits were issued to international students coming to study in Ireland.

Attractive courses
The most common courses international students enrolled in were healthcare-related degrees. Some 31 per cent of non-EU students are enrolled in health and welfare courses.

Students from all around
The country with the highest number of international students coming to Ireland was China, with Malaysia, America, Canada, and India, among the most common countries of origin.

Job opportunities
The number of international students who went on to secure employment permits in Ireland after graduating had also increased in recent years, up from less than 50 in 2013, to 871 in 2017.

Source : Irish Times, May 2019

Video: Education in Ireland, 2019

a. **Read** the infographic and **pick out** information about the foreign students who apply to Irish universities.

b. **Watch** the video and **find out** how international students affect university life.

BAC **Discuss** the benefits of exchange programmes both for the students and for Ireland.

WORDS

- newcomer
- outreach

- eager ≠ impatient
- multicultural
- warm-hearted

- appeal to sb
- draw in = attract
- make acquaintance with
- welcome
- widen one's horizon

REASON #1 Discover an amazing culture

The Experiment in Ireland, *World learning*, 2016

a. **Watch** the video and **pick out** information about these young people's experience (location, accommodation, goal).

b. **Find out** what they like about Ireland.

c. VOCABULARY **Note down** words or expressions reflecting the students' enthusiasm.

d. Use them to **explain** what makes the Irish people so special.

BOOST YOUR SKILLS!

Présenter un projet personnel

- Utilise le présent simple pour exposer tes motivations : *I* ***have*** *great admiration for...* • *International students* ***bring*** *advantages in that...* PRÉCIS 12
- Exprime ton point de vue avec des tournures idiomatiques : *To* ***me****...* • *If* ***I'm*** *being honest...* • ***I think*** *a good reason why...*
- Organise tes idées à l'aide de mots de liaison : *so* • *but* • *normally* • *after all...*

STEP 1

Write the beginning of your cover letter: **introduce** yourself and **explain** why you are curious to discover Ireland, its people and its culture.

REASON #2 Create an international network

St. John's Halls had an entertainment committee made up of and voted for by student residents, and the last responsibility of the outgoing one was to organize the orientation program for incoming freshers[1]. There were ice-breaking games, challenges, quizzes, "speed-friending," and a five-a-side football game. A barbeque was laid on for lunch. We were all given stickers to write our names and courses on, and encouraged to wander around striking up conversations with anyone and everyone we could.

Normally, this would've been the kind of thing that would've made me want to curl up[2] in a corner in a ball of dread and shame. I considered myself sociable, but I wasn't exactly the stranger whisperer. Liz usually paved a path for me. But there was a leveling aspect to this day that somehow made things easier. After all, we were *all* new. We were *all* first-years. [...]

We started collecting people. We met Lauren, who had never met Claire but it turned out they shared a mutual friend they could bond over. She was studying art history and lived in the apartment next to Liz. We met Ray, an American who'd turned down the chance to go to Harvard to come to Dublin (we all thought he was bonkers[3], and told him so) and whose smooth, TV accent we couldn't get enough of. We met Daisy, a fellow English literature student. She introduced herself by saying she did PR[4] for Essence, which I think we were supposed to know was a club in town, and that she could get us on the guest list for tonight if we wanted.

Someone said, "Let's go," and one by one, the rest of us fell in. I felt like I was being swept away on a wave, but I wasn't entirely unhappy about it.

Catherine RYAN HOWARD, *The Liar's Girl*, 2018

▲ Trinity College in Dublin

1. first-year students
2. *se recroqueviller*
3. crazy
4. Public Relations

a. **Read** the text and **find** information about the situation (place, moment of the year, people).

b. **Explain** how a sense of community is created.

c. **Focus** on the third paragraph: what image of St. John's is given?

d. **React**: Would you like to study in this university? Why?

STEP 2

Write a paragraph to show that you are willing to connect with people from all over the world.

REASON #3 Study in high-quality universities

Doc. 1

Video: Study in Ireland, *U-Multirank*, 2019

1. Information and communication technology

a. Read the infographic and **explain** what makes the Irish education system high-quality.

b. Watch the video and **list** the reasons why Ireland is so attractive to foreign students.

WORDS

- facility = equipment
- laboratory
- skill = ability
- teamwork

- practical ≠ theoretical
- top-level
- top-notch = excellent

- practice
- manipulate = handle

Doc. 2

Practical learning at UCD, *International Study Center*, 2019

a. Watch the video and **pick out** information about the teaching practices in this university.

b. GRAMMAR *"You actually feel what you **are learning**"; "The theory that we **learn** in lectures."* **Focus** on the verb forms and **explain** how they illustrate both practical and theoretical learning. PRÉCIS 12

c. Comment on the advantages of these practices.

BOOST YOUR SKILLS!

Faire l'éloge d'un système

- Utilise le présent simple pour présenter les avantages du système : *You can see how it **works** • Labs **help** us understand...* Et le présent *be* + V-*ing* pour en commenter l'efficacité : *What you'**re learning** is not just theory.* PRÉCIS 12
- Appuie-toi sur des données précises : *Ranked in the **top 5%** • The investment increased by an annual rate of **10%**.*
- Souligne ton propos par des adverbes d'insistance : *It is **really** important • It will **definitely** make a huge difference.*

STEP 3

Write a paragraph to praise the Irish university system and the skills it can help you develop.

REASON #4 Consider a career

e-workbook | PARCOURS DIFFÉRENCIÉS

http://www.techlifeireland.com

techlifeireland — SIGN-UP | LOG-IN — MENU

Kati on Galway's vibrant tech scene

Originally from Romania, Kati first moved to Galway to complete a Master's degree. But she's stayed ever since and loves the experience of working in a growing tech business. She says: "I really liked Galway when I first came over and I love working for small companies. I find that every day is different as you get to work across lots of different projects."

Founded in 2009, the company [OnePageCRM] now has offices in Galway, New York, and Poland. With a focus on providing an innovative new CRM[1] platform, Kati is part of the Operations and Project Management team. "I work with developers, project managing a team here and I love it. I joined the company almost three years ago and it's grown a lot since then, which is exciting," she says. "There were about 4 or 5 people here when I started and nowadays, we have a team of 17 people in Galway."

Galway's Tech Scene

With a host of different tech companies based in Galway, the city is a hub[2] of activity. Based in the West of Ireland city since initially moving over, Kati feels settled there. She says: "I've no plans at the moment to go back, I'm pretty settled here in Galway. I work 9-5 hours so it's very relaxed and it allows me to still have a life. It's a pretty good balance. And I really love the people here. Everyone is very friendly and the lifestyle is a bit more relaxed than in a big city. [...] New start-ups meet regularly and share out advice. I go along to these events as you get to meet people with really different innovative ideas and feel that sense of community."

"My company is very involved in trying out new technologies and new ways of doing things. Our team regularly meet up with other tech companies to share out learnings. There's always a better way to solve a problem, so we're always looking for new solutions."

Advice for Moving to Galway

For anyone considering a move to Ireland and more specifically Galway, Kati has some practical advice to offer. "It's a really nice country with a good atmosphere," she says. "It's a good place to work and socialise." [...] With colleagues from around the world, Kati says: "The office environment is lovely. Every time people go on holidays we bring chocolates back, and we all share traditions from each other's country around key events like Easter."

techlifeireland.com, May 2016

CULTURE SPOT

Galway has a growing community of small tech companies and multinational outposts, attracted to Galway's strong engineering school and Institute of technology.

WORDS

- co-worker
- firm = company
- techie /'tɛki/ = technology expert

- budding /'bʌdɪŋ/ = developing
- entrepreneurial
- skillful = talented

- grow a business
- hire /'haɪər/ = employ
- innovate

1. Customer Relationship Management
2. centre

a. Read the article and **pick out** personal information about Kati.
b. Explain why she decided to stay in Ireland.
c. Say what makes Galway such an appealing place for tech companies.

BAC **Discuss:** workplaces are enriched by the inclusion of international employees.

STEP 4

Write your last paragraph presenting the reasons why you could stay in Ireland after your year abroad.

FINAL STEP

Connect the four paragraphs you've written with link words and **lay out** your cover letter. **Include** all the elements that make up a formal letter to be taken seriously.

You've completed your mission. Well done!

STRATEGIES ▸ Écrire une lettre ou un courriel p. 241

SHORT FILE 2

IDENTITÉS ET ÉCHANGES

IDENTITIES AND EXCHANGES

Alaska: the Last Frontier?

▶ **Is Alaska a land apart in the USA?**

More on SPEAKEASY NEWS
speakeasy-news.com

FINAL TASK Record a video for your travel blog to present Alaska's specificities.

A

VIDÉO

Can't Miss Experiences, *Alaska.org*, 2018

B

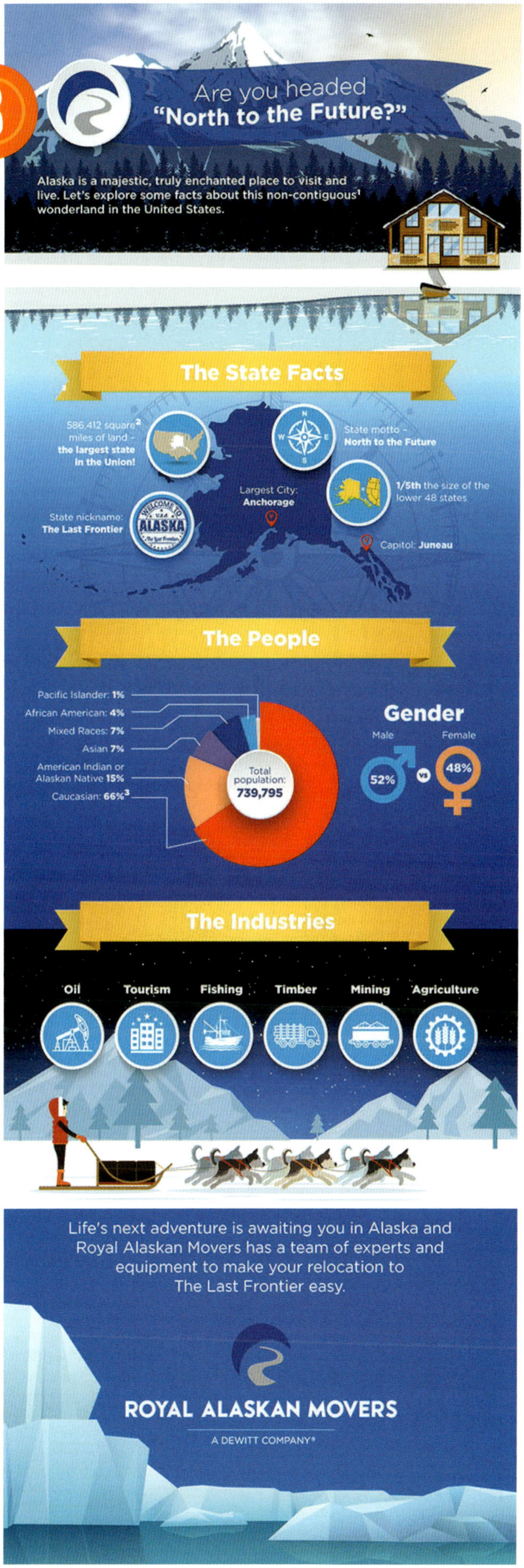

royalalaskanmovers.com

1. with no common border 2. 1 square mile (sq mi) = 2,59 km² 3. white

CULTURE SPOT

In US history, the word "**frontier**" refers to the unexplored regions in the West where Americans began to settle in the 19th century. Alaska is called "**The Last Frontier**" because of its opportunities and lightly settled regions.

C

AUDIO

"Molly of Denali" breaks new ground, *npr*, 2019

WORDS

- expanse = large open space
- wilderness /ˈwɪldənəs/

- attractive
- bountiful /ˈbaʊntɪfəl/ = abundant
- breathtaking = stunning

- recreational
- resilient: *résistant*

- bolster = make stronger
- carry on = continue
- experience
- reach out to = communicate with

DISCOVER AND SHARE

Join your team and focus on one of the documents.

Doc A. Watch the video and **find out** what makes Alaska a special place to visit.

Doc B. Read the infographics and **explain** what makes Alaska a unique place to live in.

Doc C. Listen to the podcast and **take** notes on how Alaskan Natives highlight their diversity.

NOW SHARE

Share your findings with the class. **Discuss** what makes Alaska a land apart.

EXPLORE

1. An attractive land

➜ *To what extent is Alaska an attractive place?*

1 The Last Frontier?

VIDÉO

CNN, 2016

a. **Watch** the video and **pick out** Barrow's uncommon characteristics.

b. GRAMMAR *"Over the last five decades, the population of Barrow has tripled".* **Identify** the verb tense and **justify** its use. ▸ p. 34

c. **Explain** why a lot of people have moved to Barrow.

d. **Identify** how it has impacted the city's Native community.

e. **Analyse** the ways the city of Barrow sets an example in the USA.

CULTURE SPOT

In 2016, the inhabitants of **Barrow** agreed to change back the city's name to its traditional Inupiaq name "Utqiaġvik" /ʊtki'ɑːvɪk/.

2 A shattered dream

AUDIO

Deemed more intelligent than the eagle, Alaska's most celebrated bird, the raven, drew more respect, for the Natives believed that wherever he lived, so too could man. [...]

Steve Wilson tightened his fist as he watched the raven on television. [...] Through the raven, Steve was venting[1] the anger that he felt for those whom he blamed for his condition. His reverie, however, was interrupted when the show's male narrator broke in with a list of statistics about ravens, and then a commercial break started with a laxative commercial.

"Damn!" Steve cursed, slamming his fist down on the arms of his chair. Giving into his rage, Steve kicked at the television set, missing it the first time but slamming it against a wall the second. The screen fluttered[2] for a moment then stabilized as the set rocked back into its place. [...]

Steve had worked at the station for a few years now. His employer had assigned him to the station to monitor[3] the pumping equipment, and he was in his third winter of staring at gauges[4] inside the installation's steel walls. Just north the Sagwon Bluffs, a series of hills that rippled away from the Brooks Range, the huge, self-contained[5] structure was operated solely by men. Winds rushed down a sixty-mile[6] stretch of flatland from the Arctic Ocean, and endlessly buffeted[7] the station.

Steve's first year at the station had been his worst. An outdoorsman from Oklahoma, he came north that year expecting to spend his free time wandering about the state's vast wilderness. Instead, he discovered the raging Arctic winds forced everyone to stay inside the facility.

Mark WILKINSON, *Iced in Alaska*, 2017

1. evacuate 2. *vaciller* 3. watch carefully 4. *jauges* 5. *autonome* 6. ≈ *96 km* 7. *secouer*

WORDS

- alienation = estrangement
- convenience: *commodité*
- hurdle = difficulty
- scheme /'skiːm/ = project

- disillusioned
- remote = isolated
- thwarted = frustrated

- blame for = reproach with
- cut off from
- hold on to = persevere
- move to = settle
- struggle = fight for

a. **Read** the text and **pick out** information about Steve Wilson.

b. **Identify** Steve's working conditions and **explain** how he feels about the situation.

c. **Explain** and **comment** on his reaction on lines 9-12.

DIFFÉRENCIATION

YOUR TASK Back in his home state, Steve Wilson tells his family about his experience in Alaska. **Imagine** the conversation about :

WAY 1 What life can be like in Alaska.

WAY 2 How expectations about living in Alaska may differ from reality.

BOOST YOUR SKILLS!

Rendre compte d'une expérience

- Utilise le *present perfect* pour faire un bilan : *People from all over the world* ***have moved*** *to Alaska* GRAMMAR p. 34
- Varie les adjectifs pour exprimer un ressenti : *The* ***unforgiving*** *climate* • *A sense of community* ***unrivaled*** *by...*
- Souligne certains éléments clés avec des adverbes : *The best I have* ***ever*** *seen...* • *If we are* ***really*** *connected...* • ***Specifically*** *for this.*

2. A peaceful cohabitation?

→ *How do Alaskan Natives relate to their country?*

1 First peoples of the Last Frontier

On Saturday, December 18, 1971, everything changed. But I think it is fair to say that no group was more anxious that day than Alaska's Native peoples. There were tensions in that room. After all, a centuries-long saga of warfare, treachery[1], apartheid, betrayal, and hopelessness was coming to an official end. [...]

The hundreds assembled stood motionless as the evening's business began. A familiar voice echoed through the room, piped in[2] from Washington, D.C. "I want you to be among the first to know that I have just signed the Alaska Native Claims Settlement Act," said President Richard Milhous Nixon. The new law, he declared, was "a milestone in Alaska's history and in the way our government deals with Native and Indian peoples."

I was there. For five years I had battled to secure our traditional lands. For me, Alaska is my identity, my home, and my cause. [...]

By the time I was born our culture was already seeing the devastating effects of Alaska's undeniable attractions for people from what we called "Outside"—anywhere beyond the lands our ancestors had fished and hunted for ten thousand years. [...]

And as the Outsiders moved in and took control of our lands and resources, they'd brought another crushing burden[3]: the heavy hand of government over our lives. With Outsider control came Outsider demands. My family and I were supposed to learn a new language, adopt profoundly different notions of private property; we were supposed to adjust our communal society to one based on capitalism, self-interest, and individual choice.

William L. IGGIAGRUK HENSLEY, *Fifty Miles from Tomorrow*, 2010

1. dishonesty 2. arrive (implicit reference to pipelines) 3. *poids, fardeau*

a. Look at the cover and **imagine** the kind of book it is.

b. Read the text. **Identify** the narrator and **check** your hypotheses.

c. Focus on the enumeration l. 4-5. **Say** what these words reveal about the author's point of view.

d. Identify what made a change in history (date, event, man).

e. Comment on *"I was there"* (l. 14).

AT HOME **Search** the web to **find** information about the *Alaska Native Claims Settlement Act*. Be ready to **explain** the issue.

2 Cross-cultural communication

VIDÉO

US Fish and Wildlife Service, 2016

a. Watch the video and **say** what the pictures highlight about Alaskan culture.

b. Focus on the beginning and **find** basic information about Dr Oleksa.

c. GRAMMAR *"I've been teaching cross-cultural communication for 35 years"*. **Identify** the verb tense and the information the *-ing* form adds. ► p. 34

d. Take notes about the main issue.

e. Explain and **comment** on Dr Oleska's work.

BAC **Relate** docs 1 and 2 to **discuss** the evolution of the relationships between the USA and the Alaskan Natives.

EXPLORE

3. Creating new bonds

→ *How are modern issues changing Alaska's relationships to the world?*

1 Opening to global trade?

VIDÉO

Now This World, 2016

e-workbook PARCOURS DIFFÉRENCIÉS

a. Watch the video and **pick out** information about Nome, Alaska.

b. Explain why Nome has long been *"a very remote place"*.

c. PHONOLOGY *"The world* ***is*** *coming here, it is huge. It* ***is*** *changing the world."* **Listen** and **focus** on the words in bold. What do you hear in oral language? Why?

d. Discuss what climate change might bring to Nome.

2 The Quest for New Arctic Visions

In 2011, the Cook Inlet Tribal Council *(CITC: An Anchorage non-profit association)* embarked on an ambitious project: building a video game that captures the richness and vibrancy[1] of Iñupiaq culture in the digital realm. The result has captured global attention, while celebrating local roots. [...]

We had been looking at additional ways we could move away from being dependent on federal and state funding[2]. About five years ago, we were looking for our next project and realized we were completely missing the connection with our youth through our pre-existing social enterprises *(mainly education and employment)*. When we thought about what really resonated with our youth, our traditional games came to the forefront, as well as the fact that we knew they were on social media and using video games—all the places we weren't as an organization. That was when our CEO Gloria O'Neill said, "Why not video games?" [...]. One of the most fundamental steps to producing a game that would honour our people was to have E-Line[3] meet with a group of artists, storytellers and youth. What came through in these early sessions was that our stories are one of the most important ways that we pass wisdom forward, from one group to the next. It was at this time that the choice was made to focus on the Iñupiaq culture, in part because we wanted to show who we are as people at a time when the Arctic is increasingly opening to outsiders.

Inuit Art Quarterly,
pressreader.com, 5 Dec 2017

1. *éclat* **2.** *financement* **3.** an American online game company

a. Read the text and **say** what you understood about CITC.

b. Identify the project and its goals.

c. Recap the different challenges they had to deal with.

d. Explain why it is so important for Alaskan Natives to promote their culture.

YOUR TASK You have been asked to **imagine** a video game to draw attention to the global issues that are likely to affect Alaska. **Write** the storyline of the game.

BOOST YOUR SKILLS!

Sensibiliser à une situation

- Pose le cadre: ***In*** *a remote place* • *Right* ***on*** *the coast...* • ***Around*** *the turn of the century...*
- Utilise le *present perfect be* + V-*ing* pour évoquer une situation qui perdure : *We* ***have been missing*** *the connection with our youth for too long.* GRAMMAR p. 34
- Tu peux utiliser *"might"* pour exprimer une évolution probable : *There* ***might*** *be a new boom on the horizon.*

FINAL TASK

Record a video for your travel blog to present Alaska's specificities.

You have travelled to Alaska. Record a video to present Alaska's geographical and cultural specificities and your feelings about the living conditions.

1. **Browse** through the unit and **choose** the specificities you would like to focus on.
2. **Select** facts, figures and examples to be as precise as possible.
3. **Gather** your ideas and **organise** them into specific categories such as:
   – geographical characteristics of the country;
   – life in cities or remote communities;
   – opportunities and working conditions;
   – ongoing culture and traditions;
   – challenging global issues;
   – changing relationships with the rest of the world.
4. **Record** your video: Be as comprehensive as possible to help people understand Alaska's specificities. **Mind** word stress to sound fluent.

YES YOU CAN! Record an attractive video

INTRODUCTION ET PRÉSENTATION DU SUJET

Présente-toi et explique l'objectif de ta vidéo.

Hi! I'm Kamau Bell for CNN. There's this whole idea that Alaska is the last frontier.

POSTURE

Regarde la caméra en face pour établir un contact visuel. Utilise la 1re personne pour évoquer ton expérience et ton ressenti.

Unrivaled by any other community ***I*** *had ever seen in this country.* ***I*** *feel that if* ***we'****re really connected to Barrow... we would all...*

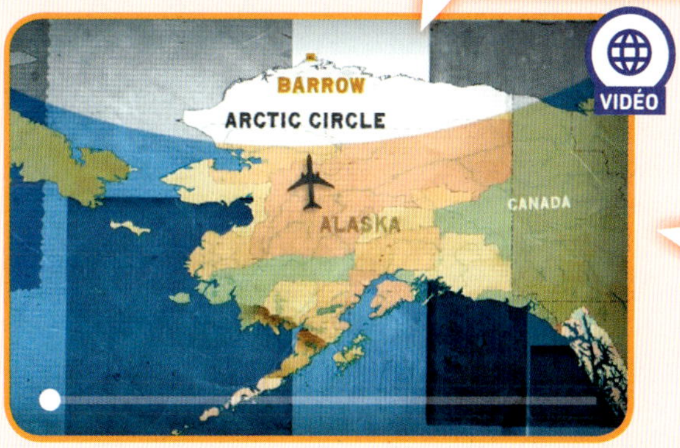

The Last Frontier ► p. 30

DÉVELOPPEMENT ET EXEMPLES

Précise les différents aspects du sujet.

Yes, the climate is unforgiving, and it's very cold.
People come to Barrow to get this high pay, oil-industry jobs.
It's important to the Iñupiaq to hold on to their heritage.

Illustre tes propos par des exemples.

Thirty years ago, it was like 99% Native, now it's 60% Native.

STRUCTURE

Utilise des connecteurs pour articuler tes idées et soigne tes transitions.

And *yes, the climate is unforgiving,*
but *there's a sense of community...*
Despite *the fact that Barrow's at the top of the world...*
Not only *has the population got bigger,*
it's getting ***way more*** *ethnically diverse.*
So that *other people can see...*

TONALITÉ ET SCÉNARISATION

Parle de manière claire et posée et insiste sur les éléments que tu veux mettre en valeur.

And ***yes****, the climate is* ***unforgiving****,*
and it's very ***cold*** *and* ***remote****.*

Tu peux utiliser une musique de fond et un diaporama pour rythmer ta présentation.

CONCLUSION

Termine ta présentation par des conseils ou une réflexion personnelle.

If *we'd learn lessons from Barrow, we* ***would*** *all have better communities throughout this country.*

STRATEGIES ► Faire une présentation orale p. 236

BOOST YOUR ENGLISH!

Grammar — *Present perfect* et *present perfect be* + V-*ing*

PRÉCIS 14 ET EXERCICES

Grammar Tuto

Le ***PRESENT PERFECT*** établit un **lien entre passé et présent.**
Il sert à faire le **bilan** d'une action passée ou à évoquer une action passée qui **se prolonge** dans le présent.

FORME SIMPLE
***have/has* + participe passé**

Je m'intéresse au **résultat** de l'action de manière neutre.

Barrow's population has tripled over the last decade.

BILAN

FORME *be* + V-*ing*
have/has + been* + V-*ing

Je **commente** et j'explique la situation en m'impliquant.

She has been dancing for the tourists and they loved it!

ACTION QUI DURE ENCORE

Je fais un simple **constat.**

Polar bears have always lived on the ice floe.

J'insiste sur la **durée**, le **déroulement** de l'action.

They have been travelling on the ice floe for hours.

1 Mets le verbe entre parenthèses au *present perfect* simple ou *be* + V-*ing* selon le contexte.

a. Alaskan Natives (*cohabit*) with Americans for years.
b. I (*study*) the Alaskan wildlife for 5 years now, I find it so enriching!
c. Alaska (*be*) an American state since 1867.
d. Sara is really into Native traditions. We appreciate that she (*learn*) traditional Alaskan dance since 2009.

2 Traduis ces phrases en anglais.

a. Ce partenariat avec les Indigènes dure depuis quelques années maintenant.
b. Ils se transmettent ces récits de génération en génération depuis des siècles.
c. Le réchauffement de la planète a changé les relations entre l'Alaska et le reste du monde.
d. Depuis presque 200 ans, les Américains considèrent l'Alaska comme la dernière frontière.

→ More in *Pump it up!* p. 18

Phonology — Les formes réduites

AUDIO → More in *Pump it up!* p. 82

Dans la chaine parlée, seuls les mots **porteurs de sens** sont **accentués**. Les mots **grammaticaux** sont très souvent prononcés sous une **forme réduite**, si bien que l'on n'entend parfois que la consonne, la voyelle étant **réduite** à /ə/. C'est le cas pour les pronoms (*us*, *you*…), les déterminants (*a*, *the*…), les mots de liaison (*but*, *and*, *of*…) ou encore les auxiliaires (*must*, *can*, *had*…).

1 a. Écoute et repère les formes réduites.

– *That's his territory and the one of his ancestors.*
– *She's been a dancer for years. Her sister has encouraged her to follow her dream.*
– *Let me tell you something about this land.*

b. Répète ces phrases en respectant les réductions.

2 Identifie les mots à priori accentués à l'oral et les formes réduites. Écoute et vérifie, puis répète.

One of the things that make Alaska so special is the vast untouched landscapes. Get in your car, drive for hours and then look at your map and see how little ground you've actually covered.

e-workbook GRILLES D'AUTO ÉVALUATION

ÉPREUVE ÉCRITE

play BAC

PARTIE 2 ▶ Compréhension de l'écrit

Doc A new beginning

1974, Leni and her family are moving to Alaska.

Sunlight streamed through the dirty, mosquito-splattered windows. Leni climbed over the heap[1] of their poorly rolled sleeping bags and opened the side door. Their rainbow-decorated ALASKA or BUST[2] sign fluttered in the cool breeze, the sides anchored in place by duct tape[3].

Leni stepped out of the bus.

"We made it, Red." Dad came up beside her, laid a hand on her shoulder. "Land's End. Homer, Alaska. People come here from all over to stock up on supplies. It's kind of the last outpost of civilisation. They say it's where the land ends and the sea begins."

"Wow," Mama said.

Even with all the pictures Leni had studied and all the articles and books she'd read, she hadn't been prepared for the wild, spectacular beauty of Alaska. It was otherworldly somehow, magical in its vast expanse, an incomparable landscape of soaring glacier-filled white mountains that ran the length of the horizon, knife-tip points pressed high into a cloudless cornflower-blue sky. Kachemak Bay was a sheet of hammered sterling in the sunlight. Boats dotted the bay. The air smelled briny[4], deeply of the sea. Shorebirds floated on the wind, dipped and rose effortlessly.

The famous Homer Spit[5] she'd read about was a four-and-a-half-mile-long finger of land that crooked into the bay. A few colourful shacks[6] perched on stilts[7] at the water's edge.

Leni lifted her Polaroid, took pictures as fast as the developer would let her. She peeled one photograph after another out of the camera, watched the images develop in front of her eyes. The buildings sketched themselves onto the shiny white paper line by line.

"Our land is over there," Dad said, pointing across Kachemak Bay to a necklace of lush green humps in the hazy distance. "Our new home. Even though it's on the Kenai Peninsula, there are no roads to it. Massive glaciers and mountains cut Kaneq off from the mainland. So we have to fly or boat in."

Kristin HANNAH, *The Great Alone*, 2017

1. pile **2.** *crise* **3.** adhesive **4.** salted **5.** a peninsula in Alaska
6. *cabanes* **7.** *pilotis*

Situation d'énonciation
- Le narrateur est-il interne (*I*) ou externe (*they*) ?
- Quelle incidence cela a-t-il sur le récit ?
- Quelle histoire nous est racontée ?

Réseaux de sens
- Identifie l'endroit exact où veulent se rendre les personnages.
- Identifie les raisons qui les ont poussés à venir là.
- Concentre-toi sur l'évolution du personnage de Leni.

Stratégies de communication
- Quelle image le narrateur cherche-t-il à véhiculer de l'Alaska ?
- Comment le récit est-il mené pour impliquer le lecteur dans le ressenti des personnages ?

▶ Account for the text using the following guidelines:

1. Identify the nature of the document and the situation the characters are in.
2. Focus on the family's motives and expectations and analyse their feelings.
3. Identify the point of view chosen in the text and explain what it reveals about the characters.

STRATEGIES ▶ Lire et comprendre un texte p. 233

Rédaction
- Ne consacre pas plus de 30 minutes à la rédaction de tes réponses.
- Barre au fur et à mesure dans tes notes les éléments que tu as présentés.

FILE 3

IDENTITÉS ET ÉCHANGES

IDENTITIES AND EXCHANGES

Radio star in the UK

More on SPEAKEASY NEWS speakeasy-news.com

▶ **What part does the radio play in British culture?**

FINAL TASK

Create a radio spot to promote the assets of British radio.

A

VIDÉO

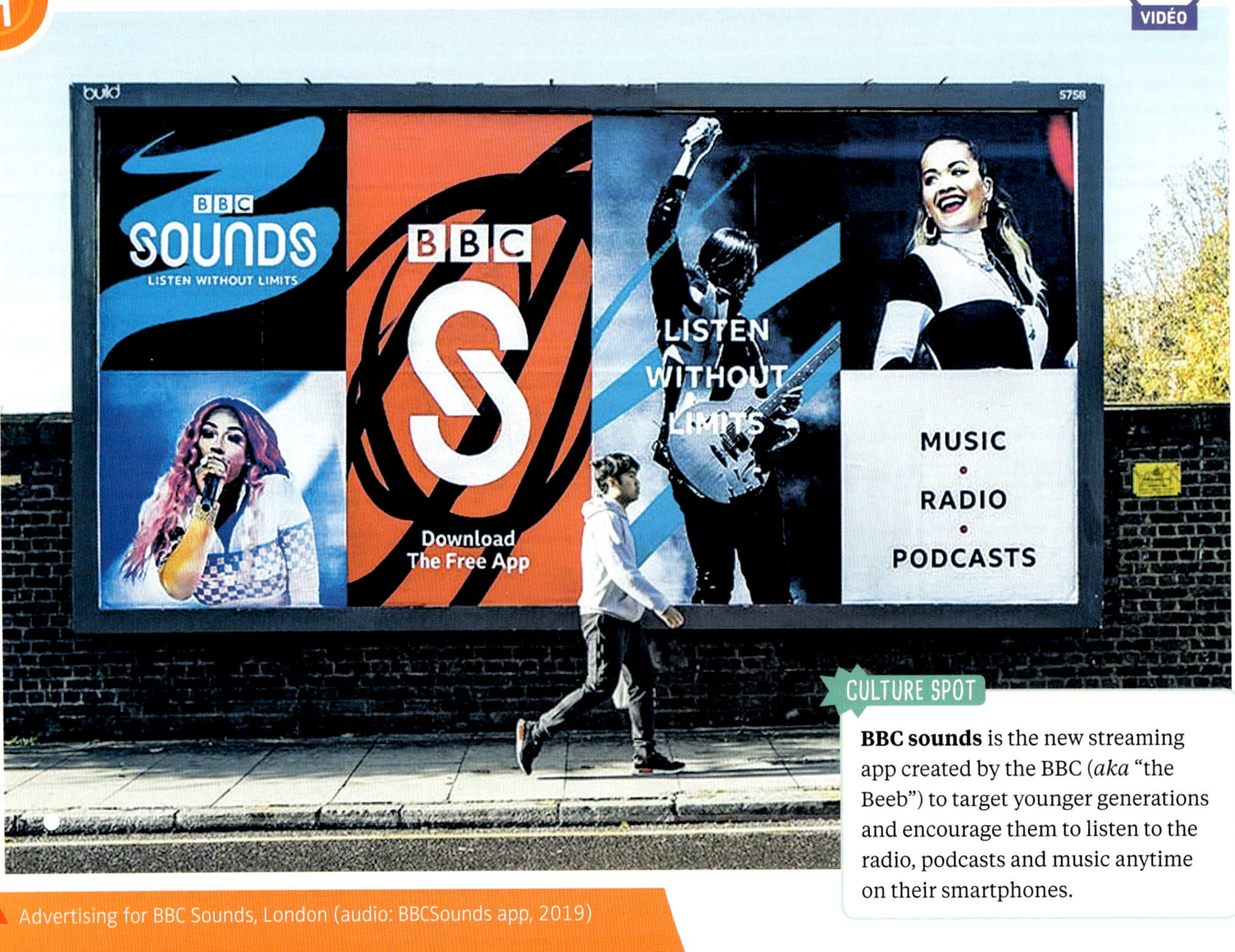

▲ Advertising for BBC Sounds, London (audio: BBCSounds app, 2019)

CULTURE SPOT

BBC sounds is the new streaming app created by the BBC (*aka* "the Beeb") to target younger generations and encourage them to listen to the radio, podcasts and music anytime on their smartphones.

B

AUDIO

The New BBC Broadcasting House in London (audio: 90 years of broadcast, BBC)

Damon Albarn on the BBC

KEY DATES

1920s: Creation of the BBC
1934: Creation of the iconic BBC microphone
1940: Churchill's speeches broadcast on the radio
1954: The Queen's coronation on BBC television
2012: Launch of BBC I player radio
2019: Creation of BBC Sounds App

WORDS

- **ai**rwaves
- **a**ssets = adv**a**ntages
- host /həʊst/
- transm**i**tter

- old-f**a**shioned = outd**a**ted
- ren**e**wed

- br**o**adcast
- t**u**ne in
- upd**a**te

C

AUDIO

BBC radio play competition, *S. Carlon*, 2015

CULTURE SPOT

The UK is the biggest producer and consumer of **radio plays** in the world. Actors record plays meant to be listened to on the radio. Listeners tune in every day to listen to these programmes.

DISCOVER AND SHARE

Join your team and focus on one of the documents.

Doc A. **Watch** the video online. **Take** notes about the different kinds of programmes offered by the BBC. **Explain** the goal of this ad.

Doc B. **Study** the documents and **listen** to the report. **Find** information about the history and influence of the BBC.

Doc C. **Listen** to the audio. **Define** radio dramas and **explain** the aim the competition the girl is entering.

NOW SHARE

Share your findings and **discuss** the role and the influence of the BBC in British citizens' everyday lives.

EXPLORE

1. Gathering the nation

→ *How has the radio been used to gather the nation?*

1 Broadcasting to win the war

Winston Churchill is best remembered as the British prime minister whose speeches rallied a nation under a relentless Nazi onslaught[1] in World War II. Winston Churchill is best remembered as the British prime minister whose speeches rallied a nation under a relentless Nazi onslaught in World War II. But few people know that he won the Nobel Prize in Literature—in part for his mastery of speechmaking.

Now, a new exhibition at the Morgan Library in New York City, "Churchill: The Power of Words", holds a megaphone to Churchill's extraordinary oratory.

On May 13, 1940, three days after Germany invaded France, Churchill gave his first speech as Prime Minister to the House of Commons, a speech that was later broadcast to the public. "I have nothing to offer but blood, toil, tears and sweat," he said, as he helped the country brace for[2] hard times.

"Winston Churchill managed to combine the most magnificent use of English—usually short words, Anglo-Saxon words, Shakespearean," says Andrew Roberts, author of a history of World War II called *The Storm of War*. "And also this incredibly powerful delivery. And he did it at a time when the world was in such peril from Nazism, that every word mattered."

In another landmark speech, Churchill proclaimed: "You ask, what is our aim? I can answer in one word: victory. Victory at all costs." [...]

"The climax of oratory is reached by a rapid succession of waves of sound and vivid pictures," Churchill wrote. You can hear the way he employed these rhetorical methods in the weekly radio address he gave on Sept. 11, 1940, as he responded to Hitler's merciless aerial assault on London. [...]

▲ Gary Oldman as Churchill in *Darkest Hour*, 2017

On April 9, 1963, President John F. Kennedy summed up Churchill's speech-writing achievements, saying, "In the dark days and darker nights when England stood alone—and most men save Englishmen despaired of England's life—he mobilized the English language and sent it into battle."

On June 18, 1940, immediately after the fall of France, Churchill rallied the British people once more. With his characteristic Shakespearean gusto[3], he declared, "Let us therefore brace ourselves to our duty, and so bear ourselves, that if the British Empire and its Commonwealth last for a thousand years, men will still say, 'This was their finest hour.'"

In 1938, Churchill said dictators were afraid of the power of words. "A state of society where men may not speak their minds cannot long endure."

Tom VITALE, *npr.org*, July 2012

> "We shall fight on the beaches,
> we shall fight on the landing grounds,
> we shall fight in the fields and in the streets,
> we shall fight in the hills;
> we shall never surrender."
>
> W. CHURCHILL, 4th June 1940

1. assault 2. get ready for 3. enthusiasm

a. Read the article and **identify** the historical context.

b. Note down Churchill's oratory tools and **explain** why they were particularly appropriate for the radio.

c. Read the quote from the 4th June speech and **recap** the role of radio broadcast in the war effort.

BAC **Comment** on the impact of Churchill's words on the citizens' sense of identity.

AT HOME VIDÉO **Watch** the scene from *Darkest Hour* online. **Comment** on Churchill's oratory skills and message.

WORDS

- address
- sense of belonging
- turning point
- war effort

- determined
- unified
- up-to-date

- bring together
- carry one's point
- convey a message
- raise awareness

2 Strengthening the Empire

AUDIO

▲ Princess Elizabeth's speech, 21 April 1947

e-workbook PARCOURS DIFFÉRENCIÉS

a. **Observe** the picture and **read** the Culture Spot. **Identify** the context in which the speech was given.

b. **Explain** what the "British family of nations" refers to.

c. GRAMMAR *"We **shall** be able to make of this ancient Commonwealth…"*. **Focus** on the use of the modal auxiliary. **How** does it help the princess convey her message? ▸ 2 p. 44

BAC **Comment** on the princess's choice to make such a speech on the radio.

CULTURE SPOT

On her **21st birthday**, Princess Elizabeth was with her family on a tour of South Africa. In a speech broadcast on the BBC from Cape Town, she announced that she would dedicate her life to the service of the Commonwealth.

a. **Read** the Facebook post and **guess** what the *#MentalHealthMinute* consists of.

b. **Listen** to the radio advert and **explain** the purpose of the Heads Together campaign.

c. PHONOLOGY **Focus** on the stress on the words: *desperate – mentally – healthy*. **Identify** the word they derive from and **deduce** the stress rule. ▸ p. 45

d. **Explain** the choice of the radio as a medium for this campaign's message.

YOUR TASK You're the school's radio presenter. **Record** a short introduction for your special programme on the BBC's key radio moments.

BOOST YOUR SKILLS!

Capter l'attention

- Utilise des formules d'accroche : *Are you listening?* • *Let me begin by…* GRAMMAR 1 p. 44
- Adresse-toi directement aux auditeurs : *As I speak to **you**…* • ***Answer** these questions out loud.*
- Pense aux répétitions et effets de rythme qui renforcent ton message : *We **shall** fight on…, we **shall** fight on…, and we **shall** never surrender.* • *And to **listen**, to really **listen**…*

3 Addressing universal issues

AUDIO

Heads Together ✔
14 may 2018

At 10:59 today, tune in to any UK radio station as the Duke of Cambridge, Prince Harry, Dame Judi Dench, David Harewood, Lady Gaga & Dame Jessica Ennis-Hill get their #HeadsTogehter with 300+ radio stations and take part in the #MentalHealthMinute. Don't miss it!

2,1 k 1,1 k

Heads Together campaign share, 2018

EXPLORE

2. Radio unlimited

➜ *How has the radio helped Britain be on the cutting edge of pop music?*

1 Pirate radios

Doc. 1

The narrator remembers a turning point in British cultural history. Music listeners and the government shared very different views.

Sir Anthony Roxbury's questions in the House of Commons a few days later provoked the kind of howl[1] in the press that any amount of pandering[2] to them by us had signally failed to do. One might have thought we had been keeping the whole thing a closely guarded secret. According to the headlines, an outrage rivalled only by the Spanish Armada had been fearlessly exposed off the English coast. A band of 'Pop Pirates', possibly foreign, were threatening the nation's eardrums[3] with unrestricted music, much of it subversive. Teenage morals were in jeopardy[4], not to mention shipping lanes. Radio frequencies sacred to the emergency services were belatedly found to be jammed[5]. Chaos loomed. Something must be done.

Ian Ross, *Rocking the Boat*, 1990

1. controversy 2. *se plier aux exigences* 3. *tympans* 4. in danger 5. *encombrée*

▲ DJ Gavin in *The Boat That Rocked*, 2009

Doc. 2

On this day in 1967, the Marine Broadcasting Offences Act was introduced to stop pirate radio and Radio Caroline was its main target.

But now, 50 years later, radio's rebels are officially going straight—Ofcom[1] has granted the station its first full-time AM broadcast licence.

Back in the 1960s, Radio Caroline was among those stations being illegally broadcast on medium-wave frequencies from ships off the UK coast. To get Caroline on air a 150ft antenna mast was mounted to a Dutch trawler[2] with one goal in mind—to play pop music all day.

The station's current programme manager DJ Kevin Turner said that, at the time, the BBC was playing "very little" pop music.

He told *Sky News*: "It was Caroline and the other pirate radio stations that came along that really broke the mould and got people listening to The Rolling Stones, The Who, and Caroline especially pioneered Tamla Motown which had never really been heard in the UK." Peter Moore, Radio Caroline's station manager, told Sky News that running a radio station from a ship remains a "hazardous pastime".

"Here we are on a tiny ship, vast amounts of electricity flying around everywhere, coupled with saltwater, the dangers of falling and the greatest danger transferring from one ship to another when supply boats come out."

Turner admitted: "We've had our ups and downs, ships being towed away, anchors breaking, masts falling down but there's something about the Caroline family and this feeling you get when you set foot on it."

BBC Radio One was eventually introduced as an official alternative to rival the pirates. But the role played by stations like Radio Caroline in shaping the sound of modern broadcasting should not be underestimated.

Katie Spencer, *Sky News*, August 2017

1. The Office of Communications 2. *chalutier*

a. Read doc. 1 and **say** who the "pop pirates" were.

b. Turn to doc. 2 and **explain** the aim of Radio Caroline.

c. GRAMMAR "*__Running__ a radio station from a ship remains a hazardous pastime*" (l. 29). **Comment** on the use of the *-ing* form.

d. Explain why broadcasting was risky.

BAC **Discuss** the role British radios may still play in spreading rock and pop culture.

AT HOME VIDÉO **Watch** the trailer of *The Boat That Rocked* online and be prepared to **explain** why young people loved to tune in to pirate radios in the Sixties.

WORDS

- mindset
- outreach

- conservative
- open-minded ≠ narrow-minded
- worldwide

- circumvent = bypass the law
- provide access
- spread
- target the youth
- tighten bonds

2 RADIO GLASTONBURY

If you're not going to Worthy Farm, *The Guardian* and the BBC have an entire weekend of highlights to watch and listen to from a mud-free sofa.

It's looking like the current European heatwave will put paid to the schadenfreude[1] you may have previously enjoyed during Glastonbury[2]: watching people on TV slog[3] through mud while you smugly[4] sip tea with your dry feet perched on an ottoman.

But even if you are a bit jealous of everyone down at Worthy Farm, there's still a huge amount of coverage to enjoy at home via *The Guardian* and the BBC. [...]

The BBC meanwhile is hosting a typically comprehensive range of coverage on radio and TV—in fact, you can listen 24 hours a day via the BBC Radio Glastonbury station on the Sounds app, which features music from artists playing the festival alongside live shows, classic performances and occasional takeovers from the likes of Sigrid[5]. Here are the highlights from their regular programming.

The Guardian, June 2019

"For the first time, listeners can hear Glastonbury delights 24 hours a day, all at the touch of a button on BBC Sounds. Our curated BBC Radio Glastonbury stream will be live from Thursday through to Monday, making BBC Sounds the place for music fans who want an access all areas pass."

Charlotte Lock, Launch Director, BBC Sounds

1. *malin plaisir* 2. pop-rock music festival 3. *trimer* 4. satisfactorily 5. a singer

a. Read the article and the quote and **find out** what Radio Glastonbury is about.

b. GRAMMAR "*There is still a huge amount of coverage __to enjoy__.*" **Explain** what the form in bold insists on.

c. Comment on what the BBC offers to its listeners.

BAC **Relate** all the documents and **discuss** the role played by the radio to connect people around the world.

BOOST YOUR SKILLS!

Mettre en valeur des atouts

- Présente les possibilités offertes : *Listeners will be able __to access__* • *Listeners can __select__* • *Available __to view__ on...* GRAMMAR 1 p. 44
- Utilise des adjectifs positifs : *The __ultimate__ destination* • *An __iconic__ festival* • ***Amazing** stories*
- Pense aux superlatifs et structures intensives pour renforcer ton propos : ***The most** iconic...* • ***Such** a wide range of ways* • *It is **not just** about news...*

EXPLORE

3. Turning away from the BBC?

➜ *How is the British radio trying to appeal to younger generations?*

1 BBC faces existential crisis

The BBC is facing an existential crisis as a result of its failure to reach younger audiences in the face of competition from commercial rivals and online services such as YouTube and Netflix, according to Ofcom[1]. The media regulator found that young people were increasingly turning away from the corporation's TV and radio output and the BBC was "not currently doing enough, quickly enough" to turn this around.

The research found that 16 to 34-year-olds spend about an hour and 20 minutes a day consuming BBC content—around half the average time across all age groups. [...]

Young people told Ofcom they felt the BBC focused on older audiences too much. "Young people also want the BBC to take more risks and felt it was too reliant on conventional formats," the regulator said.

A BBC spokesperson said: "Young people spend more time with the BBC than any other media provider including YouTube, Spotify or Netflix. But it's an incredibly competitive market and young people have far more choice today than previous generations.

"We want to ensure that everyone gets value from the BBC, and this is why we've said we want to reinvent the BBC for a new generation by investing in BBC Three, children's and young people's services, improving BBC iPlayer and launching the BBC Sounds app." [...] 'The third-party funding[2] enables the BBC to broadcast, and UK audiences to enjoy content the BBC may not otherwise have been able to produce, but third-party funding is typically focused on programmes with global appeal, rather than content that specifically reflects the lives and issues of UK audiences."

Jim WATERSON, *The Guardian*, October 2018

WORDS

- generation gap
- youngsters

- appealing
- passionate
- tedious = dull

- allure = attract
- demystify /diːˈmɪstɪfaɪ/
- give a new style to
- rejuvenate

1. The Office of Communications
2. the fact that the BBC is mostly financed by citizens' licence

a. Read the article and **identify** the two main competitors of the BBC.

b. Describe young people's relationship with the BBC.

c. Rephrase the BBC's strategy to reach more listeners.

d. Comment on what could be the *"Content that specifically reflects the lives and issues of UK audience."* (l. 37)

2 A young radio presenter

AUDIO

▲ Jess Gillam, finalist in the BBC Young Musician of the Year Awards 2016

CULTURE SPOT

In March 2019, streaming services reported a 270% rise in the number of subscribers to their most popular **classical music** playlist, with 43% of those new listeners being millennials.

a. Focus on the title, picture and caption and **find out** Jess Gillam's connection with the radio.

b. Listen to the radio ad and **explain** what *This Classical Life* is about.

c. Explain and **comment** on the BBC's reasons for offering such a programme.

YOUR TASK **Interview** Jess Gillam about her new role as a radio presenter and the status of classical music for young generations.

BOOST YOUR SKILLS!

Donner envie de faire quelque chose

- Mets en avant les bénéfices de l'action : ***Adding*** *this new experience to my carrer is so...* • *It enables audiences* ***to enjoy*** *content...* • *Giving the opportunity* ***to hear****...* GRAMMAR 1 p. 44
- Utilise des tournures emphatiques pour susciter l'envie : *There is* ***far more*** *choice today than...* • *The young****est*** *presenter* ***ever****...* • *The* ***unique*** *opportunity to...*

FINAL TASK

Create a radio spot to promote the assets of British radio.

You work for an advertising agency and you are in charge of creating a radio spot to celebrate the 100th anniversary of the BBC. You have been asked to insist on British radio's outreach and to find the right tone to attract young people's attention.

1. **Gather** your ideas and arguments focusing on:
   – the role of the BBC in history;
   – the evolution of the media through time;
   – its worldwide outreach;
   – young people's relationship to the radio.
2. **Think** about the form of your radio spot and the tone you want to use. Don't forget to **praise** the radio's numerous achievements and **encourage** young people to listen to the radio.
3. **Record** your spot. **Speak** only from notes and **make** sure to create an attractive spot.

YES YOU CAN! Create an appealing radio spot

INTRODUCTION

Choisis une entrée en matière percutante avec une phrase d'accroche, une chanson ou un jingle.

Are you listening? Are you really listening?
Rita Ora's song: Your Song.

PRÉSENTATION

Développe le contenu pour faire comprendre l'objet du spot.

Jess Gillam is adding another milestone to her multifaceted career...
Being able to talk about how you're feeling is essential for keeping mentally fit and healthy.

CONCLUSION

Tu peux clore ton spot comme tu l'as ouvert, sur une formule percutante, ou en interpellant les auditeurs, ou plus simplement, en rappelant des informations pratiques

Listen without limits.
Oy, don't forget me!
On BBC Radio 3 on Saturday, or available as a podcast on BBC Sounds.

Radio ads, p. 36, p. 39, p. 42

EXEMPLES

Appuie-toi sur des exemples précis.

Right now. You are one of 20 million people listening.
Confirmed guests include 22 years-old pianist..., double bassist Sam Becker...

EMPHASE

Utilise des tournures d'insistance pour mettre en valeur ton propos.

*The young**est** presenter **ever** on the station...*
*Giving audiences the **unique** opportunity to hear...*
***Each and everyone of us** has the power to make a difference.*

ATTRACTIVITÉ

Adresse-toi directement aux auditeurs avec enthousiasme. N'hésite pas à jouer sur l'humour.

What do you do at a green light?
Stop or should you go on green?
This is the fifth time you've listened to that in a row, why don't you try something else?

STRATEGIES Faire une présentation orale p. 236

BOOST YOUR ENGLISH!

Grammar — Infinitif, base verbale et gérondif

PRÉCIS 10 ET EXERCICES

Grammar Tuto

BASE VERBALE
= forme la plus simple du verbe, neutre.
Après des **verbes de perception**, **modaux** ou **équivalents**.
When I **heard** them **sing** on the BBC, I **didn't know** them.

INFINITIF (*to* + BV)

= expression d'un **but**, d'une chose à faire.

- Après un verbe de **volonté**, **nécessité** ou **refus**.
  - We **refuse to follow** the rules.
  - We **want to change** society.
- Après un adjectif de **jugement**.
  - It is **hard to find** pirate radios today.

GÉRONDIF (BV + *-ing*)

= expression d'une **activité** en cours ou déjà expérimentée.
Il a les caractéristiques d'un **verbe** et d'un **nom** (=**nom verbal**).

- Seul, avec la **fonction d'un nom**.
  - **Broadcasting** across the world is essential for the BBC.
- Après les verbes de **goût**.
  - I **like playing** classical music.
- Après une **préposition**.
  - I told him **about listening** to this programme.

⚠ Après un verbe de goût, on peut choisir
- **le gérondif** : *He loves* ***listening*** *to music.* (= le fait d'écouter)
- **l'infinitif** : *He loves* ***to listen*** *to pop music.* (= ce type de musique)

1 Utilise : infinitif, base verbale ou V-*ing*. Justifie ton choix.

a. After (*hear*) about this new programme, I wanted (*learn*) more about it.
b. One of my favourite activities is (*listen*) to young artists on Radio 3 and just (*relax*).
c. I love (*discover*)... new artists thanks to the BBC channels, you should (*try*) too!
d. (*Broadcast*) interviews is what Radio 1 does best!
e. She'd love (*attend*) a radio show live because she wants (*become*) a radio host.

2 Traduis ces phrases en prêtant attention aux éléments soulignés.

a. <u>Parler</u> à la radio n'est pas si facile !
b. C'est excitant <u>d'écouter</u> des reportages en direct à la radio.
c. Les jeunes <u>ne veulent pas écouter</u> du classique à la radio, mais ils <u>aiment écouter</u> la radio !
d. <u>Avant de critiquer</u> la BBC, il <u>faut en écouter</u> les programmes !
e. <u>Propose</u>r de nouveaux programmes n'est pas facile, mais la BBC <u>sait le faire</u> !

→ More in *Pump it up!* p. 36

Grammar — Le modal *shall*

- Le modal *shall* est très peu utilisé de nos jours. On ne l'emploie en général que pour **faire des suggestions**, le plus souvent à la forme interrogative :
  Shall *we listen to the BBC? = Why don't we listen to the BBC?*
- En anglais britannique, *shall* peut aussi servir d'**équivalent de *will*** à la deuxième personne du pluriel, parfois aussi du singulier. Il marque alors un **engagement solennel**.
  We ***shall*** *fight on the beaches, [...] we* ***shall*** *fight in the hills; we* ***shall*** *never surrender.*
  (Nous nous battrons [...] nous ne nous rendrons jamais.)

3 Reformule ces suggestions à l'aide de *shall*.

a. Let's listen to this programme tonight!
b. Why don't we download the app?
c. I heard her on BBC3. What about buying her latest album?
d. Why don't we visit BBC Broadcasting House?

4 Reformule ces phrases à l'aide de *shall* ou *will*. Justifie ton choix.

a. "You forgot to record my favourite show! Please... don't forget tomorrow". → *I...*
b. Radio 3 plans to offer new programmes in 2025. → *Radio 3...*
c. We are considering a career in the radio business. → *We...*
d. Listening to your programme on Radio 1 is on my to-do list, I promise! → *My family and I...*

Vocabulary — Radio in the UK

EXO Lexiquiz

Events (AUDIO)
- breaking news
- music festival
- special report
- attend a festival
- cover a concert

At the radio station (AUDIO)
- host = radio presenter
- recording booth
- transmitter
- present a show
- report facts

Radio show (AUDIO)
- be on air
- broadcast
- speak on the airwaves
- stay tuned
- surprise listeners
- tune in

History (AUDIO)
- British Empire
- war effort

- gather the nation
- make a speech
- strengthen the bonds

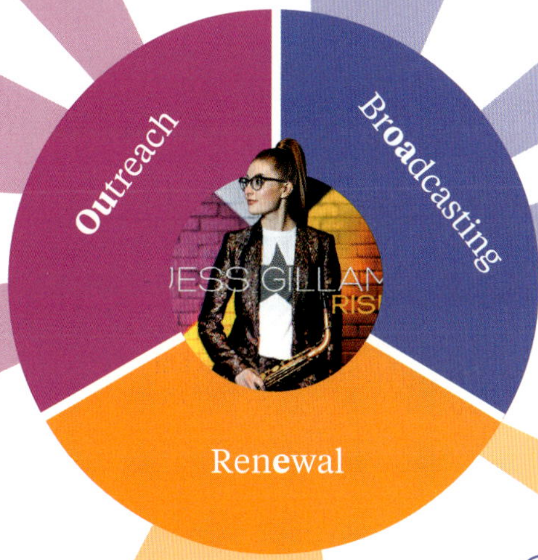

Online (AUDIO)
- app
- charts = hits
- modern technology
- on demand
- podcasts
- replay
- streaming

Messages (AUDIO)
- campaign
- censorship
- propaganda

- accurate

- raise awareness
- spread values and culture

Limits (AUDIO)
- old-fashioned
- outdated
- outperformed by
- tedious = boring

- lose interest in

Goals (AUDIO)
- appeal
- bridge the generation gap
- reach a broader audience
- target young people
- update = modernise

1 Complète ces phrases avec un verbe de la mindmap.

a. The number of young people ... to the radio has been decreasing in the past few years.
b. Churchill's speeches were ... on the radio to contribute to the war effort.
c. BBC journalists are required to ... accurate information.
d. The BBC has enabled Britain to ... the bonds with the Commonwealth.

2 Associe chaque mot à sa définition.

on air – host – the Beeb – radio play

a. The person in charge of presenting a show.
b. A drama programme meant to be listened to.
c. The nickname of the BBC.
d. The expression saying that the show has started.

Phonology — L'accent de mots : adjectifs et adverbes dérivés

AUDIO → More in *Pump it up!* p. 80

L'accent porte en général sur la **première** syllable du mot. Lorsque l'on ajoute un **suffixe** pour former un **mot dérivé**, l'accent peut parfois se déplacer. Dans le cas des **adjectifs** et **adverbes** dérivés, on peut retenir ces règles.

- Modification d'accent : avec des suffixes comme ***-ual***, ***-ic***, ***-ical***, ***-ial***, ***-ious***, l'accent est placé sur la syllabe précédant le suffixe : *character* → *characteristic*.
- Pas de modification : les suffixes ***-al***, ***-ous***, ***-ly***, ***-ed***, ***-ing***, ***-ful***, n'affectent pas la place de l'accent.
  classic → *classical* ; *natural* → *naturally*.

1 a. Note dans un tableau les adjectifs dérivés des noms suivants. Indique l'accent, écoute et vérifie.

music – success – artist – innovation – history – talent – icon

Nom	adjectif
controversy	controversial

b. Fais de même pour les adverbes dérivés de ces adjectifs.

incredible – real – certain – essential – wide – honest

2 Trouve l'adjectif ou l'adverbe dérivé du mot donné et souligne la voyelle à accentuer.

a. (*music*) speaking, it's been a (*fantasy*) success.
b. Just like jazz, (*classic*) music can sometimes be (*improvisation*).
c. She is the new (*icon*) host of the BBC.
d. This programme is (*essential*) dedicated to young and (*talent*) artists.

BAC TEST YOUR SKILLS

ÉPREUVE ÉCRITE 1H30

e-workbook GRILLES D'AUTO ÉVALUATION

PARTIE 1 ▶ Compréhension de l'oral

• Consacre 20 à 30 min à cette partie.

Doc 1 Creating a new app

BBC sounds launch, *Radio Today UK*, 2018 AUDIO 1'30s

▶ Vous écouterez le document à trois reprises, séparées par une pause d'une minute. Vous rendrez ensuite compte en français de ce que vous avez compris.

STRATEGIES ▶ Comprendre un document audio p. 232

Prends des notes sur :
- la nature et les circonstances de la prise de parole ;
- le ton du locuteur ;
- le message qu'il adresse ;
- les enjeux de son discours.

PARTIE 2 ▶ Compréhension de l'écrit et de l'ensemble du dossier

• Consacre environ 1 h à cette partie.

Doc 2 Radio app targets next generations

The BBC's director of radio is worried. Younger audiences are listening to more audio than ever before. They understand the captive quality of spoken-word stories. They're more likely to listen to challenging, interesting podcasts on their commute to work or while in the car. They want to hear new music, tailored to their interests. The problem is they don't necessarily need to go to the BBC to get what they want.

"If we don't do anything over the next 10 years you'll have a two-speed BBC radio audience," says James Purnell, the man tasked with turning this around. "People who'd grown up with it and people who didn't." [...]

The problem is that ever since the BBC was founded almost a century ago it has been based around an era of broadcasting that was designed towards a comprehensive[1] offering: a shared listening—and then viewing—experience. But just as Netflix upended TV viewing habits, the growth of podcasts and Spotify means listeners increasingly expect their audio content to be personalised to them. Put simply, they no longer need to listen to a playlist or a schedule that does not perfectly suit their needs.

"BBC Radio is still incredibly successful, but I don't think it's ever faced such competition," says Bob Shennan, a lifelong BBC employee. "People are listening to things the whole time but the competition for their ears is with a whole host of organisations beyond the commercial radio sector."

With this in mind, the corporation is putting its hope in BBC Sounds. [...] It will bring radio livestreams, catchup services, music mixes and podcasts together under one roof.

Personalised recommendations will push listeners towards content they would not necessarily have listened to—a Radio 3 documentary or a specially commissioned podcast such as the Today programme spin-off, Beyond Today, for instance. BBC radio presenters will produce music mixes—although, unlike on Spotify, listeners will not be able to skip individual tracks.

Convincing people to break their existing habits and put their trust in a BBC-only app will not be easy. Spotify has started to include

1. *exhaustive*

a large number of podcasts—including BBC material—directly in its app and a growing number of people listen to the radio via voice assistants such as Amazon's Alexa. [...]

"The world in which we offer this amazing idea called the BBC has changed exponentially over nearly a century and particularly in the last decade," he says. "And because the BBC is really important and valued by licence fee payers it's got to continue to be relevant.

"Otherwise you leave the BBC set in aspic[2] and increasingly irrelevant. If you believe in the BBC you have to let it flourish in spaces where it can have a greater public value than market impact. That's what we seek to do: be relevant."

Jim WATERSON, *The Guardian*, 28 October 2018

2. *Fig: figée dans un moule*

Doc 3 A new voice assistant

The BBC has announced that it is launching a smart assistant to rival Google's Assistant, Apple's Siri, and Amazon's Alexa.

The assistant, which is called "Beeb" (although that is reportedly a working title) will work on all smart speakers, TVs, and smartphones—as well as the BBC iPlayer app and the iPlayer website, reports *The Guardian*.

A BBC spokesperson said that a digital assistant would help the BBC to "experiment with new programmes, features and experiences without someone else's permission to build it in a certain way. It will also allow the BBC to be much more ambitious in the content and features that listeners can enjoy."

BBC staff across the UK are being encouraged to record their voices to train the assistant to recognise different accents. It has not yet been decided who will be the voice of 'Beeb'.

The move comes while the BBC has been trying to drive users towards their own products, rather than accessing BBC content through other platforms. [...]

The BBC is hoping that with more people accessing its content via its own services it will be able to better understand what viewers and listeners enjoy. The full assistant will be launched next year.

Adam SMITH,
pcmag.com, August 2019

Compréhension de l'écrit

▶ Using your own words, account for docs 2 and 3 focusing on :
- The nature of both documents and their goal;
- the issues faced by the BBC;
- the relationship between the media and younger generations;
- the solutions offered by the broadcasting company;
- the future of the radio.

STRATEGIES ▶ Lire et comprendre un texte p. 233

Compréhension de l'ensemble du dossier

Consider the audio and the texts and explain how the radio remains a platform to reach British youngsters.

PARTIE 3 ▶ Expression écrite

• Consacre 30 à 40 min à cette partie.

▶ **Vous traiterez en anglais et en au moins 120 mots l'un des deux sujets suivants au choix.**

SUJET A : You're answering the BBC's study to know more about young people's needs. Write an email to the BBC and explain what you expect from their future app.

STRATEGIES ▶ Écrire un courrier électronique p. 241

SUJET B :
Do you think the radio still has an educational role for younger generations? Why or why not?

"Radio, radio
I'd sit alone and watch your light
My only friend through teenage nights
And everything I had to know
I heard it on my radio"

Roger TAYLOR for Queen, *Radio Gaga*, 1984

STRATEGIES ▶ Écrire un texte argumentatif p. 243

play **BAC**

BRAINSTORMING

IDENTITIES AND EXCHANGES

Why do people cross borders?

- → For economic opportunities (the conquest of the West, oil industry in Alaska nowadays, etc).
- → To flee persecutions (The Pilgrim Fathers in the 1620s, Cuban exiles in Florida in the 20th century).
- → In search of a better life (appeal of the American Dream).
- → To discover another country and culture (tourism, studying abroad).

To what extent does travelling broaden one's horizon?

- → Creating bonds across the world (Erasmus programme in Europe).
- → Experimenting a new way of life (studying or working abroad).
- → Confronting one's expectations with reality (difficulties to adapt, harsh environment, culture shock).

How do increasing exchanges impact cultural identities?

- → Erasing diversity by imposing a dominant culture (minorities' forced assimilation, nowadays cultural globalisation).
- → Enriching local communities (Caribbean culture's diverse influences, London's multiculturalism).
- → Fostering conflicts and complex identities (India or Hong Kong's relationships to the UK).

How do people strive to preserve their cultural identity?

- → Gathering the nation (the role of the BBC in the UK and abroad).
- → Promoting one's culture's specificities (Indian food, Alaskan books/films/video games, Aboriginal paintings).
- → Encouraging cross-cultural communication (Native Alaskans; university clubs).

SPEAK ABOUT...

Identities and exchanges

• In pairs, look at the mind map and discuss the topics using the guidelines and your personal knowledge. You can ask your partner other questions. Develop these examples or choose any others from the English-speaking countries.

WORDS

AUDIO

Nouns

- acculturation
- alien = foreigner
- border
- boundary = barrier
- custom = tradition
- (social) downgrading
- globalisation
- haven = shelter
- multiculturalism
- misunderstanding
- newcomer
- protectionism
- ties = bonds

Adjectives

- disillusioned = disappointed
- downtrodden = oppressed
- enriching = rewarding
- excluded from
- foreign
- global = international
- hopeful
- lured by = attracted by
- out of reach
- pulling = attractive
- thwarted = frustrated
- unknown
- uprooted

Verbs

- allure = attract
- assimilate
- blend into = mix with
- cut off from one's roots
- face hardships
- fit into
- go abroad
- leave one's mark on
- seek asylum
- seize (an opportunity)
- start afresh = anew
- tighten (bonds)
- yearn for = desire strongly

Voie générale

5'

• Vous traiterez **en anglais** et **à l'oral** l'un des deux sujets, **au choix**.

1. Look at the two images and say which one corresponds best to your understanding of *Identities and exchanges*. Explain your choice and give precise examples from what you studied in class or what you know about English-speaking countries.

• Les images contiennent parfois du texte. Prends bien le temps de le lire pour ne pas faire de contre-sens.
• Puise tes exemples dans ton cours d'anglais mais aussi d'autres disciplines (géographie, histoire) pour étayer ton argumentation.

2. Read the two quotes and say which one corresponds best to your understanding of *Identities and Exchanges*. Explain your choice and give examples from what you saw in class or what you know about the English-speaking countries.

> "Wherever you go becomes part of you somehow."
> Anita DESAI (Indian writer)

> "The study of geography is about more than just memorizing places on the map. It's about appreciating the diversity of cultures that exists across the continents."
> Barack OBAMA (former President of the USA)

• La citation est une idée que tu expliques et illustres avec des exemples que tu as étudiés en classe ou que tu maîtrises par ailleurs.
• Quand tu le peux, sers-toi de ce que tu sais de leurs auteurs pour aller plus loin dans la réflexion.

Voie technologique

5'

A few ideas about *Identities and exchanges* in technology…

ETLV

STL STI2D STD2A
• Present Bird electric scooters in London.

STMG
• Present the BBC World Service and explain how it contributes to spreading British culture.

ST2S
• Explain how social workers can help immigrants in the USA (National Association of Social Workers guide).

STHR
• Present the advantages and difficulties of sustainable tourism for both the local population and the tourists in an English-speaking location of your choice.

• Lorsque tu présentes ton projet technologique, fais des liens avec son utilisation ou son impact dans la sphère anglophone.
• Choisis une association ou une entreprise en lien avec le monde anglophone.

STRATEGIES Présenter un projet p. 248

FILE 4

ESPACE PRIVÉ ET ESPACE PUBLIC

PRIVATE SPACE AND PUBLIC SPACE

Masters and servants?

▶ **To what extent are private and public places codified by British society?**

FINAL TASK — **Write the diary entry of a member of a British household.**

More on SPEAKEASY NEWS speakeasy-news.com

A

VIDÉO

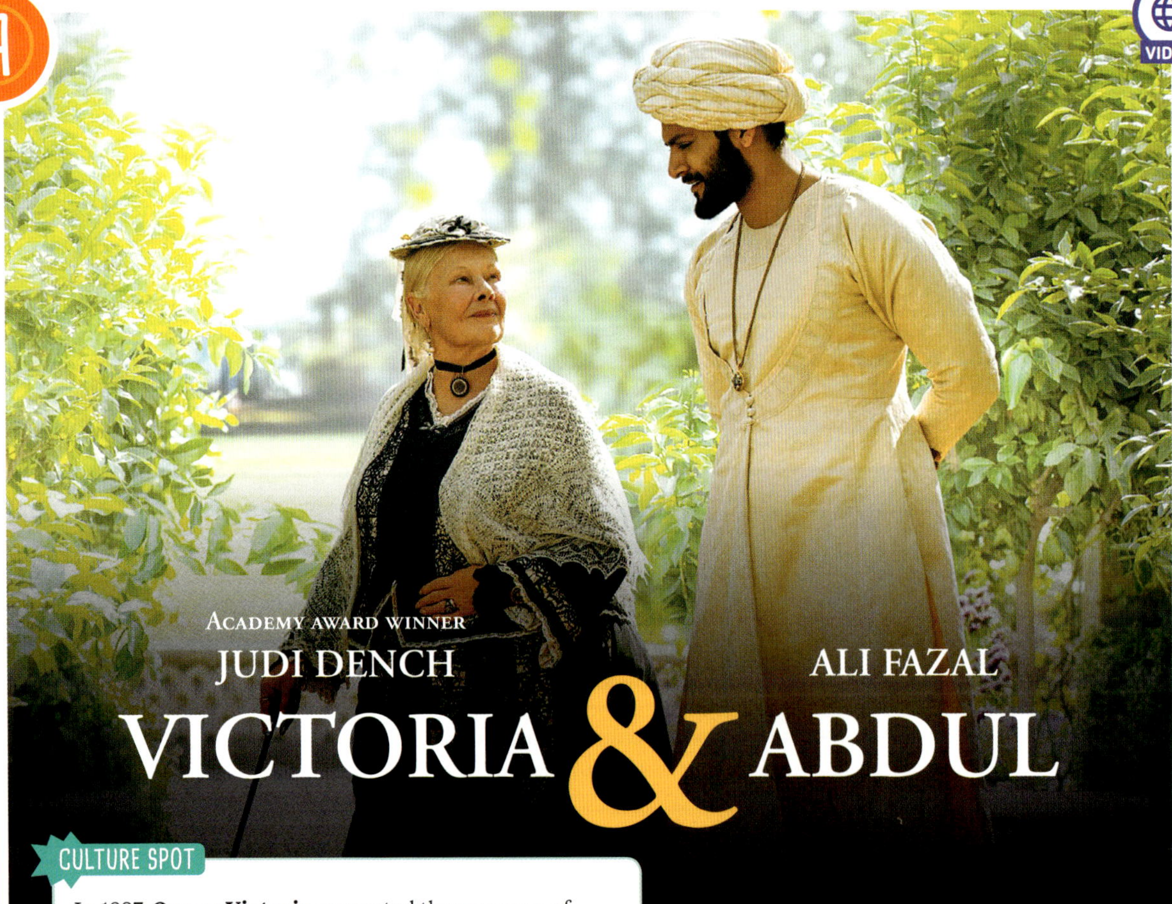

▲ *Victoria and Abdul*, a film by Stephen FREARS, 2017

CULTURE SPOT

In 1887, **Queen Victoria** requested the presence of Indian servants for her Golden jubilee. She befriended Abdul Karim who soon became her closest confidant and remained by her side until her death.

▲ *Downton Abbey*, a film by Michel ENGLER, 2019

B

"We want to go back in time and indulge in this, the nostalgia of people missing the series as much as they miss that era."
Elizabeth McGOVERN

About *Downton Abbey*, the film, *CBS*, 2019

WORDS

- **bu**tler: *majordome*
- **hou**semaid = **ser**vant /ˈsɜːvənt/
- **ma**ster/**mi**stress
- **so**cial **sta**tus /ˈsteɪtəs/

- **co**dified
- res**pect**ful
- well-**ma**nnered

- **de**dicate one's life to
- **en**ter **ser**vice
- look **af**ter
- set **bou**ndaries /ˈbaʊndəriz/

C

Norland Nanny School, *CBC News*, 2016

DISCOVER AND SHARE

Join your team and focus on one of the documents.

Doc A. Look at the film poster and **watch** the trailer online. **Explain** why the relationship between Victoria and Abdul was qualified as an "unlikely friendship".

Doc B. Observe the poster and **watch** the video. **Explain** how the actress's comment highlights the characters' assigned postures and roles.

Doc C. Watch the video and **explain** how the nannies are taught to conform to a certain role.

NOW SHARE

Share your findings with the class. **Discuss** the way British society's codes can shape one's private life.

EXPLORE

1. One house, two homes

➜ *How were society and spaces codified in Britain until WW2?*

1

THE LIFE OF AN EDWARDIAN SERVANT

Everyday life for a domestic servant in Edwardian townhouses was often far removed from the splendour of their surroundings

The Edwardian period[1] in Britain was a time when society still closely resembled that of the Victorian age[2] with clear class divides, but it was also a transformative time. In 1911, there were more than 1.3 million people (mainly women) employed as domestic servants in Britain – compared to 1.2 million working in agriculture and around 971,000 coal miners. The upper classes could afford to have housemaids, cooks and butlers to ensure their homes ran efficiently, with minimal effort from the family. A typical Edwardian townhouse would include accommodation for servants who would live alongside the family they served.

6ft Ideal height for a footman, whose pay was influenced by both his stature and looks – any shorter than 5ft 10in, and he would not be able to earn the top wage

SERVANTS' BEDROOMS Accommodation was provided, but these rooms were the smallest in the house, furnished sparsely and often in the attic. They would also be separated into male and female wings to deter fraternisation

4am Start time for a scullery maid, whose job it was to clean out the grates and relight the fires in the kitchens so breakfast could be prepared

THE DECLINE OF DOMESTIC SERVANTS After the war, the number of people in service dropped – though not because of demand. Many of the aristocracy struggled to afford the upkeep of their country estates but the middle classes flourished and began wanting help at home. The war, however, depleted the country of its young men and those who did return home wanted more out of their lives. Many women had taken on roles in factories and offices that men fighting at the front had left and these offered new opportunities out of service.

BEYOND THE BAIZE Servants needed to move around the house, but they had to do so unseen. The answer was a separate network of corridors and starcases, hidden behind a green baize door

THE BUTLER The butler was the main link between the world upstairs and that below. He was on hand whenever he was needed and would greet or dismiss visitors to the house. Butlers were normally bachelors so they could devote all of their time to their role

LEFTOVER LUNCH Servants could expect to eat the dinner scraps left behind from 'upstairs' meals

THE HOUSEKEEPER Head of the female staff, the housekeeper was a focal point of authority and integrity. She managed the accounts and was always referred to as 'Mrs', even if she wasn't married

17 hours Average hours worked by a domestic servant per day. Most had one afternoon a week off as well as Sunday mornings for church

A JOB TO BE PROUD OF Domestic service had once been a prestigious job for the working classes – it was secure and often included accommodation and food, which took the burden off families. There was a hierarchy among domestic servants, roles such as a lady's maid allowed you to be close with the family you served and potentially offered you a chance to travel.

CONDUCT BOARD Many households would have rules of conduct displayed in the servants hall. These included rules on where different servants were and were not allowed to go in the house, how servants were supposed to move around and carry out their duties almost invisibly and a ban on 'followers' – boyfriends and potential suitors.

RING THE CHANGES In larger homes, bells were installed to summon servants. As technology evolved, these became electrified

MAID TO MEASURE Maids had specific duties: for example, parlour maids maintained the living rooms, but would never be expected to empty a chamber pot, or wash the dishes

SERVANTS' HALL Typically in the basement, this was where domestic servants ate and spent their limited down time

INVISIBLE ENTRY Servants weren't permitted to use the main entrance to the house: they had to use a separate staircase leading outside via a rear or side door

£20 Average annual salary of a maid in the early 20th century. Kitchen maids and maids-of-all-work would be paid less

▲ BBC history revealed, May 2019

1. 1901-1910, reign of Edward VII
2. 1837-1901, reign of Queen Victoria

a. Read the introduction to the infographic and **pick out** information about Edwardian society.

b. GRAMMAR ▸ *"A typical Edwardian townhouse* ***would*** *include..."; "They* ***would*** *be separated into..."*. What does *"would"* express in this context? PRÉCIS ▸ 20

c. Focus on the infographic and **read** details about the household. **Show** how the house reflected the class structure.

BAC | **Explain** the statement *"One house, two homes."*

AT HOME VIDÉO **Watch** the first scene from Downton Abbey (Season 1, ep. 1) online. **Comment** on the various spaces and the servants' work there.

YOUR TASK You are a tour guide in a typical Edwardian house. **Focus** on a room and explain its function.

BOOST YOUR SKILLS!

Parler d'habitudes passées

- Situe les événements dans le temps : ***In*** *1911* • ***During*** *the Edwardian period* • ***In*** *the Victorian age*
- Sers-toi du prétérit pour évoquer une époque révolue : *There* ***were*** *more than...* • *Servants* ***needed*** *to...* • *Most* ***had*** *one afternoon a week...* GRAMMAR ▸ 1 p. 58
- Utilise le modal would pour évoquer des habitudes passées : *The butler* ***would*** *greet visitors...* • *Maids* ***would*** *never be expected to...* PRÉCIS ▸ 20

2 Living downstairs

e-workbook | PARCOURS DIFFÉRENCIÉS

Doc. 1

In 1922, when at the age of fifteen I entered domestic service—after two years as a 'daily'—servants were considered less than dusty by those who employed them; and ignorant, even positively 'not all there' by that section of the working class, male and female alike, who wouldn't have been seen alive, or dead, as a servant 'below stairs'. Regardless of their poor wages and often poverty-stricken home lives, shop girls were the romantic dreamers. Didn't they all day long handle delicate fabrics[1], perfumes and jewellery? Didn't they serve titled ladies and debutantes[2], and just serve them, not wait on them hand and foot as domestic servants did? Furthermore, shop girls had the opportunity to meet dashing and obviously wealthy young men, who were not averse to a little dalliance[3] with a pretty girl behind the counter. Small wonder that many a girl had visions of marrying one of those desirable and delectable prizes. [...]
One place where we never at any time looked for romance was above stairs. Although living in the same house, coming into contact in bedrooms, drawing-rooms and kitchen, those above stairs were, to servants, a world apart. None of us dreamed, or thought the prospect even remotely possible, of entering their life, of being one of them. Their style, their money and perhaps even their morals, were totally alien to the way of life below stairs. So, no matter if the sons or nephews occasionally visited the kitchen and servants' hall on some specious excuse, we knew well enough they were merely amusing themselves by slumming[4]. And yet, during my years in service, one girl did manage to change her status from downstairs to upstairs by marrying the son of the house; much to the Madam's dismay and the Master's fury.

Margaret POWELL, *Servants' Hall*, 1979

1. *tissus* 2. young woman from the upper class 3. *badinage* 4. *s'encanailler*

Doc. 2 VIDÉO

The True Story of Life Below Stairs, *BBC*, 2017

WORDS

- chores /'tʃɔ:z/: *corvées*
- hierarchy /'haɪərɑ:rki/
- upper ≠ working class
- low wages: *bas salaire*

- exhausting
- harsh = rough /rʌf/
- segregated
- tyrannical

- be at sb's beck and call: *obéir au doigt et à l'œil*
- obey the rules
- wait on/upon: *servir*
- work from sunrise to sunset

a. Read the text (doc 1) or **watch** the video (doc 2) and **find** information about the servants' life and work.

b. PHONOLOGY ▸ **Focus** on the /s/ sound in *houses*, *servants* and *masters*. What do you notice? ▸ p. 59

c. GRAMMAR ▸ *Took care* ***of****... – Stood separate* ***from****... – Slept* ***in****...* **Focus** on the prepositions. How do they help understand each servant's function or situation? ▸ 2 p. 58

d. Contrast the different jobs mentioned in terms of hierarchy.

EXPLORE

2. Blurring the lines

→ *Could the virtual walls between spaces and classes be permeable?*

1 An unexpected relationship

Jane Eyre has been hired as a governess to educate Adèle at Mr Rochester's mansion. Mr Rochester has summoned Jane Eyre to have a conversation.

1. *(fam.) foutaises* 2. error

▲ Charlotte BRONTË, *Jane Eyre*, 1847 (graphic Novel, 2008)

a. Read the document and **spot** the elements that identify Rochester and Jane as master and servant.

b. Pick out elements showing that Jane Eyre is an independent young woman.

c. Describe the change in colours and framing. **Explain** how it indicates that the characters' relationship is about to change.

d. Comment on Mr Rochester's last quote *"I find it impossible to be conventional with you."*

YOUR TASK Jane Eyre writes to her friend Bessie to tell her about her first conversation with Mr Rochester. **Write** that short letter.

BOOST YOUR SKILLS!

Exprimer des sentiments

- Exprime toi à la 1re personne : ***I** am sure...* • ***I** don't mean to...* • ***I** find it...*
- Utilise le lexique des émotions : *remorse* • *repentance* • *You **laugh** rarely and **fear** to **smile**...*
- Précise-les en variant les adjectifs : ***intolerable** defects* • ***good** points* • *learn to be **natural*** • *I find it **impossible** to be **conventional**...*

2 Once a butler, always a butler

AUDIO

As it happened, when she entered my pantry[1] that evening, I was not engaged in professional matters. That is to say, it was towards the end of the day during a quiet week and I had been enjoying a rare hour or so off duty. As I say, I am not certain if Miss Kenton[2] entered with her vase of flowers, but I do recall her saying:

'Mr Stevens, your room looks even less accomodating at night than it does in the day. The electric bulb is too dim, for you to be reading by.'

'It is perfectly adequate, thank you, Miss Kenton.'

'Really, Mr Stevens, this room resembles a prison cell. All one needs is a small bed in the corner and one could well imagine condemned men spending their last hours here.'

Perhaps I said something to this, I do not know. In any case, I did not look up from my reading, and a few moments passed during which I waited for Miss Kenton to excuse herself and leave. But then I heard her say:

'Now, I wonder what it could be you are reading there, Mr Stevens.'

'Simply a book, Miss Kenton.'

'I can see that, Mr Stevens. But what sort of book—that is what interests me.'

I looked up to see Miss Kenton advancing towards me. I shut the book, and clutching it to my person, rose to my feet.

'Really, Miss Kenton,' I said, 'I must ask you to respect my privacy.' [...]

Any butler who regards his vocation with pride, any butler who aspires at all to a 'dignity in keeping with his position', as the Hayes Society once put it, should never allow himself to be 'off duty' in the presence of others. It really was immaterial whether it was Miss Kenton or a complete stranger who had walked in at that moment. A butler of any quality must be seen to inhabit his role, utterly and fully; he cannot be seen casting it aside one moment simply to don it again the next as though it were nothing more than a pantomime costume. There is one situation and one situation only in which a butler who cares about his dignity may feel free to unburden[3] himself of his role; that is to say, when he is entirely alone.

Kazuo ISHIGURO, *The Remains of the Day*, 1989

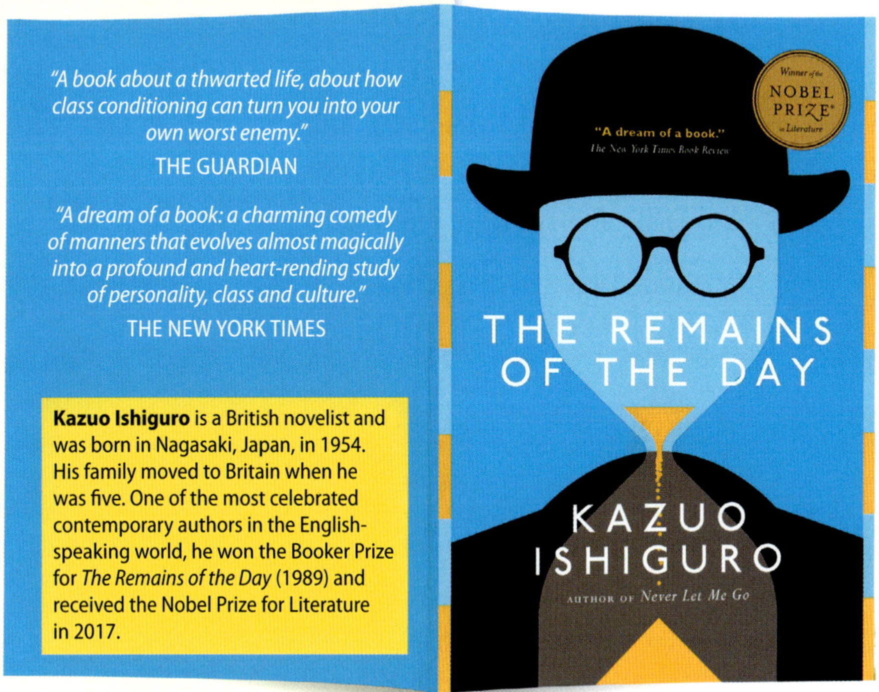

Kazuo Ishiguro is a British novelist and was born in Nagasaki, Japan, in 1954. His family moved to Britain when he was five. One of the most celebrated contemporary authors in the English-speaking world, he won the Booker Prize for *The Remains of the Day* (1989) and received the Nobel Prize for Literature in 2017.

1. *office* 2. the governess 3. *soulager*

a. Observe the book cover, **read** the reviews and **imagine** what the text might be about.

b. Read the text and **identify** the general situation (characters, place and topic).

c. Comment on the relationship between the two characters.

d. GRAMMAR *"I **must** ask you to respect my privacy"* (l. 28). **Explain** how the modal auxiliary helps convey Mr Stevens's high sense of duty. PRÉCIS 21

BAC **Discuss**: Do you think that love and a high sense of duty are compatible?

AT HOME VIDEO **Watch** the film trailer online and **find out** more about how Stevens's ordered world is framed by his master's ideology and shaken by the historical context of the time.

WORDS

- denial: *rejet*
- devotion

- awkward: *gênant*
- cheeky = insolent
- daring
- reliable = trustworthy /'trʌstwɜ:rði/

- avoid
- be on an equal footing
- have a stiff upper lip
- ignore one's needs
- keep in one's place

EXPLORE

3. New codes for a new world

➜ *How is globalisation questioning the codified spaces of British society?*

We All Have Servants Now

I suddenly realised that I, like much of the British population, am now dependent on a new boom in servants. My credit card bill is largely filled with payments to servants: to the Amazon delivery-man who delivered a lawnmower[1] to my office last week; to the Uber driver who drove me and my lawnmower back home; to the Deliveroo courier who brought my sushi in the evening.

Paradoxically, modern technology has taken us back to the 1950s, when the butcher, baker and candlestick[2] maker delivered straight to your door. I haven't done a big supermarket shop inside a shop for several years, now that I depend on a series of charming Tesco[3] servants to deliver it for me.

Of course, they're not called servants anymore. I can't think of anyone—even those with full-time staff—who use the word 'servant' anymore. 'Daily', 'cleaning lady', 'the charming man who helps me out with the garden'... They're all euphemisms for the verboten[4] 's' word— 'servant' still carries connotations of its Latin derivation: 'servus', meaning 'slave'. [...]

The new servants—from Uber, Amazon, Tesco etc—are fundamentally different to their *Downton Abbey* ancestors. Rather than working for one person, they divide up their time between thousands of different contractors like me and anyone else with an Uber app. But for a moment, that Uber driver was my temporary chauffeur; the Deliveroo courier my temporary cook. Because these temporary servants aren't in full-time employment for an individual, however, the old-fashioned, servile quality of being a servant—and the deference that went with it—has disappeared, thank God.

Of course, there are problems with some parts of the new servant economy, or the gig economy[5], to give it its hipper[6] name: low wages, and often no pensions or holiday pay. But they are still jobs all the same—part of the reason why employment, it's just been announced, is at its highest since 1971. In January, there were 32.7 million people employed in the UK—a 76 per cent employment rate. [...]

Servants have been effectively outsourced and democratised. These days, anyone can summon their own temporary servant at the tap of a screen, for the price of a takeaway pizza.

Harry Mount, *The Spectator*, May 2019

1. *tondeuse* 2. *chandelier* 3. supermarket brand 4. German for "forbidden"
5. economy based on short-term contracts 6. *branché*

▲ Deliveroo driver in London

WORDS

- employers ≠ employees
- full-time employment
- menial /ˈmiːniəl/ = unskilled
- regular ≠ temporary
- rewarding = satisfying
- be self-employed
- cut down on wages
- work long hours

a. **Read** the article and **identify** today's modern servants. **Explain** why they can be seen as servants.

b. **Pick out** elements showing spaces are no longer separated between 'masters' and 'servants'.

c. GRAMMAR *"Modern technology **has taken** us back to the 1950s, when the butcher **delivered** straight to your door."* **Identify** the verb forms and justify their use. How do they reveal modern changes? ▸ 1 p. 58

d. **Explain** how globalisation has transformed domestic life.

BOOST YOUR SKILLS!

Structurer un récit au passé

- Rapporte les faits au prétérit : *The Uber driver who **drove** me.* • *The Deliveroo courier who **brought** my sushi.*
- Utilise le *present perfect* pour en faire le bilan : *Modern technology **has taken** us back to...* • *Servants **have been** effectively outsourced...*
- Apporte des précisions temporelles : ***In** the 1950s* • *... **for** several years* • ***anymore*** • *no longer* GRAMMAR 1 p. 58

YOUR TASK You once took a temporary service job for pocket money. **Tell** your friends about the experiences you had.

FINAL TASK

Write the diary entry of a member of a British household.

The National Trust is organising an exhibition called "Upstairs, Downstairs in Great Britain". It will be set in Highclere Castle, setting of *Downton Abbey*, and local schools in Hampshire have been asked to contribute, writing fictional diary entries of the members of this house. Write one of them.

1. **Browse** through the file and **choose** the character whose diary you are going to write (master, mistress, servant, cook, etc.).
2. **Gather** your ideas, focusing on:
   – a specific moment in the character's life (first day at work, last day in the family household, day of an unexpected meeting, etc.);
   – the place where the character lives in the house;
   – details about the character's daily life and activities;
   – the character's state of mind and relations to the rest of the household;
3. **Write the diary entry:** make it look as realistic as possible by adding specific references to dates and places. Mind the verb forms in a past narrative!

YES YOU CAN! Write a realistic diary entry

SITUATION D'ÉNONCIATION

- Rédige le journal à la 1re **personne**.
- Pense à dater la page du journal. Choisis un moment précis dans la vie du personnage, ou un événement qui l'a conduit à écrire dans son journal intime, et pense à donner des indications temporelles.
- Pense à situer et décrire les lieux pour aider le lecteur à visualiser la scène.

PRÉSENTATION

Donne des informations biographiques sur les personnages. Précise leur rôle au sein de la maisonnée, et évoque la nature de leurs relations.

RÉCIT

Raconte en détail ce qui se passe ce jour-là. Essaie de montrer le caractère particulier et différent de la routine habituelle. Utilise les temps du passé appropriés.

SENTIMENTS

Pense à décrire les émotions, le ressenti du personnage pour donner un côté intime à l'écriture.

January 1935

*I have been working as a housemaid on the Ickworth estate for three weeks now. [...] **I am** glad to be working at Ickworth as both **my** grandfather and grandmother worked here as a groom and laundry maid in the reign of Queen Victoria. [...]*
This month always proves to be one of the most difficult in the year. Long hours of work in the cold dark corridors are monotonous and dull. It doesn't help that the family are away in London and that they have taken some of the servants with them. The corridors are empty. My footsteps echo off the stone floors. I don't like big empty houses. At least Florence and Miss Stringer are still here. Miss Stringer is the head housemaid. She is in control of us junior housemaids when Miss Edgeley is away in London and she does her best to keep our spirits up. Once she even managed to encourage the kitchen staff to bake the housemaids our own cake! It was a delicious sponge with jam and icing! The cooks said they appreciated the opportunity to practise a new recipe for when the family return in the Spring but I think they felt sorry for us. Work in the kitchens is very tough but at least it is warm.

Rose BAILEY (National Trust), *Diary of a Housemaid*, 2017

STRATEGIES Écrire une page de journal intime p. 246

BOOST YOUR ENGLISH!

Grammar — *For, since* et *ago* : *present perfect* ou prétérit ?

PRÉCIS 15 ET EXERCICES

Grammar Tuto

PAST	On utilise **le prétérit** pour évoquer une action achevée, et préciser…	NOW	Répond à
QUAND	He **became** a butler 60 years **ago**.	IL Y A	How long ago? When?
PENDANT QUELLE PÉRIODE	She **lived** in the castle **during** her childhood.	PENDANT	When?
DURANT COMBIEN DE TEMPS	He only **worked** for Lady Marsh **for** 3 years.	PENDANT	For how long?

PAST	On utilise **le *present perfect*** pour évoquer une action qui a un impact encore aujourd'hui, et préciser…	NOW	Répond à
DEPUIS QUAND	British aristocracy **has changed** a lot **since** WW2.	DEPUIS QUE	Since when?
DEPUIS COMBIEN DE TEMPS	This house **has been** in the family **for** 200 years.	CELA FAIT… QUE	How long?

1 Mets les verbes au prétérit ou au *present perfect* selon la situation évoquée.

a. Since the 1950s, there (*be*) fewer and fewer servants in English homes.
b. When I was a kid, I (*have*) a nanny for 5 years.
c. For the last decade, the family (*employ*) only one servant.
d. In the 20s, my grandmother (*serve*) as a nanny in an Edwardian home. She (*live*) in the countryside since she (*retire*).

2 Traduis les phrases suivantes.

a. Mes arrière-grands-parents ont employé du personnel de maison pendant 30 ans.
b. M. Smith travaille comme majordome de la Reine depuis qu'il a 40 ans.
c. Elle a travaillé comme servante de la Comtesse quand elle avait 40 ans.
d. L'aristocratie a beaucoup changé depuis l'époque de *Downton Abbey*.

→ More in *Pump it up!* p. 20

Grammar — Verbes prépositionnels ou à particule adverbiale

PRÉCIS 25 ET EXERCICES

- On parle de **verbe prépositionnel** quand une préposition introduit le **complément d'objet** sans modifier le sens du verbe.
  *The butler **ran down** the stairs to welcome the visitors.*
- On parle de **verbe à particule adverbiale** quand un verbe est suivi d'une particule qui modifie son sens, et n'introduit pas nécessairement de complément d'objet.
  *The thief **ran away** before anyone could catch him.*

3 Précise la nature du verbe (prépostionnel/à particule adverbiale) dans chaque phrase, puis traduis-les en français.

a. The butler turned off the lights of the pantry.
b. The new maid waited for hours in the hall.
c. Mr Stevens waited upon Lord Darlington for most of his life.
d. In *Downton Abbey*, Lord Grantham relies on Carlson.

4 Complète ces verbes avec la particule qui convient.

over – on – forward – away

a. Mr Rochester was looking … to his conversations with Jane.
b. Miss Kenton would have loved Mr Stevens to move … from his misconceptions.
c. Victoria and Abdul bonded … a shared passion for India.
d. Some servants give their personal life … to fullfill their duties.

Vocabulary — Inside British houses

EXO Lexiquiz

Residents — Spaces — Relationships — Daily life

Masters (AUDIO)
- lordship/ladyship
- master/mistress
- upper-class
- conventional = conservative
- sophisticated = elegant
- wealthy = rich
- well-mannered

Servants (AUDIO)
- butler
- cook
- governess
- housekeeper
- maid/footman
- valet

Upstairs (AUDIO)
- manor
- mansion
- reception rooms
- stately home

Downstairs (AUDIO)
- accommodation
- kitchen
- nursery
- pantry: *office*

Privacy (AUDIO)
- boundaries
- restricted access
- segregated areas
- social status

Abide by the rules (AUDIO)
- dedicated = devoted
- obedient = submissive
- respectful

- admire
- despise = scorn
- rely on

Blur the lines (AUDIO)
- befriend
- be on an equal footing
- bond over
- break down barriers
- fall in love
- feel independent from

House rules (AUDIO)
- codified
- demanding: *exigeant*
- domineering

- follow instructions
- obey the rules
- satisfy demands
- wait on/upon

Working conditions (AUDIO)
- exhausting
- exploited
- harsh = rough
- lifelong (job)
- powerless = helpless
- underpaid

1 Associe chaque verbe (A) à une préposition (B) puis complète les phrases avec la forme qui convient.

(A) *break – rely – climb – wait* (B) *down – on – up*

a. Lady Chatwell called her maid who had to ... the stairs at once.
b. James the footman ... his lordship 7 days a week.
c. Modern life helps ... barriers between employers and employees.
d. Today's world ... modern technology to outsource the workforce.

2 Remplace chaque mot souligné par un synonyme.

Susan had accepted to take any <u>menial</u> work in a big house. On arriving, she discovered that <u>housing</u> and food were provided. She was told she would have to follow a very <u>strict</u> code of behaviour and was expected to be <u>reliable</u> and <u>devoted</u> to the masters. The work was <u>strenuous</u> and <u>the wages very low</u>. But she still felt grateful to have the job.

Phonology — La prononciation du <s> (AUDIO)

La grahie **<s>** peut se prononcer /s/ ou /z/ ou parfois même /ɪz/ selon les lettres qui le précèdent ou l'entourent.

- Le **-s** en fin de mot se prononce :
– /s/ après les **consonnes sourdes** /p/, /t/, /k/, /f/ ou /θ/ → *cooks*
– /z/ après une voyelle (sauf <e>) ou les **consonnes sonores** /b/, /d/, /g/, /m/, /n/, /v/, /l/, /ŋ/ ou /ð/ → *maids*
– /iz/ après un <e> et les **consonnes sifflantes** /s/, /ʃ/, /tʃ/, /ʒ/, /dʒ/ → *watches, ages*
- le <s> intervocalique se prononce /s/ la plupart du temps (*house, generosity, decrease*), sauf dans certains mots où il se prononce /z/ comme dans *president, organise*...

1 Écoute et répète ces noms communs en faisant attention à la prononciation du <s> en gras.

queens – places – servants – masters – opposition – house – wages – instructions

2 Classe les mots suivant selon la prononciation du « s » en gras (/s/, /z/, /iz/). Écoute et vérifie.

nannies – butlers – remains – barriers – relationships – prospect – despise – valets – maids – household – outsource

BAC TEST YOUR SKILLS

ÉPREUVE ÉCRITE 1H30

e-workbook GRILLES D'AUTO ÉVALUATION

PARTIE 1 ▶ Compréhension de l'oral

• Consacre 20 à 30 min à cette partie.

Doc 1 Looking at life downstairs

Visible and invisible, *NPR*, 2014 AUDIO 1'30s

▶ Vous écouterez le document à trois reprises, séparées par une pause d'une minute. Vous rendrez ensuite compte en français de ce que vous avez compris.

STRATEGIES Faire un compte rendu p. 247

Prends des notes sur :
- le thème principal ;
- le nombre et le rôle des locuteurs ;
- les personnes, chiffres et lieux évoqués ;
- les règles dans les grandes demeures.

PARTIE 2 ▶ Compréhension de l'écrit et de l'ensemble du dossier

• Consacre environ 1 h à cette partie.

Doc 2 Working at a house like Downton Abbey today

It turns out that modern day versions of Carson, Mrs. Hughes and the rest of the staff at *Downton Abbey* still exist today. Many of the great houses of England prevail (though they are as likely to be occupied by international billionaires with super yachts as they are by aristocrats).

For Luis Coelho, a butler for Lord and Lady Carnarvon at Highclere Castle, the real Downton Abbey, his job isn't far from what we see on-screen. "The expectations and standards are the same. Our team of butlers still dress in tails[1] when looking after the family and the food service remains the same—I think these are great traditions that we will always have at Highclere," he said. [...]

Nowadays, the cost of maintaining a large home has sky-rocketed[2] and many titled families have had to streamline[3] their teams. "One hundred years ago, there were 70 to 80 staff; it was an army. Back then were people employed to literally light candles and oil lamps and build fires, not to mention carpet sweepers and laundry maids. Today, one person can do those jobs. I'm not saying one person should, [but] they can do it."

Of course, innovations have made some jobs easier, but for the modern butler, tech support is another aspect of the job. "The bit you don't see in *Downton Abbey* is the family telling Carson, 'I have a problem with my computer.' That's where it changes, modern butlers need to know how to fix laptops and fill in spreadsheets," said Grant Harrold, a former butler to the Duke and Duchess of Bedford at Woburn Abbey.

Fortunately for most domestic staff working in a country house today, a full day's work doesn't end by tumbling into a small bed in the cold, dark servants' quarters in the bowels of the building. In fact, living on-site in a stately home is a huge benefit and part of the package.

In addition to nice accommodations, many domestic staff have access to pensions, private healthcare, and annual leave, something their historical counterparts could only ever dream of.

Conditions might be better for staff today but what about the social side of life downstairs?

Harrold thinks, "There is definitely still a real social side to it."

A source tells us of secret parties when the owners are away. [...]

Understandably, co-workers become close friends and sometimes these relationships can progress to something more. Just like Carson and Mrs. Hughes, romances within households still occur today.

"I absolutely know butlers that ended up marrying housekeepers—it is completely possible. The people that you're living with become family," Harrold revealed.

Annabel SPRANKLEN, *Town and Country*, September 2019

1. *en jaquette* 2. increase 3. *affiner*

▶ B2

BAC

Doc 3 Trying out service

Hungry now, Sophie decided that this was the moment to experiment with the butler service. She dialled a three-digit number on her bedside telephone. [...]

By the time she emerged from the bathroom, the breakfast had been laid out on her table and a man she assumed to be Henry was carefully putting her dress (which she had left in a crumpled ball on the unused bed) on to a coat hanger and replacing it in the wardrobe.

"Ah—good morning, madam," Henry said, smiling at her and bowing[1] slightly. "I hope you slept well." He was a slender[2], unobtrusive figure, not much taller than Sophie herself, his brown eyes forever darting around[3] the cabin, looking for items to tidy and adjust with his delicate fingers.

"Thank you," she said. "Please—you don't have to do that. And do call me Sophie."

Henry smiled and bowed again but didn't answer. She had the impression that he was disturbed by the suggestion. She also realised that she had no idea how to behave towards this person. She felt utterly bewildered and tongue-tied.

"Your newspaper is here as well, madam." he said.

"Thank you," she said for the third time, and turned around to look for her handbag, having some vague idea that she should give Henry a tip. But by the time she located it, he had silently removed himself from the room.

Jonathan COE, *Middle England*, 2018

1. *s'incliner*
2. thin
3. look around

Compréhension de l'écrit

Doc 2

▶ In your own words, account for the text, focusing on:
- the nature of the document and its function;
- the role of butlers today and in the past;
- the relationships within the households.

Doc 3

▶ Account for the text, focusing on:
- Sophie's relationship to service;
- the tone of the narrative.

STRATEGIES ▶ Lire et comprendre un texte p. 233

Compréhension de l'ensemble du dossier

Considering the audio and the texts, explain how service remains rooted within British society despite its various evolutions.

PARTIE 3 ▶ Expression écrite

• Consacre 30 à 40 min à cette partie.

▶ **Vous traiterez en anglais et en au moins 120 mots l'un des deux sujets suivants au choix.**

SUJET A : Do you think service is bound to disappear in modern-day Britain? Why or why not?

STRATEGIES ▶ Écrire un texte argumentatif p. 243

SUJET B : Imagine the Queen's butler's conversation with another member from the Royal Household after seeing the cartoon in the press. They discuss service and the need for 1,200 personal servants.

STRATEGIES ▶ Écrire un dialogue p. 240

No trespassing?

▶ Do Native Americans consider reservations their home?

More on SPEAKEASY NEWS speakeasy-news.com

FINAL TASK Take part in a round table about choosing to live on an Indian reservation today.

A

VIDÉO

▲ Max D. STANDLEY, *Trail of Tears* (video: *Smithsonian Channel*, 2016)

B

VIDÉO

Cheyenne Reservation, *Vativ Media*, 2019

CULTURE SPOT

Like other treaties signed between the US government and Native American tribes, the **Fort Laramie Treaty** (1868) recognised the Black Hills as part of the Great Sioux Reservation, set aside for exclusive use by the Sioux people.

C

VIDÉO

Lakota in America, *Square*, 2017

WORDS

- internship = work placement
- trail = path
- way-out = means of escape

- desperate = hopeless
- off-limits = forbidden
- resilient = strong

- appropriate one's land = despoil
- be pulled from one's home
- give hope
- intrude
- regain confidence
- remove = take away

DISCOVER AND SHARE

Join your team and focus on one of the documents.

Doc A. **Watch** the video and **explain** what happened to the Cherokee tribe.

Doc B. **Watch** the video and **find out** what challenges the inhabitants of the Cheyenne Reservation have to face today.

Doc C. **Watch** the video and **find** information about the CRYP. **Explain** how it may provide opportunities to young Native Americans.

NOW SHARE

Report your findings and **discuss** the impact of forced migrations on Native Americans' lives and property.

EXPLORE

1. On or off the reservation?

➜ *How do Native Americans relate to their homeland?*

1 Natives in the city

AUDIO

Urban Indians were that generation born in the city. We've been moving for a long time, but the land moves with you like memory. An Urban Indian belongs to the city, and cities belong to the earth. Everything here is formed in relation to every other living and non-living thing from the earth. All our relations. The process that brings anything to its current form, chemical, synthetic, technological or otherwise doesn't make the product not a product of the living earth. Buildings, freeways, cars—are these not of the earth? Were they shipped in[1] from Mars, the Moon? Is it because they're processed, manufactured, or that we handle[2] them? Are we so different? Were we at one time not something else entirely, homo sapiens, single-celled organisms, space dust, unidentifiable pre-bang quantum theory? Cities form in the same way as galaxies. Urban Indians feel at home walking in the shadow of a downtown building. We came to know the downtown Oakland skyline better than we did any sacred mountain range, the redwoods in the Oakland hills better than any other deep-wild forest. We know the sound of the freeway better than we do rivers, the howl of distant trains better than wolf howls, we know the smell of gas and freshly wet concrete[3], the smell of burnt rubber, better than we do the smell of cedar or sage or even frybread—which isn't traditional, like reservations aren't traditional, but nothing is original, everything comes from something before, which was once nothing. Everything is new and doomed. We ride buses, trains, and cars across, over, and under concrete plains. Being Indian has never been about returning to the land. The land is everywhere or nowhere.

Tommy ORANGE, *There There*, 2018

1. transport 2. touch 3. *béton*

▲ California, USA

e-workbook | PARCOURS DIFFÉRENCIÉS

a. Read the text and **find** information about the narrator.

b. GRAMMAR **Focus** on l. 21-26 and **pick out** the comparative forms. What do they reveal about the way Urban Indians feel. ▸ p. 68

c. Comment on the last sentence *"The land is everywhere or nowhere"*.

d. Explain how the narrator mixes tradition and modernity.

2 Going Back

Native News, 2014

a. Watch the video and **pick out** information about Major Robinson (identity, places where he lived, jobs).

b. PHONOLOGY **Focus** on the pronunciation of the vowel <a> and match the words with a similar pronunciation: *Indian – start – reservation – park - encourage – create*. ▸ p. 68

c. Explain why Major Robinson chose to live off the reservation and what led him to return.

d. Comment on the challenges he had to face.

BAC **Use** both documents to **comment** on Native Americans' perception of land ownership.

3 Painting to heal

Indian Alley in Los Angeles's Skid Row has played a sad, even tragic, role in the lives of many Natives who relocated there in the 1950s and 60s. But the area's reputation as the seedy underbelly[1] of the city has gone on far longer than that. After more than 125 years, the area now known as Indian Alley is finally experiencing a shift, starting at 118 Winston Street, where murals by well-known Native artists call out for remembrance, healing, and strength. [...]

Today, Indian Alley is awash with[2] paintings by Native artists. Their paintings represent the past, present, and bright expectations of the future.

Filmmaker Pamela Peters is in the process of orchestrating a new documentary about the alley, and she said there was more to it than the misery. "It was also a central point where people came together and were able to find their relatives after relocation. It was, in a sense, a portal to the Native community. Today, Native artists are bringing in a larger view. Now, when people come to LA, they want to go to the alley and see the artwork of painters Steven Paul Judd and Votan, people want to see his huge mural. [...]

Peters said this new artful image is almost a branding[3], a stamp of Native existence in LA. "It's like a memorial to all the people who have gone through Indian Alley, like the landmarks for battles. People remember Wounded Knee[4] with the ride, and living in the city, we go to the alley, the place of lost families and friends. The alley and artwork are a modern contemporary showcase of our existence, and it is also a place to remember and never forget. The artwork in the alley is healing."

Today, Indian Alley is attracting attention, but Peters said, "People want to see the good, but you can't glorify the misery. What went on there; how do you bring that type of situation into a positive light?" Pausing for a second he said, "We had someone, Apache, who came out of Skid Row and now sings at powwows. That's where you see the living part of it, that's where you see it rising from the ashes."

Christina ROSE, *Indian Country Today*, 2015

1. ugly face 2. full of 3. trademark 4. (1890) battle where hundreds of Lakota Indians were killed by US Army.

▲ Wall of Indian Alley, Los Angeles

WORDS

- claim = demand
- display
- testimony

- meaningful

- embody = stand as
- heal the wounds of the past
- move back
- rise from ashes = be reborn
- stick to one's values

CULTURE SPOT

In 1956, the **Indian Relocation Act** encouraged Native Americans to leave the reservation and settle in the city. Yet, many of them experienced poverty and culture shock in their new environment.

a. **Read** the article and **find** information about the evolution of Indian Alley.

b. GRAMMAR *"[Its] reputation has gone on far **longer than** that. After **more than** 125 years..."* (l. 5-7). **Focus** on the comparative forms. What do they reveal about the challenges Natives had to face in the city?

c. **Find out** what has made the place evolve.

d. **Describe** the picture and **explain** how it illustrates the statement: *"Their paintings represent the past, present, and bright expectations of the future'.* (l. 13-15)

BOOST YOUR SKILLS!

Exprimer le changement

- Donne des indications temporelles pour marquer l'évolution : *Everything comes from something **before**, which was **once** nothing.* • *After more than **125 years*** • ***Now, when** people...*
- Utilise des stuctures comparatives : *There is **more** to it **than** the misery* • *It's **like** a memorial* • *Far long**er than** that...* GRAMMAR p. 68
- Fais le bilan avec le *present perfect* : *Indian Alley **has played** a sad role* • *Its reputation **has gone**...* PRÉCIS 14

YOUR TASK You are visiting Indian Alley in Los Angeles. **Discuss** the changes in the area with a resident, focusing on the re-appropriation of public spaces.

EXPLORE

2. What privacy is left?

→ *How is the development of tourism affecting privacy in Indian reservations?*

Doc. 1

RESERVATIONS OPEN TO TRAVELERS

While Native Americans are traditionally private and reclusive, today many embrace tourists, despite the hardships Native Americans have faced in the last two centuries, and graciously allow guests a rare glimpse[1] into the life of America's indigenous people. Every tribe has its own unique history and customs, making any visit to a reservation an unforgettable cultural experience. To further understand the Native American way of life, visit any of these reservations.

The Navajo Nation is the largest Indian reservation in the United States, spanning 16 million acres throughout Arizona, New Mexico and Utah. With over 250,000 residents, it is larger in size and population than some members of the United Nations.

Guests can observe powwows, tribal dances and select ceremonies, though these are held for healing[2] and religious, not entertainment, purposes, so guests may be asked to refrain from taking photographs or quietly leave during certain parts of a ceremony.

Jane RUIZ, *Paste Magazine*, January 2016

1. quick look 2. *guérison*

Doc. 2 AUDIO

Indian Reservation

[...]
Their past is sold in a shop; the beaded[1] shoes,
the sweetgrass basket, the curio Indian,
burnt wood, and gaudy[2] cloth, and inch-canoes-
trophies and scalpings for a traveler's den.
Sometimes, it's true, they dance, but for a bribe[3];
after a deal don the bedraggled[4] feather
and welcome a white mayor to the tribe.

This is a grassy ghetto, and no home.
And these are fauna in a museum kept.
The better hunters have prevailed. The game,
losing its blood, now makes these grounds its crypt.
The animals pale, the shine of the fur is lost,
Bleached[5] are their living bones. About them watch
as through a mist, the pious prosperous ghosts.

A.M. KLEIN, *Caughnawaga*, 1948

1. *orné de perles* 2. flashy 3. *pourboire* 4. *ébouriffé* 5. *décoloré*

a. **Use** elements from the article to **explain** the scene represented in the photo.

b. **Read** the poem (doc 2) and **explain**: *"this is a grassy ghetto and no home"* (l. 8).

c. VOCABULARY **Focus** on these words: *crypt, ghost, bones* and **identify** the lexical field they belong to. What does it reveal about Indian culture?

BAC **Use** both documents to **discuss** the downsides of tourism in Indian reservations.

DIFFÉRENCIATION

YOUR TASK **Imagine** and **act out** a friendly debate after a powwow.

WAY 1 Between tourists, who give their mixed impressions about what they saw.

WAY 2 Between Natives, who discuss how they feel about opening their land to tourists.

CULTURE SPOT

The opening of reservations to tourists is a major source of income for Native people. In the USA, **casinos** are often owned by Native Americans, and generate a lot of money from gambling to sustain the tribes.

WORDS

- **i**ntimacy = pr**i**vate life
- sh**o**wcase /'ʃəʊkeɪs/ : *vitrine*

- g**e**nuine /'dʒenjuɪn/ = auth**e**ntic
- on displ**ay** = exh**i**bited
- ph**o**ny = fake
- s**a**cred /'seɪkrɪd/ = h**o**ly

- **a**dvertise
- be**l**ong s**o**mewhere
- c**o**mpromise
- dist**o**rt = **a**lter
- encr**oa**ch on = infr**i**nge on
- make a sp**e**ctacle of oneself
- thr**ea**ten

BOOST YOUR SKILLS!

Formuler des avis contraires

- Utilise la forme négative : *These are held for..., **not** for...* • *This is **no** home.*
- Utilise la concession pour nuancer ton propos : ***While** Native Americans are...* • ***Despite** the hardships...* • ***Though** these are held for...* PRÉCIS 37

FINAL TASK

Take part in a round table discussion about choosing to live on an Indian reservation today.

The University of Montana is organising a round-table discussion about life on and out of Indian reservations. Urban Natives, residents of reservations and students share their views: how open to the outside world are Indian reservations or should they be?

1. **Join** your team and **choose** a role (the host, an urban Native, a Native living on a reservation, a Native studying in this very university, a student who visited a reservation, etc).
2. **Gather** ideas to take part in the round-table focusing on:
   – the challenges Natives have to face inside or outside the reservation;
   – the opportunities offered (or not) in both environments;
   – the benefits or downsides of opening Indian reservations to the outside world.
3. **Take** part in the round-table: **present** your situation and **compare** it to those of the other participants. **Give** your view point and **react** to your partners' statements.

YES YOU CAN! Take part in a lively round-table discussion

ACCUEIL

Accueille les participant(e)s et présente-les brièvement.

Joining me at Wyoming Indian High School...
We have Jordan Dresser; he is a lifelong resident...
Welcome to both of you. Thank you for being here.

POINT DE VUE

Exprime ton opinion de manière claire.

__My__ first reaction would be...
Well, when __I__ looked, when __I__ read the story...
__I__ think the big thing that it missed was...

INTRODUCTION

Présente le sujet et appuie-toi sur le profil des participants pour les inviter à exprimer leur opinion.

A major article on the Wind River Reservation...
You read things with a journalist's eye....

Reservation Interviews, *PBS*, 2017

INTERACTIVITÉ

Adresse-toi directement à tes interlocuteurs/trices en réagissant à leurs propos. Utilise des comparaisons et des connecteurs d'opposition pour te distinguer du point de vue opposé.

At first, __you__ know...
__I__ was mad, disappointed at the way __they__ portrayed...
__But also__, looking at it, __I__ think...
It's nothing __like__ that.

ANIMATION

Maintiens le fil de la discussion en posant des questions. Veille à donner la parole à chacun.

__Mikala__, when you read that...
So __Jordan__, what was your response to it?

CONCLUSION

Pense à clore le sujet et à remercier les participants.

Thank you both very much.

POSTURE

Parle en regardant les gens à qui tu t'adresses. Veille à écouter tes interlocuteurs/trices et à rester courtois(e), sans couper la parole.

STRATEGIES Interagir, débattre à l'oral p. 237

BOOST YOUR ENGLISH!

Grammar — L'expression de la comparaison

PRÉCIS 8 ET EXERCICES

Grammar Tuto

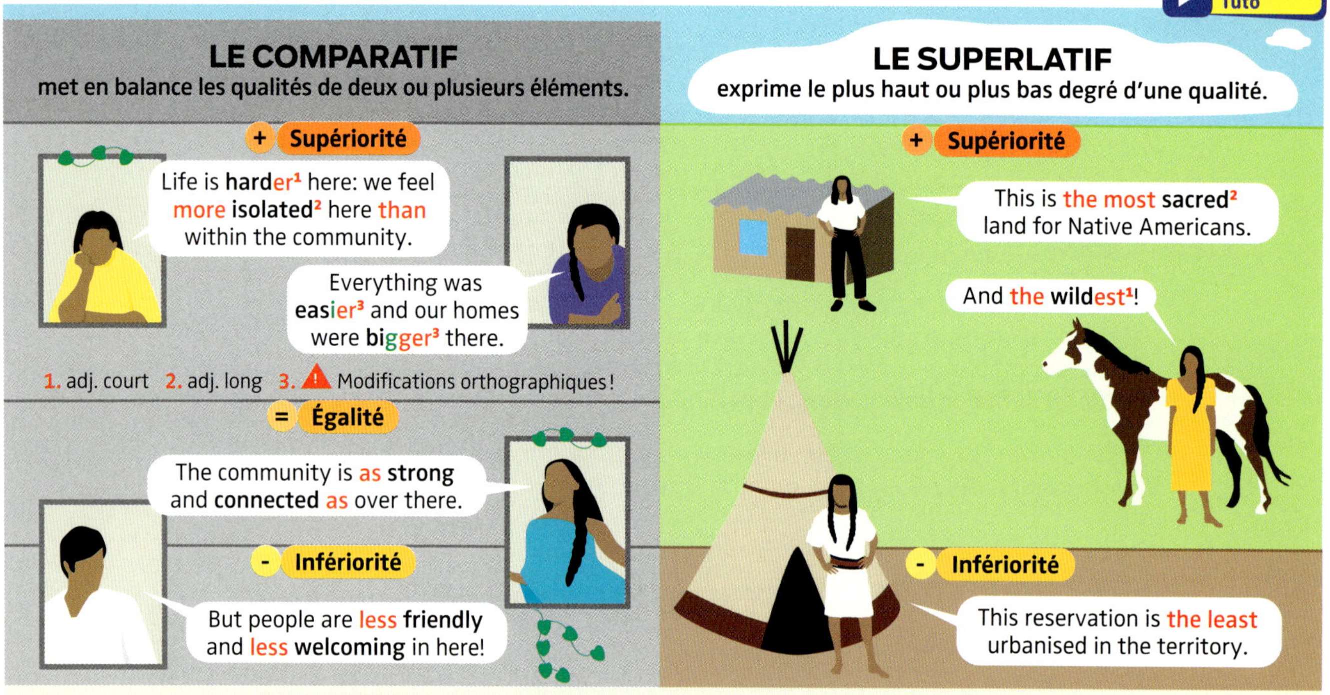

⚠ Attention aux **irréguliers** ! • ***good*** ⟶ *better* ⟶ *the best* • **bad** ⟶ *worse* ⟶ *the worst* • **far** ⟶ *further* ⟶ *the furthest*

1 Forme des comparatifs avec les adjectifs et indications entre parenthèses.

a. Most of them feel (*happy* +) within their communities.
b. Would it be (*good* +) for them to leave the reservation? Or is it (*bad* +)?
c. Living in big cities is not (*easy* =) you may think.
d. Most Native Americans feel (*integrated* -) in big cities.
e. She lives (*far* +) from her tribe but she feels (*connected to them* =) before

2 Complète ces phrases avec les adjectifs suivants mis au superlatif de supériorité (+) ou d'infériorité (-).

good – remote – great – shameful – glorious

a. The Trail of Tears was (+) ... and (-) ... episode in the history of the USA.
b. The (+) ... challenge they have to take up is to get used to a new way of life.
c. The (-) ... thing you can experience is to be uprooted.
d. They live on (+) ... reservation in the USA.

➜ More in *Pump it up!* p. 12

Phonology — De la lettre au son : les voyelles

AUDIO ➜ More in *Pump it up!* p. 76-77

En anglais, une **même voyelle** peut se prononcer de **différentes façons** selon sa place dans le mot, et la place de l'accent.

• Les voyelles sont **brèves** lorsqu'elles sont suivies d'une **double consonne** (/e/: *regre**tt**able*) et/ou de plusieurs autres lettres ou syllabes (/ɪ/: *unl**i**m**ited***).

• Elle sont **longues** quand elles sont suivies d'un **-r** seul ou **r + consonne** : *h**ar**d* /a:/ ; *h**er**d* /e:/ ; *b**ir**d* /ɜ:/ ; *rec**or**d* /o:/ ; *bl**ur*** /ɜ:/

• Les voyelles sont **affaiblies** quand elles sont **non accentuées** /a/, /o/, /u/ ➝ /ə/ (*rel**o**cation*); /e/ ➝ /ɪ/ (*r**e**mote*), mais sont **réalisée pleinement** quand elles portent **l'accent** (courtes, longues ou **diphtongues**) *t**a**ble* /eɪ/ ; *tr**i**be* /aɪ/ ; *sec**u**rity* /jʊ/.

3 Classe ces mots selon la prononciation de la voyelle en gras. Écoute et vérifie.

a. res**e**rvation – n**a**tives – **i**ndian – **a**rtwork – priv**a**cy – s**a**cred – trad**i**tional – mur**a**l – tr**e**spassing – priv**a**te – l**a**nd

/ɑ:/	/ə/	/eɪ/	/æ/

b. c**i**ty – l**i**fe – cer**e**mony – trad**i**tional – f**ee**ling – b**u**siness – l**ea**ve – org**a**nise – pr**i**vacy – reservat**io**n

/ɪ/	/i:/	/aɪ/	/ə/

e-workbook GRILLES D'AUTO ÉVALUATION

ÉPREUVE ÉCRITE

play BAC

PARTIE 1 ▸ Compréhension de l'oral

• Consacre 20 à 30 min à cette partie.

Doc 1 The Tohono O'Odham Nation

▸ Vous visionnerez la vidéo à trois reprises, séparées par une pause d'une minute. Vous rendrez ensuite compte en français de ce que vous avez compris.

STRATEGIES Faire un compte rendu p. 247

1'30s VIDÉO

A wall that would divide them, *PBS News Hour*, 2019

Prends des notes sur :
- le thème principal ;
- les lieux évoqués ;
- le point de vue exprimé ;
- la fonction et la portée du document.

PARTIE 3 ▸ Expression écrite

▸ **Vous traiterez en anglais et en au moins 120 mots, l'un des deux sujets suivants au choix.**

SUJET A : In 2016, Native Americans protested against the authorisation to build a new pipeline across Indian territory in Dakota. One of them declared: "*To us, it's not just a pipeline, it's a threat. And it's not just a place, it's our home. The only one we have*". Continue his speech.

STRATEGIES Écrire un discours p. 239

Sujet
- Repère les mots clés te donnant le contexte.
- Identifie le locuteur et son point de vue.
- Repère les arguments à développer par la suite.

Production
- Identifie la nature de la production attendue.
- Respecte la situation d'énonciation (pronoms, temps des verbes, lieux…).
- Reproduis le ton et la rhétorique du locuteur initial pour faire ressortir le point de vue exprimé.

SUJET B : Write an article that could be illustrated with this photo.

STRATEGIES Écrire un article p. 244

Sujet
- Analyse le document iconographique.
- Identifie les participants et interprète la situation.
- Concentre-toi sur le panneau et sa fonction.

Production
- Identifie la nature de la production attendue.
- Respecte les codes de ce type d'écriture.
- Établis clairement le lien avec le document support.

SNAPFILE 6

ESPACE PRIVÉ ET ESPACE PUBLIC
PRIVATE SPACE AND PUBLIC SPACE

Work sweet work!

► **How do Canadians articulate work and personal well-being?**

YOUR MISSION

MÉDIATION

Write a report about working conditions in Canada.

You work for an association of young professionals. You have been sent to Canada to study the working conditions and write a report for young workers planning to settle there.

FOLLOW THE STEPS!

1 Innovative office spaces

Doc. 1

The Stack breaks ground on Melville

Architect James Cheng didn't feel confident with his earliest drawings of The Stack[1], a new 36-storey office tower being built at 1133 Melville St. on the western edge of downtown Vancouver's financial district.

"When I first sketched up the stacked boxes, I thought, 'Oh, I'm going to get fired,'" he laughed, while speaking with Postmedia at the official groundbreaking of the 540,000-square-feet[2] twisting four-box tower by Oxford Properties [...].

His fears were doused[3] when the developers and other stakeholders saw his drawings, said Cheng, the founder of James K.M. Cheng Architects. Oxford knew they wanted something different. "They said, 'We want to start thinking about the future of office buildings,'" he said.

Cheng designed what he called "a crazy office building." Vancouver has historically suffered from nondescript office towers that rise as singular square shafts[4], he said. [...]

To those ends, the building includes six private decks, one shared rooftop garden, floor-to-ceiling windows, and is aiming for LEED Platinum core and shell design certification.

Office tenants are changing, he said. Their workers are getting younger, working stranger hours and demanding things like open concepts, social spaces, sustainability, less parking for cars they don't have and more access to views and fresh air, Cheng said.

The Stack is also one of only two high-rise towers in Canada to be part of the Canadian Green Building Council's Net Zero Carbon Pilot program.

Evan DUGGAN, *vancouversun.com*, 2019

▲ Inside the Stack, downtown Vancouver

1. pile **2.** 1 foot = 30,5 cm **3.** *apaiser* **4.** *piliers*

a. Read the text and **pick out** information about the building (location, height, spaces). Why is it called 'the Stack'?

b. Say how the architect felt about his project and why.

c. Explain what motivated his choices when designing the building.

WORDS

- comfort
- fellowship
- incentive = incitation
- layout = disposition
- premises = office space
- surroundings
- well-being

- convenient /kən'vi:nɪənt/

- allocate = designate
- commute
- share spaces

Doc. 2 e-workbook PARCOURS DIFFÉRENCIÉS VIDÉO

Waterfront Innovation Centre, Toronto (Video: *Menkes*, 2017)

a. Look at the building and **comment** on its structure. Why do you think space has been organised this way?

b. Watch the video and **identify** what is particular about the innovation centre.

c. Say what motivated the choices made for design and location.

d. Explain why individual needs were at the centre of the designers' preoccupations.

BOOST YOUR SKILLS!

Décrire un cadre de travail

- Utilise des prépositions pour poser le cadre : ***At*** *1133 Melville St.* • ***On*** *the western edge...* • ***At*** *the front door* • ***Very close to*** *Union station.*
- Mets en valeur ses spécificités avec des phrases clivées : ***What*** *we're creating* ***is***... • ***What*** *we're trying to do here* ***is***... ▶ p. 162
- Apporte des précisions avec des relatives : *Towers* ***that*** *rise as singular square shafts* • *An environment* ***where*** *everybody wants to...* • *Glass* ***which*** *brings in...* PRÉCIS 34

STEP 1

You have visited an innovative office building. **Open** a file to start your report: **write** a paragraph about innovative work places.

2 Virtual boundaries

Video Cameras in the Ontario Workplace

Video-camera surveillance raises interesting employment law issues for both employees and employers. While video cameras are commonplace in retail stores, banks, manufacturing facilities[1] and casinos, what about in an office environment? Or in a break room? Does an employer have to tell its employees about surveillance cameras or can they be hidden?

Right to privacy at work

The Ontario Courts have commented that the Ontario legislature "has not gone very far in safeguarding an employee's right to privacy in the workplace." [...] Only Canada's *Personal Information Protection and Electronic Documents Act*[2] (PIPEDA) applies.

PIPEDA requires a genuine purpose for video-camera surveillance in the workplace. Or, in other words, a purpose that a, "reasonable person would consider appropriate in the circumstances." The test set out by the Office of the Privacy Commissioner of Canada to determine the appropriateness for video camera monitoring is as follows:

1. Is the camera demonstrably necessary to meet a specific need?
2. Is it likely to be effective in meeting that need?
3. Is the loss of privacy proportional to the benefit gained?
4. Is there a less privacy-invasive way of achieving the same end? [...]

Legitimate purpose can be to ensure the safety and security of customers and employees, reduce or deter illegal conduct, or to reduce the risk of legal liability[3].

Justin W. ANISMAN, *torontoemployment.law*, June 2018

1. *usines de fabrication* 2. Canadian law relating to data privacy 3. responsibility

a. Read the text and **pay attention** to the source. **Explain** what the goal of the document is.

b. Explain the situations in which companies may be allowed to use surveillance cameras.

c. VOCABULARY **Find** two expressions built with the noun 'privacy'. How do they reflect the issues raised by the article?

d. Discuss the reasons why it is necessary to regulate the use of cameras in the workplace.

STEP 2

Complete your file: **write** a paragraph to **inform** future Work Visa holders about privacy in Canadian workplaces.

3 Well-being matters

Doc. 1

Canada's top employers raise the bar

It's often said people are the biggest asset of any business. To many it's just a slogan, but Canada's Top 100 Employers 2019 live by those words. These companies and organizations build exceptional workplaces with an array[1] of progressive and innovative programs that make life better for their people. [...] That not only says individuals are valued, but translates directly into helping employees become more engaged and productive.

Canada's Top 100 Employers are also breaking new ground when it comes to employee benefits. In keeping with the federal government's recently extended maternity and parental leave[2] policies to 18 months, both the City of Toronto and Vancouver City Savings Credit Union introduced combined maternity and parental leave top-ups for 78 weeks, as well as extending the parental leave portion for new dads and adoptive parents. This is just another example of how the best continue to set the bar higher.

Diane JERMYN, *The Globe and Mail*, December 3, 2018

1. variety 2. *congé parental*

Doc. 2

https://ca.indeed.com/viewjob

indeed one search. all jobs. | **Job Offer** | Vancouver, BC

Data Scientist Co-op

What you'll be doing...
What you'll bring to the table...

What to Expect

Enough about the work, let's get into the fun stuff...
Perks[1]? We know a thing or two about those... You'll work from a modern office in the heart of a trendy downtown neighbourhood, free office yoga classes, free gym access, you get a buddy/mentor assigned, ongoing professional development, [...] free fresh food, coffee, and all the snacks!
Want to get active with us? From games, sports, and outdoor adventures... As we'd like to informally say 'work hard to play hard'! If you're into hiking, snowshoeing, ski/snowboarding, soccer, volleyball, basketball, any ball, board games, movie nights, foodie eating, then we've got tons of groups for you to join.

About Us

Visier is the gathering place for the smartest thinkers, wisest sages, brightest innovators, and creative masterminds. You are a self-starter. You like to roll up your sleeves and transform the ordinary into the extraordinary. Together, we can reinvent the business intelligence industry. With over 400 employees across our Vancouver and San Jose headquarters, we're looking for new talent who are eager to join our dynamic, passion-driven environment. [...]
We're as passionate about empowering companies with insights as we are about providing our employees with a fun, dynamic, and rewarding work experience. Visier is where you realize your potential, make big dreams a reality, break the status quo, win as a team, and deliver exceptional quality in everything you do.
We are proud to support the professional growth and personal wellness of our people. We offer competitive salary and benefit[2] options, Scala certification, bootcamps, lunch and learns, personal development subsidies, in-house gym facilities (Vancouver office), yoga classes (Vancouver office), volunteer days, unlimited snacks and beverages, monthly socials, and more.

ca.indeed.com, 2019

1. advantage 2. *avantages sociaux*

WORDS

- income = wages
- skills
- welfare = happiness
- work environment
- dedicated
- humane
- supple = flexible
- balance: *équilibrer*
- better = improve
- earn a living
- foster = encourage
- provide

a. Read the article (doc. 1) and **explain** how Canadian employers work to make the lives of their employees better.

b. Read the job offer (doc. 2) and **pick out** basic information (type of job, company, location).

c. Comment on the advantages offered regarding work, health or leisure.

d. React: would you like to apply for the job offer? Why?

STEP 3

Select relevant information you have collected and **complete** your file. **Explain** in what ways employees' well-being matters to Canadian companies.

4 Family first

Doc. 1

Family Day, *ESDC*, 2020

a. Watch the video and **say** what people do on family day.

b. Explain why this special day was created.

c. Comment on the Minister's ideas for improving work-life balance in Canada.

Doc. 2

CALGARY STAY-AT-HOME DAD

David Bacque likes to have a laugh.

His comical takes[1] on being a stay-at-home dad have earned him thousands of Instagram followers and interest from Lego. He posts silly photoshopped pictures of his toddler, Benjamin, having fun but fake adventures at the Instagram handle[2], *@life_with_benjamin*.

In their imaginative world, the duo has played next to an igloo with a polar bear, leapt from the fireplace mantlepiece and lived in a gingerbread house.

The Calgary dad now has more than 13,500 followers on Instagram, and companies have gotten on board, too. Lego paid him to do an advertisement post of his boy shrunken down and riding on top of a Lego outback vehicle.

It started as a creative activity, one his son loves, and it's grown to be a bit of an outlet to comment on his personal experience as a stay-at-home dad. [...]

Being a stay-at-home parent can be isolating for all, Bacque said, especially in the winter when outdoor activities with children are more limited.

Through the popularity of his Instagram account, however, he's been invited to join Calgary dad meet-ups and made new friends through that.

"We have so much to discuss through that because they're bloggers, they're on Instagram, they're stay-at-home parents, are freelance-working parents," he said. "Thanks to just the Instagram world, it kind of connects you all the way back to finding people living a similar life to yourself."

Rachel WARD,
cbc.ca, January 2019

© David Bacque/Instagram

a. Read the article and **describe** David Bacque's occupation.

b. Explain how his activity generates business.

c. Comment on how his activity links his private life to a broader social network.

1. view 2. name

STEP 4

Write a paragraph to **show** how personal and professional lives can merge in Canada.

BOOST YOUR SKILLS!

Valoriser une expérience

- Utilise le prétérit pour rapporter cette expérience et le *present perfect* pour en faire le bilan : *It **started** as a creative activity* • *Companies **have gotten** on board.* PRÉCIS 13 14
- Mets en avant les attraits de l'expérience : *A **real fun** adventure* • *Something **cool**...* • *Every day is **different***

FINAL STEP

Gather your notes and **connect** the paragraphs you have written to format your report. **Make** sure candidates for a work visa have all the information they need to know what to look for according to their ideal life-style.

You've completed your mission. Well done!

play BAC

BRAINSTORMING

Why have private and public spaces long been separated?

- To reflect social status (codified spaces in ancient British houses: *Downton Abbey*).
- To segregate groups of people (Native American reservations, segregated areas, South African townships).
- To keep women at home and deny them a public role (low rate of women in politics).
- To separate work (public life) and home (private life) (conservative vision of tasks distribution).

Can the walls between private and public spaces fall?

- Using private life and public places to address issues (Speaker's Corner in London).
- Designing new inclusive work space (innovative office spaces in Canada).
- Opening private lands to tourism (Native American reservations).
- Redefining boundaries thanks to globalisation (modern servants like Uber or Deliveroo workers).

PRIVATE SPACE AND PUBLIC SPACE

How do private and public spheres influence one another?

- American politics using their families as campaigning arguments (Donald Trump or Bill de Blasio's campaign).
- First Ladies using their status to address universal issues (Michelle Obama: *Let's Move*).
- Private companies owning public spaces (Granary Square in London).
- Public spaces privatised for private events (London red buses, museums, or even the London Eye...).

What are the threats to privacy in everyday life?

- Video surveillance in the streets or at work (500,000 CCTV cameras in London *vs* protective legislation in Canada).
- Political canvassing in the USA (campaigning at your door).
- Intruding into public figures' privacy (tabloids *vs* Nordland Nannies discretion).

SPEAK ABOUT...

Private space and public space

- In pairs, look at the mind map and discuss the topics using the guidelines and your personal knowledge. You can ask your partner other questions. Develop these examples or choose any others from the English-speaking countries.

WORDS

AUDIO

Nouns

- boundary = limit
- civil liberties
- common ground
- glass ceiling
- lack of: *manque de*
- layout = design
- neighbourhood
- privacy
- property
- remote worker: *travailleur à distance*
- segregation
- surveillance
- well-being

Adjectives

- alienating
- confidential
- conventional = conservative
- disturbing = troubling
- enclosed = walled = fenced (area)
- intrusive
- part-time ≠ full-time
- pervasive: *omniprésent*
- private
- respectful ≠ disrespectful
- separated = segregated
- tight: *hermétique* ≠ loose: *poreux*

Verbs

- be on equal footing
- bridge the gap
- conceal ≠ reveal
- cross the line
- deny access to
- disclose (secrets)
- foster changes
- improve
- infringe on: *empiéter*
- isolate = set apart
- move into ≠ out of
- own a place
- rent a place
- spy on = monitor

ÉPREUVE ORALE ▶ B2

play BAC

Voie générale

5'

• Vous traiterez **en anglais** et **à l'oral** l'un des deux sujets, **au choix**.

1. Look at the two images and say which one corresponds best to your understanding of *Private space and public space*. Explain your choice and give precise examples from what you studied in class or what you know about the English-speaking world.

▲ The Queen supports Megxit, *The Independent*, January, 2020

Separated fountains in times of segregation, USA ▶

• Identifie l'aire géographique concernée pour saisir la problématique en lien avec l'axe.
• Choisis l'image qui permet de valoriser ton analyse de l'axe en fonction de tes connaissances culturelles.

2. Read the two quotes and say which one corresponds best to your understanding of *Private space and public space*. Explain your choice and give examples from what you studied in class or what you know.

> *"I have so much admiration for women who are mothers, who balance family and work."*
> BEYONCÉ (American singer)

> *"I don't know why people are so keen to put the details of their private life in public; they forget that invisibility is a superpower."*
> BANKSY (British street artist)

• Tu as très peu de temps pour comprendre la citation. Focalise ton attention sur les mots-clés et veille à ne pas faire de contre-sens.
• L'auteur de la citation est important pour comprendre le point de vue.

Voie technologique

5'

A few ideas about *Private space and public space* in technology…

ETLV

STL STI2D STD2A
• Present the DPR construction in San Francisco (smart building).

STMG
• Choose a Canadian firm that promotes teleworking and present it.

ST2S
• Present the charity Shelter UK.

STHR
• Present a London restaurant with homemade quality mark.

• Ne te limite pas à une simple présentation de la société ou de l'association mais analyse leur position et donne ton point de vue de manière argumentée.

STRATEGIES ▶ Présenter une organisation ou un fait social p. 249

FILE 7

ART ET POUVOIR

ART AND POWER

Made in Brexit

▶ **How do British artists address the issue of Brexit?**

FINAL TASK Write a scene of a new Brexlit novel.

More on SPEAKEASY NEWS speakeasy-news.com

A

VIDÉO

▲ Brexit mural by Banksy, detail, Dover, UK (video: *ynuk.tv*, 2017)

CULTURE SPOT

This mural by **Bansky** appeared in Dover near the ferry terminal which connects the UK with France. In August 2019, it was mysteriously covered with white paint. Banksy himself commented "I guess a big white flag says it just as well."

B

Cartoon by Mark Knight on September 5, 2019

CULTURE SPOT

Since the beginning of Brexit talks, journalists have coined the term **Brexlit** to refer to the proliferation of cartoons and literature dealing with this national phenomenon.

C

Book cover for *Post Brexit, Brexit Wounds*, 2018

WORDS

- caricature
- chisel /ˈtʃɪzəl/ = tool
- flag = banner

- gloomy = dreary = desolate
- torn apart = divided

- leave ≠ remain (in the EU)
- remove
- wear a gas mask

CULTURE SPOT

Among the many directions that Brexlit novelists have chosen to explore, **dystopia** has proved to be one of the most successful trends.

DISCOVER AND SHARE

Assemble into groups of three.
Each member focuses on one document.

Doc A. Observe the mural and **watch** the video. **Note down** the various interpretations of this artwork.

Doc B. Pick out elements in the cartoon referring to the political context of Brexit. **Explain** its general message.

Doc C. Describe the book cover. **Explain** what it reveals about the political atmosphere of Britain today.

NOW SHARE

Report your findings to your classmates insisting on how your document represents Britain during Brexit talks.

EXPLORE

1. A dis-United Kingdom?

➜ *How do artists express social divisions around Brexit in their works?*

1 Witty fictions

e-workbook | PARCOURS DIFFÉRENCIÉS

AUDIO

After he'd gone, Benjamin turned on the television. It was tuned to the BBC News Channel. He kept it on all morning, in the background. There was an item about Nigel Farage, who was unveiling the new poster for the Leave.EU campaign. It showed a long, winding queue of young people, mainly men, mainly dark-skinned. They were meant to be migrants, obviously. Splashed across the image, in big red capitals, were the two words: 'BREAKING POINT'. In smaller type, it also said: 'The EU has failed us all' and 'We must break free of the EU and take back control of our borders.'

Benjamin actually shuddered[1] at the crude, unapologetic xenophobia of the image. It was the ugliest thing he had seen yet in this ugly campaign. As soon as he saw it, he knew that his mind was made up. [...]

The telephone rang. It was his father. Although his pronunciation had become unclear since the mini-stroke[2], there was no mistaking the unaccustomed note of jauntiness[3] in his voice.

'Guess where I've been?' he said.

'What do you mean, where you've been? You didn't leave the house, did you?'

'Yes.'

'What for?'

'I voted. I took that form you gave me and filled it in and I posted it.' [...]

'How did you vote?' Benjamin asked, although he was already pretty sure of the answer.

'Leave, of course.' Defiantly, he added: 'You knew what, didn't you?'

'What about Sophie?'

'What about her?'

'You know she wanted you to vote the other way. It's *her* future, you know. She's the one who's going to be around the longest.'

'She's a nice girl but she's very naive. I've done her a favour. She'll thank me one day.' [...]

Disheartened by the conversation, Benjamin turned back to the television. Farage was standing in front of the poster now, beaming and joking with the various camera crews. At the bottom of the screen, a selection of the morning's tweets was scrolling by. One of them was from the novelist Robert Harris. It said:

How foul this referendum is. The most depressing, divisive, duplicitous political event of my lifetime. May there never be another.

Amen to that, Benjamin thought.

Jonathan Coe, chapter 33 "Deep England", *Middle England*, 2018

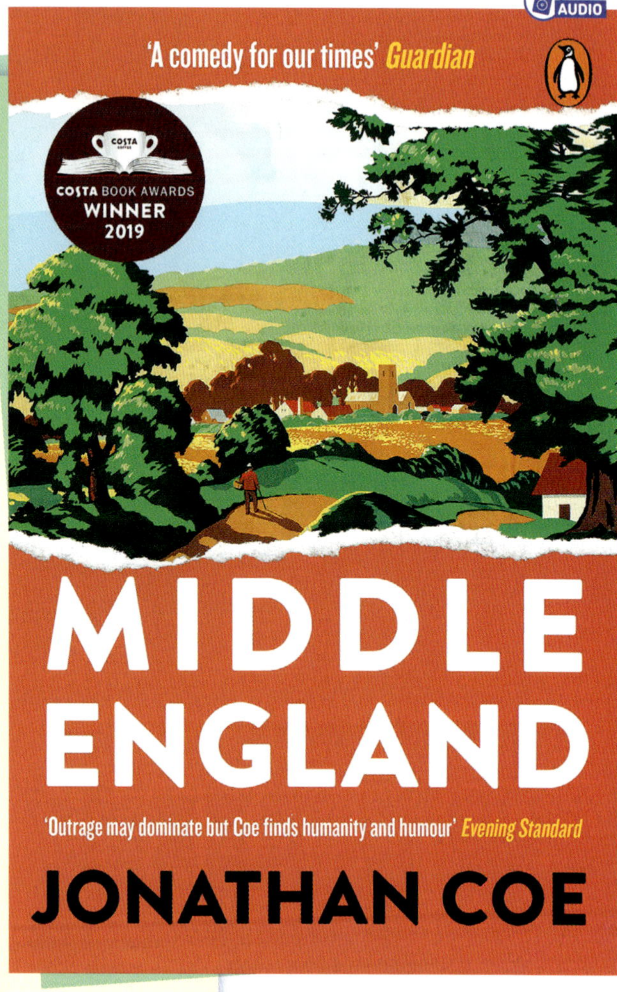

▲ Book cover for *Middle England*, 2018

CULTURE SPOT

In June 2016, the **Brexit referendum** resulted in 51,9% of the vote in favour of leaving the E.U. On 31 January 2020, the UK officially left the E.U.

1. tremble 2. *petit AVC* 3. *décontraction*

a. **Read** the text and **identify** the moment of British history the characters are discussing.

b. **Describe** and **explain** the characters' states of mind.

c. SPELLING **Focus** on the punctuation. How does it highlight the lack of understanding between the characters?

d. **Say** how this dialogue reflects the general atmosphere of the country at that point.

e. **Observe** the book cover. **Say** how it contrasts with the tone of the conversation.

BAC **Discuss** the vision of British society given by the author.

2 Darker voices

Doc. 1

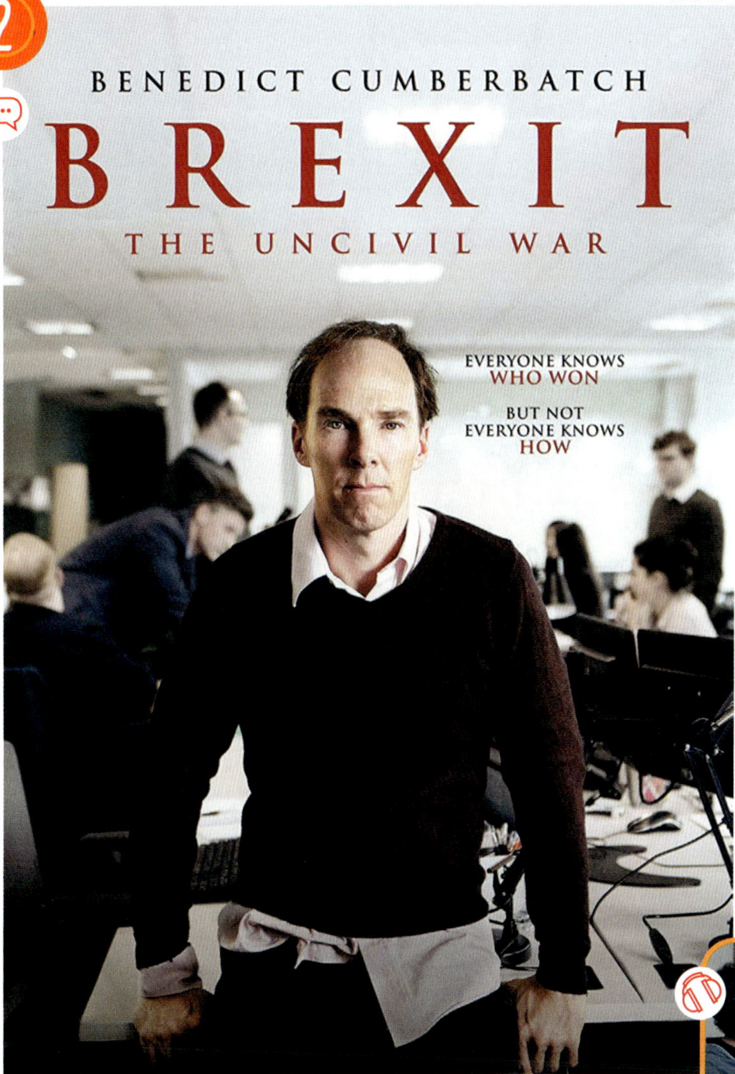

▲ *Brexit, the Uncivil War*, film poster, 2019

CULTURE SPOT

During the months leading to the Brexit referendum, the **Vote Leave** organisation directed by Dominic Cummings (Benedict Cumberbatch in the film) famously opposed the **Remain campaign** directed by Craig Oliver.

WORDS

- consultation meeting
- dissent = disagreement
- split = disunion
- warfare = hostility

- antagonistic
- distressed
- judgmental = moralizing

- be at odds over = have conflicting views on
- be down in the mouth = feel sad
- take a stand
- upset = irritate

Doc. 2

VIDÉO

Extract of *Brexit, the Uncivil War*, 2019

a. Describe the film poster and **imagine** the kind of film it is.

b. Watch the video and **identify** what is at stake in this scene.

c. Describe the atmosphere of the scene and **name** the most divisive subjects.

d. GRAMMAR *"We **will** not get it if we leave."* **Focus** on the modal auxiliary. What does it say about the speaker's viewpoint? ▸ 2 p. 84

DIFFÉRENCIATION

YOUR TASK **Write** a sequel to this scene of the film.

WAY 1 One of the participants goes home and shares his/her thoughts and feelings with friends.

WAY 2 Two participants meet up in the corridor and discuss the atmosphere of the debate.

AT HOME Search the Web to find information about how Dominic Cummings's campaign impacted the 2016 referendum.

BOOST YOUR SKILLS!

Rendre un dialogue vivant

- Alterne les types de phrases (déclaratives, interrogatives, exclamatives) : *Very funny.* • *'Excuse me?'* • *'Thank you very much!'* PRÉCIS 26 28
- Varie les verbes de parole et décris l'attitude des personnages : *Defiantly, he **added...*** • *Amen to that, **said** Nigel.*
- Utilise la ponctuation pour suggérer des émotions : *"What about Sophie?"* • *'Morale is... absolutely tip-top.'* • *'Project fear...'* • *'Listen to the man!'* SPELLING p. 85

EXPLORE

2. A dystopian vision

→ *Are Brexit talks paving the way for a new form of dystopia?*

1 What's next?

AUDIO

"What's wrong?"

Sophie sniffs and draws in an unsteady breath. "You know the BB thing?"

Zara feels suddenly freezing and giddy[1]; she holds onto the edge of the desk to steady herself. The crescendo of the kettle boiling is drowned out by the frightened roar of her blood in her ears. "Yes," she manages, but her voice sounds weird: odd and distant, not hers.

"We used to have this au pair", Sophie's saying, "Me and Ash. Jagna. She stayed in London after she worked for us. She met this guy... And... She came to see us yesterday. To say *goodbye*. She's going back to Poland. And... It's just... It's so *unfair*..."

"Yes," Zara says again, in the same strange voice; she sits tight on the box with her arms folded over her stomach.

"And my *stupid* parents," Sophie says. "Dad, anyway... You know what he said after Jagna had gone? He said it was just as well she was going home, because if she'd stayed after the law came in, we'd have had to decide whether to report her. And I said of course we wouldn't have and he said *but then we'd have been breaking the law*. He's such an *idiot*." She fishes a shiny turquoise hairband out of her pocket and twists at it. "He said it's probably best to avoid friends who aren't BB from now on. Even *Mum* said that. *You don't want to have to choose between reporting someone or breaking the law.*"

The hairband snaps.

"Right," Zara says, aiming for lightness, missing it by a million miles.

"*Zara?*" Sophie whispers.

She gives a weak, fleeting smile. "You'd better not know me, Sophie."

Sophie looks at her steadily, her eyes still brilliant from crying. "Fuck that," she says.

Tracey MATHIAS, *Night of the Party*, 2018

1. *prise de vertige*

a. Read the back cover and **find out** what the BB policy is.

b. GRAMMAR **Focus** on l. 15-17 *"If she ... to report her"*. **Identify** the verb forms and **justify** their use. How does it reflect the difficult position the characters are in? ► 2 p. 84

c. Say how the characters feel about this policy and why.

d. Explain why Zara says *"You'd better not know me, Sophie"* (l. 31).

BAC **Write** a short paragraph to **explain** why this novel has been called a dystopia.

WORDS

- disob**e**dience /ˌdɪsəˈbidiəns/
- militia /məˈlɪʃə/
- p**o**licy: *politique*
- reg**i**me

- al**a**rmed
- appalled = h**o**rrified

- n**e**rve-racking = dist**u**rbing
- thr**ea**tening

- be f**ai**thful/true to
- put sb's life at risk
- shake = sh**i**ver
- sketch = dep**i**ct

▲ *Watch Dogs Legion*'s dystopian post-Brexit London, 2020

In Ubisoft's forthcoming game, London has become a surveillance state run by authoritarian populists—and its citizens must come together to fight back.

The virtual London of *Watch Dogs Legion*, the forthcoming sci-fi open world adventure by Ubisoft Toronto, is sometimes uncanny[1] in its accuracy.

For instance, while evading the police, and the private military forces working alongside them in the game's dystopian future, I was able to use my knowledge of the layout[2] of the real world's Broadcasting House, headquarters of the BBC, to duck down[3] a side street and avoid a drone that had been dogging me since Trafalgar Square.

With a free-roaming[4] world running from Westminster to Tower Hamlets, and Camden to Nine Elms, *Watch Dogs* is one of the largest re-creations of the British capital in any game to date. [...]

This London is post-Brexit, post-Scottish independence—and post-democracy. The pound has been routed, the citizenry has switched to cryptocurrencies and the government has been bankrupted by the resulting fall in tax revenues. A wave of inward migration has sparked[5] another political crisis, leading to more people than ever before being rounded up, placed in multiplying deportation centres and removed from the country.

> “The things that caused Brexit are the causes of the problems in our dystopia.”

The things that caused Brexit are the causes of the problems in our dystopia. [...] A Britain torn apart by technological unemployment and a migration crisis, ruled by authoritarian populists and opposed by a grassroots collective—it all sounds rather political, doesn't it? This has been tricky territory for publisher Ubisoft in the past. The company has a recent history of releasing games that flirt with contemporary political discourse while refusing to admit that it's doing so.

Alex Hern, *The Guardian*, June 2019

1. *troublant* 2. *agencement* 3. *plonger* 4. *en accès libre* 5. started

2 Brexit games

a. Describe the atmosphere in the picture. **Explain** how it draws a dystopian image of London.

b. Read the text and **take** notes about the scenario of this video game.

c. Describe and **explain** what is dystopian about the political context of the game.

d. Comment on Ubisoft's position on its narrative choices.

YOUR TASK You're a novelist. **Transform** the journalist's gaming experience (l. 6-18) into a short suspenseful scene of fiction.

BOOST YOUR SKILLS!

Créer du suspense

- Ne révèle les détails de la scène que petit à petit : *This London is **post**-Brexit, **post**-..., and **post**-...* • *The pound **has been**..., the citizenry **has switched** to..., and the government **has been**...*
- Décris les émotions des personnages : *The **frightened** roar of her blood* • *Her eyes still brilliant from **crying***
- Ménage des effets d'attente en formulant des hypothèses : ***If** she'd stayed after the law came in...*

GRAMMAR 2 p. 84

EXPLORE

3. The streets are a stage

➜ *How do street artists use British cities as a canvas to voice their opinions?*

ANTI-BREXIT STREET ART

How anti-Brexit street art in London's East End is sparking conversation—on walls.

Brick Lane has long been a must-see tourist site in London's East End, harbouring boutiques, restaurants and the city's thriving[1] street-art scene. But as the Brexit deadline looms, new murals and paste-ups[2] appear on its walls daily—and it's incubating discussion about the U.K.'s escalating political climate. Other artists and passers-by leave comments on the pieces to share their perspectives, or tear them off in defiance.

The public interacts with the art by "augmenting and changing it," said Dave Stuart, founder of Shoreditch Street Art Tours, who has been leading groups through the area for the past 15 years. When it came to Brexit, he said, "the handbrake[3] came off and artists did loads of political street art." [...]

A lot of the anti-Brexit street art only started appearing in March 2019, when the initial date to leave the EU was approaching, he said. Given London's largely "remain" voting population, Stuart said it made sense that most artists working in Brick Lane are anti-Brexit.

▲ Street art in Shoreditch, London

"It was soul-destroying when that happened," street artist Uberfubs said of the 2016 Brexit vote. "I was in an incredibly low place for weeks and months after. It was a total shock."

Uberfubs, who declined to provide her real name because some of her work is on private property without permission, is Irish, but she also holds Canadian nationality through her father.

"I'd grown up believing that London was cosmopolitan, it was multiracial and full of immigrants," she said. "I had to question what my immigration status was." [...]

Uberfubs started to put up her art in 2017, because she felt "frustrated" about the results of the referendum. "Doing street art was a chance to get my voice not heard but seen," she said.

▲ Street artist Uberfubs doing paste-ups of her anti-Brexit art, 2019

Zahra KHOZEMA, *CBC News*, October 2019

1. flourishing
2. a form of street art using posters
3. *frein à main*

WORDS

- alternative district
- assertion /ə'sɜːʃən/ = statement

- colourful ≠ dull
- committed: *engagé*
- derelict ≠ refurbished
- impassioned
- satirical = incisive

- argue = exchange views
- fuel the discussion
- peel off = remove
- voice one's concern

a. **Describe** the pictures and **comment** on the references you can identify.

b. **Read** the article and **explain** how Brick Lane has become a crossroads for political discussion between artists and citizens.

c. **Comment** on Uberfub's reasons for painting anti-Brexit art.

BAC **Discuss:** To what extent can street art be a counter power?

MÉDIATION **YOUR TASK** You are a guide at Shoreditch Street Art Tours, and stop in front of an anti-Brexit mural. **Present** the area and the mural to your group.

BOOST YOUR SKILLS!

Décrire une scène

- Situe la scène dans le temps et l'espace : ***As*** *the Brexit deadline looms* • ***When*** *the date was approaching* • ***In*** *London's East End* • ***On*** *private property*
- Utilise des verbes de perception : *appear* • *look (like)* • *not heard but seen*
- Varie les adjectifs pour enrichir la description : *A* ***must-see*** *tourist site* • *The* ***escalating*** *political climate* • *It was* ***soul-destroying***

FINAL TASK

Write a scene of a new Brexlit novel.

A British publisher has decided to publish a collection of Brexit novels. As a young modern writer, you send them a suspenseful scene of your most recent novel as a teaser to be selected for the collection.

1. **Browse** through the unit and **choose** one particular issue related to Brexit you want to focus on.
2. **Gather** your ideas focusing on:
   – the political context (ex: The Parliament has just voted Brexit ; It's been five years since the UK left the EU ; Ten years later, still nothing has happened...);
   – a specific location for the scene;
   – the characters involved and their states of mind;
   – a situation/type of action linked to Brexit.
3. **Write** the scene: **make** it captivating by introducing suspense and lively dialogues. You can add unexpected elements at the end of the scene to make your novel a real page-turner.

YES YOU CAN! Write a thrilling scene of fiction

LE CONTEXTE

Situe l'action dans le temps et dans l'espace. Présente le contexte de la scène.

LES PERSONNAGES

Crée-les ou inspire-toi de personnages existants. Décris leur attitude et leur état d'esprit. Insiste sur leurs émotions pour les faire partager aux lecteurs.

Sophie sniffs and draws in an unsteady breath.
Zara feels suddenly freezing and giddy.

LES DIALOGUES

Introduis des dialogues pour rendre la scène plus vivante. Varie les verbes de parole et veille à respecter la ponctuation de l'anglais.

"Right," Zara says.
"Zara?" Sophie whispers.
"You know the BB thing?"

► *Night of the Party*, extract p. 80

L'ATMOSPHÈRE

Crée une atmosphère particulière en variant les adjectifs et les verbes de perception.

The crescendo of the kettle boiling is drowned out by the frightened roar of her blood. She fishes a shiny turquoise hairband out of her pocket and twists at it... The hairband snaps.

LA CHUTE

Soigne les dernières phrases de ta scène pour créer un effet de surprise ou d'attente.

"You'd better not know me, Sophie."

LE SUSPENSE

Ajoute du suspense et de la tension en jouant sur le rythme, l'alternance de phrases courtes et interrompues, la ponctuation, l'accumulation de verbes d'action, etc.

She met this guy... And... She came to see us yesterday. To say goodbye. She's going back to Poland. And... It's just... It's so unfair...

STRATEGIES ► Écrire une scène de roman p. 242

BOOST YOUR ENGLISH!

Grammar — Les modaux et l'expression de la probabilité

PRÉCIS 22 ET EXERCICES

Grammar Tuto

Les modaux permettent d'exprimer la probabilité. Le choix de **MUST**, **COULD**, **MAY**, **MIGHT** ou **CAN('T)** indique le degré de **probabilité** envisagé par celui qui parle.

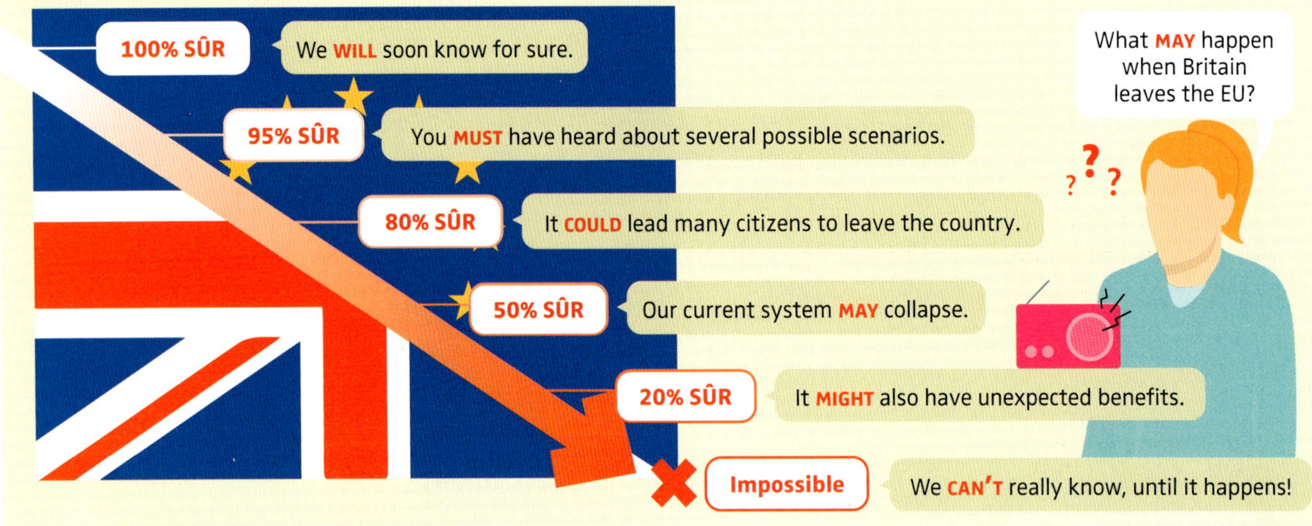

1 Complète avec le modal qui convient selon le degré de certitude exprimé. Justifie ton choix.

a. Sarah ... probably leave the UK after Brexit.
b. They ... be pretty upset, as no one ... say what's really going to happen.
c. Some people ... change their voting habits after Brexit.
d. If no one reacts, I ... be tempted to join the movement.

2 Reformule ces phrases pour exprimer une probabilité.

a. The Parliament? Accept a no-deal? Well, that's a possibility...
b. I'm pretty sure this book is visionary and tells the future.
c. That's impossible, I'm sure Jenny doesn't support Brexit.
d. I don't think I will like this book, I'm bored with Brexit fictions. But who knows?

→ More in *Pump it up!* p. 30

Grammar — Les subordonnées en *if*

PRÉCIS 23 ET EXERCICES

Les subordonnées en *if* permettent de **formuler des hypothèses**. Le temps des verbes précise alors le degré de probabilité.

Hypothèse non réalisée
(if + past perfect + would have V-en)
On envisage le passé différemment de ce qu'il a été (irréel du passé).
*They **wouldn't have voted** for Brexit if they **had known**.*

Hypothèse improbable
(if + prétérit modal + would + BV)
On envisage le présent différemment de ce qu'il est (irréel du présent).
*If I **were** a novelist, I **would write** a novel about it.*

Hypothèse simple
(if + présent + will + BV)
On envisage le futur à partir de la situation actuelle (réel présent).
*If nothing **changes**, people **will protest**.*

3 Mets les verbes entre parenthèses au temps et à la forme qui conviennent.

a. I (*read*) this dystopia if I (*have*) the time but I can't at the moment.
b. If you (*come*) to London next week, I (*take*) you to see the murals.
c. Most people were not informed, but if they (*be*) informed, they (*vote*) differently.
d. In 2016, this book (*spark*) reactions if many people (*read*) it.

4 Traduis les phrases suivantes.

a. Si les artistes dénoncent la situation, ils seront peut-être entendus.
b. Si les Britanniques avaient pu prévoir cela, ils auraient sans doute réagi autrement.
c. Si tu ne voulais pas que cela arrive, il fallait aller voter.
d. Si je parvenais à comprendre ce qui se passe vraiment, je serais peut-être moins inquiet.

→ More in *Pump it up!* p. 50

Vocabulary — Brexlit

EXO Lexiquiz

Humorous (AUDIO)
- comic = funny
- controversial = polemical
- cynical
- ironical
- politicised
- provocative
- satirical

Genre (AUDIO)
- cartoon
- literature
- essay
- short story < novel
- science-fiction
- street art

Tools (AUDIO)
- caricature
- design /dɪ'zaɪn/
- drawing
- paste-up = collage
- poster
- portrayal

Dystopian (AUDIO)
- authoritarian
- gloomy = bleak = dreary
- scary = fearsome
- torn apart = devastated

Tone — Creation — Context

Aims (AUDIO)
- address an issue
- convey a message
- depict a situation
- document a reality
- heal tension
- speak out = voice an opinion

Realistic (AUDIO)
- accurate
- documented
- trustworthy = reliable
- unbiased = neutral

Political context (AUDIO)
- campaign
- challenger
- referendum

- be pro-leave ≠ pro-remain
- drive a wedge between: *semer la discorde*
- reach an agreement

Social context (AUDIO)
- discord = disagreement
- divide = split
- nervousness
- annoyed = angry
- blindfolded
- confused about

1 Remplace le mot ou l'expression soulignée par un équivalent.

a. Brexlit writers <u>deal with</u> the problem of social divisions.

b. On the day of the referendum, voters were <u>divided</u>.

c. British Members of Parliament finally <u>settled on a plan</u> to leave Europe.

d. It's a not recent trend for authors to <u>speak out</u> on political issues.

2 Complète les phrases suivantes avec l'adjectif qui convient.

provocative – scary – polemical – neutral – dark

a. Street artists like to produce … works on … subjects.

b. It can be hard to remain … on political issues.

c. Dystopian novels can create a very … and … picture of our future.

3 Mobilise ton vocabulaire.

Post a message on Facebook to advertise the newest Brexlit novel. You can use words such as: *accurate – satirical – document a reality – convey a message – speak out*.

Spelling — La ponctuation en anglais

- Les **signes de ponctuation** sont les mêmes qu'en français, sauf les guillemets (anglais **"…"** ou **'…'** ≠ français **« … »**) et le tiret à valeur d'incise (anglais **—** ≠ français **–**).
- En revanche, **l'usage** de ces signes est spécifique en anglais :
  – aucun signe de ponctuation n'est séparé par un espace du caractère qui précède ou qui suit ;
  – le point se place à l'intérieur des parenthèses ou des guillemets.
- Dans les **dialogues**, la virgule ou le point se placent avant la fermeture des guillemets pour marquer une incise. Chaque passage à la ligne marque l'intervention d'un nouveau locuteur.

Rétablis la ponctuation dans l'extrait suivant.

Nobody was expecting this Nobody was ready for it Nobody knows what Brexit is Nobody knows how you do it A year and a half ago they were all calling it Brexit Nobody knows what Brexit means said Nigel
I thought Brexit means Brexit
Very funny And what kind of Brexit would that be
A red white and blue Brexit Doug quoted then started to feel sorry for Nigel again he looked so wretched

Jonathan Coe, *Middle England*, 2018

BAC TEST YOUR SKILLS

ÉPREUVE ÉCRITE

1H30

e-workbook GRILLES D'AUTO ÉVALUATION

PARTIE 1 ▸ Compréhension de l'oral

• Consacre 20 à 30 min à cette partie.

Doc 1 Britain Come Back

▸ Vous visionnerez la vidéo à trois reprises, séparées par une pause d'une minute. Vous rendrez ensuite compte en français de ce que vous avez compris.

STRATEGIES p. 235

1'30s

Bidding to block Brexit, *euronews*, 2018

Prends des notes sur :
- le thème principal ;
- les informations essentielles ;
- le rôle des différents locuteurs et leurs arguments
- la fonction et la portée du document.

PARTIE 2 ▸ Compréhension de l'écrit et de l'ensemble du dossier

• Consacre environ 1 h à cette partie.

Doc 2 *Autumn*

All across the country, there was misery and rejoicing. [...]

All across the country, people felt it was the wrong thing. All across the country, people felt it was the right thing. All across the country, people felt they'd really lost. All across the country, people felt they'd really won. All across the country, people felt they'd done the right thing and other people had done the wrong thing. All across the country, people looked up Google: what is EU? All across the country, people looked up Google: move to Scotland. All across the country, people looked up Google: Irish passport applications. [...] All across the country, people felt unsafe. All across the country, people were laughing their heads off. All across the country, people felt legitimized. All across the country, people felt bereaved[1] and shocked. [...] All across the country, people drew swastika graffiti. All across the country, people threatened other people. All across the country, people told other people to leave. All across the country, the media was insane. All across the country, politicians lied. All across the country, politicians fell apart. All across the country, politicians vanished. All across the country, promises vanished. All across the country, money vanished. All across the country, social media did the job. All across the country, things got nasty. All across the country, nobody spoke about it. All across the country, nobody spoke about anything else. All across the country, racist bile was general. All across the country, people said it wasn't that they didn't like immigrants. All across the country, people said it was about control. All across the country, everything changed overnight. All across the country, the haves and the have nots stayed the same. All across the country, the usual tiny per cent of the people made their money out of the usual huge per cent of the people. All across the country, money money money money. All across the country, no money no money no money no money.

All across the country, the country split in pieces. All across the country, the country cut adrift.

All across the country, the country was divided, a fence here, a wall there, a line drawn here, a line crossed there,
a line you don't cross here,
a line you better not cross there,
a line of beauty here,

1. *endeuillé*

a line of dance there,
a line you don't even know exists here,
a line you can't afford there,
a whole new line of fire,
line of battle,
end of the line,
here/there.

Ali SMITH, *Autumn*, Part II, 2017

Doc 3 Brexit: a source of inspiration for British novelists

With Britain's decision to leave the EU exposing fault lines across society, fiction writers are responding with an increasing array[1] of Brexit-infused work—from state-of-the-nation novels to futuristic satire.

Brexit's influence has spread to books by established authors like Ali Smith and Jonathan Coe as well as those of debut novelists, pushing writers to examine often overlooked parts of the country and social themes. [...]

The genre—dubbed "Brex-lit" by *The Financial Times*—spans dystopian visions based on the angst[2] of europhiles and more reflective novels probing the apparent divides.

Some of the authors said they wanted to use storytelling simply to highlight the divides laid bare by the 2016 referendum.

"We need to at least try to understand people on the other side of whatever divisions we face," said Anthony Cartwright. "It's my concern that we are not doing that well enough. What novels can do is observe a situation, offer some reflection of the national mood."

Other chroniclers of these tumultuous times felt compelled to write out of sheer anger. [...] "Novelists who want to reflect their times have to have finely tuned antennae[3], picking up signals that the population in general ignore," he said.

He nonetheless remained cautious about letting too much politics into the story.

"I wanted the novel to be a litmus test[4] of a nation at a certain moment more than a political statement," he said.

Japan Times, January 2019

1. display
2. anxiety
3. *antennes*
4. *un test décisif*

Compréhension de l'écrit

▶ Account for docs 2 and 3 using the following guidelines:

1. Identify the nature of the documents and the issues they tackle.
2. Say how the context of Brexit impacted writers.
3. Relate both documents and explain what they reveal about the power of literature.

Compréhension de l'ensemble du dossier

Consider the video and the texts and explain why art is a powerful tool for raising one's voice.

STRATEGIES ▶ Lire & comprendre un texte p. 233

PARTIE 3 ▶ Expression écrite

• Consacre 30 à 40 min à cette partie.

▶ **Vous traiterez en anglais et en au moins 120 mots l'un des deux sujets suivants au choix.**

SUJET A : Discuss this statement by British novelist Anthony Cartwright:

> "What novels can do is observe a situation, offer some reflection of the national mood."

STRATEGIES ▶ Écrire un texte argumentatif p. 243

SUJET B : You are a British street artist. Write a post to be published along your latest piece of work on your social-media account. Talk about how important it is for you to take part in political discussions through your art.

STRATEGIES ▶ Écrire un article p. 244

Art of Africa

▶ How does art empower African nations?

More on SPEAKEASY NEWS
speakeasy-news.com

FINAL TASK
Make a speech at the opening of an exhibition on young African artists.

A

VIDÉO

CULTURE SPOT

Alexis Tsegba is a young Nigerian digital artist. She is part of the **Afrofuturist** movement: *"I aim to show the complexity of the relationship between our culture and how we use technology."*

◀ *Ancestral Manifestations* by Alexis TSEGBA (video: *BBC News*, 2018)

B

CULTURE SPOT

The **Africa nouveau** festival is meant to be a showcase of the most innovative and cutting-edge African artistic trends. It takes place every year in Nairobi (Kenya).

> “Africa Nouveau is a music and arts festival. It's about collaboration, it's about partnerships, it's about presentation, it's multi-genre, musicians, photographers, filmmakers, visual artists, fashion designers, creative directors, collaboratively weaving a narrative of the New Africa.”
>
> Muthoni DRUMMER QUEEN, Musician

C

South African Artist Nelson Makamo, *Reuters*, 2018

CULTURE SPOT

Nelson Makamo is increasingly recognised as a major artist around the world and celebrities such as Oprah Winfrey and Alicia Keys have purchased some of his paintings.

WORDS

- artistry = artistic skills
- artwork
- canvas: *toile*
- creativity
- exhibition
- popularity = fame

- colourful = bright
- flourishing = successful
- lively = vibrant
- talented = brilliant

- depict = represent
- display = showcase
- pay tribute to

DISCOVER AND SHARE

Join your team and focus on one of the documents.

Start by identifying the country it is referring to.

Doc A. **Watch** the video and **explain** what Afrofuturism is.
Focus on Alexis Tsegbas's work of art and **explain** what makes it Afrofuturistic.

Doc B. **Describe** the poster and **read** the quote. **Comment** on the way African art is presented.

Doc C. **Watch** the video and **pick out** information about Nelson Makamo's work. **Comment** on the message on the artist's t-shirt.

NOW SHARE

Report your findings to the class and **discuss** the way some African artists are using art to make things change.

EXPLORE

1. Nollywood

→ *How does the cinema industry boost Nigeria's economy?*

"Nollywood is the way a lot of the black diaspora understand their history. I've been to places in the Caribbean where you walk past houses and people are watching Nollywood films."

(Ose Oyamendan, Nigerian filmmaker)

"With *Lionheart* (the first Nollywood movie streamed on Netflix), we are committed to giving passionate local content creators a worldwide platform to share their vision."

(Netflix official)

"Filmmaking in Africa is exploding. I hope this generation of Nigerian and African filmmakers, artists and creators is the one that finally turns the fortunes of the continent around."

(Banky W., Nigerian rapper)

a. **Read** the infographic and **say** why Nollywood is essential to Nigeria's economy.

b. **Pick out** elements showing the government's involvement in this industry. **Explain** these choices.

c. **Read** the quotations and **comment** on the influence of Nollywood worldwide.

d. GRAMMAR *"I **hope** this generation [...] finally turns the fortunes of the continent around."* **Comment** on Banky W.'s vision of art in Africa. ► p. 94

BAC **Explain** how filmmaking can benefit Nigeria both nationally and internationally.

1. production 2. *chiffre d'affaires*

EXPLORE

2. New Kenya

→ *How are Kenyan artists creating a new image of their country?*

1 AfroBubbleGum Art

VIDÉO

Explore Africa, *CGTN Africa*, 2018

"We have to tell more stories that are vibrant. The danger of the single story is still being realised. We need a new way, and AfroBubbleGum is one approach. It's just fun, fierce and frivolous. As frivolous as bubble gum, AfroBubbleGum. It's the advocacy of art for art's sake. It's the advocacy of art that is not policy-driven, or agenda-driven, or based on education. Just for the sake of imagination. AfroBubbleGum Art."

Wanuri KAHIU, storyteller

a. **Look** at the still and **read** the quotation. **Explain** the concept of AfroBubbleGum.

b. **Watch** the video and **say** how AfroBubbleGum art can tell another story of Africa.

c. PHONOLOGY **Focus** on the adjectives *vibrant – loving – beautiful* and **explain** why they are stressed. ▸ p. 94

d. **Comment** on the statement *"fun is political"*.

e. GRAMMAR *"We've **learned** the tools that **will** help us present ourselves"*. **Focus** on the verb forms. How do they illustrate the motto *"The future is now"*? ▸ p. 94

AT HOME **Find** an artistic project (movie, novel, play…) that is part of the AfroBubbleGum movement. Be ready to **present** it and **explain** how it fits in this artistic movement.

2 A new look at Kenya

VIDÉO

A new image of Africa, *Great Big Story*, 2017

WORDS

- confidence
- recognition
- soft power = influence
- storytelling

- booming
- buoyant /'bɔɪənt/ = cheerful

- lucrative = profitable

- break the stigma
- give visibility
- invest money in
- spread

a. **Watch** the video and **focus** on the views. **React**: what image of Africa do they give?

b. **Say** what message the artist wants to convey.

c. **Explain** how his art can contribute to changing the image of Africa.

BOOST YOUR SKILLS!

Formuler des attentes

- Varie les expressions du souhait : *I **hope** this generation…* • ***Would** we think that **maybe**… ?* GRAMMAR p. 94
- Utilise *will* pour évoquer l'avenir : *We've learned the tools that **will** help us present ourselves.* GRAMMAR p. 94
- Exprime tes objectifs avec des infinitives : *We have **to tell** more stories that are vibrant* • *My mission is **to change** our own perceptions* • *I want people **to see**…* PRÉCIS 30

DIFFÉRENCIATION

YOUR TASK **Imagine** and **act out** an interview with an AfroBubbleGum artist who explains:

WAY 1 His/her artistic approach and hopes for the recognition of African art.

WAY 2 Why this movement may be a source of soft power for Kenya in the future.

EXPLORE

3. South Africa on the go

→ *How does art bring change in South Africa?*

1 Empowering young people

Zip Zap Circus school, *CGTN Africa*, 2017

a. Watch the video and **pick out** information about ZipZap circus (place, date of creation, participants).

b. Identify the main goal of the founders of ZipZap.

c. Explain why a circus company can be *"like a family"*.

d. Say how the circus arts can change the lives of young South Africans.

2 Photos with a cause

e-workbook PARCOURS DIFFÉRENCIÉS

"Those are white people problems" is often the response to mental illness in black communities across the globe. The conditions of many are often misunderstood and mistreated, due to fear and a lack of understanding about how to discuss and treat these issues. South African photographer Tsoku Maela hopes to change that.

In his latest series, *Abstract Peaces*, Maela turns the lens[1] on himself, taking us along on his personal quest to find peace in spite of his lifelong experience with depression and anxiety. The artist chronicles his journey as a way to express himself in a culture where mental illness is often a taboo topic. Since sharing the work publicly, he has learned that mental illness in the black community is not only an African issue, but one that affects black people across the globe.

The series is comprised of 22 works, including conceptual photographs and word art created from diary entries. Together, the text and images highlight the pain, but also the beauty in depression. *Abstract Peaces* captures the struggles people with mental illness face day by day, silently. The work has sparked a conversation in South Africa and abroad that has encouraged millennials throughout the African diaspora to use their voices and help destigmatize mental health issues.

Kyla McMillan, *hyperallergic.com*, July 2016

1. *objectif*

▲ *The Three: mind, body, soul*, Tsoku Maela, 2017

WORDS

- slums = townships
- testimony

- blurred: *flou*
- truthful = sincere
- worthy of

- acknowledge

a. Read the text and **pick out** information about the artist.

b. *"**Those are** white people problems"* (l. 1). **Identify** whose point of view this is and **explain** the problem it refers to. **Explain** how the artist raises awareness about it.

c. Describe the artwork and **comment** on the power of this image to change mentalities.

BAC **Connect** both documents to **explain** how art can address social issues.

BOOST YOUR SKILLS!

Mettre l'accent sur l'essentiel

- Utilise des tournures emphatiques : ***That's what*** *we are still doing...* • ***Those*** *are white people problems.*
- Accentue les mots clés : *Learning vital **social** and **physical** skills* • *Giving them **opportunities** and a **sense** of **belonging*** PHONOLOGY p. 94
- Utilise des adverbes : ***All over*** *Cape Town ...* ; et des quantifieurs : *For **many** youngsters...* • ***All*** *these children that...*

YOUR TASK You are fond of Tsoku Maela's work and **tell** your friend about his artistic approach, **emphasising** the way it sheds light on universal issues.

FINAL TASK

Make a speech at the opening of an exhibition on young African artists.

The first exhibition dedicated to a new generation of young African artists is starting in London. You are the curator. Deliver a speech at the opening of the exhibition to celebrate the role of art in empowering African nations.

1. **Browse** through the file and **brainstorm** ideas about the exhibition (movements and artworks exhibited, duration, special events, etc).
2. **Prepare** your speech, focusing on:
   – the rising success of African artistic movements worldwide;
   – how artists are making things change in Africa;
   – how they express their hopes for the future through their artworks.
3. **Deliver** your speech. Remember to **emphasise** the main ideas. Don't forget to **look** at your audience especially when you **stress** the key words.

YES YOU CAN! Deliver a powerful speech

STRUCTURE

Commence par rappeler le contexte de ton discours et explique comment ton propos s'inscrit dans ce contexte.

*The danger of the single story is **still** being realised. We **need** a new way, and AfroBubbleGum **is one approach**.*

ENGAGEMENT

Pour être convaincant(e), implique-toi personnellement et montre que tu adhères entièrement au projet.

***We** have to tell more stories that are vibrant. **I** think of these things when **I** create.*

ADHÉSION

Donne de la force à ton message avec des comparaisons et des mises en situation parlantes pour ton auditoire.

***As frivolous as** bubble gum, AfroBubbleGum. **Imagine if** we had images of Africans who were vibrant.*

RYTHME

Donne du souffle à ton discours en variant les effets de rythme avec des répétitions, des structures ternaires, des allitérations...

*What **would we think** of ourselves then? **Would we think** that maybe we're worthy of more happiness? It's just **f**un, / **f**ierce / and / **f**rivolous. It's the advocacy of art that is not policy-driven, / or agenda-driven, / or based on education.*

EMPHASE

Mets les idées principales en relief en accentuant fortement les mots clés.

*Africans who were **vibrant**, and **loving**, and **thriving**, and living a **beautiful vibrant** life.*

Ménage des pauses pour créer des effets d'attente.

Just for the sake of imagination. // AfroBubbleGum Art.

CONCLUSION

Conclus ton discours en te projetant dans l'avenir et en remerciant ton auditoire.

*I **hope** this generation is the one that finally turns the fortunes of the continent around.*

▸ AfroBubbleGum Art p. 91

STRATEGIES ▸ Écrire et faire un discours p. 239

BOOST YOUR ENGLISH!

Grammar — Exprimer le souhait et le futur

PRÉCIS 17 23 ET EXERCICES

Grammar Tuto

Il existe plusieurs façons en anglais d'**exprimer** le **SOUHAIT** ou le **FUTUR**, selon le degré de réalisation possible ou l'implication du locuteur.

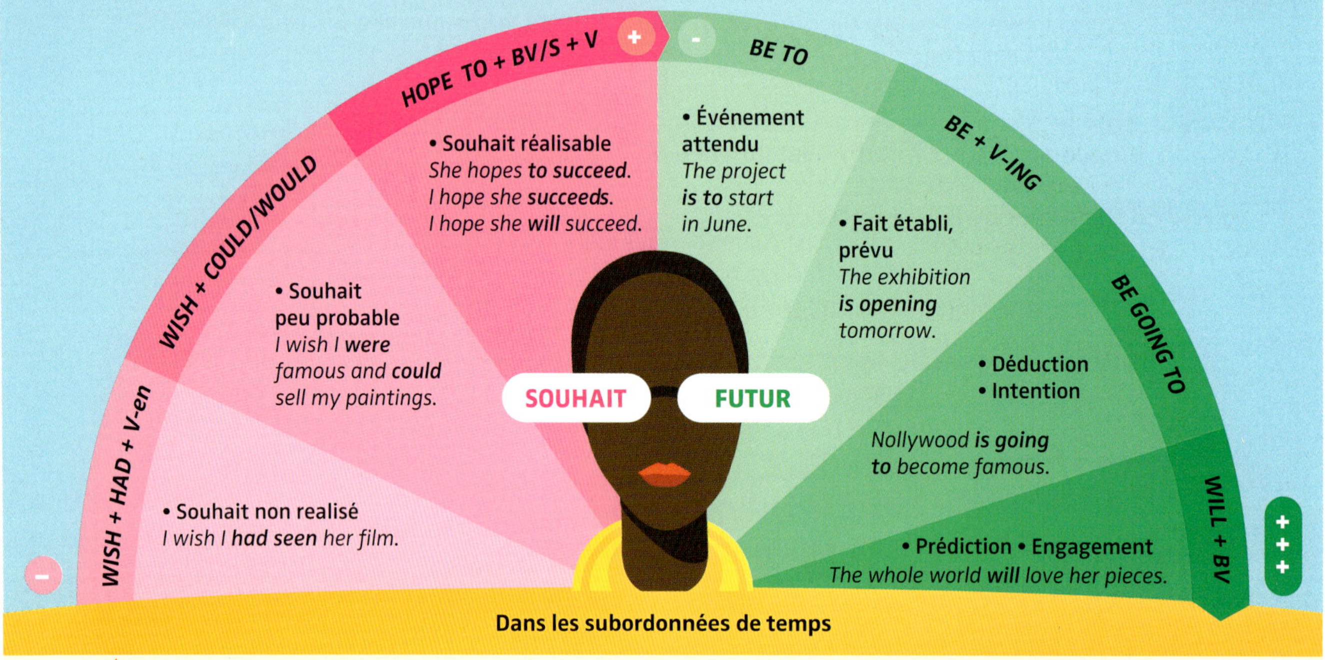

⚠ On n'emploie jamais **will** dans les subordonnées de temps : *I **will** show you the paintings **when** they are ready.*

1 Choisis une structure appropriée pour exprimer le futur (plusieurs cas sont parfois possibles).

a. I'm sure the AfroBubblegum movement (*spread*) rapidly in the next few years.

b. When you (*go*) to South Africa, you (*discover*) how rich their art is!

c. The Africa Nouveau Festival (*take place*) in September this year, that's why my friend and I (*go*) to Kenya next month!

d. Tsoku Maela's pieces (*be*) displayed in London soon and the artist himself (*attend*) the exhibition opening.

2 Utilise les éléments entre parenthèses pour exprimer des souhaits.

a. She wishes her (*pieces / sell*) well during the exhibition next month.

b. Too bad nobody knows her work! I wish (*she / get*) the fame she deserves.

c. He really hopes (*his work / become famous*).

d. They hope (*Nollywood / boost*) Nigeria's economy.

→ More in *Pump it up!* p. 26

Phonology — L'emphase à l'oral

AUDIO

→ More in *Pump it up!* p. 82

L'emphase consiste à **mettre en relief** certains éléments du discours pour souligner leur importance :
– en ajoutant un accent fort là où on ne l'attend pas : ***I*** *believe*… (**moi** je crois que…) ;
– en ajoutant, quand il n'y a pas d'auxiliaire, la forme **do/did** entre le sujet et le verbe : *I **do** wish to raise awareness on…* ;
– en jouant sur le rythme de la phrase (un rythme ternaire par exemple permet de donner de l'ampleur au discours) :
*It's just **fun**, / **fierce** / and **frivolous**.*
– en marquant une courte pause juste avant le mot que l'on veut mettre en valeur :
*As frivolous as bubble gum, / **AfroBubbleGum**.*

3 Entraine-toi à lire à voix haute une des citations ci-dessous en accentuant les éléments importants.

a. *"Nollywood is the way a lot of the black diaspora understand their history. I've been to places in the Caribbean where you walk past houses and people are watching Nollywood films."* (Ose OYAMENDAN, Nigerian filmmaker)

b. *"Filmmaking in Africa is exploding. I hope this generation of Nigerians and Africans filmmakers, artists and creators is the one that finally turns the fortunes of the continent around."* (Banky W., Nigerian rapper)

e-workbook GRILLES D'AUTO ÉVALUATION

ÉPREUVE ÉCRITE

play BAC

PARTIE 1 ▶ Compréhension de l'oral

• Consacre 20 à 30 min à cette partie.

Doc 1 Interview with Nnedi Okorafor (writer)

What literature provides to Africa, *Ake Arts & Book Festival*, 2017 AUDIO 1'30s

▶ Vous écouterez le document à trois reprises, séparées par une pause d'une minute. Vous rendrez ensuite compte en français de ce que vous avez compris.

STRATEGIES Comprendre un document audio, p. 232

Prends des notes sur :
- la situation d'énonciation ;
- le thème principal ;
- le point de vue exprimé par le/la locuteur(trice) ;
- la fonction et portée du document.

PARTIE 3 ▶ Expression écrite

▶ **Vous traiterez en anglais et en au moins 120 mots, l'un des deux sujets suivants au choix.**

SUJET A : *"Art can educate and create empathy, and empathy leads to change."* Use examples of African works of art to discuss this statement about art.

STRATEGIES Écrire un texte argumentatif p. 243

Sujet
- Surligne les mots clés et réfléchis à leur sens.
- Identifie l'articulation des termes du sujet en te concentrant sur les verbes : *educate*, *create*, *lead*

Production
- Identifie la nature de la production attendue.
- Appuie-toi sur des exemples d'œuvres tirées de l'unité ou de tes connaissances personnelles.
- Compte le nombre de mots que tu as écrits pour être certain(e) de respecter la consigne.

SUJET B : The Kenyan actress Lupita Nyong'o won an Oscar for best supporting actress in 2014 for her role in *Twelve Years a Slave*. This mural was painted by Bankslave in Nairobi, Kenya. Write the interview with the street artist.

STRATEGIES Écrire un dialogue, p. 240

Sujet
- Identifie l'œuvre (nature, auteur, sujet).
- Note le contexte dans lequel elle a été créée.
- Analyse les éléments techniques (composition, couleurs, symboles).

Production
- Réfléchis à la situation d'énonciation : origine du journaliste, but de l'interview.
- Oriente tes questions sur les intentions de l'artiste (choix du sujet, du lieu, de la forme, etc.).
- Veille à respecter la ponctuation d'un échange oral en anglais.
- Efforce-toi de garder en tête l'axe du programme pour formuler les questions et les réponses.

SNAPFILE 9

ART ET POUVOIR
ART AND POWER

Propagand'Art

▶ **To what extent can Shepard Fairey's art be considered propaganda?**

YOUR MISSION

MÉDIATION

Record an audio guide for an exhibition on Shepard Fairey.

You are doing an internship at an art gallery preparing a retrospective on Shepard Fairey's work. Record the audio guide for the exhibition.

FOLLOW THE STEPS!

ROOM 1 The artist from the street

ART

TIME OUT MEETS

Shepard Fairey

Street art and freedom of speech

WHAT IT IS... American street artist Shepard Fairey's public mural revealed in Hong Kong in 2016

Born and raised in South Carolina, USA, Fairey's path to becoming an artist was obvious. "I've been passionate about drawing and painting since I was a little kid," he tells us. "As soon as I realized I wouldn't make it as a professional skateboarder, I decided that art was the only thing I was good at, therefore it was my only career path[1]." Much like skateboarding culture, street art for Fairey is a creative outlet[2] to express and push the boundaries of his ideas. "I come from punk rock and skateboarding," he explains, "which are both rebellious and push the idea that if a scene doesn't exist, create your own scene from scratch[3]. Street art was an extension of that idea but also a way to take the art directly to the people. [...] "Freedom of speech is very important to me, so the idea of being able to say what you want on the street, if you're willing to take the risk, appealed to me."

timeout.com, 2016

1. choice **2.** creative space **3.** from nothing

a. **Look** at the picture and **comment** on the elements you see in the painting. What do they evoke?

b. **Read** the article and **say** what Fairey was passionate about when he was young and what decision he made.

c. What are the advantages of street art according to Shepard Fairey?

STEP 1 MÉDIATION

Record the track for room 1: **Introduce** Shepard Fairey and his approach to street art.

ROOM 2 From underground to official art

Doc. 1

▲ Barack Obama's official inauguration poster by Shepard FAIREY, 2008

CULTURE SPOT

Barack Obama (Hawaii, 1961) was elected 44th president of the USA in 2009. He was the first African-American president of the USA. He was awarded the Nobel Peace Prize in 2009.

WORDS

- camp**ai**gn
- **i**nstant hit = imm**e**diate succ**e**ss
- vindic**a**tion = claim

- comm**i**tted (to a cause)
- controv**e**rsial
- cre**a**tive

- break the rules
- expr**e**ss an id**ea** = del**i**ver a m**e**ssage
- raise aw**a**reness
- reach out to
- run for pr**e**sident

Doc. 2

e-workbook — PARCOURS DIFFÉRENCIÉS — VIDÉO

▲ The artist behind the poster, CNN, 2009

Docs 1 and 2

a. **Look** at the poster (doc. 1). **Say** why it was created and **comment** on the visual elements (attitude, colours...).

b. **Watch** the report (doc. 2) and **say** how Shepard Fairey was chosen to design Obama's Inauguration poster.

c. **Explain** why this decision was controversial.

d. GRAMMAR *"Fairey* ***has been arrested*** *a dozen times. So how* ***did*** *this guy* ***get hooked*** *up with Obama?"* **Focus** on the verb forms and **justify** their use. PRÉCIS 18

e. **Comment** on the impact of the poster on Obama's campaign.

BAC **Discuss**: Is art compatible with politics?

BOOST YOUR SKILLS!

Faire le bilan d'un parcours

- Utilise le prétérit pour évoquer les étapes du parcours : *His portrait of Obama* ***became***... • *He* ***contacted*** *the campaign.* • *He* ***came*** *up with this.* PRÉCIS 13
- Choisis la voix passive pour évoquer les interventions extérieures : *He* ***was chosen*** *to create...* • *He* ***has been arrested***... PRÉCIS 18
- Utilise le *present perfect* pour en faire le bilan : *The fame that* ***has followed***... PRÉCIS 14

STEP 2 MÉDIATION

Record the track for room 2: **Explain** how Shepard Fairey's involvement in politics was a turning point in his career.

ROOM 3 Serving popular causes

We the People protest, *The Amplifier Foundation*, 2017

a. **Watch** the video and **define** the power of art according to Fairey.

b. **Identify** the non-profit organisation that made this video and **explain** its goals.

c. PHONOLOGY **Focus** on Shepard Fairey's comment at the beginning. **Say** what words he stresses the most. **Comment** on the pronunciation of "to". ► p. 137

d. **Explain** what kind of images people need for the next political campaigns.

STEP 3 MÉDIATION

Record the track for room 3: **comment** on the way American citizens used Shepard Fairey's work as a means of expression.

ROOM 4 From protest to mainstream

How an Unknown Street Artist Used Content Marketing to Build a Global Brand[1]

Shepard Fairey, entrepreneur to some, criminal to others, is considered to be one of the art world's most iconic and collectible commodities[2].

What does it take to go from making $4.25 an hour, hand printing skateboard stickers, to being one of the most influential American artists of our time? You might say hype. But perhaps there is something underneath all of the noise and media attention that you don't recognize about street artist Shepard Fairey. After all, he's still making millions doing what he's always done. I'll argue that Fairey is one of the greatest living content marketers. [...]

There is no secret; Shepard Fairey is one of the hardest working artists in America and a dedicated content producer. He employs scores[3] to help design his apparel line, create ad campaigns for mega-brands like Pepsi, and even album covers for Led Zeppelin. His DIY[4] work ethic has never changed. [...]

Two decades before, Fairey used guerrilla tactics to put up his street art in highly visible places all over the world, night after night after night. He worked for years doing graphic design by day to create a steady income so that he could concentrate on his first love, his art. And by sharing his public art for free over many years he created something viral—the brand Obey Giant—and his audience demanded more. After a couple of years, they were the ones spreading the message. [...]

Shepard Fairey put in years of sweat equity to build an extremely profitable brand.

He saw that the traditional model was on the decline and was prepared to get rich slow.

Kelton REID, *copyblogger.com*, September 2012

1. *marque internationale* 2. *marchandise* 3. lots of people 4. "Do It Yourself"

a. **Read** the article and **pick out** elements pointing to Fairey's success.

b. **Give** examples showing that his art has become business.

c. **Find** out the reasons for his success.

d. **Explain** the way he manages his art today.

STEP 4 MÉDIATION

Record the track of Room 4 on Fairey's commercial work and success. **Discuss** the evolution of his art.

WORDS

- activist
- advocate = spokesperson
- brand marketing: *image de marque*
- grassroots movement: *mouvement populaire*

- iconic

- influential
- persistant = enduring
- provocative

- awake people's conscience
- give voice to
- reach an audience
- take a stand = fight for

ROOM 5 Beyond politics

Three Decades of Dissent[1]

As followers of Fairey's work have come to expect, his collection of around 30 eye-catching graphics and prints—dubbed "Facing The Giant: 3 Decades of Dissent"—is characteristically political.

"I've presented a counterargument to what I consider some of the monolithic forces of oppression that most people feel powerless to do anything about," Fairey said. "Cumulatively, we all have power, we all have a little bit of power ourselves so that's where the title of the show comes from."

Fairey, 49, said his show is a retrospective marking his 30 years as an artist. It takes visitors back to his beginnings in the late 1980s, while also presenting new works that deal with "climate change and the disproportionate influence of the fossil fuel industry on government and the need for campaign finance reform."

One work that Fairey has a particular connection to is called *Fan[2] the Flames*.

"It's a woman wearing a sort of military-style cap, holding a fan that has flames on it," he explained. "[She] is looking directly at the viewer, looking somewhat intense and focused, and maybe a little irritated at the lack of movement towards ecological responsibility.

"In the background are things like a ripped[3] dollar bill, a flower being eclipsed by dark lines [and] text about the oil and gas companies' donations to members of Congress. It's both seductive and provocative."

The message he hopes people take away with them? Strength in numbers.

"Each one individual who might be frustrated with how things are going has very little power by themselves, but we all have power through democracy in numbers", he said. "So participation in elections and using every tool we have engage civically is the only way to overcome traits of power."

Fairey hopes the artwork could influence votes in the 2020 presidential election.

Chloe MELAS, *CNN.com*, June 2019

1. *dissidence* **2.** *éventer* **3.** torn

▲ *Fan the Flame* by Shepard FAIREY, 2019

a. Look at the work of art and **analyse** it (symbols, colours, composition, technique).

b. Guess the message behind it.

c. Read the article and **check** your hypotheses.

d. VOCABULARY **Observe** the adjectives: *eye-catching, military-style, powerless.* **Comment** on their composition and translate them into French.

e. Explain what Fairey hopes to achieve with this painting.

STEP 5 MÉDIATION

Record the track for room 5: **Explain** what new issues Fairey wants to address and how he does it.

BOOST YOUR SKILLS!

Expliquer une démarche artistique

- Utilise le présent simple pour présenter la démarche : *It **takes** visitors back to... • His new works **deal** with... • One work **is** called...*
- Explique les objectifs de l'artiste : *He used guerilla tactics **to put up** his street art • He employs scores **to design** new products • He wants **to disrupt** the rising tide of fear.* PRÉCIS 36B
- Utilise *by* + V-*ing* pour préciser les moyens mis en œuvre : ***By sharing** his art for free he created something viral.*

FINAL STEP

Put the different tracks of your audio guide together. You **may add** some background music to make it sound more lively, and a short introduction and/or conclusion to the visit.
STRATEGIES p. 236

You've completed your mission. Well done!

play BAC

BRAINSTORMING

ART AND POWER

How much can art reflect a country's concerns?

- → Brexlit: a literary portrait of division (UK).
- → Zipzap circus: fighting for reconciliation (South Africa).
- → Singer Aretha Franklin: spreading the values of the Civil Rights Movement (USA).

How can art be seen as a tool for empowerment?

- → For individuals: fighting stereotypes (Hiplet dancers in Chicago, Harmonia Rosales showing "black is beautiful" by revisiting classical European paintings).
- → For communities: making minorities visible (*Black Panther*, *El Chicano*).
- → For countries: developing their cultural outreach (Nigerian film industry (Nollywood).

To what extent can art be a counterpower?

- → Citizens debating Brexit on the walls of London (Street Art in Shoreditch, London).
- → A new way to look at African art (Afrofuturism, AfroBubbleGum Art).
- → Challenging the royal family through music (*God Save the Queen*, Sex Pistols).

What kind of goals can art serve?

- → Social causes: changing mentalities (Tsoku Maela's work on mental illness).
- → Political goals: the message behind street art (Shepard Fairey, Banksy).
- → Expressing popular rebellion: the punk movement philosophy (UK).
- → Economic goals: when art becomes a marketing tool (Shepard Fairey's Obey brand).

SPEAK ABOUT...

Art and power

- In pairs, look at the mind map and discuss the topics using the guidelines and your personal knowledge. You can ask your partner other questions. Develop these examples or choose any others from the English-speaking countries.

WORDS

AUDIO

Nouns

- (artistic) movement = trend
- consistency: *cohérence*
- empowerment
- exhibition
- fame ≠ anonymity
- interpretation = perception
- legitimacy
- painting
- photograph
- pressure = coercion
- propaganda
- review
- slogan = motto
- strength
- work of art = artwork

Adjectives

- biased ≠ neutral
- committed
- controversial
- creative
- critical of ≠ supportive
- dedicated (to)
- dissenting: *contestataire*
- faithful
- figurative ≠ abstract
- influential
- involved (in)
- purposeful = determined
- typical: *représentatif*
- uneasy = uncomfortable (with)

Verbs

- alter = distort
- be grateful to
- commit oneself to
- convey = pass on
- depict = represent
- embody = epitomize
- foresee = anticipate
- mirror = reflect
- oppose
- pay tribute to
- praise
- question = challenge
- raise awareness about
- set an example
- voice

ÉPREUVE ORALE ▶ B2 — play BAC

Voie générale

⏱ 5'

- Vous traiterez **en anglais** et **à l'oral** l'un des deux sujets, **au choix**.

1. Look at the two images and say which one corresponds best to your understanding of *Art and power*. Explain your choice and give precise examples from what you studied in class or what you know about English-speaking countries.

- Analyse rapidement les deux documents (typologie, message) et assure-toi de bien dégager le lien avec l'axe.
- Choisis celui qui te permet le mieux de t'appuyer sur des exemples issus du monde anglophone.

▲ Mural by Jodi THOMAS, Bristol (UK), 2019

▲ Andy WAHROL, *Campbell's Soup Cans*, 1962

2. Read the two quotes and say which one corresponds best to your understanding of *Art and power*. Explain your choice and give precise examples from what you studied in class or what you know about English-speaking countries.

- Si tu trouves que les deux citations se répondent, tu peux aussi mettre en évidence la façon dont elles s'opposent ou se complètent pour développer ton propos.

"Art has the power to transform, to illuminate, to educate, inspire and motivate."
Harvey FIERSTEIN (American actor and playwright).

"A movie isn't a political movement, a party or even an article. It's just a film. At best it can add its voice to public outrage."
Ken LOACH (British film director)

Voie technologique

⏱ 5'

A few ideas about *Art and power* in technology...

ETLV

STL
- Find information about Heather Dewey-Hagborg project (*DNA portraits on canvas*). Explain how DNA can be used to create art and the questions it may raise.

STI2D STD2A
- Present the Shard, an elegant and efficient London building.

ST2S
- SITE Study the UK Arts in Healthcare programme and explain how art can take part in the healing process.

STMG
- SITE Study the project of the Amplifier Foundation, an organisation promoting the association between artists and social movements.

- Appuie-toi sur ce que tu apprends dans les autres disciplines pour faire le lien avec la culture anglophone et montrer que tu sais créer des passerelles.

STRATEGIES ▶ Présenter un projet p. 248

Gaming citizenship

▶ Can video games build a sense of citizenship in the USA?

FINAL TASK Debate on the opening of a gaming learning module at university.

A

VIDÉO

▲ Our game: League of legends, 2017

CULTURE SPOT

eSports is a form of competitive sport using video games. Multiplayer video-game competitions particularly take place between professional players, individually or as teams.

B

▲ The rise in senior online gaming, *Assisted Living Today*, 2016

1. (health points)
2. people born around 1945

> “Online games remove our physical identity, and all the traumas and inhibitions that come with it; everybody starts equal, everyone is judged on their contribution. What you input is what you are. Game communities are empowering.”
>
> Keith STUART, *The Guardian*, 2013

C

Markstrom for *Gamers Outreach*, 2019

WORDS

- charity /ˈtʃærɪti/
- community members
- loneliness
- team spirit

- competitive
- popular
- worldly recognised

- bind /ˈbaɪnd/ = bring together
- build relationships
- empower
- encourage donations

DISCOVER AND SHARE

Join your team and focus on one of the documents.

Doc A. **Watch** the video and **pick out** elements showing the popularity of eSports.

Doc B. **Focus** on the infographics and the quote. How can video games improve social relationships?

Doc C. **Watch** the video and **explain** how some gamers get involved to help people.

NOW SHARE

Report what you have found and **discuss** the way video games can help building communities.

EXPLORE

1. Play and learn

➜ *Can video games be a way of learning?*

1 Learning valuable skills

All the social/emotional learning and soft skills I developed in football, wrestling, track, and rugby can be developed through eSports. When I was chasing athletic scholarships for college, no one told me it was a dumb idea. My family, teachers, and coaches did everything they could to help me get an athletic scholarship. Just like we don't scoff at[1] helping athletes find a home at the collegiate level, we shouldn't scoff at helping hopeful eSports students find a home at the collegiate level. To do that we need to build the school-to-college eSports pipeline[2]. [...]

In polling my students, I found another great reason to embrace eSports in school. I asked students about other roles they may be interested in on the team. Get this: of the 75 students that want to come out for our team, almost a quarter of them don't want to actually play the game. A quarter of my students want to develop the website, run the social media accounts, oversee the Twitch stream[3] run the in-game camera, manage team logistics, act as team journalists and videographers, and provide the color commentary and play-by-play of the games as casters. All of these tangentially related needs of an eSports team will build soft skills and talents that our kids can apply to future college applications and lucrative jobs. [...]

Finally, eSports may be a useful way to address two important cultural issues: violence in schools and misogyny in gaming. To me, not all violence is created equally. I don't support games rated M for Mature or realistically violent games in middle school or high school, but I don't have a problem with games like *Fortnite* or *Overwatch* with their cartoonish violence being played in schools. I've talked to others who feel very differently. I see eSports as an opportunity to discuss and educate students about violence in the age of school shootings. We also have the opportunity to address the misogyny found in a disturbing subset[4] of gaming culture that has reared its ugly head in incidents like gamergate[5]. Five girls want to be players on our eSports team. I want to make sure the boys that come through our eSports program embrace that idea as they become young men. I don't have all the answers on this front, but I see eSports as part of the equation.

Chris AVILES, *techedupteacher.com*, June, 2018

▲ The University of Utah offers eSports scholarship

WORDS

- gaming culture
- preconceived ideas
- team building

- ethical = moral
- expert at
- open-minded
- skillful
- supportive of: *favorable à*

- assert = claim
- develop talents
- educate = teach
- support a point

1. make fun of 2. access 3. *flux vidéo* 4. *sous-ensemble*
5. a 2014 scandal about misogynistic attacks on women gamers

a. Read the text and **identify** the speaker's job.

b. Give his opinion about eSports.

c. Comment on the comparison used to promote eSports.

d. VOCABULARY (l. 14-30) **Pick out** verbs related to building skills. What image of eSports does it convey? ▸ p. 111

e. Explain how eSports could become an educational tool.

BOOST YOUR SKILLS!

Exprimer une opinion

- Utilise des verbes et expressions d'opinion : *I **believe** that... • **To me**... • I don't **support** games that... • I **see** eSports as...*
- Souligne ton point de vue par des intensifieurs : *Another **great** reason... • We **also** have... • **All of** these need...*
- Illustre ton opinion par des exemples : *When I was chasing athletic scholarships... • A quarter of my students want to...*

YOUR TASK As an active member of a sports club, **share** your opinion about the new place of eSports.

2 Learning morality through gaming

If you're looking for answers to life's big philosophical questions, try playing a video game.

In his 2014 book, *No Place to Hide*, Glenn Greenwald wrote that a contributing factor to Edward Snowden's decision to leak[1] classified information from the NSA was his consumption of video games: "The moral narrative at the heart of video games was part of his pre-adolescence and formed part of his moral understanding of the world and one's obligation as an individual."

Whether or not you agree with Snowden's actions, the idea that playing video games could affect a person's ethical position or even encourage any kind of philosophical thought is probably surprising. Yet we're used to the notion that a person's thinking could be influenced by the characters and conundrums[2] in books, film and television; why not games? In fact, games have one big advantage that makes them especially useful for exploring philosophical ideas: they're interactive. [...]

Unlike books, film and television, games allow you to act on your intuition. Can you kill a character you've grown to know over hours of play, if it would save others? [...]

There are explicitly philosophical games, specialist game writers, and plenty of games that raise philosophical questions even if that's not what their creators intended. As video games continue to mature, hopefully more game makers and educators will recognise their potential as a compelling[3] medium through which to engage in philosophical thought.

Jordan Erica WEBBER, *The Guardian*, August 2017

1. reveal secret information
2. *énigmes*
3. persuasive

CULTURE SPOT

Edward Snowden is an American whistleblower who disclosed in 2013 highly classified information from the National Security Agency which revealed many global surveillance programmes. It prompted debates about national security and individual privacy.

a. Read the article and **find** a positive effect of playing video games.

b. Note down similarities between video games and books/films.

c. GRAMMAR *"**Unlike** books, film and television…"* (l. 31).
Focus on the word in bold. What does it express?
Explain what only video games permit. ▸ 1 p. 110

d. Comment on how video games encourage free will.

e. Explain why video games can be used to deal with moral questions.

3 The future of education?

VIDÉO

XPRIZE, 2016

a. Watch the video and **focus** on the beginning. **Explain** why the current educational system may discourage students from learning.

b. Focus on the rest of the video and **comment** on the strategies developed by gaming.

BAC **Discuss** the way gaming may impact education in the future.

EXPLORE

2. Gaming for a better world?

→ *Do video games impact the players' behaviour?*

1 Outside the virtual world

Intelligence Squared, 2017

a. Watch the video and **identify** the issue raised.
b. Contrast the participants' points of view.
c. Rephrase their main arguments.
d. Comment on the possible influence of video games in the offline world.

BAC **Explain** how gaming may influence the players' sense of citizenship.

2 Inside the virtual world

e-workbook PARCOURS DIFFÉRENCIÉS

A group a teenagers from across the world is playing online in a virtual world.

"We are going to take on four worlds, all at the same time: Mushroom Kingdom, Zombie Mecha, Svartalfaheim Warriors, and Magic of Hogwarts." She watched the backchannel[1], waited until the translations were all sorted out. "What do I mean by 'take on?' I mean *take over*. We're going to seize control of the economies of all four worlds: the majority of the gold, prestige items, and power. We're going to do it fast. We're going to be unstoppable: whenever an operation is disrupted, we will have three more standing by. We're going to control the destiny of every boss in those worlds. [...]

"To do this, we're going to need many thousands of players working in coordination. Mostly that means doing what they do best: making gold. But we also expect heavy resistance once word gets out about what we're up to. We'll need fighters to defend our lines from Pinkertons, of course, but we also need a lot of distraction and interference, all over, including—no, *especially*—in worlds where we're *not* going for it. We want game management thoroughly confused until it's too late. You will need proxies[2], *lots of them*, and as many avs[3] as you can level up. That's your number one task right now—level as many avs as you can, so that you can switch accounts and jump into a new fighter the second an old one gets disconnected." She watched the backchatter for a second, then added, "Yes, of course, we're working on that now. In a day or so, we'll have prepaid account cards for all of you. They'll need US proxies to run, so make sure you've got a good list of them."

Cory DOCTOROW, *For the Win*, 2010

AUDIO

1. chat window 2. *serveurs proxy* 3. system used to record a video game

a. Read the text and **identify** the narrator's project.
b. Explain the strategy she will use to reach her goal.
c. Focus on the main lexical field. **Explain** what vision of video games it conveys.
d. Explain why the narrator wants "proxies" (l. 17) and "prepaid account cards" (l. 22).
e. Discuss this community's sense of digital citizenship.

WORDS

- **o**nline ≠ **o**ffline
- pseu**d**onym /'sju:dənɪm/
- v**i**rtual id**e**ntity

- an**o**nymous = unn**a**med

- blur the lines
- dist**o**rt (re**a**lity)
- mist**a**ke sth for sth else

CULTURE SPOT

When users of the Internet are described as **digital citizens** it highlights their power to engage in a responsible and respectful use of online devices.

EXPLORE

3. From games to work

→ *How can gaming help develop professional skills?*

1 An unexpected recruiter

VIDÉO

CBS, 2019

a. Watch the video and **identify** the problem the US army is facing today.

b. PHONOLOGY **Identify** the stressed syllable in these compound words: *video games – decision-making – team work*. **Practise** saying them. ▸ p. 111

c. Explain how the skills developed by gamers may be relevant for soldiers.

WORDS

- (job) **i**nterview
- job h**u**nt

- **a**ctual = real
- b**i**ased /'baɪəst/ = pr**e**judiced
- kn**o**wledgeable = g**i**fted

- draw/get (skills) from
- f**i**gure out = underst**a**nd
- **i**solate from ≠ bond
- r**e**ly on = dep**e**nd on
- seek = look for (a job)

BAC In your opinion, how much are games a gateway to the real world?

2 Follow your passion

Work history, check. Education, check. Videogame experience... check?

Employers across a range of industries are embracing résumés that include backgrounds in making or playing videogames, concluding the digital pastime can help employees with online collaboration, problem solving and other critical workplace skills.

Videogames are more popular than ever. Once associated with antisocial behavior or immaturity, gaming savvy[1] now can tip the scales in a job candidate's favor, much like how a stint[2] as football team captain can suggest management potential, recruiters say.

"Gamers are the kind of people you give a set of instructions to and they'll just figure it out," Mike Hetisimer, manager of customer service at Truno, a Lubbock, Texas, maker of technology for grocery workers. "They've done that with thousands of games."

Mr. Hetisimer, who enjoys playing the life simulator "The Sims", hired[3] three people last year who in the interview process described themselves as avid gamers. They were all able to quickly familiarize themselves with Truno's software and help customers use it, he said. "You're looking for trainability."

Some people retain negative views about gamers, such as the assumption that they are socially inept. Yet in recent years, online multiplayer games that encourage players to form teams and strategize through online text or voice communication have grown in popularity.

Sarah E. Needleman, *wsj.com*, March 2019

1. intelligence, knowledge 2. experience 3. recruit

a. Read the article and **identify** the new trend among recruiters. **Give** the reasons for it.

b. GRAMMAR **Pick out** the word expressing concession. **Identify** the two elements that are being contrasted. ▸ 1 p. 110

c. Show how the recruiters' vision of gaming has evolved.

YOUR TASK You are an avid video-game player. **Discuss** with your friends about whether or not you should mention your hobby in an application letter for a new job.

BOOST YOUR SKILLS!

Échanger des points de vue

- Exprime l'opposition ou la concession : *I think it's wonderful* ***but****... •* ***Yet*** *we're used to the notion that... •* ***Unlike*** *books and television...* GRAMMAR 1 p. 110
- Utilise des démonstratifs pour pointer une idée ou un argument : *So where is* ***this*** *all going? • The reason for* ***that*** *is...* GRAMMAR 2 p. 110
- Exprime ton accord ou ton désaccord : ***Whether or not*** *you agree... •* ***No, no,*** *much more... • It's* ***not*** *true that...*

EXPLORE

4. We're all gamers

→ *How do video games raise gender-equality issues?*

There is no Place for Sexism in Gaming

The sirens sounded for the final showdown. My eyes scanned the play area for my opponent, my finger glued to the trigger of my gun. Out of the blue, a head popped out from the side. My heart skipped a beat[1] before I fired away. I was the champion of this round of PlayerUnknown Battleground, a popular multiplayer game amongst teenagers.

"Hey, not bad for a girl."

"Wow, lucky kill."

Hearing all these comments from my male teammates in the game session, my zeal and pride quickly plunged, replaced by a burning feeling of indignation. So what if I am a female player? I had won the game fair and square. Being a female player does not make me any lesser or weaker than any of them. If I had been a guy, would they have said the same about my victory?

According to a yearly Entertainment Software Association report released in 2019, 46 per cent of gamers in the United States are women, and 22 per cent of female baby boomers have been playing for more than 25 years. Despite the apparent gender parity, [...] my friends always express awe[2] and shock by the fact that I, a female, have been an avid gamer since I was 10.

Thus, it is unsurprising that I, too, have encountered sexist comments countless times, ranging from doubts about my ability, concerns about a female player being a liability to the team to outright hitting on[3] me, asking for my phone number. Why is sexism so prevalent in the gaming community when we are in a seemingly more equal society, especially with last year's #metoo movement?

Female characters in video games are often objectified and sexualised. They are often seen in scandalous outfits showing off their large breasts with slim figures, to make the game more attractive and interesting for male gamers. There's really nothing praiseworthy of these characters. They are often cast aside as side or supporting characters, or used as rewards and potential capture flags. [...]

Hence, I hope all gamers, both male or female, will please do away with all these gender stereotypes and stop their rude, degrading comments.

The next time I win a game, please don't attribute it to "good luck" or the fact that the male counterpart had "messed up." Such a condescending tone is uncalled for and unwelcome.

Charlize TAN, *todayonline.com*, August 2019

CULTURE SPOT

The ***Me Too*** Movement started in November 2017 as a viral hashtag on social media. It has been used by women to denounce gender discrimination.

WORDS

- ack**no**wledgement = recog**ni**tion
- **gen**der gap

- dis**dain**ful
- misogy**nis**tic
- super**fi**cial
- un**fair**

- be pre**j**udiced ag**ainst**
- be supp**o**sed to
- blame for
- exp**e**ct sb to
- look down on sb
- take s**e**riously

1. *tressaillir*
2. surprise
3. *draguer*

a. **Read** l. 1-9 and **explain** the situation. **Comment** on the word *"lucky"*.

b. **Continue** reading and **identify** the problem raised. **Explain** how the narrator accounts for this situation.

c. GRAMMAR *"**Despite** the apparent gender parity..."* (l. 26-29). **Focus** on the word in bold. What does it reveal about the situation? ▸ 1 p. 110

d. **Explain** how the narrator feels about it?

BAC **Discuss**: How can such a story raise awareness about gender stereotypes in video games?

YOUR TASK **Pair work.** You are video-game fans. After reading this article, **post** a comment and **react** to other readers' comments.

BOOST YOUR SKILLS!

Argumenter pour convaincre

- Choisis des adjectifs qui expriment ton point de vue: *The **apparent** gender parity • It is **unsurprising** that... • **Scandalous** outfits.*
- Utilise des questions rhétoriques: *... **would** they have said the same to me? • **Why** is sexism so prevalent?* PRÉCIS 28 29
- Utilise des connecteurs d'opposition ou de concession : *They might have said so in jest, **but** their words are demeaning • **Despite** the apparent gender parity...* GRAMMAR 1 p. 110

FINAL TASK

Debate on the opening of a gaming learning module at university.

With the development of eSports and the idea that gaming is more than a hobby, a university professor is pushing for the opening of a gaming learning module. The project has to be debated at the annual meeting of the university board.

1. **Choose** your role (student, teacher, head of faculty, psychologist, etc.).
2. **Gather** arguments to **support** your viewpoint on video games (bonds *vs* isolation, skills *vs* violence, use in education, recruiters' interest, sexism, etc.).
3. **Make sure** you can:
   – support your point with specific examples;
   – react to your opponents' arguments efficiently;
   – build up your argument to convince your opponents.
4. **Debate** with the university board: **remember** to listen to your opponents' arguments, to take them into account when you react, and to remain polite.

YES YOU CAN! Take part in a constructive debate

INTRODUCTION

Pense à introduire le débat et à le contextualiser. Organise les salutations et présente les participants.

We're here today to discuss…
Thank you for being here today.
Let me introduce…

ORGANISATION

Organise la répartition de la parole et maintiens le fil du débat. Pose des questions pour relancer le débat si nécessaire.

Your opponent is saying that…
I want to come back to that observation…
Are your saying that people are…?

CONCLUSION

Termine par une rapide synthèse des propos échangés, remercie les participants et formule une phrase de conclusion.

Thank you for your time.
It's been very interesting listening to you all.

▸ Outside the virtual world, p. 106

POINT DE VUE

Exprime ton opinion de façon claire en étayant ton propos avec des arguments précis.

*There is **intriguing evidence** that…*
*I **would contest** that games can be predominantly peaceful.*
*It's just **not true** that most games are violent.*

EXEMPLES

Appuie-toi sur des exemples concrets et précis.

Look at Minecraft! One of the biggest successes in recent history is a game about building blocks.

POSTURE

Veille à écouter tes interlocuteurs/trices. Utilise des *gap fillers* pour souligner l'interaction et t'adresser directement à tes interlocuteurs/trices.

*Much more, **you know**, much more…*
***I mean**, the interesting thing is that…*

STRATEGIES ▸ Interagir, débattre à l'oral p. 237

BOOST YOUR ENGLISH!

Grammar — L'opposition et la concession

PRÉCIS 37 ET EXERCICES

Grammar Tuto

L'OPPOSITION

Relie deux idées qui ne se contredisent pas a priori (l'une n'empêche pas l'autre).

LA CONCESSION

Relie deux idées qui devraient s'opposer (l'une devrait empêcher l'autre)... mais sans succès.

+ nom

L'opposition : **contrary to** – **unlike**

- **Contrary to** a common belief, elderly people also play online.
- **Unlike** young players, older gamers don't train everyday!

La concession : **despite** – **in spite of**

- **Despite** appearances, gamers are considered athletes.
- **In spite of** their reluctance, teachers are starting to use video-games.

+ proposition

L'opposition : **but** – **on the contrary** – **whereas** – **while**

- People often think gaming is isolating **while/whereas** it helps build a sense of community.
- My granddad tried gaming **but** he didn't like it.

La concession : **although/though** – **even if** – **however** – **yet**

- **Although** it seems a male world, women play a lot too.
- **Even if** he's not talented, he likes playing.
- She had never used gaming in her class, and **yet**, it worked!

+ adj. ou adv.

L'opposition :

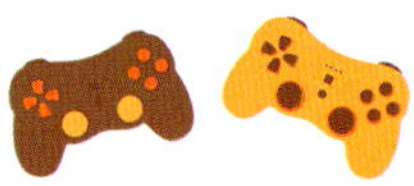

Ø

La concession : **However** *(quoique)*

However weird this may sound, gaming can lead to a real job!

1 **Complète avec le mot de liaison qui convient. Précise s'il exprime opposition ou concession.**

and yet – unlike – even if – although

a. ... she is a senior, she loves playing online.
b. He introduced gaming in his math lessons ... nobody thought it would work.
c. ... most gamers, he turned his passion into his job.
d. The army has nothing to do with video games, ... they rely on them to recruit!

2 **Traduis ces phrases. Attention aux mots en gras.**

a. **Malgré** ses efforts, il n'a pas gagné le tournoi.
b. L'armée recrute grâce aux jeux vidéo, **même si** certains n'aiment pas cette méthode.
c. **Bien que** cela soit inhabituel, les jeux vidéo sont utilisés dans les grandes universités.
d. **Quoique** surprenante, cette nouvelle façon d'enseigner n'est pas mauvaise !

→ More in *Pump it up!* p. 52

Grammar — Les démonstratifs

PRÉCIS 4 ET EXERCICES

Les **démonstratifs** permettent de **désigner** quelqu'un ou quelque chose **en particulier** (celui-ci et pas un autre) pour en montrer la singularité. Ils **s'accordent** avec le nom qu'ils déterminent (adjectif) ou qu'ils remplacent (pronom).

	Adjectif *ce, cette, ces*	Pronom *celui/celle/ceux-ci / celui/celle/ceux-là*	Sens possibles
Sg	***This*** *game is awesome.*	*Creators have played with* ***this****.*	• Proximité temporelle ou spatiale.
Pl	***These*** *gamers are champions.*	*Had you heard about* ***these****?*	• Surprise découverte d'une nouveauté
Sg	***That*** *championship was a success.*	*We're working on* ***that*** *now.*	• Eloignement temporel ou spatial.
Pl	***Those*** *gamers are addicted.*	*I never thought he would support* ***those****.*	• Jugement positif ou négatif.

3 **Complète avec le démonstratif qui convient.**

a. I discovered ... eSports club recently and I love it!
b. My grandma told me about ... new games.
c. I find ... new trend ridiculous! How can you learn at school playing video games?
d. .... are my teammates, and ... woman over there is our coach.

4 **Repère les démonstratifs. Pour chacun, précise s'il s'agit d'un pronom ou d'un adjectif puis justifie son utilisation.**

"It was such an amazing show! That's what I call gaming!" The gaming convention—that took place in March this year—enabled those who love role-playing games to try new ones. "I'm usually not keen on conventions, but this one is special," one of them confessed, "I wanted to give a try to one of these new games."

Vocabulary — Gaming

EXO Lexiquiz

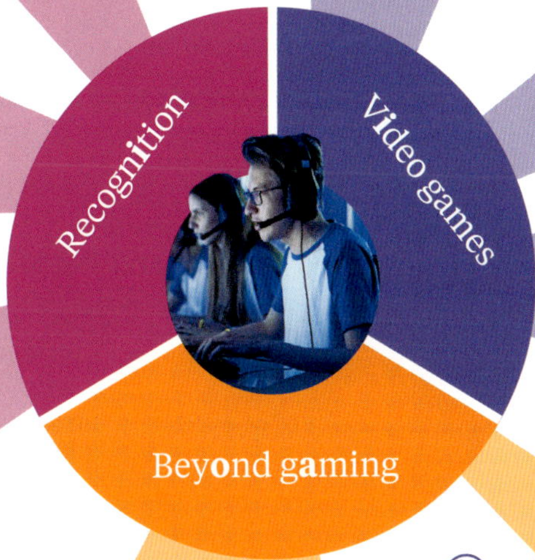

Education (AUDIO)
- award a scholarship: *accorder une bourse*
- develop talents
- learn
- prepare for

Players (AUDIO)
- online gamer
- pseudonym
- virtual identity = avatar
- anonymous = unnamed
- virtual = digital

Competition (AUDIO)
- athlete
- championship
- fitness
- performance
- training

- intensive
- professional

Professional life (AUDIO)
- ability = potential
- career
- interview
- prospects
- recruitment = hiring

Community (AUDIO)
- involvement
- team building/spirit

- bond = bring together
- build relationships
- team up with

Skills (AUDIO)
- knowledgeable = skilled
- skillful = talented

- acknowledge
- take seriously
- value = consider

Positive issues (AUDIO)
- charity
- empowerment
- fundraising
- intuition
- outreach: *rayonnement*
- understanding
- open-minded
- respectful
- self-sufficient

Ethical concerns (AUDIO)
- discrimination
- disrespect
- drawbacks
- gender gap
- illegality = unlawfulness
- morality
- sexism

1 Identifie la catégorie grammaticale des mots dérivés ci-dessous. Complète la phrase avec un mot de chaque série (accordé ou conjugué si besoin).

a. skill – skilled – skillful
b. know – knowledge – knowledgeable – acknowledge
c. school – scholar – scholarship

→ *The … of gamers are now fully … They may even get university … .*

2 Associe chaque verbe à la préposition *for* ou *on*, puis choisis celui qui convient pour compléter chaque phrase.

blame – rely – depend – look – mistake – look down

a. Women players are not taken as seriously as men, and tend to be … .
b. If you are … a job in the army, being a good gamer may help.
c. Video game players are anonymous, and have to … their gaming skills alone to be part of the community.

Phonology — L'accentuation des mots composés

AUDIO

→ More in *Pump it up!* p. 80

- Dans les **noms composés** (nom + nom, adj + nom, verbe + nom, etc), l'accent tonique porte sur la syllabe accentuée du **premier** mot. L'accent est important, car il permet de distinguer un nom composé d'un nom accompagné d'un adverbe ou une préposition, par exemple : *a dropout* (décrochage scolaire) ≠ *a drop out* (une goutte tombée à côté).
- L'accentuation des **adjectifs composés** porte en général sur la **deuxième** partie du mot : *a well-known gamer*. PRÉCIS 7

1 Écoute et répète les mots suivants. Quel mot porte l'accentuation principale ?

learning module – fast-growing – video games – eSport players – well-trained

2 Recopie ces mots et note l'accent principal. Écoute et vérifie.

game addicts – olympic games – high-rated – gender stereotypes – online games – life-changing

3 Repère les mots composés et déduis leur accentuation. Écoute et vérifie.

School dropouts often point at the old-style educational system to account for their lack of motivation, but the solution may be found in the gaming world. Indeed, teachers should consider video-games that are based on problem-solving situations. This is how video-games develop reasoning skills and outperform textbooks as learning tools.

BAC TEST YOUR SKILLS

ÉPREUVE ÉCRITE

1H30

e-workbook GRILLES D'AUTO ÉVALUATION

PARTIE 1 ▶ Compréhension de l'oral

• Consacre 20 à 30 min à cette partie.

Doc 1 eSport players training

Training like professional athletes, *Quartz*, 2019 AUDIO 1'30s

▶ Vous écouterez le document à trois reprises, chacune séparée par une pause d'une minute. Vous rendrez ensuite compte en français de ce que vous avez compris.

STRATEGIES ▶ Faire un compte rendu p. 247

Prends des notes sur :
- le thème principal ;
- les différentes informations ;
- le rôle de la voix off et du témoignage ;
- la fonction et la portée du document.

PARTIE 2 ▶ Compréhension de l'écrit et de l'ensemble du dossier

• Consacre environ 1 h à cette partie.

Doc 2 Will eSports be in the next Olympics?

Although eSports lag[1] behind traditional sports when it comes to making money—the industry makes around 800 million dollars of revenue a year—its 300 million fans put it on the map as one of the globe's most popular sports (most reports put it as 10th or 11th most watched). But will eSports ever be given the highest sporting recognition and be accepted into the Olympics?

"Obviously the physical aspect is less in videos games than it is in football, but everything else: strategising, team play, the will to win, the thrill of winning, the fear of losing. It's all the same thing, it's not much different from traditional sports," Ralf Reichart, CEO and co-founder of ESL—the world's largest eSports company—told Euronews at the 2018 edition of Web Summit in Lisbon.

The International Olympic Committee (IOC) has already made steps to get to know more about eSports, in fact in June 2018 the IOC and the Global Association of International Sports Federations (GAISF) held a joint forum with eSports and gaming communities to increase collaboration and "set a platform for future engagement".

When it comes to an integration in the Olympics, a couple of potential scenarios are being discussed: one is that it enters the Games as a medal sport like any other, another is that it is created as a separate event altogether, like the Paralympics—with a different set of regulations but still under the umbrella of the IOC. However during the 2018 forum, the IOC noted that without an organisation that represents eSports globally, one that could align with the Olympic values, rules and regulations, then its inclusion could not truly be considered.

While the joint forum seemed to be a promising step forward for eSports, just a month later the International Olympic Committee President Thomas Bach told the Associated Press: *"We cannot have in the Olympic program a game which is promoting violence or discrimination... So-called killer games. They, from our point of view, are contradictory to the Olympic values and cannot therefore be accepted..."*

But Reichart doesn't find that argument too convincing: *"It's basically people who haven't played the games… At the end of the day it's much less violent than fencing[2] which is about killing someone with a real sword. I think it's still a misconception[3] and I think that people who have grown up with video games will have a different view."*

The recent negative comments from the IOC leader haven't dampened Reichart's belief that eSports will be integrated into the Olympics at some point, *"It's going to happen, it's just a question of when."*

A common criticism of eSports and its recognition is that gaming is not physical enough to be considered a sport. Reichart said: *"My argument will always be it is different, so either accept it or leave it. If you want to compare it to a traditional sport, it is certainly more physical than golf, which widely is considered a sport."*

For others, the main concerns surround the physical health of the players. It was an issue raised by Meeta Singh, Chief of Sleep Medicine at the Henry Ford Health System, at the Web Summit event, where she cited the lack of fitness and sleep deprivation: *"Putting player well-being at number one is how you get into the Olympics. And that set-up in which you have a team doctor, and athletic trainer, you have a psychologist, a nutritionist."*

Singh also called for regulation to deal with doping and standardising practice hours to protect players. […]

It seems that eSports still have a long road ahead of them before being fully accepted into the Olympics but it's definitely on the right track. Either way, it won't make much of a difference to its booming commercial industry (big brands like Mercedes, McDonald's and Vodafone are already involved) but for many of the players and fans, it is the 'holy grail' of sporting achievement and will mark the game's true acceptance into the sporting world.

Charlotte CULLEN, *euronews.com*, 2018

1. *avoir du retard.* **2.** *l'escrime* **3.** wrong idea

Compréhension de l'écrit

▶ In your own words, account for the document, focusing on:
- the nature of the text and its function;
- the issue tackled by the text;
- the arguments in favour of eSports being part of the Olympics;
- criticism towards eSports;
- eSport's place in our society;
- the link with *Citizenship and virtual worlds*.

STRATEGIES ▶ Lire et comprendre un texte p. 233

Compréhension de l'ensemble du dossier

Consider the audio and the text, and explain why eSports players could be considered as athletes.

PARTIE 3 ▶ Expression écrite

• Consacre 30 à 40 min à cette partie.

▶ **Vous traiterez en anglais et en au moins 120 mots l'un des deux sujets suivants au choix.**

SUJET A : You are part of an eSports team and you have just won the world championship. In your victory speech, you express your emotions and share your hopes to be able to take part in the Olympics.

STRATEGIES ▶ Écrire un discours p. 239

SUJET B : *"eSports is emerging as a true sport and beginning to compete with the traditional sports."* Do you think that eSports could gradually replace traditional sports? Why or why not?

STRATEGIES ▶ Écrire un texte argumentatif p. 243

Real or fake?

▶ **How can the USA tackle the fake news problem?**

More on SPEAKEASY NEWS speakeasy-news.com

FINAL TASK React on a forum about the need to legislate on fake news.

A

▲ Nate BEELER, *Fake news*, Nov 2016

WHAT IS FAKE NEWS?

Fake news is not just "false" information, is not just incorrect, but it is deliberately created in the tone and the language of traditional news media to deceive the reader. It is a malicious act. Today, this difference is disappearing with the massive use of social networks and their sharing tools. But this loss is also due to readers' growing mistrust towards **mass media**.

Adapted from *Caweb*, 2018

B

VIDÉO

How fake news spreads on Twitter, *Newsy*, 2018

C

AUDIO

The danger of fake news, *The Guardian News*, 2016

WORDS

- disinform**a**tion (*inv.*)
- news (+ *sing.*)
- propag**a**nda
- r**u**mour /ˈruːmər/

- n**o**xious = t**o**xic
- pern**i**cious /pərˈnɪʃəs/ = h**a**rmful

- blur = make conf**u**sed
- br**ai**nwash
- diss**e**minate = spread
- ind**o**ctrinate
- tr**i**gger = prov**o**ke
- **wea**ponise

D

The First Amendment

Congress shall make no law respecting an establishment of religion, or prohibiting the free exercise thereof; or abridging the freedom of speech, or of the press, or of the right of the people peaceably to assemble.

The Bill of Rights, 1791

DISCOVER AND SHARE

Join your team and choose one of the documents, then read Doc. D.

Doc A. React to the cartoon and **identify** the question it raises. **Read** the article and **say** how the definition matches the cartoon.

Doc B. Watch the video and **explain** how and why fake news spreads so quickly.

Doc C. Listen to Hillary Clinton's speech and **say** what she compares fake news to. **Explain** what action she asks for.

Doc D. Read the First Amendment to the Constitution and **say** what freedom it advocates.

NOW SHARE

Report what you have found and **discuss** why fake news is a difficult problem to cope with in the USA.

1. Media Literacy

➜ *How can education contribute to countering fake news?*

Doc. 1

Learning to spot fake news, *VOA*, 2018

WORDS

- empowerment
- reliability
- biased /'baɪəst/ ≠ neutral
- slanderous : *diffamatoire*
- mistaken = wrong
- trustworthy = reliable
- deceive
- fail to recognise
- mistake sthg for sthg
- spot = detect

Doc. 2

Today's news: REAL or FAKE?

80% of middle schoolers mistake sponsored content for real news

3 in 4 students can't distinguish between real and fake news on Facebook

Fewer than **1 in 3** students are skeptical of biased news sources

Students who meet the ISTE Standards for Students are able to critically select, evaluate and synthesize digital resources. That means understanding the difference between real & fake news.

Here's how to tell them apart:

REAL — **Comes from a respected news outlet[1]**
If you're not sure, verify the story on:
- *Snopes.com*
- *FactCheck.org*
- *PolitiFact.com*

FAKE — **Comes from an unfamiliar website**
Check the home and about pages. Look for signs of:
- *Satire ("for entertainment only")*
- *Bias (has a political agenda)*

REAL — **URL matches the news source**
Sites ending in .gov or .edu are the most trustworthy.

FAKE — **URL is strange or doesn't match the news outlet**
- *Avoid sites ending in lo or .co.*
- *Carefully scrutinize sites ending in .com.*

REAL — **Headline matches the rest of the article**
Always read beyond the headline.

FAKE — **Headline is outrageous or doesn't match article**
Be skeptical of over-the-top or emotional headlines.

REAL — **Has a current date**
See if other news outlets have picked up the story.

FAKE — **May have an old date or there's no other coverage**
Outdated news stories can be misleading.

REAL — **Has a byline[2] naming the person who wrote the article**
Google the author to learn more.

FAKE — **Doesn't list an author, so you can't investigate them**
Credible news sources provide contact information.

REAL — **Backs up claims with links to credible sources**
Click the links to make sense.

FAKE — **Fails to provide any proof of claims**
Don't trust info if you can't trace back to its source.

Help your students gain media literacy skills with resources from the ISTE Blog.
- Go to iste.org/subscribe to get the latest articles delivered to your inbox.
- Dive into the ISTE Standards for Students at iste.org/StandardsForStudents

ISTE

a. **Watch** the video (doc. 1) and **find out** where teenagers mostly get their information from. **Identify** the problem it raises.

b. **Explain** what "checkology" consists of and aims at.

c. **Identify** the nature and the source of doc. 2. **Explain** its goal.

d. VOCABULARY **Pick out** the adjectives in the boxes' headlines and **sort** them between positive or negative.

e. **Identify** the elements people should pay attention to.

BAC **Connect** both documents and **explain** the role of education in fighting fake news.

1. *organe de presse* 2. signature

2. Journalists go into battle

→ *How can trust in journalism be restored?*

1 Fighting disinformation

https://www.brookings.edu/

DECEMBER 18, 2017

Darrel M. West
Center for Technology Innovation

Journalism is in a state of considerable flux. New digital platforms have unleashed innovative journalistic practices that enable novel forms of communication and greater global reach than at any point in human history. But on the other hand, disinformation and hoaxes that are popularly referred to as "fake news" are accelerating and affecting the way individuals interpret daily developments. Driven by foreign actors, citizen journalism, and the proliferation of talk radio and cable news, many information systems have become more polarized and contentious[1], and there has been a precipitous decline in public trust in traditional journalism.

In order to maintain an open, democratic system, it is important that government, business, and consumers work together to solve these problems. Governments should promote news literacy and strong professional journalism in their societies. The news industry must provide high-quality journalism in order to build public trust and correct fake news and disinformation without legitimizing them. Technology companies should invest in tools that identify fake news, reduce financial incentives[2] for those who profit from disinformation, and improve online accountability[3]. Educational institutions should make informing people about news literacy a high priority. Finally, individuals should follow a diversity of news sources, and be skeptical of what they read and watch.

1. *controversé*
2. reward
3. responsibility

a. Read the text and **explain** what is paradoxical about today's journalism.

b. Identify who could solve this problem.

c. GRAMMAR l. 9-15 **Pick out** modal auxiliaries and **say** what they express. **Explain** the solutions raised to restore truth in traditional journalism. ► 1 p. 120

BAC **Discuss** the role we all can play in fighting fake news.

CULTURE SPOT

The **Society of Professional Journalists** (**SPJ**) promotes and defends the First Amendment and encourages high standards and ethical behaviour in the practice of journalism.

2 A satirical campaign

VIDÉO

Global news, 2019

a. Focus on the cartoon and **imagine** why Donald Trump mentions fake news.

b. Watch the video and **check** your hypotheses.

c. GRAMMAR **Explain** the use of the singular in "*what fake news really* ***is***". ► 2 p. 120

d. Explain what the journalists' campaign is about.

e. Comment on the tools that may allow them to achieve this goal.

BOOST YOUR SKILLS!

Faire des recommandations

- Utilise le modal *should* : *Governments* ***should*** *promote...* • *Companies* ***should*** *invest* GRAMMAR 1 p. 120
- Utilise l'impératif pour donner des conseils directs : *Always* ***read*** *beyond...* • ***Google*** *the author to...* • ***Click*** *the links to...* PRÉCIS 11

YOUR TASK You saw the SPJ campaign and decided to attend a training class to identify fake news. **Advise** your friend to do the same.

EXPLORE

3. Towards legislation?

➜ *Is legislation the solution to fight fake news?*

1 Legislating on deep fakes?

How Deep Fake Technologies Could Affect 2020 Campaign, *NPR*, 2019 AUDIO

a. Listen to the radio programme and **explain** what deep fake technologies consist of.

b. Comment on the statement: *"This technology is quickly becoming a national security concern."*

c. Identify the risks of deep fake technologies and the question they raise.

d. Discuss: Should the USA prosecute those who create deep fakes?

2 A warning to American lawmakers

e-workbook PARCOURS DIFFÉRENCIÉS

On Sunday evening, *60 Minutes* correspondent Lesley Stahl sat down with YouTube CEO Susan Wojcicki to voice a now-familiar critique: YouTube allows too many dangerous and disturbing videos to remain on the site. She brings up a distorted video of Nancy Pelosi[1] that falsely describes her as drunk; altered copies of the Christchurch shooting video, quack[2] science, and misleading political ads, among other questionable videos found on the site. It leads to the following exchange:

Lesley Stahl: The struggle for Wojcicki is policing the site, while keeping YouTube an open platform.

Susan Wojcicki: You can go too far and that can become censorship. And so we have been working really hard to figure out what's the right way to balance responsibility with freedom of speech.

Stahl: But the private sector is not legally beholden[3] to the First Amendment.

As it so happens, some countries *are* trying to make tech platforms legally beholden to police speech according to national laws. One of them is Singapore, where in October a new law went into effect with the stated purpose of fighting "fake news." James Griffith wrote about the law for CNN:

Under the Protection from Online Falsehoods and Manipulation Bill, it is now illegal to spread "false statements of fact" under circumstances in which that information is deemed[4] "prejudicial" to Singapore's security, public safety, "public tranquility," or to the "friendly relations of Singapore with other countries," among numerous other topics.

Government ministers can decide whether to order something deemed fake news to be taken down, or for a correction to be put up alongside it. They can also order technology companies such as Facebook and Google to block accounts or sites spreading false information.

Casey Newton, *The Verge*, December 2019

▲ Protest against the end of net neutrality rules, Washington DC., 2017

1. Democrat speaker at the House of Representatives
2. unverified
3. *redevable*
4. view as

BOOST YOUR SKILLS!

Étayer des arguments

- Appuie-toi sur des exemples précis : *Mark Zuckerberg giving an interview.* • *A distorted video of Nancy Pelosi.*
- Cite des personnes ou instances de référence : *The House Intelligence Committee* • *YouTube CEO Susan Wojcicki*
- Donne une portée générale à tes arguments : *The disaster scenarios* ***are*** *obvious* • *You* ***can*** *go too far and that* ***can*** *become censorship.*

a. Read the text and **find out** the challenge the YouTube CEO has to take up.

b. Say how Singapore tried to tackle the situation.

c. Explain the limits of such a solution.

BAC **Discuss**: Can legislation fight against fake news?

DIFFÉRENCIATION

YOUR TASK You have watched a deep fake video of your favourite singer dressed up as a silly teddy bear. **Exchange** texts with your friend.

WAY 1 You think it is creepy. You advocate legislation on deep fakes.

WAY 2 You think that it is just a joke. Freedom of speech is more important.

FINAL TASK

React on a forum about the need to legislate on fake news.

You feel deeply concerned by the increasing amount of fake news and the spreading of disinformation. Take part in a forum discussion on the Society of Professional Journalists' website about the need to legislate on fake news.

1. **Browse** through the file and **note down** the issue(s) you would like to focus on.
2. **Prepare** your ideas:
   – make a list of arguments for or against legislation, and choose a viewpoint;
   – find examples in the file to support your point;
   – explain what you think must or should be done.
3. **Write** a post on the forum to give your opinion and **react** to other posts.
   Try to be convincing to rally other participants to your opinion.

YES YOU CAN! Write a post on a forum

PRÉSENTATION

Dans un véritable forum, le locuteur donne son identité, son titre ou sa fonction pour asseoir sa légitimité. Tu peux en inventer un en lien avec le sujet.

ENJEU

Expose le problème ou réagis à une situation évoquée dans un post précédent.

ARGUMENTS

Expose tes arguments de manière claire et structurée pour justifier ta prise de position.

EXEMPLES

Appuie-toi sur des exemples précis et cite éventuellement des personnes ou des sources qui font autorité.

RECOMMANDATIONS

Apporte une partie de réponse au problème en formulant des recommandations sur ce qui devrait ou pourrait être fait pour y remédier.

https://www.brookings.edu/

DECEMBER 18, 2017

Darrel M. West
Founding Director - Center for Technology Innovation

Journalism is in a state of considerable flux. New digital platforms have unleashed innovative journalistic practices that enable novel forms of communication and greater global reach than at any point in human history. […] Checking for news online—whether through Google, Twitter, Facebook, major newspapers, or local media websites—has become permanent. As of 2017, 93 percent of Americans say they receive news online.
But on the other hand, disinformation and hoaxes […] are accelerating and affecting the way individuals interpret daily developments […]. A recent Gallup poll found that only 37 percent believe "news organizations generally get the facts straight."
In order to maintain an open, democratic system, it is important that government, business, and consumers work together to solve these problems. Governments should promote news literacy and strong professional journalism in their societies and the news industry must provide high-quality journalism in order to build public trust.

Adapted from *brookings.edu*

STRATEGIES Écrire un texte argumentatif p. 243

BOOST YOUR ENGLISH!

Grammar — Les modaux (obligation, interdiction, conseil ou reproche)

PRÉCIS 21 ET EXERCICES Grammar Tuto

PASSÉ : MODAL (ou équivalent) + BV		**PRÉSENT** : MODAL (ou équivalent) + BV
Journalists were allowed to **publish** classified information.	PERMISSION	They MAY / They are allowed to } **interview** the President.
News agency had to **be** cautious during the campaigns.	OBLIGATION	You MUST / You have to } **check** the sources.
Journalists were forbidden to **re-tweet** political posts during the campaign.	INTERDICTION	Media specialists MUSTN'T / They are forbidden to } spread fake news.
You SHOULD **have checked** the facts.	CONSEIL	You SHOULD / You had better } think before you post.
You SHOULDN'T **have re-tweeted** this post.	REPROCHE	You SHOULDN'T **believe** all the news on Facebook.

1 **Fais des phrases avec les éléments ci-dessous selon les indications données. Transpose-les ensuite au passé.**

a. (*Interdiction*) Media specialists / spread fake news.
b. (*Obligation*) Governments / regulate the net.
c. (*Conseil*) Schools / educate students to online media.
d. (*Reproche*) You / believe this post.

2 **Transforme ces phrases en utilisant *must* ou *should*.**

a. It is very important the URL matches the news source.
b. You have to be vigilant with unusual news online.
c. It is necessary to check who the author of the article is.
d. You'd better be skeptical over emotional headlines

3 **Prépare un discours de sensibilisation utilisant l'obligation, l'interdiction, le conseil et le reproche.**

You are in charge of an awareness campaign on fake news. Prepare your intervention in a high school in order to warn young people. You can use expressions such as: *check the sources – spread the news – be trustworthy – believe – be wary – question – re-tweet – post*

→ More in *Pump it up!* p. 28

Grammar — Les noms dénombrables et indénombrables

PRÉCIS 1 ET EXERCICES

Les **noms dénombrables** désignent des éléments que l'on peut compter alors que les **noms indénombrables** désignent des éléments que l'on ne peut pas compter. Le français et l'anglais envisagent parfois ces catégories de manière différente. Attention aux pièges !

• *"It's fake **news**!" News* est considéré comme un concept. On traduira par : « ***de** l'infox* ». Cela explique qu'il soit introduit par *it* suivi du singulier.

• *"They are learning to identify false or misleading information." Information* est un **indénombrable**. En français, on traduira plutôt par : « ***des** informations* ».

4 **Conjugue les verbes au présent simple. Attention aux sujets !**

a. Fake news (*spread*) with social media.
b. Politics (*use*) all types of media.
c. (*be*) statistics a biased science?
d. The data (*seem*) not reliable.

5 **Traduis les phrases suivantes.**

a. L'université a fait des progrès pour enseigner l'éducation aux médias.
b. Suis mon conseil : vérifie qui est l'auteur de cet article en ligne.
c. Est-ce que ce contenu est vrai ? As-tu un moyen de le vérifier ?
d. Le matin, je bois un café, je mange des toasts et je regarde les informations sur mon téléphone portable !

e-workbook GRILLES D'AUTO ÉVALUATION

ÉPREUVE ÉCRITE

play BAC

PARTIE 1 ▶ Compréhension de l'oral

• Consacre 20 à 30 min à cette partie.

Doc Kurt Andersen on *Fantasyland*

About American Reality, *The Atlantic*, 2017 AUDIO 1'30s

▶ Vous écouterez le document à trois reprises, séparées par une pause d'une minute. Vous rendrez ensuite compte en français de ce que vous avez compris.

STRATEGIES Comprendre un document audio p. 232

Prends des notes sur :
- le locuteur ;
- le thème principal ;
- les exemples donnés ;
- la fonction et la portée du document.

- **AVANT L'ÉCOUTE** Formule des hypothèses au sujet du document en te fondant sur le titre, la source et la date.
- **PREMIÈRE ÉCOUTE** Écoute le document une première fois sans prendre de notes mais en cherchant à vérifier tes hypothèses. Repère les mots clés pour identifier le sujet. Le ton t'aidera à comprendre la nature du document.
- **DEUXIÈME ÉCOUTE** Prends en note les informations principales. L'accentuation des mots t'aidera à repérer les points essentiels. Les pauses dans l'élocution t'aideront également à identifier les différents temps de l'argumentaire. Profite des pauses entre deux écoutes pour compléter tes notes.
- **TROISIÈME ÉCOUTE** Efforce-toi de relever davantage de détails. Cherche à repérer les connecteurs et la progression logique du document. Demande-toi ce que ce document cherche à montrer.
- **COMPTE RENDU ÉCRIT** Rédige un compte rendu organisé. Concentre-toi sur le point de vue du locuteur et reprends ses arguments de manière structurée.

Contexte et situation d'énonciation
- Identifie qui parle.
- Le titre donne souvent l'identité du locuteur et des indications sur son métier qui te seront utiles.
- A qui s'adresse-t-il ? De quoi parle-t-il ?

Réseaux de sens
- Identifie la thèse que défend le locuteur. Elle est souvent donnée au début de l'enregistrement.
- Relève la question rhétorique et repère les marqueurs chronologiques pour retrouver l'organisation du discours.

Stratégies de communication
- Quelle message le locuteur cherche-t-il à véhiculer ?
- Quel est l'objectif de cette vidéo ?

La restitution
- Essaie de comprendre le lien avec l'axe « Citoyenneté et mondes virtuels ».
- Utilise des connecteurs pour structurer ton compte rendu : *En effet, c'est pourquoi, de plus, enfin*, etc.

PARTIE 3 ▶ Expression écrite

▶ **Vous traiterez en anglais et en au moins 120 mots, l'un des deux sujets suivants au choix.**

SUJET A : Write an email to Kurt Andersen to tell him that Americans do not believe everything that is online and that the problem of fake news can be tackled in many ways. Explain your point.

STRATEGIES Écrire un courrier électronique p. 241

SUJET B :

"This is quickly becoming a national security concern."
(Tim Mak, Political Reporter)

Discuss: Can fake news be a threat to democracy?

STRATEGIES Écrire un texte argumentatif p. 243

SNAPFILE 12

CITOYENNETÉ ET MONDES VIRTUELS
CITIZENSHIP AND VIRTUAL WORLDS

South African online activism

▶ **Can the Internet help South Africans tackle current issues?**

YOUR MISSION

Give a talk at the Young Citizens Club of your school.

As a member of the Young Citizens Club of your school, you take the example of South Africa to promote online democratic activism. Explain how the Internet has brought social, political and environmental progress to South Africa.

FOLLOW THE STEPS!

1 Old wounds, new fights

Doc. 1

A new form of activism

Civil rights activism icons like Nelson Mandela, Archbishop Desmond Tutu and Steve Biko famously fought for equality against the [...] oppressive Apartheid regime. And in recent times the Internet has become the passion-lit amphitheatre for a new era of activism led by the post-liberation generation of young South Africans. [...] And just as many of the Armed Struggle generation of activists were forced into exile to seek refuge from the censorship and persecution of home, many of their descendants have been exiled for similar reasons into the vast, ungovernable territory of the Internet.

afropunk.com, February 2017

Doc. 2

Social South Africa

Natural hair is not an educational threat! Let them be. #StopRacismAtPretoriaGirlsHigh

VIDÉO

RETWEETS 6528 — 29 Aug 2016

Video: BetterDecisions 4Life, 2016

a. **Read** the article and **explain** what has changed activism in South Africa.

b. **Read** the post and **identify** the fight led through the hashtag.

c. **Watch** the video and **comment** on the links between this issue and the wounds of apartheid.

AT HOME **Search** the web and **find out** more about Nelson Mandela, Steve Biko and Desmond Tutu.

STEP 1

As an introduction to your speech, **recap** on the old and new issues South Africans have to deal with and give examples of how the Internet gives them a voice.

2 Democracy-building tools

Doc. 1

Activism with just a cell phone, *Global Citizen*, 2018

a. Watch the video. **Identify** who is talking and **explain** what Amandla.mobi is.

b. Describe the speaker's environment when she was young.

c. Explain how getting a cell phone changed her life: **say** how she uses it.

d. Say who her association targets specifically and why.

e. Explain why cell phones are a good tool to defend that cause.

WORDS

- **a**ctivist
- def**e**nder
- **I**nternet-**u**ser
- whi**s**tle-blower
- discr**i**minating
- ind**i**gnant
- **o**stracised
- pr**e**judiced
- **a**dvocate
- come to terms with = solve
- give voice to
- take a stand

Doc. 2

Twitter activism

The South African student-led campaign known as *#RhodesMustFall*, commonly referred to simply as *#RMF*, illustrates youth activism and counter-memory via social networking site Twitter. The RMF campaign took place at the University of Cape Town and comprised student-led protests, which campaigned to remove the statue of British colonialist Cecil John Rhodes, as activists argued that it promoted institutionalized racism and promoted a culture of exclusion particularly for black students. [...] Despite the digital divide in South Africa, and limited access to the Internet by the majority of citizens, Twitter was central to youth participation during the RMF campaign, reflecting the politics and practices of counter-memory but also setting mainstream news agendas and shaping the public debate. [...] Youth are increasingly using social-networking sites to develop a new biography of citizenship which is characterized by more individualized forms of activism. In the present case, Twitter affords youth an opportunity to participate in political discussions, as well as discussions of broader socio-political issues of relevance in contemporary South African society, reflecting a form of subactivism.

researchgate.net, March 2016

▲ Rhodes must fall protest, Cape Town, 2016

a. Read the article and **explain** what the protest movement is about.

b. Find information about digital access in South Africa.

c. Explain how the Internet enables young South Africans to take a stand.

BAC **Comment** on this sentence: *"Youth are increasingly using social networking sites to develop a new biography of citizenship."*

STEP 2

Prepare arguments to show how connected tools have changed the rules of democracy in South Africa.

BOOST YOUR SKILLS!

Décrire une évolution

- Retrace les étapes de cette évolution avec des marqueurs temporels : ***When***..., *but* ***once***... • ***During*** *that period* • ***Suddenly***...
- Utilise la forme V-*ing* pour exprimer le changement : ***Setting*** *mainstream news* • ***Shaping*** *the public debate* • ***Affecting*** *our lives*...
- Utilise des connecteurs pour souligner le contraste : ***But*** *once you are part of*... • ***Despite*** *the digital divide*... • *No* ***matter*** *where we live*...

3 Going global

https://www.wwf.org.za.2013

World Rhino Day saw the virtual world unite behind the #iam4rhinos campaign to raise awareness about the world's rhinos, which are threatened by extinction due to poaching.

WWF South Africa's hashtag, *#iam4rhinos*, set up to raise international awareness on rhino poaching, has been trending on the South African Twittersphere for six days. Over the course of the weekend, it also trended briefly at number one worldwide—a phenomenal accomplishment for a campaign emanating from South Africa. *#iam4rhinos* has seen a number of record-breaking highlights, including the most number of tweets cast for a single campaign in South Africa—well over 150 000 tweets. The hashtag also made over 320 million impressions (the number of times it was delivered to Twitter timelines).

"WWF-SA has been completely blown away[1] by the groundswell of enthusiasm and encouragement received through *#iam4rhinos*," says Morné du Plessis, WWF-SA CEO. "The extent of a Twitter storm such as this is believed to be unprecedented, certainly in South Africa, and possibly the world over."

Tweets have been cast from over 100 countries, including the United Kingdom, Brazil, France, Viet Nam, China, Thailand, Canada, Ireland, Indonesia, Spain, Sri Lanka, and beyond. The campaign gained momentum[2] in South Africa first and then went global. Roughly 50% of the traffic came from South Africa, while the rest came from around the world. [...]

WWF-SA worked with local web and social media company Flow Communications to create the campaign. Says Flow CEO Tara Turkington: "The *#iam4rhinos* campaign has been one of the most exciting and rewarding Flow has ever worked on. The campaign pushed boundaries and got people talking about rhinos on the Twittersphere like never before." "We see this as the start of an important conversation," says Du Plessis, "and will continue to promote the *#iam4rhinos* hashtag as we strive to draw global attention to the plight[3] of this endangered species.

CULTURE SPOT

Poaching has ravaged the five rhino species of South Africa, and the Small Black Rhino /'raɪnəʊ/ is critically endangered. About 10% of the current population of Rhinos are being killed each year.

1. surprised
2. importance
3. serious situation

a. Read the webpage and **identify** the issue raised by the hashtag.

b. Pick out elements showing that this hashtag went viral around the world.

c. Explain the positive aspects of the hashtag, both for South Africa and for the cause it defends.

BAC **Discuss:** Do you think a hashtag can help to build a sense of global citizenship?

BOOST YOUR SKILLS!

Exprimer la réussite

- Mets en avant les résultats avec le present perfect : *People **have** already **lent** their voice.... • The hashtag **has seen** a lot of... • WWF **has been** blown away by...* PRÉCIS 14
- Utilise le lexique de la réussite : *accomplishment • Twitter storm / record-breaking • unprecedented • phenomenal / achieve • push (boundaries)*
- N'hésite pas à employer des tournures emphatiques : *A **phenomenal** accomplishment • Like **never before** • Thank you to the **many, many** people...*

STEP 3

Prepare arguments on how the Internet can help a local cause become global.

4 Online activism unlimited?

e-workbook | PARCOURS DIFFÉRENCIÉS

The 'Internet censorship' bill: Coming soon to South Africa

The South African National Assembly passed the Films and Publications Amendment Bill[1] (dubbed[2] the 'Internet censorship' bill by critics) earlier this month, and now it is set to be signed into law. But what does this bill cover, and why are so many South Africans critical of it?

The Films and Publications Amendment Bill, at face value[3], is all about regulating content that is deemed 'inappropriate'. Sounds great, *right? Well…* Critics are not so sure […].

Pros of the bill

This bill aims to introduce a number of changes, including the regulation of the online distribution of content as well as stricter rules to protect children from harmful and disturbing content.

The bill also clearly wants to clamp down on hate speech. Any person who knowingly distributes content—on any medium including the Internet, social media, films, games and publications—that incites violence, advocates hate speech or amounts to propaganda for war, shall be considered guilty of an offence. […]

Cons of the bill

Many people have cited that the bill is poorly written, leaving much room for interpretation. Dominic Cull from specialist legal firm Ellipsis said that the bill was extremely badly written. "One of my big objections here is that if I upload something someone else finds objectionable, and they think it's hate speech, they will be able to complain to the FPB[4]." Cull believes that the FPB, which is appointed by government, should not be making decisions regarding what is and isn't hate speech under the South African Constitution. "When we can see that the courts struggle with these issues, there's no place for politicians directly appointed by a minister to deal with them," he said.

Is censorship imminent?

There are growing concerns that this bill could—and will—be used as a means for censorship of online content. Further, […] the FPB now has the power to classify—and potentially ban—content distributed through the Internet, including: films, games, newspapers, books and any message or communication.

Chances are, the 'Internet censorship' bill will become a part of South African law in the near future.

Media Update, 26 Mar 2019

South Africa *Country Profile*

STATUS **FREE**

Internet Freedom Scores

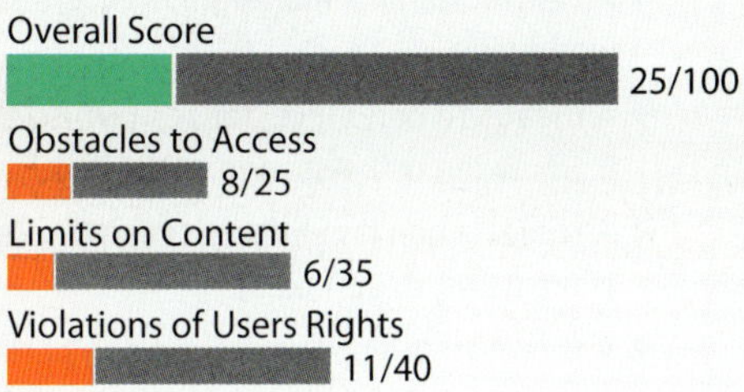

(Freedom on the Net Sore. 0 = Most Free, 100 = Least Free)

freedomhouse.org, 2018

WORDS

- censorship
- critic = opponent
- criticism
- illicit contents

- censor = libel
- control
- prohibit
- regulate
- restrict

1. *projet de loi*
2. *surnommé*
3. apparently
4. Film and Publications Board (*équivalent du CSA*)

a. Read the infographics and **comment** on South Africa's profile regarding Internet Freedom.

b. Read the article and **identify** what the debate is about.

c. Rephrase the arguments for and against the bill.

d. Discuss: Why is limiting Internet content a complicated debate in South Africa?

STEP 4

Make sure to explain the different aspects of your topic. **Write** a short paragraph to warn the audience on the limitations that could restrain online activism in South Africa.

FINAL STEP

Gather your notes and **give** a talk at your Young Citizens' club on how the Internet helps South Africa's youth address old and new issues. **Sound** convincing and **make** sure to speak about the continuing obstacles and limitations.

You've completed your mission. Well done!

STRATEGIES Faire une présentation orale p. 236

play **BAC**

BRAINSTORMING

Are social media an asset or a threat to democracy?

- → An extraordinary tool to have access to information worldwide.
- → A means to denounce abuses (Whistleblowers like E. Snowden or J. Assange; #MeToo).
- → A threat when it comes to spreading false information (fake news, deep fakes).
- → A threat to privacy with access to personal data (Cambridge Analytica scandal).

To what extent can virtual worlds bring a sense of community?

- → Encouraging interactions regardless of age, gender or origin (Gaming with Granny, eSports team spirit).
- → Teaching valuable skills (US army recruiting gamers, schools and universities opening gaming classes).
- → But: leading to cyberbullying in schools (Stop a bully campaign in Canada).
- → But: resulting in addiction and isolation (Nielsen study).

CITIZENSHIP AND VIRTUAL WORLDS

How does the Internet help tackle social and political issues?

- → Making it possible to coordinate social or political actions (#MarchForOurLives, #BlackLivesMatter (USA) ; #FeesMustFall in South Africa).
- → Empowering minorities by giving them a voice (Amandla.mobi in South Africa).
- → Raising awareness on citizens' duties (#RegisterToVote (UK); #RockTheVote (US)).
- → Controlling the ethics and fairness of an election (Digital Democracy).
- → Fighting against fake news, especially in politics (Hillary Clinton's speech).

How can social media contribute to the protection of the environment?

- → Making a local environmental problem become global (#Iam4rhinos campaign, WWF).
- → Rallying people to defend an environmentally-friendly project (join the #GBspringclean).
- → Teaching children how to protect the environment through gaming and virtual reality experiences (Immersive technologies for environmental issues).

SPEAK ABOUT...

Citizenship and virtual worlds

- In pairs, look at the mind map and discuss the topics using the guidelines and your personal knowledge. You can ask your partner other questions. Develop these examples or choose any others from the English-speaking countries.

WORDS

AUDIO

Nouns

- bullying = harassment
- commitment
- community
- crowdfunding
- (personal) data
- eSports
- gaming
- information technology (IT)
- Internet user
- pseudonym > avatar
- (online) publication
- skill
- slacktivism
- teambuilding
- whistleblower

Adjectives

- addicted to = hooked on
- augmented = enhanced
- civic-minded
- competitive
- digital
- ephemeral
- ethical ≠ unethical
- fake (news)
- global
- harmful = risky
- illicit (contents)
- imaginary
- immersive (experience)
- skillful
- viral

Verbs

- advocate
- blur ≠ clarify
- bring together
- censor = libel
- distort
- empower
- give voice to
- hack = steal
- lose touch
- mirror
- mislead = confuse
- mistake sth for sth
- prohibit
- raise funds
- regulate > restrict

Voie générale

5'

• Vous traiterez **en anglais** et **à l'oral** l'un des deux sujets, **au choix**.

1. Look at the images and say which one corresponds best to your understanding of *Citizenship and virtual worlds*. Explain your choice and give precise examples from what you studied in class or what you know about English-speaking countries.

Andy SINGER, Virtual Reality, 2015

WWF online campaign, 2014

Lorsque les documents montrent des visions opposées :
- Identifie la nature de chaque document, son message et son objectif.
- Détermine si les mondes virtuels sont évoqués de manière positive ou négative.
- Prends position et argumente pour défendre ton point de vue.

2. Read the two quotes and say which one corresponds best to your understanding of *Citizenship and virtual worlds*. Explain your choice and give precise examples from what you studied in class or what you know about English-speaking countries.

"The biggest part of digital transformation is changing the way we think."
Simon PRESTON (British composer)

"Do we want to spend more time trying to care for our fellow man or do we want to just pursue more virtual reality? That is the issue before us."
Ed BEGLEY Jr. (American photographer)

- Identifie les mots-clés de la citation et reformule la question qu'elle pose.
- Propose des arguments illustrant le point de vue exprimé par la citation.
- Envisage les limites de cette citation, en t'appuyant sur des exemples précis issus de tes connaissances.

Voie technologique

5'

A few ideas about *Citizenship and virtual worlds* in technology...

ETLV

STL STI2D STD2A
• Present an application that can help protect the environment.

ST2S
• Explain how eSports can be used by social workers to help children and teenagers out of difficult situations.

STMG
• Choose a gaming company based in an English-speaking country. Present and analyse its decisions when it comes to promoting citizenship.

STHR
• Present a hotel company that educates its employees to e-citizenship and/or a code of ethics on the Internet.

- Fais des recherches sur des compagnies, applications ou outils de réalité virtuelle dans les pays anglophones. Choisis-en un(e) et note ce qu'il/elle propose de positif pour apporter du progrès et/ou lutter contre les dérives d'Internet et de la réalité virtuelle. Ajoute tes idées personnelles.

STRATEGIES Présenter une organisation ou un fait social p. 249

FILE 13

FICTIONS ET RÉALITÉS

FICTION AND REALITY

Latino stories

▶ **Does fiction in the USA help tackle stereotypes about Latinos?**

FINAL TASK

For Hispanic Heritage Month, create a TV spot debunking Latino stereotypes in US fiction.

A

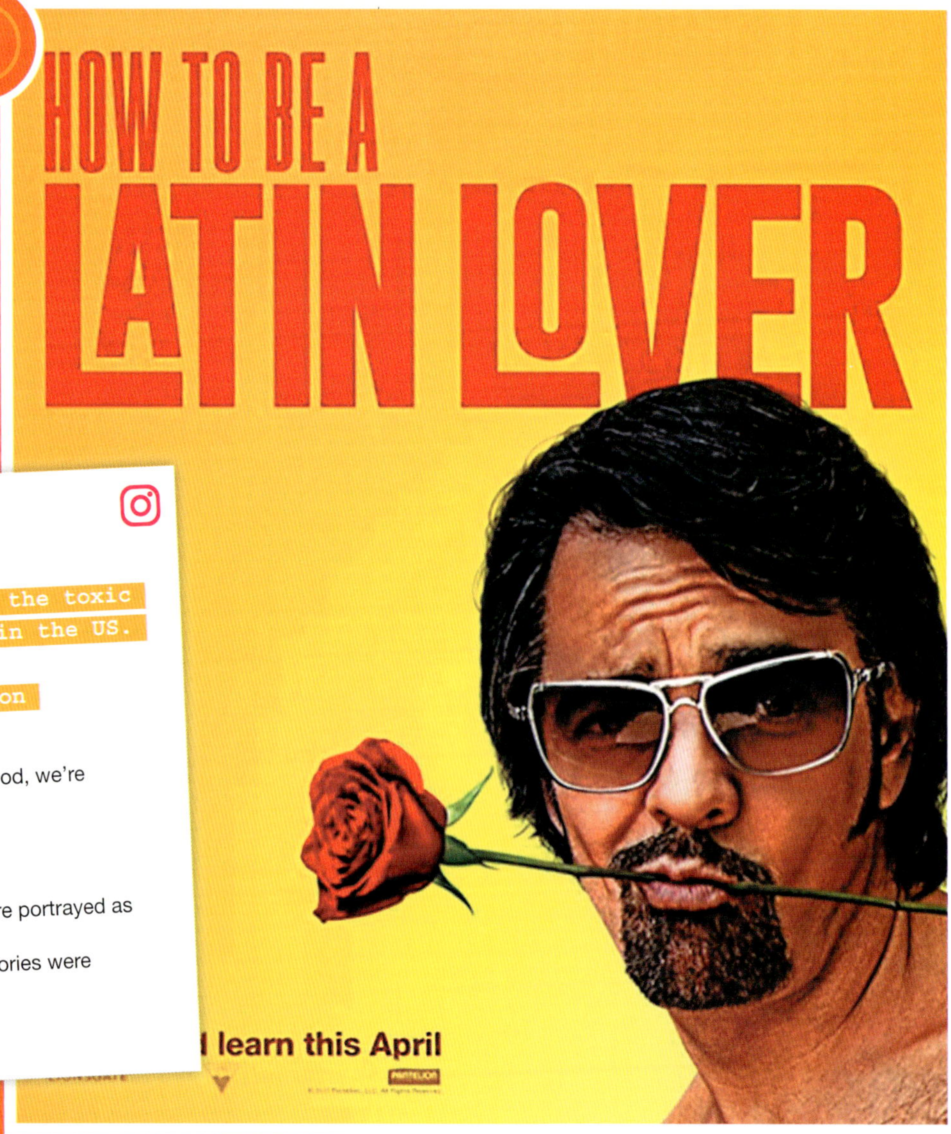

▲ Ken MARINO, *How to be a Latin Lover*, 2017

evalongoria

`Hollywood is complicit in the toxic narratives about Latinos in the US. We challenge Hollywood to do better. #latinclusion #startwith20percent`

When Latinos are included in Hollywood, we're stereotyped.
✘ 28% were criminals
✘ 17% were poor or low income
✘ 21% were "angry"
And worse–36% of Latino actors were portrayed as non-Latinos.
Their culture was erased and their stories were whitewashed.
@inclusionists
@wiseentertainement

▲ Eva LONGORIA, Instagram story, August 2019

B

CSUSM Student: Yohita Mendez Reyes
(Indigenous Mexican)
Major: Criminology and Justice Studies

Dolores Huerta (1930 -)
Dolores Huerta is an activist, community organizer, and labor leader who co-founded what would become the United Farm Workers. She works tirelessly to improve social and economic conditions for farm workers, immigrants, children and women. She was awarded the Presidential Medal of Freedom in 2012.

▲ CSUSM (California State University San Marcos) campaign against racial and ethnic stereotypes, 2015

C

VIDÉO

New Yorkers test their knowledge on Hispanic Americans, *NBC*, 2016

CULTURE SPOT

There were 56.5 million **Hispanics** in the United States in 2015, accounting for 17.6% of the total U.S. population.

WORDS

- cliché /ˈkliːʃeɪ/ = stereotype
- media /ˈmiːdiə/ outlet
- misrepresentation

- biased /ˈbaɪəst/
- enduring: *tenace*
- harmful = damaging
- misleading = deceiving

- assume = suppose sthg is true
- be prejudiced toward
- grapple with = struggle with

DISCOVER AND SHARE

Join your team and focus on one of the documents.

Doc A. **Focus** on the poster and the post. **Explain** what Eva Longoria is denouncing and how the poster supports her message.

Doc B. **Study** the poster. **Find out** what people expect Hispanics to look like. **Explain** how the document smashes this stereotype.

Doc C. **Watch** the video and **comment** on the image some Americans have of Hispanics. What is the goal of this street interview?

NOW SHARE

Discuss the stererotypes used to portray Latinos and the means to debunk them.

EXPLORE

1. Breaking the stereotypes

→ *How are Latinos represented in US fiction?*

1 Unfaithful representation

"I became an actor to change the way I grew up, I never saw myself on screen. I have two older sisters. One's an investment banker. The other one is a doctor, and I never saw us being played as investment bankers. And I realized how limiting that was for me."

Gina Rodriguez, star of *Jane the Virgin*, will executive-produce *Illegal*, which centers around a 16-year-old discovering that he is undocumented[1]. The show takes inspiration from the *Jane the Virgin* writer Rafael Agustín's real-life experiences. Rodriguez has also sold *Have Mercy*, which follows the immigration struggles of a Latina doctor, to CBS. Rodriguez told the *Los Angeles Times* that many of her social media followers felt grateful to hear about the project: "I saw a lot of kids in my feed[2] happy that their stories—or at least an aspect—are finally getting told."

Many people might well form their first opinions about immigrant narratives based on what they see on television, whether consciously or not. Furthermore, many immigrants only see themselves depicted in a negative light.

"Storytellers hold a lot of power to impact our culture," says Marston, [the entertainment media manager of Define American, a not-for-profit media organization that seeks to shift perceptions of immigrants in the US]. "I think people in the entertainment industry are starting to realize the power that they have in that way, which is a good thing, right, in that they have the ability to do good and to tell people's stories more inclusively."

Eva RECINOS, *The Guardian*, 14 November 2017

1. without legal papers 2. *page web*

a. Read the quote and the article and **explain** what they show about the representation of Latinos in the US.

b. Focus on the article and **take notes** about the project Define America.

c. Identify the changes in the TV industry. **Explain** how they can impact the life of Latinos in the U.S.

d. GRAMMAR l. 13-17 **Pay attention to** quantifiers and **explain** how they convey Gina Rodriguez's desire for a better representation of Latinos in the U.S. ▸ p. 136

e. Analyse how the movie industry can influence the viewers' representation of Latinos.

WORDS

- **feat**ure = **a**ttribute
- mis**ju**dgement = wrong op**in**ion
- **a**ccurate ≠ in**a**ccurate, false /'fɔ:ls/
- skewed /'skju:d/ = dist**or**ted
- true-to-life = real**i**stic
- underrepre**sen**ted
- con**vey** an **i**mage
- off**e**nd sb
- reg**ar**d = cons**i**der
- shed light on sth

2 How you see me

VIDÉO

SoulPancake, 2017

CULTURE SPOT

The gender-neutral word **LatinX** refers to all people from Latin America who live in the USA.

a. Watch the video and **explain** how Kristen felt about her origins when she was younger.

b. Explain what changed her perception on being Latina.

c. PHONOLOGY *"We are so different and we are so diverse, and we're not like just one specific, you know".* **Identify** and **comment** on the stressed words. ▸ p. 137

BAC **Discuss** how stereotypes in fiction can impact people's perception of diversity.

3 Pride and prejudice...

AUDIO

Sofi's parents were very caring and wanted her to be happy, but in some ways they were very old-school typical Mexican immigrants. [...] She was expected to work, help around the house, and be the model "good" daughter. Boring. Now, with high school almost over, Sofi had no memorable adventures or crazy nights to look back on. She couldn't let high school end like this!

The tired, hurt look on her mother's face snapped Sofi out of her thoughts. Despite all of their suffocating rules, they were still her loving parents. "What's wrong?"

Evie sat down on Sofi's black metal-framed bed.

"My manager wrote me up[1]."

"You got fired?"

"No, no nothing like that." Evie waved. "This gringa[2] came in to return a shirt. But she had no receipt[3] and the shirt had sweat stains. I told her we couldn't accept it because it was used. The lady got mad. She said she couldn't understand my accent and complained loudly. People started to stare. I didn't know what to do. Then the manager came over. He yelled at me. He said something about how important this woman was and that we have to be flexible." Her mother looked down at her small manicured hands.

Sofi hated to see her mother like this. She looked so small and defenseless.

"Mother," Sofi huffed, getting up. Her room was small but it was ten times better than the cramped one-bedroom apartment next to the 7-Eleven where they'd lived when she was little. "You've got to stand up for yourself. You can't let them talk to you that way. It's not fair."

"But mija[4], we need the money." Her mother was right. The Mendozas were in serious debt, even though they were frugal and clipped coupons. [...]

Sofi looked at her mother with feelings of shame and pity. She couldn't help it. Her parents were fixated on the American dream and talked constantly about how America was the best country in the world. It was the only place where hard work and persistence actually paid off. It was nothing like Mexico, where politicians were crooks[5], cops abused their power, and if you were poor, there was no way to get ahead. They were so proud to live in America, yet when they interacted with Americans, they grew quiet and nervous. After fourteen years, her parents were still uncomfortable with their accents and lack of formal education. They tiptoed around their white employers, white neighbors, and anyone in an expensive suit as if they were God Almighty. It made Sofi's skin crawl.

Sofi refused to be like them. She was just as American as her friends.

Malin ALEGRIA, *Sofi Mendoza's Guide to Getting Lost in Mexico*, 2007

1. write a report **2.** American woman
3. *ticket, reçu* **4.** *pour* "mi hija" = *ma fille*
5. dishonest people

▲ *The Mexican-American Dream*, mural, Cicero, USA

a. Read the text and **pick out** information about Sofi and her family.

b. Contrast the values of Sofi's parents to the lady's and the manager's attitude in the shop.

c. Comment on Sofi's parents' vision of Mexico and the USA. How does the incident in the shop put this vision to the test?

d. Comment on Sofi's feelings regarding her parents' situation.

YOUR TASK **Act out** an interview with Malin Alegria about her novel.

DIFFÉRENCIATION

WAY 1 **Focus** on her motivations for writing it.

WAY 2 **Focus** on how she uses fiction to reflect Latinos' reality in the USA.

BOOST YOUR SKILLS!

Soulever un problème

- Expose le problème : *I **never** saw us being played as investment bankers.*
- Souligne l'importance du sujet avec des quantifieurs : ***Many** immigrants only see themselves depicted in a negative light* • ***A lot of** people felt that way...* GRAMMAR 1 p. 136
- Souligne la complexité des faits : ***Despite**..., they were **still**...* • ***Yet**, when they interacted with Americans...* PRÉCIS 37
- Précise les conséquences de la situation : *affect* • *drive change* • *shift perceptions* • *impact*

EXPLORE

2. Empowering future generations

➜ *Can fiction help Latino Americans reclaim their identity?*

1 Borders: the game

VIDÉO

Fusion, 2017

a. Watch the video and **identify** what the video game *Borders* is about.

b. Explain why Gonzalo Alvarez created it.

c. GRAMMAR *"It's not like the media showing thousands of people jumping over, really few make it."* **Identify** and **comment** on the use of quantifiers. 1 ▸ p. 136

d. Discuss: do you think this game can be an effective way to raise awareness about immigrants' struggles in the US? Why?

WORDS

- empowerment
- hardships = difficulties
- humanisation /hjuːmənaɪˈzeɪʃən/ ≠ dehumanisation
- recognition

- respectful of
- sympathetic = compassionate
- worthy of: *digne de*

- bridge a cultural gap
- convey = express a message
- relate to = identify with
- weigh /ˈweɪ/ in = give your opinion

CULTURE SPOT

Coco's story is inspired by the Mexican traditional holiday of the Day of the Dead.

2 Mexican heritage

e-workbook | PARCOURS DIFFÉRENCIÉS | AUDIO

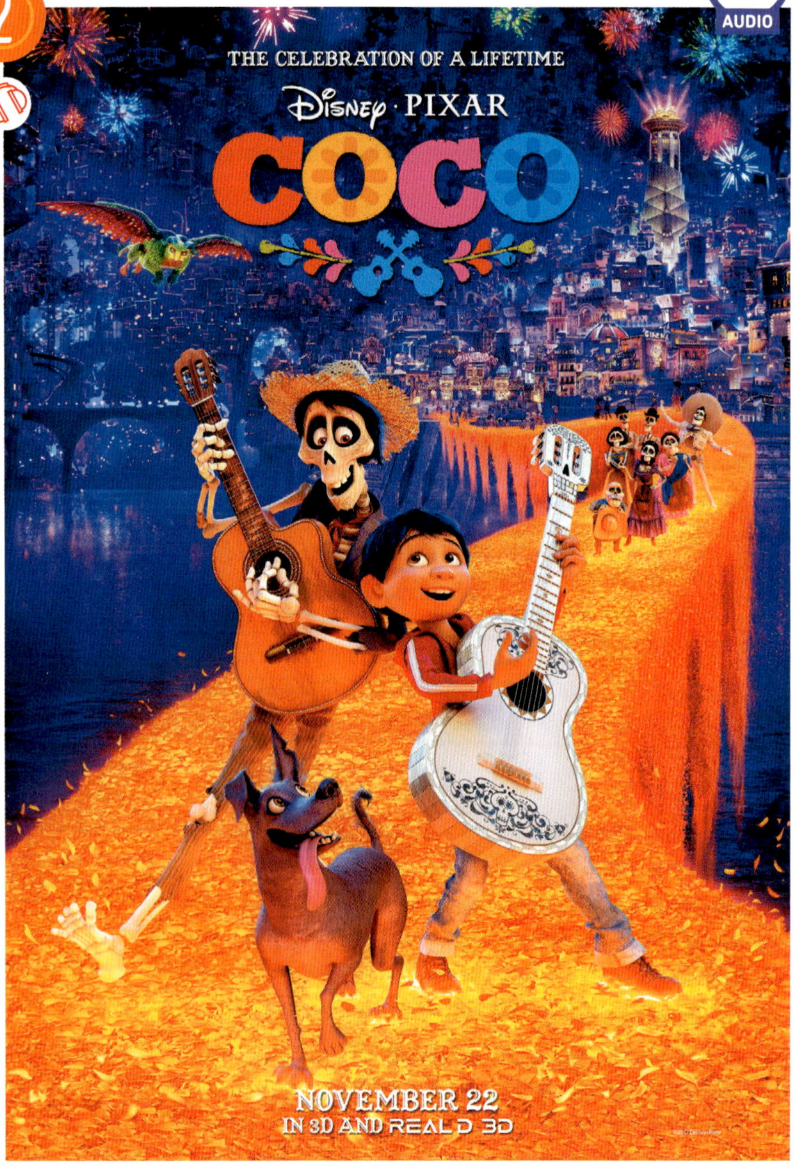

▲ *Coco* movie poster, 2017 (audio: *Pero Like*, 2017)

a. Look at the poster and **imagine** what the bridge could symbolise.

b. Listen to the audio and **identify** the speakers' reactions to *Coco*'s trailer.

c. Explain how *Coco* may help the speakers reconcile with their image.

d. GRAMMAR *"The more we support things about our culture, the more things will be made"*. **Identify** the comparative structure. What is it used for? 2 ▸ p. 136

BAC **Discuss** how fiction can help change people's perception of Latinos in the U.S.

3 Latino pride

Movie poster, 2019

A new independent film aims to make its mark with audiences as the first Latino superhero picture with an all-Hispanic cast. Opening in 650 theaters across the country on Friday, *El Chicano* tells the story of twin brothers from East Los Angeles who choose different life paths and end up on opposite sides of the law.

El Chicano was directed by Ben Hernandez Bray and stars Raúl Castillo, George Lopez, Kate del Castillo and a host of other Latino performers. Aimee Garcia, known for the Netflix series *Lucifer*, told NBC News that it was an honor to be part of a cast that is nearly entirely Latino. "But this is not a 'Latino movie,'" [Joe] Carnahan [producer and co-writer of *El Chicano*] said. "I think we've made something that is an appealing popcorn movie, that deals with what it means to be Mexican and Mexican American, with a subtle political undercurrent." [...]

Carnahan is aware that critics may find *El Chicano* too violent. Latinos have decried the way movies tend to traffic in stereotypes about gangs and crime."Look, this is a great cast," Carnahan said. "Nobody is playing a gardener or a maid or a nanny in this movie. There are no small roles. That's what matters."

[V]eteran actress Marlene Forte sees *El Chicano* as a step forward. "Nobody is ready for change—until change is presented," said Forte, who plays the mother of the title character. "Don't listen to the naysayers[1] who tell you what is not possible. I know what is possible."

In her 30 years as a professional actress, Forte has seen roles for Hispanics become more dimensional. [...] And as more Hispanics become content creators, Forte explained, more opportunities for Latinos will likely follow.

Mainstream audiences are ready for a movie with an all-Latino cast, Forte added. "I hope that audiences see that our Latino stories, our Hispanic stories, are universal stories. ... It is OK to be different, but the challenge in storytelling is finding where we are all the same."

Raul REYES,
nbcnews.com, May 3, 2019

1. pessimistic people

CULTURE SPOT

The word **Chicano** refers to people of Mexican origin living in the U.S. It became popular during the Civil Rights movement of the 1960s when it came to stand for Mexican-American self-determination.

a. Read the article and **find** basic information about the film (plot, cast, goal).

b. Explain why the film can be described as *"a step forward"* (l. 39).

c. React to the criticism made about the film.

YOUR TASK As an intern at Pixar, **convince** your team to create a short film which could help fight Latino stereotypes in the U.S.

BOOST YOUR SKILLS!

Rétablir une vérité

- Compare les faits à leur représentation : ***It's not like*** *media showing...* • *...**really few** make it.*
- Mets l'accent sur la réalité des faits : ***They had to*** *cross the border...* • *...**how hard** it was for them...*
- Mets en evidence le processus : ***The more*** *we support things...,* ***the more*** *things will be made.* • ***As more*** *Hispanics become...* ***more*** *opportunities will....* GRAMMAR 2 p. 136

EXPLORE

3. Success stories in the forefront

→ *How does fiction celebrate Latino role models?*

1 The courage to change

VIDÉO

Official Campaign, *AOC*, 2018

WORDS

- c**o**ngresswoman = repres**e**ntative
- f**i**gure
- polit**i**cian

- accl**ai**med
- c**o**nfident

- def**i**ant /dɪ'faɪənt/ = bold
- gr**a**ssroots = l**o**cal
- inspir**a**tional

- **a**dvocate for
- dep**i**ct = portr**ay**

CULTURE SPOT

In November 2018, **Alexandria Ocasio-Cortez** was elected to the House of Representatives and became the youngest woman to serve in the US Congress.

2 A new super heroine

▲ In 2019, Devil's Due Comics published a comic book portraying Alexandria Ocasio-Cortez as a super heroine.

Docs 1 and 2

a. **Watch** the video and **identify** what makes Ocasio-Cortez a special candidate. **Use** visual elements and quotes from her speech.

b. **Look** at the picture and **present** the multiple references composing the comic book cover.

c. **Compare** the way Alexandria Ocasio-Cortez is represented in the video and on the cover.

BAC **Discuss**: Fiction contributes to the visibility of Latino leading figures.

YOUR TASK You are working on a comic book about a new Latino/a superhero fighting stereotypes in the U.S. **Write** the beginning of his/her speech to call for change.

BOOST YOUR SKILLS!

Appeler au changement

- Décris la situation : *Everyday gets* ***harder***... • *The rent gets* ***higher*** • *Health care covers* ***less***... PRÉCIS 8
- Utilise des modaux pour exprimer le besoin de changement : *Immigrants* ***should*** *be represented...* • *What the Bronx and Queens* ***need*** *is...* PRÉCIS 21
- Exprime tes aspirations : ***It's time to*** *fight...* • ***It's time to*** *acknowledge...* • *We* ***can*** *do it!*

FINAL TASK

Create a TV spot debunking Latino stereotypes in US fiction.

Each year, Americans observe National Hispanic Heritage Month between September 15 and October 15. You seize the opportunity of this special month to advocate for better representation of Latinos in fiction. Create and record a three-minute TV spot to tackle Latino stereotypes in US fiction.

1. **Browse through** the unit to gather precise information about Latino stereotypes in US fiction: statistics, testimonies, examples of fiction, etc.
2. **Prepare** your TV spot focusing on:
   – the context of National Hispanic Heritage Month;
   – the way Latinos are misrepresented in U.S. fiction;
   – things that make representation change;
   – what could still be made for a more accurate depiction of Latinos in the USA.
3. **Record your TV spot:** you can use props or images from the Internet. Make it eye-catching!

YES YOU CAN! Create an efficient TV spot

1. INTRODUCTION

Pose le contexte et expose la situation.

There are many things that make Latinos proud. What does it mean to be Latina?

2. ATTRACTIVITÉ

Utilise des phrases d'accroche simples. Fais appel aux sentiments des spectateurs. Utilise des images et des supports variés pour illustrer ton propos de manière divertissante.

There's one thing that says everything: their family name. So we did something to help them share that pride. I've learned everything from my dad...

Spot for Hispanic Heritage Month, *Coca Cola*, 2015

3. IMPLICATION

Adapte ton intonation à ton message. Rythme ta vidéo en ménageant des pauses et en accentuant les mots importants.

Oh my goodness! There's so much! I love the name Rodriguez. Ortiz must go on!

4. EFFICACITÉ

Termine ta présentation par un message fort ou un slogan percutant. Donne aux spectateurs l'envie de s'impliquer.

Always be proud of who you are. Visit coke.com/orgullosodeser

STRATEGIES Faire une présentation orale p. 236

BOOST YOUR ENGLISH!

Grammar — Exprimer la quantité

PRÉCIS 6 ET EXERCICES

Grammar Tuto

On utilise des **quantifieurs différents** selon que la **quantité est dénombrable ou non**.

EXPRIMER UNE QUANTITÉ

NULLE → PETITE → CERTAINE → GRANDE → INDÉTERMINÉE → DE 1 À TOUT

NO
There is **no** faithful representation of Latinos.

(A) LITTLE
We have **little** information about this issue.

(A) FEW
Few Disney movies feature Latino characters.

SOME
Some people are prejudiced against Latinos.

A LOT OF / PLENTY OF
Storytellers hold **a lot of** power to impact our culture.

MUCH
Americans don't know **much** about the Mexican culture.

MANY
Latinos underrepresentation raises **many** questions.

HOW MUCH?
How much do we know about Latinos?

HOW MANY?
How many Latino actors can you name?

EACH / EVERY < MOST < ALL
Every Latino I know is quite different from the stereotype.
Most stereotypes about them are wrong. **All** the stories I heard were stereotypical.

Indénombrable — → Les deux ← — Dénombrable

1 Complète avec le quantifieur qui convient.

little – a lot of – a few – many – most of – much – no – few

a. Only ... Latinos in my area are immigrants, ... them are fully integrated.
b. It takes ... courage to leave your country and culture behind.
c. .... American movies convey stereotypes about Latinos.
d. They don't have ... choice, they often take menial jobs.
e. When they arrive, they usually have ... comfort and help.

2 Utilise des quantifieurs pour rendre compte de la représentation des Latinos dans la fiction.

You are part of a social association fighting against the underrepresentation of minorities in U.S. fiction. Write a short paragraph for the newsletter of your association. You can use expressions such as: *stereotypes – knowledge – prejudices – cultural power – movies – actors – be discriminated against*

→ More in *Pump it up!* p. 10

Grammar — Exprimer l'accroissement ou la diminution

PRÉCIS 8B

On utilise des formes du **comparatif** ou du **superlatif** pour exprimer une évolution progressive.

croissante	décroissante		parallèle
	dénombrables	indénombrables	
more and more	fewer and fewer	less and less	the more / the fewer/the less
*Nowadays, **more** and **more** TV shows feature Latinos.*	***Fewer** and **fewer** people are prejudiced against Latinos*	*Stereotypes have **less** and **less** power on people's minds.*	***The more** you learn, **the less** you ostracise and **the fewer** stereotypes you trust.*

3 Complète ces phrases pour exprimer une évolution croissante, décroissante ou parallèle.

a. Latinos are starting to be ... represented in U.S. fiction.
b. There are ... racist acts thanks to a better knowledge of the Latino community.
c. Therefore, there is ... misunderstanding of their culture.
d. ... you know, ... you criticise.
e. ... stereotypes are conveyed in movies, ... narrow-minded people are.

4 Traduis ces phrases. Attention aux dénombrables ou indénombrables.

a. Il y a de moins en moins de stéréotypes sur les Latinos dans les films.
b. Plus il y aura de personnages latinos dans les dessins animés et moins les gens seront fermés d'esprit.
c. Notre connaissance de cette culture est de plus en plus juste.
d. Plus je découvre la culture latino, plus j'ai envie de la découvrir!

Vocabulary — Latino representation

EXO Lexiquiz

Means (AUDIO)
- true-to-life = realistic

- expose = bring to light
- lead thorough /'θʌrə/ research
- simulate experiences
- with accuracy ≠ inaccuracy

In fiction (AUDIO)
- cliché
- feature = attribute

- low-income ≠ affluent
- menial /'mi:niəl/ ≠ high-skilled jobs
- one-dimensional ≠ complex

Process (AUDIO)
- assume = take for granted
- be prejudiced against
- dehumanise
- depict = portray
- limit = confine
- misrepresent
- regard sb as

Situations (AUDIO)
- assimilation
- hardships = difficulties
- immigration policies

- touchy

- grapple with = struggle with

Showing reality

Stereotypes

Bridging the gap

Impact (AUDIO)
- abusing = harmful
- belittling: *dénigrant*
- derogatory = offensive = insulting
- limiting = confining /kən'faɪnɪŋ/
- misleading

Goal (AUDIO)
- convey a message
- debunk = demystify
- decry = condemn
- induce sympathy with
- raise awareness

Empowerment (AUDIO)
- recognition

- be worthy of
- (re)claim
- relate to
- take pride in

Shifting perceptions (AUDIO)
- advocate for
- be respectful of
- latch on to sth = begin to understand sth
- realize
- speak up
- support

1 Complète avec le verbe qui convient, puis traduis.

advocate – assume – relate – sympathise

a. Because of misrepresentation in TV series, Americans ... that Latinos are all criminals.
b. Thanks to storylines like *Orange is the New Black*'s season 7, TV viewers can ... with immigrants' stories.
c. Young Latinos are enthusiastic about new projects which enable them to ... to fictional characters.
d. *#latinclusion* on social media ... for better representation.

2 Choisis l'adjectif qui convient dans chaque phrase.

a. Latino actors are often confined to play *high-skilled/menial* workers.
b. Movies like *How to be a Latin Lover* convey *true-to-life/inaccurate* portraits of the Latino community.
c. Malin Alegria wrote a *respectful/disrespectful* portrait of the struggles of young Latino-Americans.
d. Thanks to new *one-dimensional/complex* characters, Latino-Americans can better recognise themselves on the screen.

Phonology — L'accentuation dans les énoncés

AUDIO → More in *Pump it up!* p. 82

- Dans un énoncé, on **accentue les mots** qui sont **porteurs de sens** : les **mots lexicaux** (noms, verbes, adjectifs) et **certains** mots **grammaticaux** (mots interrogatifs, auxiliaires en tête de phrase).
- Les autres **mots grammaticaux** (déterminants, prépositions...) sont généralement **non accentués**.
  À l'oral, certains de ces mots non accentués apparaissent sous **forme réduite** et semble « disparaître ».
- Tout en lui donnant du **rythme**, les mots accentués attirent **l'attention** sur les points clés de ton discours.

1 Écoute et repère les mots accentués. Pourquoi ceux-ci ?

I always believe at some point that Latinos need to be represented.

2 Lis cet énoncé, anticipe les éléments accentués et écoute pour vérifier.

We are constantly misrepresented, we're constantly underrepresented. So I'm very happy that Disney and Pixar finally did something for the Latino community, so I'm pretty happy about that, but, you know, I'm still sceptical.

BAC TEST YOUR SKILLS

ÉPREUVE ÉCRITE 1H30

e-workbook GRILLES D'AUTO ÉVALUATION

PARTIE 1 ▶ Compréhension de l'oral

• Consacre 20 à 30 min à cette partie.

Doc 1 **Mexico Barbie**

▶ Vous visionnerez cette vidéo à trois reprises, séparées par une pause d'une minute. Vous rendrez ensuite compte en français de ce que vous avez compris.

STRATEGIES p. 235

1'30s VIDÉO

ABC24, 2013

Prends des notes sur :
- le thème principal ;
- les informations clés ;
- les différents points de vue ;
- l'implicite ;
- la fonction et la portée du document.

PARTIE 2 ▶ Compréhension de l'écrit et de l'ensemble du dossier

• Consacre environ 1h à cette partie.

Doc 2 **West Side Story 2020**

The original 1957 Broadway musical is about the love and tension between the Jets, a white gang, and the Sharks, a Puerto Rican gang, as they fight for control of their neighborhood on the Upper West Side.

Spielberg is producing and directing the upcoming remake of the musical and 1961 film adaptation co-directed by Jerome Robbins and Robert Wise. While there is plenty of excitement surrounding the upcoming film, the award-winning director has big shoes to fill.

The 1961 film starring Richard Beymer and Natalie Wood as Tony and Maria scored 10 Oscars after its release. However, the production wasn't without its faults.

Most of the Puerto Rican characters were played by white actors and wore brownface, leading to a number of whitewashing controversies in various productions of the musical in the decades to follow.

Spielberg, however, was committed to hiring actors from the LatinX community, and a casting call for the film specified that the characters who are a part of the Sharks are LatinX.

Colombian-American actress Rachel Zegler, 18, plays Maria in the new movie, having previously starred in the role in an amateur theater production.

Although Natalie Wood was of Russian and Ukrainian descent, she was cast as the Puerto Rican female lead in the film and wore brownface makeup to play the character. Before she took on the role of Marie, Wood was a Hollywood star.

Rachel Zegler, however, was a relative unknown when she was cast in the lead role of Spielberg's remake of the film.

"I am so thrilled to be playing the iconic role of Maria alongside this amazing cast," she told the Hollywood Reporter in January.

"West Side Story was the first musical I encountered with a Latina lead character. As a Colombian-American, I am humbled by the opportunity to play a role that means so much to the Hispanic community."

Puerto Rican actress Rita Moreno was cast as Anita, Bernardo's girlfriend and Maria's closest confidante, in the 1961 film.

She shared that she and her other castmates had to wear brownface while filming West Side Story.

"We all had the same color makeup, it was a very different time," she told hosts Hinojosa and Julio Varela.

"I remember saying to the makeup man one day—because it was like putting mud on my face, it was really dark and I'm a fairly fair Hispanic—and I said to the makeup man one day, "My God! Why do we all have to be the same color? Puerto Ricans are French and Spanish..." And it's true, we are very many different colors, we're Taino Indian, we are black some of us.

And the makeup man actually said to me, "What? Are you a racist?" she recalled. "I was so flabbergasted[1] that I couldn't come back with an answer."

In the upcoming remake of the musical, the role of Anita has gone to singer, dancer, and actress Ariana DeBose.

Rita Moreno, 87, is returning to the big screen in the adaptation to play Valentina, a re-conceived version of Doc. She is also an executive producer of the film.

dailymail.co.uk, 18 June 2019

1. shocked

Doc 3 Diane Guerrero shares her family's separation heartache

Diane Guerrero grew up knowing she had to keep her mouth shut. As a child of undocumented parents any misstep that could draw attention was the last thing her family needed. [...] At age 14, Guerrero returns home from school to find her worst fear a reality. With the light still on in their kitchen, sliced plantains resting on a countertop and uncooked rice on the stove, her parents were forced from their home, arrested and deported—never to return to the United States.

"The summer I lost my parents, it was the strangest kind of heartache. No friends gathered to grieve over the departed. No flowers were sent. No memorial service was planned. And yet the two people I'd cherished most were gone," Guerrero writes.

Her memoir focuses on that life-changing moment, along with her growing success as an actress. She plays sassy prison inmate Maritza Ramos in the popular Netflix series *Orange is the New Black* and has a recurring role on the TV show *Jane the Virgin*.

While actors aren't necessarily like the characters they portray, watching Guerrero onscreen one would never guess the adversity she's faced to raise herself and reach success in acting. [...]

In sharing her story, Guerrero says she hopes children in similar straits today will read the book and know they are not alone. She also hopes to shine a light on U.S. immigration policy, using the language and phrases commonly spoken by her generation.

Hola Cultura, July 18, 2016

Compréhension de l'écrit

Doc 2

▶ Using your own words, account for doc 2, focusing on:
- the nature of the text and its function;
- Steven Spielberg's difficulties and intentions;
- what Rita Moreno reveals about the way Latino Americans were perceived.

Doc 3

▶ Account for Diane Guerrero's story and the link between fiction and reality.

STRATEGIES Lire et comprendre un texte p. 233

Compréhension de l'ensemble du dossier

Consider the video and the texts, and compare the obstacles Hispanics have to face.

PARTIE 3 Expression écrite

• Consacre 30 à 40 min à cette partie.

▶ **Vous traiterez en anglais et en au moins 120 mots l'un des deux sujets suivants au choix.**

SUJET A : You write a letter to Diane Guerrero to thank her for her book and its message. Focus on the emotions that the book gave you to explain its importance.

STRATEGIES Écrire une lettre p. 241

SUJET B : Chimamanda Ngozi Adichie said :

"The problem with stereotypes is not that they are untrue but, that they are incomplete. They make one story become the only story."

Explain why you agree or disagree.

STRATEGIES Écrire un texte argumentatif p. 243

SHORT FILE 14

FICTIONS ET RÉALITÉS

FICTION AND REALITY

Reach for the stars

▶ **How do scientific progress and American fiction inspire each other?**

FINAL TASK

Write the review of a film or book on space exploration.

More on SPEAKEASY NEWS speakeasy-news.com

A

VIDÉO

▲ *Ad Astra*, a film by James GRAY, 2019

B

AUDIO

From the Earth to the Moon, Jules VERNE, 1865

Apollo Mission, 1969 (audio: *PBS*, 2014)

> *"I'm sure we would not have had men on the moon if it had not been for Wells and Verne and the people who write about this and made people think about it."*
>
> Arthur C. Clarke
> (Sci-fi writer)

C

AUDIO

NASA's plans for Mars, *NASA*, 2014 (Audio: *NPR*, 2019)

WORDS

- knowledge
- outer space
- rocket: *fusée*
- spacecraft = spaceship

- far-fetched ≠ realistic
- pioneering = innovative

- visionary

- complete a mission
- launch
- look ahead = look to the future

DISCOVER AND SHARE

Join your team and focus on one of the documents.

Doc A. **Focus** on the poster and **watch** the trailer online. **Explain** what makes this film a "realistic space travel."

Doc B. **Compare** the pictures, **listen** to the document and **read** the quote. **Comment** on the links between fiction and the reality of space exploration.

Doc C. **Focus** on the infographic and **listen** to the document: **take** notes on NASA's plans.

NOW SHARE

Share your findings with the class. **Discuss** the role(s) played by science fiction works regarding science exploration.

EXPLORE

1. Where science meets fiction

➜ *How close to the reality of space exploration can science fiction be?*

1 Space tourism

Doc. 1 AUDIO

There was music in the ship, and the walls that separated the salon from the view-room had been retracted. [...]

Neither sun, earth, nor any planet was in view on that large, dark screen. They were facing the Milky Way, that longwise view of the Galactic Lens, and it made a luminous diagonal track among the hard, bright stars.

Automatically the tide of conversation ebbed[1]. Chairs shifted so that all faced the stars. The dinner guests had become an audience, the music a faint whisper[2].

"Ladies, gentlemen! We are ready for our first Jump. Even at the speed of light, of course, it would take years, in resting time, to reach the stars.

"Therefore one leaves the space-time fabric to enter the little-known realm of hyperspace, where time and distance have no meaning. It is only the Jump which makes interstellar travel possible.

"The Jump we are about to make will take place in about ten minutes. You will be warned. There is never more than some momentary minor discomfort; therefore, I hope all of you will remain calm. Thank you."

The ship lights went out altogether, and there were only the stars left.

It seemed a long while before a crisp announcement filled the air momentarily: "The Jump will take place in exactly one minute." And then the same voice counted the seconds backwards: "Fifty... forty... thirty... twenty... ten... five... three... two... one..." [...]

In that immeasurable fraction of a second, one hundred light-years had passed, and the ship, which had been on the outskirts of the solar system, was now in the depths of interstellar space. Someone near Biron said shakily, "Look at the stars!"

Isaac ASIMOV, *The Stars Like Dust*, 1951

1. stop **2.** *murmure*

WORDS

- achi**e**vement: *réalisation*
- **o**rbital flight
- space tr**a**vel
- sp**a**cewalk: *sortie dans l'espace*

- am**a**zing = ast**o**nishing
- sec**u**re = safe
- thr**i**lling
- unforg**e**ttable

- float in w**ei**ghtlessness
- fulf**i**l one's dream
- take off ≠ land

Doc. 2 VIDÉO

Virgin Galactic new spaceship, *CBS*, 2016

a. Read the text (doc. 1) and **explain** what is special and exciting about this experience.

b. GRAMMAR *"Hyperspace, **where** time and distance have no meaning"; "the Jump **which** makes interstellar travel possible."* **Identify** the words in bold and **explain** how they help give more information on the travel. ► p. 146

c. Watch the video (doc. 2). **Explain** the potential of this form of tourism.

d. Compare what you have learnt about Virgin Galactic with space travel in doc. 1.

e. Would you accept to go on such a trip? Why?

BAC **Discuss** how science fiction writers may influence the evolution of space exploration.

2 The Martian Doc. 1

AUDIO

Log entry: Sol[1] 9

No way for me to get there on my own. But if I could communicate, I might be able to get a rescue. Not sure how they'd manage that with the resources on hand, but NASA has a lot of smart people.

So that's my mission now. Find a way to communicate with Earth. If I can't manage that, find a way to communicate with Hermes[2] when it returns in 4 years with the Ares 4 crew. Of course, I don't have any plan for surviving 4 years on 1 year of food. But one thing at a time here. For now, I'm well fed and have a purpose: "Fix the damn radio".

Log entry: Sol 10

In other news, I'm starting to come up with an idea for food. My botany background may come in useful after all.

Why bring a botanist to Mars? After all, it's famous for not having anything growing here. Well, the idea was to figure out how well things grow in Martian gravity, and see what, if anything, we can do with Martian soil. The short answer is: quite a lot... almost. Martian soil has the basic building blocks needed for plant growth, but there's a lot of stuff going on in Earth soil that Mars soil doesn't have, even when it's placed in an Earth-atmosphere and given plenty of water. Bacterial activity, certain nutrients provided by animal life, etc. None of that is happening on Mars. One of my tasks for the mission was to see how plants grow here, in various combinations of Earth or Mars soil and atmosphere.

That's why I have a small amount of Earth soil and a bunch of plant seeds[3] with me.

I can't get too excited, however. It's about the amount of soil you'd put in a window planter-box, and the only seeds I have are a few species of grass and ferns[4]. They're the most rugged[5] and easily grown plants on earth, so NASA picked them as the test subjects.

So I have two problems: not enough dirt, and nothing edible to plant in it.

But I'm a botanist, damn it. I should be able to find a way to make this happen. If I don't, I'll be a really hungry botanist in about a year.

Andy WEIR, *The Martian*, 2011

1. a day on Mars 2. spacecraft 3. *graines* 4. *fougères* 5. robust

YOUR TASK **Write** a post on *NPR*'s website to share your feelings on Andy Weir's book.

DIFFÉRENCIATION

WAY 1 You loved its style and scientific accuracy.

WAY 2 You were not fully convinced by the plot, and express your doubts and regrets.

Doc. 2

Interview with Andy Weir, *NPR*, 2015

AUDIO

a. Read the text (doc. 1) and **find out** the hero's situation. **Explain** his plans to survive.

b. VOCABULARY **Focus** on l. 21-24 and **pick out** words from the lexical field of science. What impression does it convey?

c. Listen to Andy Weir's interview and **explain** how today's scientific knowledge inspired his novel.

d. Connect what you have learnt of Andy Weir's project with the text. Is scientific accuracy important to make a successful story?

BAC **Discuss** how both scientific achievements and failures may inspire fiction.

BOOST YOUR SKILLS!

Exprimer un ressenti

- Exprime tes sensations en variant les verbes et adjectifs : *feel* • *experience* • *have a sensation of* • *realise* / *spacious* • *luminous*
- Utilise des relatives pour préciser ton propos : *In a way* ***that*** *has only be dreamt of...* • *Those* ***who*** *see our planet...* GRAMMAR p. 146
- Exprime tes doutes ou incertitudes : *This space shift* ***could*** *be...* • *If I* ***could***..., *I* ***might*** *be able to...* PRÉCIS 22
- Souligne ton ressenti avec une ponctuation expressive : *"Look at the stars!"* • *Why bring a botanist to Mars?*

EXPLORE

2. Predicting the future?

→ *Can space fiction help us face tomorrow's challenges?*

e-workbook | PARCOURS DIFFÉRENCIÉS

Humanity's extraordinary future

Michio Kaku (born 1947) is an American professor of Theoretical Physics. He is the author of several physics-related books.

Right at the beginning of the book, you make the shocking prediction: "Either we must leave the Earth or we will perish." There is nothing we can do to save this planet?

We shouldn't use this as an excuse to pollute the Earth, or let global warming run amok[1]. We should cure these problems without having to leave for Mars or another planet, because it's impossible to remove the entire population of Earth to Mars [...]."

You use the phrase "the fourth wave of science." Explain what this means and how it could one day make it possible to terraform[2] Mars.

We've had three waves of scientific innovation. The first wave, the Industrial Revolution, gave us the steam engine, the locomotive, and factories. The second wave was electricity and magnetism, whereby we had TV, internal combustion cars, a beginning of the space program. The third revolution is high tech: computers, lasers, the Internet.

Now we have the fourth wave of innovation: artificial intelligence, biotech, and nanotech. That's going to change the way we view Mars. Many people say Mars is cold and desolate, and there's nothing to grow there. We can genetically modify plants and algae[3] to thrive in the Martian atmosphere. But who's going to do the heavy lifting? We all would like to see futuristic cities on Mars, but robots are going to become much more adapted to working in these harsh environments by the end of this century, so we expect to see robotic construction workers building the fantastic domed cities you see in science fiction novels. [...]

Both Musk[4] and NASA are focused on Mars as the next challenge. Talk us through the problems we will face, and what solutions we might find.

We're going to have to be very careful sending our astronauts to Mars. Going to the moon took only three days. You could go to the moon on Monday and come back on Friday. Going to Mars is a whole other picture. It takes nine months just to *get* to Mars, then you have to wait a few months for the planets to realign and then another nine months to come back. So, it's a two-year journey where weightlessness, cosmic radiation, and micrometeorites will all be problems. Mars is also frozen, so we're going to have to heat up the surface, which is called terraforming.

Interview with Michio KAKU, *National Geographic*, March 2018

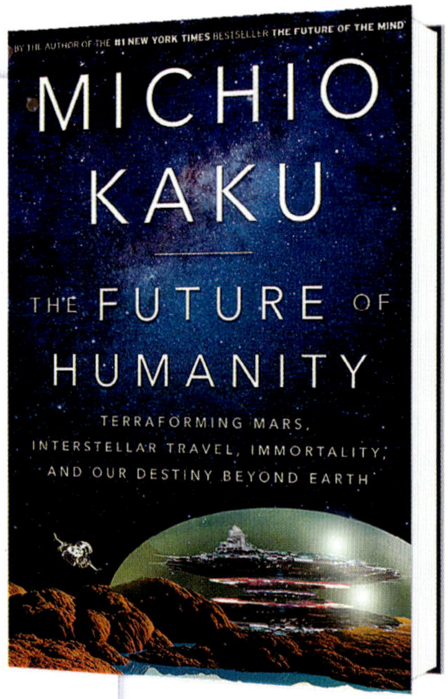

WORDS

- artificial means
- human colonisation
- survival /sə'vaɪvəl/

- breathable ≠ unbreathable (air)
- demanding: *éprouvant*
- inhospitable
- suited to habitation

- acclimatise = adapt
- be likely ≠ unlikely to
- convert into
- evolve
- settle = set up

1. create chaos 2. make it more like Earth 3. *algues* 4. Elon Musk (SpaceX founder)

a. Focus on the book cover and **imagine** what the future of humanity could be.

b. Read the interview and **find out** why Mars is starting to be considered an alternative to life on Earth.

c. SPELLING **Focus** on the way "space program" (l. 25) is written. How can you say the interview was made in the USA?

d. Explain what terraforming consists of.

BAC **Explain** what makes the colonisation of Mars more complicated than what is depicted in science-fiction novels.

MÉDIATION **YOUR TASK** You were impressed by the interview. **Explain** to your friend the process that could make human settlement on Mars possible.

BOOST YOUR SKILLS!

Expliquer une demarche

- Présente les enjeux de la démarche : ***To thrive*** *in the Martian atmosphere* • ***To become*** *much more adapted to...* • ***To see*** *futuristic cities...* PRÉCIS 30
- Appuie-toi sur des connecteurs temporels pour en suivre les étapes : *Right* ***at the beginning*** • ***By the end*** *of this century.*
- Apporte des précisions avec des relatives : *A two-year journey* ***where****...* • *The surface,* ***which*** *is called...* GRAMMAR p. 146

FINAL TASK

Write the review of a film or book on space exploration.

You are working as a trainee for an American Science-Fiction platform. Choose a book or a film you would recommend and write a review for the "Sci-Fi Best" page.

1. **Choose** a novel, short story or film of space fiction (in the file or another one you know).
2. **Gather** your ideas to write the review:
   – Present the story (setting, characters, main plot);
   – Explain what this space fiction focuses on (space travel, interstellar war, new conquest, alien encounter, planetary migration, ...);
   – Describe the technique or tools that make it realistic (or not) (special effects, proper scientific bases, accurate description...);
   – Express your feelings towards the film and recommend it (or not) to the viewers.
3. **Write** your review: Make it as convincing as possible, and remember to use American spelling as you are writing for an American platform.

YES YOU CAN! Write a convincing review

PHRASE D'ACCROCHE

Capte l'attention des lecteurs, en utilisant une accroche qui donne envie et d'aller voir le film ou lire le livre.

INTRIGUE

Présente les grandes lignes de l'histoire (contexte, personnages principaux, action) et raconte un passage du film ou du livre pour susciter l'intérêt.

TECHNIQUE

Propose une analyse des techniques et montre que les attendus du genre sont présents (effets spéciaux, style, suspense...) ; fais écho à d'autres grands succès comparables.

RECOMMANDATION

Partage ton point de vue sur le film ou le livre, exprime tes émotions et donne envie d'aller voir le film ou de lire le livre.

AD ASTRA (James Gray, 2019)

★★★★☆

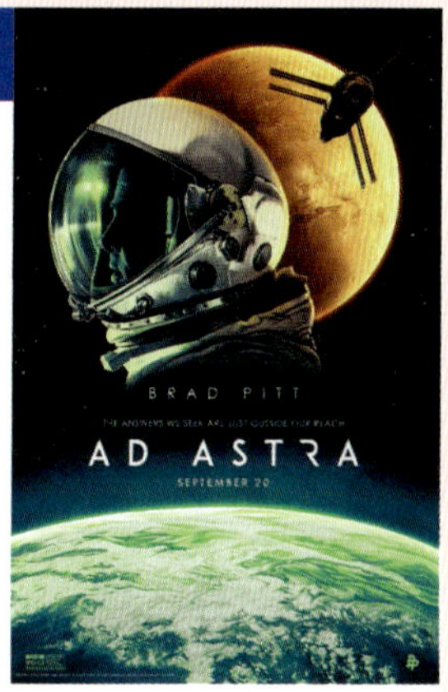

The autumn movie season has a history of hosting impressive, thought-based science fiction movies. [...]

Ad Astra ("to the stars") opts for a quasi-realistic, near-future depiction of space travel. Humanity has only begun reaching beyond the planet. Communities exist on the moon and bases on Mars. The farthest solar system exploration has been to Neptune—a doomed mission called The Lima Project led by legendary astronaut H. Clifford McBride some three decades ago. Communication was lost, along with the spacecraft, with all aboard assumed dead and the ship destroyed. The mystery at the heart of *Ad Astra* asks what happened to The Lima Project.

Although *Ad Astra* contains thriller elements and a few action-oriented scenes, it has the soul of an art film and therein lies its box office challenge.

Gray uses special effects but doesn't rely on them. The opening sequence with Roy working outside on a space antenna when a surge hits, is pure big budget spectacle but it serves a purpose beyond getting the viewer hooked. [...] *Ad Astra* takes us on a cross-solar system journey but the real trajectory is deep into the human experience, and the odyssey of getting there is so mesmerizing!

James Berardinelli, *reelviews.net*, Sept 2019

STRATEGIES ▶ Écrire un texte argumentatif p. 243

BOOST YOUR ENGLISH!

Grammar — Les pronoms relatifs

PRÉCIS 34 ET EXERCICES

Grammar Tuto

La **subordonnée relative** est liée à la principale par un **pronom relatif** qui reprend le nom placé juste avant : l'**antécédent**.
Le **type** d'antécédent et la fonction du pronom dans la phrase déterminent le choix du pronom relatif.

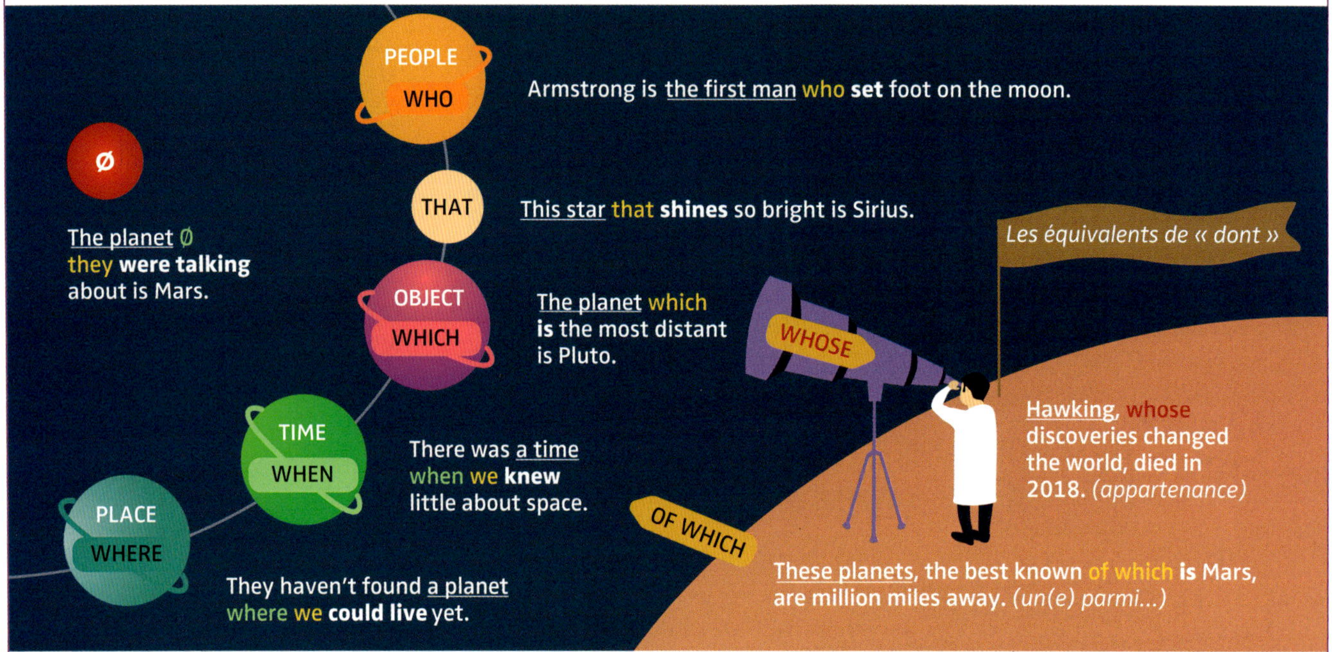

Le pronom relatif peut être sujet de la relative (+ **verbe**), complément de la relative (+S +**V**), ou **complément du nom** (+ nom). Quand ***that*** est complément, il peut être omis (relatif Ø).

Antécédent Sujet
Verbe Complément **CdN**

1 **Complète ces phrases avec un pronom relatif.**

a. Astronauts are trained to undergo extreme conditions, ... can be dangerous.
b. The NASA engineers ... were interviewed are really gifted.
c. The science-fiction writers ... we admire shape our visions on science.
d. The planets ... human colonisation could be possible have been depicted in sci-fi.
e. The centuries ... space travel was impossible are over.
f. The place ... Armstrong set foot on the Moon can be seen from the Earth.

2 **Traduis ces segments de phrases, en veillant aux équivalents de « dont ».**

a. L'auteur de science-fiction dont nous avons parlé...
b. La colonie sur Mars dont ils parlent...
c. Le livre dont l'auteur m'a beaucoup inspiré...
d. Ses romans dont certains sont restés dans les mémoires...
e. Ce scientifique, dont les découvertes sont connues dans le monde entier...
f. La découverte dont tu m'as parlé recemment...

→ More in ***Pump it up!*** p. 44

Spelling — L'orthographe américaine

Il existe des différences d'ordre lexical et orthographique entre l'anglais parlé aux Etats-Unis et au Royaume-Uni. Voici les plus importantes :

- Les noms en **-our** (UK) deviennent **-or** (US). → *A col**or***
- Les verbes en **-ise** (UK) deviennent **-ize** (US). → *They did not real**ize***
- Certains mots en **-re** (UK) deviennent **-er** (US). → *The cent**er***
- Les mots en **-mme** (UK) deviennent **-m** (US). → *The progra**m** includes intense training.*
- Lorsqu'un verbe se termine par une consonne précédée d'une seule voyelle, la consonne finale est doublée si l'on ajoute **-ing** ou **-ed** en anglais UK mais pas US. → *These pioneers travel**ed** beyond our Blue Planet.*

Voici un dialogue entre James, lecteur britannique, et Ben, lecteur américain. Choisis la bonne orthographe.

Ben: I just loved this sci-fi novel, the descriptions are amazing: remember the way the rocket is *propelled/propeled*! Every *fibre/fiber* in my being loved it!
James: Quite true, it was *criticised/criticized* for its length but it is the result of great research and *colourful/colorful* depiction.
Ben: I think the author *excelled/exceled* at describing the colony on Mars.

e-workbook GRILLES D'AUTO ÉVALUATION

ÉPREUVE ÉCRITE

play BAC

PARTIE 2 Compréhension de l'écrit

Doc The Sentinel

All that morning we argued our way across the Mare Crisium while the western mountains reared[1] higher in the sky. Even when we were out prospecting in the space suits, the discussion would continue over the radio. It was absolutely certain, my companions argued, that there had never been any form of intelligent life on the Moon. The only living things that had ever existed there were a few primitive plants and their slightly less degenerate ancestors. I knew that as well as anyone, but there are times when a scientist must not be afraid to make a fool of himself.

'Listen,' I said at last, 'I'm going up there, if only for my own peace of mind. That mountain's less than twelve thousand feet high—that's only two thousand under Earth gravity —and I can make the trip in twenty hours at the outside. I've always wanted to go up into those hills, anyway, and this gives me an excellent excuse.' [...]

We went to bed early that night, after driving the tractor to within half a mile of the promontory. Gamett was coming with me in the morning; he was a good climber, and had often been with me on such exploits before. Our driver was only too glad to be left in charge of the machine.

At first sight, those cliffs seemed completely unscalable, but to anyone with a good head for heights, climbing is easy on a world where all weights are only a sixth of their normal value. The real danger in lunar mountaineering lies in overconfidence; a six-hundred-foot[2] drop on the Moon can kill you just as thoroughly as a hundred-foot fall on Earth. [...]

Even with my space suit, I weighed only forty pounds[3] here, so I pulled myself up hand over hand without bothering to use my feet. At the rim[4] I paused and waved to my companion; then I scrambled over the edge and stood upright, staring ahead of me.

You must understand that until this very moment I had been almost completely convinced that there could be nothing strange or unusual for me to find here. Almost, but not quite; it was that haunting doubt that had driven me forward. Well, it was a doubt no longer, but the haunting had scarcely begun.

I was standing on a plateau perhaps a hundred feet across. It had once been smooth—too smooth to be natural—but falling meteors had pitted and scored its surface through immeasurable aeons[5]. It had been leveled to support a glittering, roughly pyramidal structure, twice as high as a man, that was set in rock like a gigantic many-faceted jewel.

Arthur C. CLARKE, *The Sentinel*, 1951

1. *s'élever* 2. *180 m* 3. *18 kg* 4. the edge 5. thousands of years

Situation d'énonciation

- Repère d'abord les éléments de paratexte (titre, auteur, date, etc.) qui peuvent t'aider à mieux comprendre le sujet.
- Repère les lieux mentionnés et les éléments qui s'y rapportent.
- Identifie les différents personnages et leur rôle.
- Concentre-toi sur le personnage principal, ses motivations et ses attentes.

Réseaux de sens

- Identifie l'élément central et les différentes étapes du récit.
- Repère les éléments facilitateurs ou perturbateurs.
- Identifie la découverte finale et ses possibles répercussions pour les personnages.

Stratégie de communication

- Repère l'objectif de communication (informer, alerter, raconter, divertir, etc.)
- Repère les éléments réalistes de la scène et montre les liens entre fiction et réalité dans ce texte.
- Cherche à comprendre l'effet que l'auteur veut produire chez son lecteur.

▶ In your own words, account for the text focusing on:
- the nature of the text and the narrator's identity;
- the context and the situation the narrator is in;
- the "mission" the narrator has set for himself; his motivations and its result;
- the ending and the links between fiction and reality in the text.

STRATEGIES Lire et comprendre un texte p. 233

Rédaction

- Les consignes sont parfois assez larges, veille à traiter tous les aspects du sujet.
- Structure ta réponse en paragraphes, chacun correspondant aux consignes données.

SNAPFILE 15

FICTIONS ET RÉALITÉS
FICTION AND REALITY

Gangsters on screen

▶ **How does the series *Peaky Blinders* measure up to British history?**

YOUR MISSION

Write the pitch of *Peaky Blinders*' next season.
The BBC is inviting fans of *Peaky Blinders* to take part in a creative writing competition. Imagine and write the pitch of the next season.

FOLLOW THE STEPS!

1 A historical drama

Doc. 1

SERIES

PEAKY BLINDERS

★★★★★

In early-20th-century Birmingham, England, apparently, the term "Peaky Blinders" referred to peaked caps worn by gang members that had razor blades[1] sewn into the seams[2]. [...]

The show's creator, Steven Knight, has been primarily a feature-film guy and perhaps he was afraid of running out of story, because he overstuffs "Peaky Blinders." In addition to several warring gangs, he gives us the Irish Republican Army and Communist union[3] organizers, all of them operating in the shadow of the recently concluded First World War.

The brutal but sensitive protagonist is Tommy Shelby (Cillian Murphy), a war hero with battlefield flashbacks who wants to turn his family's gang into a legitimate business. His primary opponent is Campbell (Sam Neill), a Javert[4]-like cop from Northern Ireland. There's lots of plot, involving stolen guns and bookmaking[5] operations and ill-fated romance, but the show is mostly about Shelby's beautiful moodiness (Mr. Murphy's famously striking eyes do most of the work here) versus Campbell's moralistic zealotry[6].

Mike HALE, *nytimes.com*, Sept. 2014

WHAT... *Peaky Blinders*, season 1
WHERE... BBC1 / Netflix

1. *lames* **2.** *coutures* **3.** *syndicat* **4.** famous policeman in *Les Misérables* **5.** *paris* **6.** fanaticism

a. **Read** the text and **pick out** information about *Peaky Blinders* (meaning of the title, creator, setting).
b. **Identify** what makes the series a historical drama.
c. **Give** the author's opinion on the show.

AT HOME **Go** online and **watch** the trailer of the first season. **Comment** on how the characters are introduced.

Doc. 2

The real Peaky Blinders, reality *vs* fiction (*Alltime Movies*, 2019)

a. Look at the picture and **comment** on the way the gangster is represented in *Peaky Blinders*.

b. Listen to the document and **pick out** basic information about the real 'Peaky Blinders'.

c. GRAMMAR **Comment** on the use of the auxiliary in the following sentence: *"Peaky **does** come from their hats."*

d. Debunk common misconceptions about the origin of the name 'Peaky Blinders'.

BOOST YOUR SKILLS!

Présenter un personnage

- Donne des informations biographiques : *A **war hero** • A **cop** from **Northern Ireland**.*
- Utilise le présent de narration : *He **wants** to turn his family's gang into... • He **is** also the leader of...* PRÉCIS 12A
- Utilise des adjectifs variés et des relatives : *Shelby's **beautiful** moodiness • Mr Murphy's **striking** eyes... • Campbell's **moralistic** zealotry / Gang members **that** had... • A war-hero **who** wants to...* PRÉCIS 34

STEP 1

Set the plot for the upcoming season of *Peaky Blinders* and **draw** the portrait of a new character.

2 An urban setting

Doc. 1

POST-WAR BRITAIN IN THE SPOTLIGHT

Peaky Blinders opens on a slum street of Birmingham. The year is 1919. The atmosphere is febrile, smoky and crackling with nerves[1]. It's the most distinctive-looking British drama you could conceive of.

The society the Shelbys lived in had been racked by the war, leaving profoundly damaged men strewn[2] across every class and community; revolution was in the air, and the Government was terrified of it; and the Peaky Blinders aren't remotely fictional. [...] The gang's control in Birmingham has a Wild West quality, where the violence is instrumental and strategic, never savage or incidental, and the rules of society are being broken and remade in front of you.

But their lives are burdened by far more than the pressures of self-interest. The casualties of the First World War are everywhere. [...] The war and its aftermath are dealt with in an original and oblique way, as a hangover that nobody would acknowledge, but everybody had.

As grim[3] as the period must have been, from the distance of decades this is a transfixing time, decadent and bacchanalian[4], traumatised and anti-authoritarian, deeply political, desperate for things to be different, but petrified of change. "I think there was a loss of faith in technology: before the war, there was this belief that every new discovery meant more progress," says Knight.

▲ *Birmingham Bull Ring in the 1920s*

Alongside that anarchic hatred of authority there was a real hunger for change, a genuine Communist movement, and the authorities were terrified.

During this hiatus[5] of property, of rules, lives were ruined, but fortunes were made as well, and we meet the Peaky Blinders on the up, able to take on everything.

radiotimes.com, 2019

1. full of tension **2.** *éparpillés* **3.** without hope **4.** related to drunken debauchery **5.** interruption

a. Read the text and **describe** post-war British society in *Peaky Blinders*.

b. Identify how the series highlights people's reactions at the time.

c. Explain how the Shelby family takes advantage of this situation.

d. GRAMMAR **Identify** the verb form: *"The Government **was terrified**."* (l. 12). **Find** other examples in the text. What do they say about the context?

BAC **Discuss** how reality can be a breeding ground for fiction.

CULTURE SPOT

"Red Right Hand" is the theme song of the series *Peaky Blinders*. The title is a line from John Milton's epic poem "Paradise Lost" (1667) that refers to the vengeful hand of God.

Doc. 2

▲ Thomas Shelby in *Peaky Blinders*, Season 1

Red Right Hand

AUDIO

Take a little walk to the edge of town
And go across the tracks[1]
Where the viaduct looms[2]
Like a bird of doom
As it shifts and cracks
Where secrets lie in the border fires
In the humming[3] wires
Hey man, you know
You're never coming back

Past the square, past the bridge
Past the mills, past the stacks[4]
On a gathering storm comes
A tall handsome man
In a dusty black coat with
A red right hand

He'll wrap you in his arms
Tell you that you've been a good boy
He'll rekindle[5] all the dreams
It took you a lifetime to destroy
He'll reach deep into the hole
Heal your shrinking soul
But there won't be a single thing
That you can do

He's a god, he's a man
He's a ghost, he's a guru
They're whispering his name
Through this disappearing land
But hidden in his coat
Is a red right hand...

Nick CAVE and the Bad Seeds,
"Red Right Hand", 1994

1. *rails de chemin de fer* 2. *surplombe* 3. buzzing 4. *cheminées* 5. revive

e-workbook PARCOURS DIFFÉRENCIÉS

a. **Read** the lyrics of the song and **explain** how a threatening atmosphere is created.

b. **Comment** on the phrase *"You're never coming back"* (l. 9). **Explain** how the character seems to be trapped in the setting.

c. **Listen** to the song and **explain** how the music emphasises the overall atmosphere.

d. Based on your knowledge of the series so far, **imagine** what the 'Red Right Hand' may represent in *Peaky Blinders*.

STEP 2

Choose an urban setting and **describe** the specific atmosphere of the place.

WORDS

- awe /ɔ/ = wonder and fear
- shot: *plan de caméra*
- thud: *bruit sourd*

- **eerie** = strange and frightening
- murky = dark and dirty

- flicker: *vaciller*
- glimmer: *faible lueur*
- stalk = move menacingly

BOOST YOUR SKILLS!

Décrire une atmosphère

- Pose le décor avec précision : *On a **slum** street of Birmingham* • *Past the **square**, past the **bridge*** • *across the **tracks***
- Crée des images avec des verbes de perception et des comparaisons : *Where the viaduct **looms*** • *In the **humming** wires* • ***Like** a bird of doom.*
- Mets les personnages en retrait avec la forme passive : *Their lives **are burdened**.* • *The rules of society **are being broken**.* PRÉCIS 18

3 A dramatised representation

VIDÉO

Peaky Blinders, women's strike, BBC, season 3

CULTURE SPOT

During the **1926 General Strike**, thousands of women went on a week-long strike at the Lucas factory in Birmingham fighting for equal pay.

a. Watch the video and **find out** the reasons why women are taking action.

b. GRAMMAR *"All the female factory workers are joining in the protest."* **Identify** the verb tense and **explain** its use. Why does it make her sound more convincing? PRÉCIS 12

c. Comment on the way the Shelby women are depicted at the end of the scene.

STEP 3

Say what historical turning point you want to introduce in your plot and **explain** how it involves the characters.

AT HOME **Browse** the Internet to **find** information about the 1931 General Election and British women's role during World War II.

4 When fiction unravels real issues

a. Listen to the interview. **Identify** the speakers and the topic of their discussion.

b. Pick out the historical events tackled in season 5 and 6 of *Peaky Blinders*.

c. VOCABULARY **Listen** carefully and **pick out** words that express parallelism.

d. According to Steven Knight, how does *Peaky Blinders* echo today's world?

AUDIO

About season 6, Steven Knight, *NME*, 2019

STEP 4

Describe the historical context you've chosen and **focus** on how it addresses contemporary issues.

CULTURE SPOT

Oswald Mosley, introduced in season 5, is a character based on the real-life leader of the British Union of Fascists who rose to fame in the 1920s.

FINAL STEP

Gather your notes and **write** the pitch of the next season of *Peaky Blinders*.
Make sure to write a pitch that is in keeping with the overall mood of the series, and powerful enough to convince the producer to turn it into a season!

You've completed your mission. Well done!

play BAC

BRAINSTORMING

FICTION AND REALITY

Can fiction measure up to history?

- Fictions barely related to history (*Pirates of the Caribbean*).
- Fictions accused of distorting or erasing historical facts (*First Man*).
- Historical series reflecting a period of time (*Peaky Blinders*, *The Crown*).
- Fictions keeping alive memories of historical figures (*Lincoln*, *Madiba*).

How are minorities represented in US fictions?

- Underrepresentation (less than the actual quotas of population in the US).
- Stereotyped characters, unfaithful representations (*Devious Maids*).
- New characters emerging: super heroes coming from minorities (*Black Panther*, *El Chicano*).
- Role models on screen (*Malcolm X*, *Hidden Figures*).

Can fiction take over reality?

- Legends blurring the lines between reality and fiction (Sea legends, Giants Causeway in Ireland).
- Fiction's locations becoming real places (Sherlock Holmes's house in Baker Street, Hobbiton in NZ).
- Fans of fiction living in fictional worlds (Comicons, Real life super heroes).

Can reality meet up with futuristic fiction?

- Space exploration inspired by works of fiction (*The Martian*, *Stars Like Dust*).
- When science fiction makes scientists and businessmen dream (*Virgin Galactic* space tourism).
- Dystopia sounding the alarm on possible futures (*Brave New World*, *The Handmaid's Tale*).

SPEAK ABOUT...

Fiction and reality

- In pairs, look at the mind map and discuss the topics using the guidelines and your personal knowledge. You can ask your partner other questions. Develop these examples or choose any others from the English-speaking countries.

WORDS

AUDIO

Nouns
- biopic
- cliché = stereotype
- distinction
- fiction ≠ non-fiction
- literature
- novel
- parallel
- series
- short story
- similarities
- striking resemblance
- truth
- verisimilitude

Adjectives
- alike = similar
- close to reality ≠ far from reality
- dramatized
- dream-like = unreal
- faithful ≠ unfaithful
- fictitious = imaginary
- futuristic
- inspired by
- likely ≠ unlikely
- realistic ≠ unrealistic
- rewarding
- true ≠ false

Verbs
- adapt
- betray
- blur (the frontier between)
- compare = contrast
- copy = mimic
- debunk (stereotypes)
- draw one's inspiration from
- illustrate = represent
- look/sound like
- mock = make fun of
- reflect = mirror
- show = display
- tell the truth ≠ lie

Voie générale

5'

- Vous traiterez **en anglais** et **à l'oral** l'un des deux sujets, **au choix**.

1. Look at the two images and say which one corresponds best to your understanding of *Fiction and reality*. Explain your choice and give precise examples from what you studied in class or what you know about English-speaking countries.

- Identifie la nature de l'image et analyse le document pour en comprendre la portée.
- Choisis alors celui qui te permet de faire le lien avec ce que tu as compris de l'axe.

▲ Reality springing from fiction

▲ DR JACK and CURTIS, *Reality bites*, 2018

2. Read the two quotes and say which one corresponds best to your understanding of *Fiction and reality*. Explain your choice and give examples from what you studied in class or what you know about the English-speaking countries.

> *"Fiction reveals truth that reality obscures."*
> Ralph Waldo EMERSON (American poet)

> *"Artists use lie to tell the truth."*
> Alan MOORE (Comic-book writer)

- Si tu n'arrives pas à te décider entre les deux citations, c'est un cas de figure possible. Explique-le clairement à ton examinateur en prenant chaque citation comme point d'appui.

Voie technologique

5'

A few ideas about *Fiction and reality* in technology...

ETLV

STMG
- Present Virgin Galactic, the spaceflight company. Explain its aims and marketing strategies.

STL STI2D STD2A
- Explain 3D technology in a recent movie of your choice (*Star Wars, Gravity...*).

ST2S
- Present the representation of care workers in *Sorry we missed you* by Ken Loach (2019).

STHR
- Present a resort hotel inspired by a British or American work of fiction. Explain your project.

- Lis des articles et visionne des films ou des documentaires sur le sujet choisi pour que ta réflexion technologique s'appuie sur une culture générale solide du monde anglophone.

STRATEGIES Présenter un projet p. 241

Food for thought

▶ Is a food revolution coming from the USA?

More on SPEAKEASY NEWS
speakeasy-news.com

FINAL TASK Interview young American farmers about their agricultural choices.

A

VIDÉO

Why Americans don't eat enough vegetables, *Seeker*, 2015

B

▲ A Greenpeace campaign against GMOs, 2010

CULTURE SPOT

Greenpeace activists erected this 12-foot cereal box at Kellogg's headquarters in 2010 during the world's largest breakfast organised by the company.

WORDS

- crop: *récolte*
- diet /'daɪət/
- poison /'pɔɪzən/

- detrimental = harmful
- healthy ≠ unhealthy
- large-scale
- nutritional: *nutritif*
- processed (food): *nourriture industrielle*
- safe ≠ hazardous

- alter = modify
- contaminate
- grow = cultivate
- subsidise: *subventionner*

C

VIDÉO

California: driving innovation, *Made Man*, 2016

DISCOVER AND SHARE

Find a partner and focus on one of the documents.

Doc A. **Watch** the video and **describe** the food habits of Americans. **Explain** how financial matters affect the American agriculture.

Doc B. **Look** at the poster. **Analyse** its different elements and **present** Greenpeace's message.

Doc C. **Watch** the video and **explain** how this supermarket is dealing with food waste.

NOW SHARE

Present your document to the class and **discuss** the food issues that are raised.

EXPLORE

1. Who is in control?

→ *How is awareness about food production growing?*

1 Monsanto

Doc. 1

topmastersinhealthcare.com, 2016

1. sweetener: *édulcorant*
2. seed: *graine*

WORDS

- chemicals /ˈkɛmɪkəlz/ = fertilizers
- intensive ≠ free-range farming
- lawsuit = trial /ˈtraɪəl/
- soil = ground

- indoor ≠ outdoor
- tasteless ≠ savoury

- breed = raise
- meet the people's needs
- prevent disease(s)
- spread: *épandre*
- sue: *poursuivre en justice*

Doc. 2

VIDÉO

Roundup Cancer Trial, *CBS*, 2018

a. Read the infographic (doc. 1) and **find out** what people reproach Monsanto with.

b. Watch the video (doc. 2) and **present** the case (plaintiff, defendant, verdict).

c. Comment on this statement by Dewayne Johnson's lawyer: *"A verdict that would actually change the world"*.

BAC **Debate:** As citizens, how can we set limits on the way food is produced?

2 Breeding chickens

We have made it easy not to think about what chickens were before we find them on our plates or pluck them from supermarket cold cases. I live, most of the time, less than an hour's drive from Gainesville, Georgia, the self-described Poultry[1] Capital of the World, where the modern chicken industry was born. Georgia raises 1.4 billion broilers[2] a year, making it the single biggest contributor to the almost 9 billion birds raised each year in the United States; if it were an independent nation, it would rank in chicken production somewhere near China and Brazil. Yet you could drive around for hours without ever knowing you were in the heart of chicken country, unless you happened to get behind a truck heaped with crates of birds on their way from the remote solid-walled barns they are raised in to the gated slaughter plants[3] where they are turned into meat. [...]

I discovered that the reason American chicken tastes so different from those I ate everywhere else was that in the United States, we breed[4] for everything but flavor: for abundance, for consistency, for speed. Many things made that transformation possible. But as I came to understand, the single biggest influence was that, consistently over decades, we have been feeding chickens, and almost every other meat animal, routine doses of antibiotics on almost every day of their lives. Antibiotics do not create blandness[5], but they created the conditions that allowed chicken to be bland, allowing us to turn a skittish, active backyard bird into a fast-growing, slow-moving, docile block of protein, as muscle-bound and top-heavy as a bodybuilder in a kids' cartoon.

At this moment, most meat animals, across most of the planet, are raised with the assistance of doses of antibiotics on most days of their lives: 63,151 tons of antibiotics per year, about 126 million pounds. Farmers began using the drugs because antibiotics allowed animals to convert feed to tasty muscle more efficiently; when the result made it irresistible to pack more livestock into barns, antibiotics protected animals against the likelihood of disease. Those discoveries, which began with chickens, created "what we choose to call industrialized agriculture," a poultry historian living in Georgia proudly wrote in 1971.

Maryn McKenna, *Big Chicken*, 2017

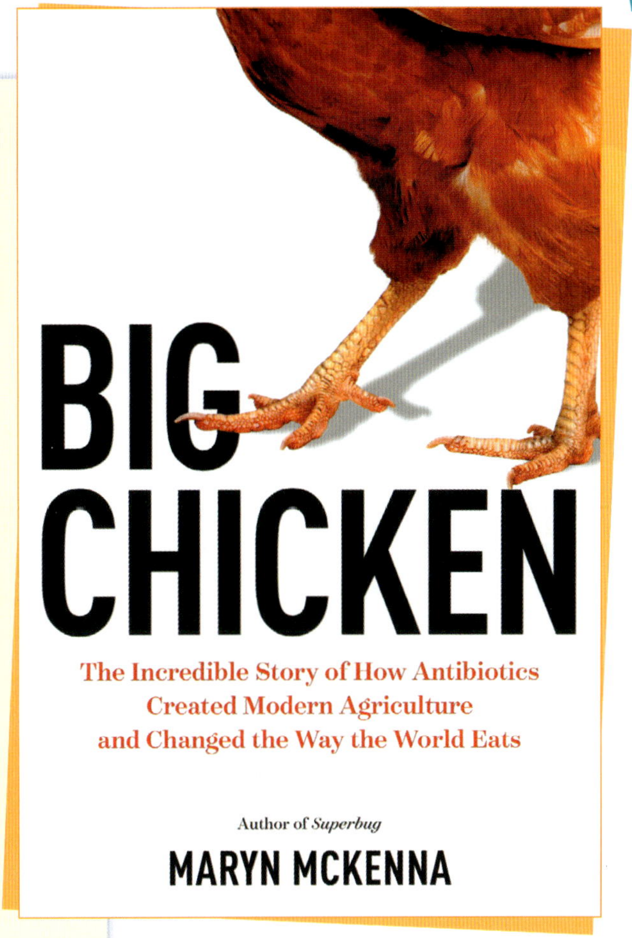

1. *volaille* **2.** young chicken **3.** *abattoir* **4.** *faire de l'élevage* **5.** *absence de goût*

YOUR TASK After reading Maryn McKenna's book, **write** a blog post to warn your friends about the dangers of modern agriculture.

a. **Read** the text and **explain** what makes Gainesville special.

b. **Describe** the breeding techniques used in this area.

c. **Identify** the author's opinion on these techniques.

d. GRAMMAR **Observe**: *"if it were an independent nation, it would rank..."* (l. 8). **Explain** the use of *"it were"*. PRÉCIS 23

e. **Discuss** the author's aim in publishing this story.

BOOST YOUR SKILLS!

Mettre en garde

- Appuie-toi sur des exemples précis : *In **2015**, the **World Health Organization**...* • *Georgia raises **1.4 billion** broilers **a year*** • *On **almost every day** of their lives.*
- Souligne l'impact du phénomène : *What chickens were **before**...* • ***Turn** a... **into** a...* • *Roundup **led to** his diagnosis.*
- Formule des hypothèses : ***If** you know you're gonna die, you **might** as well...* • ***If** food waste were a country, it **would**...* PRÉCIS 23

EXPLORE

2. What food for tomorrow?

➜ *Is innovation likely to change our food habits?*

1 Organic farming

▲ Organic farmer in Montana, USA

There are two stories to tell about the state of organic agriculture in the United States. The first is a success story, the inspirational tale of a fringe industry[1] that—in less than two decades—has transformed into a $43-billion-dollar powerhouse. [...]

Less than 1 percent of all U.S. farmland is certified organic.

But there's another story here, too. And to tell that one, you only need a single stat: Less than 1 percent of all U.S. farmland is certified organic. In other words, organic hasn't come all that far from its roots. It's *still* a fringe movement of sorts, just a tiny sliver of the overall pie.

The 1 percent figure isn't due to sluggish[2] demand. Quite the opposite: consumers want more organic food than domestic farmers can currently supply, which forces retailers, feed companies, and packaged food manufacturers to bridge the gap with organic imports from other countries. [...]

If demand is so great, why don't more farmers switch over? What's keeping organic's market share at that anemic 1 percent?

The answer's pretty simple: three long years.

Conventional farmers can't just drop everything and go organic. According to the way the United States Department of Agriculture (USDA) standard is written, conventional farmers must use organic methods for three years before they can call their crops organic. That's a long time, but it makes sense: organic is primarily a soil-quality certification. For a farm that's relied on harsh pesticides and synthetic fertilizers, it takes time to rebuild soil health the way organic standards stipulate—with compost, manure[3], cover crops, and other methods.

But this three-year term of servitude creates an economic conundrum[4] for farmers. Organic is usually seen as a more expensive, labor-intensive production method—one that's financially justified by the market premium paid for certified crops. Judged this way, that 1 percent figure starts to make more sense: many farmers can't afford to undertake the three-year transition period without the extra pay.

The idea is that a consumer-facing certification will help educate the public about this in-between period.

But a new certification class may encourage farmers to take the plunge. It's called "certified transitional," and it's like organic farming on training wheels. [...]

The idea is that a consumer-facing certification will help educate the public about this in-between period—and, hopefully, convince them that transitional is worth paying more for, at least compared to conventional.

Joe FASSLER, *newfoodeconomy.org*, February 28, 2017

1. not a mainstream industry **2.** low **3.** *fumier* **4.** *casse-tête*

a. **Read** the text and **take notes** on the state of organic farming in the USA. **Identify** which paradox it raises.

b. VOCABULARY **Focus** on these metaphors and **rephrase** them: *"a tiny sliver of the overall pie"* (l. 12), *"bridge the gap"* (l. 17), *"organic farming on training wheels"* (l. 48). **Comment** on the author's writing choices.

c. **Explain** what the *"three long years"* consist of and how it impacts the development of organic farming.

BAC In your opinion, who contributes the most to the development of organic farming?

2 A new meat trend

VIDÉO

"The vast potential of stem cells...and we use them to make a hamburger!"

Lab-grown meat is coming, *Reason TV*, 2018

a. Look at the cartoon. **Imagine** what the man is referring to. **Comment** on his tone.

b. Watch the video and **identify** the concept of the company JUST.

c. PHONOLOGY **Listen** carefully: *"Would you eat a hamburger grown in a laboratory?"* **Say** if the intonation is rising or falling and why.

d. Identify the multiple benefits of this new industry.

BAC **Weigh up** the pros and cons of scientific experiment in food processing.

WORDS

- cuisine = cooking style
- dish
- flavour
- pesticides
- stem cells: *cellules souches*

- culinary
- edgy = innovative

- lab-grown
- playful
- sceptical /skep'tikal/ = doubtful
- tasty ≠ bland

- entertain
- run (a farm, a restaurant) = manage

3 Futuristic cuisine

VIDÉO

Chef Grant Achatz gastronomy, *AOL*, 2012

a. Look at the photo and **imagine** what the men may be doing.

b. Watch the video and **explain** what makes Grant Achatz's work unique.

c. GRAMMAR **Identify** the questions you hear. What are they used for? 1 p. 162

d. Comment on Grant Achatz's concept of *"progressive cuisine"*.

DIFFÉRENCIATION

YOUR TASK You **take part** in an interview about the restaurant Alinea:

WAY 1 as a client who tried this unusual food experience.

WAY 2 as a chef who is sceptical about this progressive cuisine.

BOOST YOUR SKILLS!

Poser des questions et y répondre

- Pose des questions fermées pour obtenir une réponse en oui/non : *Would you eat [...] meat grown in a laboratory?*
- Pour obtenir des réponses plus précises, utilise des pronoms interrogatifs : ***Why*** *don't more farmers switch over?* • ***What*** *is keeping organic market at... ?* GRAMMAR 1 p. 162
- Pour répondre, tu peux utiliser des questions rhétoriques : *People love balloons, right?*
- Fais ressortir les idées principales avec des phrases clivées : ***That's what*** *I want to do.* GRAMMAR 2 p. 162

EXPLORE

3. Farming for the future

➜ *How is agriculture growing more sustainable thanks to scientific innovation?*

1 Aerofarms

VIDÉO

The farm of the future, *Stories*, 2016

a. **Focus** on the title and the still. **Imagine** what this innovation consists of.

b. **Watch** the video and **describe** the Aerofarms project.

c. **Explain** how it can be beneficial for both the consumers and the environment.

BAC **Imagine** and **discuss** the drawbacks of such an innovation.

WORDS

- break**through**
- de**vice**
- res**our**ces /rɪ'zɔːsɪs/
- effi**ci**ent = eff**ec**tive
- energy-**sa**ving
- in**ge**nious
- cut down on = **li**mit
- lack
- spare = save

2 Smart farming

e-workbook PARCOURS DIFFÉRENCIÉS

William Gerry might look the part of a fourth-generation farmer—dirty denim jeans, shirt sleeves rolled up and a leather hat. But once Gerry whips the smartphone out of his pocket, he starts rattling[1] off tech jargon and analyzing data points across his farm like a 20-something whiz kid[2] from Silicon Valley.

The Gerry family has been farming in Ventura County for more than 140 years, but the longtime local grower isn't afraid to step away from conventional practices when it comes to growing berries in drought-parched[3] California. [...]

Using a smart phone, tablet or computer, Gerry is able to make irrigation decisions based on the live soil tension/moisture[4]/temperature data. Using an online dashboard that graphs out plant stress thresholds[5], he knows exactly when he needs to turn on his computer-automated drip irrigation system, and, more importantly, when to turn it off once an optimal amount of water and nutrients have reached the root zone.

"By using precision irrigation management tools, local growers are able to be more proactive in the field and not

only reduce water consumption but improve crop health and production," said Gil Luera, an irrigation management specialist for Hortau irrigation management systems. "It's a critical part of the industry right now, finding innovative ways to grow more with less."

Brian MILNE, *techcrunch.com*, July 5, 2015

1. speak quickly 2. very intelligent child 3. very dry 4. *humidité* 5. limit

a. **Read** the text, and **explain** what a smart farm is.

b. VOCABULARY **Pick out** the expression referring to the weather conditions in California. Then, **say** why smart farming is a solution to the state's specific climate.

c. **Focus** on the end of the text and **rephrase** the multiple benefits of smart farming.

YOUR TASK You are part of a jury for "Best agricultural innovation of the year." **Vote** for the best innovation: Aerofarms or smart farming? **Justify** your choice to the other jury members.

BOOST YOUR SKILLS!

Justifier un choix

- Expose ton choix : *Our mission is* ***to build*** *farms in cities.* • ***So that*** *people have access to...* PRÉCIS 36
- Présente les bénéfices avec des formes modales : *Growers* ***are able to*** *be more proactive* • *The system* ***allows*** *them to use* • *So crops* ***can*** *be grown all year round...* PRÉCIS 20
- Utilise le comparatif pour mettre en valeur ta solution : *A* ***much smaller*** *impact on the environment* • *95%* ***less*** *water* • *a* ***bigger*** *and* ***bigger*** *impact...* PRÉCIS 8

FINAL TASK

Interview young American farmers about their agricultural choices.

A journalist is preparing a report on the changes in farming methods in the USA. He/she interviews several American farmers on their methods, choices and results in farming. Act out the interview.

1. **Join your team and choose a role** (a journalist, an organic farmer, a traditional farmer, an experimental farmer, etc.).
2. **Gather your ideas focusing on:**

As a journalist

– how to introduce the topic and the aim of your interview;
– the questions you want to ask;
– a short conclusion to your interview.

As a farmer

– your farming profile (where you work, what you grow, how you use (or not) scientific innovation);
– the reasons for your farming choices;
– the economic and/or environmental benefits of your choices.

3. **Act out the interview: Ask** and **answer** questions about farming choices/methods. **Respect** the intonation and emphasise the main ideas to better share your conviction.

YES YOU CAN! Take part in an interview

SALUTATIONS

Accueille ton invité(e), remercie-le/la de sa participation. Précise où se déroule l'interview.

Hey Doug! How are you?
Welcome Mr/Mrs xxx, you're..., right?
You could not have picked up a better store to show us where it all started.

PRÉSENTATION

Présente ton travail, ton exploitation.

We're here to help them with a big problem.
What we do is recycle it.

INTERACTION

Pose des questions et réagis aux réponses. Tu peux exprimer ta surprise, ton adhésion ou reformuler les propos de ton interlocuteur/trice pour rebondir ou relancer l'échange.

You recycle food?
I take it there's a lot of food that is wasted.
You're telling me you're turning this into fertilizer?

VIDÉO

▲ *California: driving innovation*, p. 155

DÉMONSTRATION

Expose ta démarche et ta position de manière claire et structurée...

It's not safe to eat anymore, ***yet*** *it still has a lot of value.*
We think *every supermarket in the country* ***should*** *use this technology.*

... et donne des exemples pour étayer ton propos.

As much as ***40%*** *of food gets wasted.*
A typical supermarket throws away about ***500 pounds*** *of food per day.*

POSTURE

Adopte un ton et une posture professionnels. Utilise des procédés d'insistance et des formules percutantes pour mettre en valeur ton propos.

What *we do* ***is*** *recycle it and get it back into the ground.*
So ***that's what*** *we want to get...*
Healthy soil makes healthy crops.

CONCLUSION

Remercie ton interlocuteur/trice et clos l'entretien par une formule de synthèse.

Keep in mind: Natural soil fertilizer is the future of agriculture.

STRATEGIES Interagir à l'oral p. 237

BOOST YOUR ENGLISH!

Grammar — Les énoncés interrogatifs

PRÉCIS 28 ET EXERCICES

Grammar Tuto

Les **énoncés interrogatifs** se construisent différemment **selon le type de réponse attendue.**

QUESTION OUVERTE

avec *wh-* (*where, what, when, why...*) — **avec *how* + adjectif ou *how* + adverbe**

↓ Réponses développées

1. Si le pronom est sujet : pas d'auxiliaire et on accorde le verbe.

QUESTION FERMÉE

Auxiliaire + S + V — **Auxiliaire** + négation + S + V

Do they eat GMO products? — Réponses courtes — It **wasn't** easy for them to change habits, (was it?)[2]

Par **oui** ou par **non**	Par un **adverbe** ou un **verbe d'opinion**	Avec un **auxiliaire** pour ...	
+ Yes, they do!	+ Absolutely!	confirmer	It wasn't, indeed.
- No, they don't!	- I suppose not...	contredire	Of course it was!
		comparer	Neither was it for me.

2. On peut apporter une réponse courte à une phrase déclarative, appuyée ou non par un *question tag*.

1 Réagis par une réponse courte à chaque phrase, en suivant l'indication donnée.

a. They don't eat GMOs. (*comparer*)
b. We are ready to change our habits. (*confirmer*)
c. Organic products are better for your health. (*approuver*)
d. Lab-grown meat seems dangerous to me. (*contredire*)

2 Retrouve la question qui a été posée pour obtenir l'élément souligné.

a. He changed his habits <u>because he realised it was healthier</u>.
b. <u>Of course I won't</u>! I'll never grow GMOs!
c. <u>My brother</u> started this organic business.
d. <u>Only a few</u> people care about what they eat.

3 Tu es chargé(e) de réaliser une enquête auprès de la population et de ses habitudes alimentaires. Prépare 5 questions à poser.

You can use expressions such as: *buy organic vegetables – try lab-grown meat – eat healthy food – be ready to change habits...*

→ More in *Pump it up!* p. 34

Grammar — Les phrases clivées

- Les **phrases clivées** (*It is... that*) et **pseudo-clivées** (*What... is*) permettent de **mettre en relief** un élément de la phrase en cassant l'ordre traditionnel des mots. Les structures "*It is... that*" et "*What... is*" encadrent l'élément mis en valeur.

  ***It is** the tomato **that** grew in my garden. (= This tomato grew in my garden.)*
  ***What** she wants **is** fresh organic food. (= She wants fresh organic food.)*

- **Attention !** Ne pas confondre les phrases clivées avec des relatives !

  [It is] the food industry [that] leads us. → clivée. "*It is... that*" peut être supprimé.
  *I hate these food companies **that** lead us.* → relative. *That* a un antécédent et une fonction dans la phrase.

4 Mets un élément de ces phrases en relief avec une structure clivée.

a. Processed food is unwholesome for our health.
b. Monsanto took control of our food.
c. Big companies want a complete monopoly on our food.
d. Eating too much sugar causes diabetes.

5 Traduis ces phrases.

a. C'est l'innovation qui peut améliorer notre alimentation.
b. Ce qui est surprenant c'est le goût des légumes bio.
c. Ce que les scientifiques veulent, c'est trouver des solutions.
d. C'est l'agriculture biologique qui est le futur de nos assiettes.

Vocabulary — Food in the US

EXO Lexiquiz

Eating habits (AUDIO)
- healthy ≠ unhealthy
- meatless
- nutritious
- organic
- vegan /ˈviːgən/
- vegetarian

Ground (AUDIO)
- drought /ˈdraʊt/
- field = meadow
- irrigation
- soil = ground
- vegetable garden

Production (AUDIO)
- crops
- fertiliser
- pesticide
- weedkiller: *herbicide*
- grow (crops)
- harvest: *récolter*
- plant = sow

Responsibility (AUDIO)
- consume
- discard = throw away
- recycle
- waste ≠ save

Breeding (AUDIO)
- cattle
- dairy: *exploitation laitière*
- livestock: *bétail*
- pasture /ˈpɑːstʃər/
- poultry farm

- manage = run (a farm)

Issues (AUDIO)
- carcinogenic
- energy-saving
- sustainable ≠ environmentally harmful

- build up resistance
- cause diseases/side effects
- suffer from

Bioengineering (AUDIO)
- antibiotics
- chemical treatment
- factory farming
- GMOs

- agrochemical
- lab-grown = cultured

Economy (AUDIO)
- efficiency
- over production ≠ shortage
- yield: *rendement*

- profitable = profit-making

Processing (AUDIO)
- (food) additive
- manufacturing
- packaging
- transform
- turn sthg into

1 Classe ces verbes de la plantation à la consommation. Puis utilise-les dans des phrases pour décrire le processus.

harvest – sow – process – grow – consume – fertilise

2 Utilise des mots composés de la *mindmap* pour compléter ces phrases.

a. Although it is developing, ... meat raises ethical issues.
b. Organic farming requires the absence of ... .
c. Intensive farming is a ... business.
d. Using smart devices to farm might be an ... option.
e. ... may be profitable but it is less nutritious.

3 Mobilise ton vocabulaire.

Write the label of a lab-grown meat package: present its origin and ingredients and emphasise its benefits.

Phonology — L'intonation dans les énoncés

AUDIO

→ More in *Pump it up!* p. 83

- L'**intonation** de base en anglais **monte** jusqu'à l'accent principal, puis **redescend**. L'accent principal est en général porté par le dernier mot accentué, sauf effet d'insistance.
  We make fertilizer out of it.
- L'**intonation** est **descendante** dans les phrases déclaratives, exclamatives ou les questions ouvertes, ainsi que dans les tags.
  Why don't you eat meat? You're a vegetarian, aren't you?
- L'**intonation** est **montante** dans les questions fermées, ou les phrases dans lesquelles s'expriment un ressenti (sympathie, réconfort, désaccord, colère).
  You're turning this into fertilizer? I'm impressed!

1 Recopie puis écoute ces énoncés. Note l'intonation sous chacun d'eux. Que remarques-tu?

What do you eat? – Have you tried molecular food? – What a shame! – I really don't trust big food companies.

2 Lis et anticipe l'intonation de chaque phrase. Écoute pour vérifier.

More and more people want to try organic food, it's unbelievable how fast things have evolved! Only a few years ago, nobody had heard of it. Some wonder if a food revolution is going on. What about you? What do you eat? Are you ready to try it?

BAC TEST YOUR SKILLS

ÉPREUVE ÉCRITE

1H30

e-workbook GRILLES D'AUTO ÉVALUATION

PARTIE 1 ▶ Compréhension de l'oral

• Consacre 20 à 30 min à cette partie.

Doc 1 Replacement pills

▶ Vous visionnerez la vidéo à trois reprises, séparées par une pause d'une minute. Vous rendrez ensuite compte en français de ce que vous avez compris.

STRATEGIES Comprendre une vidéo p. 235

1'30s VIDÉO

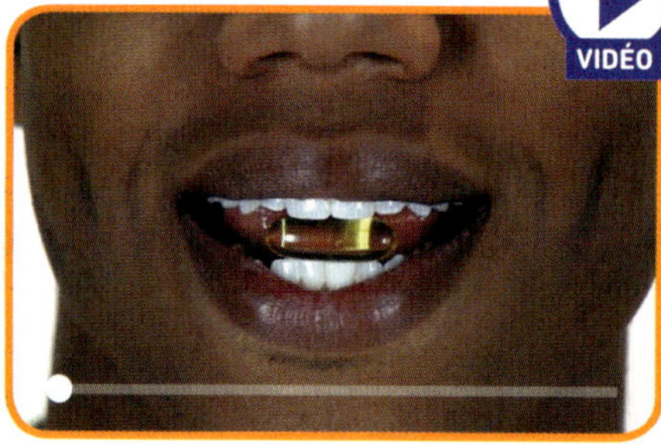

What if, 2019

Prends des notes sur :
- le thème principal ;
- le contexte d'apparition de ce produit ;
- les différents points de vue ;
- la fonction et la portée du document.

PARTIE 2 ▶ Compréhension de l'écrit et de l'ensemble du dossier

• Consacre environ 1 heure à cette partie.

Doc 2 "Eat it"

1937. Mr Wanlee shows Miss Newton a new form of food.

He took from his waistcoat pocket the small gold box, scarcely larger than a watch, and opened the cover. In the palm of her white hand he placed one of the little pastilles.

"Eat it," said he. "It will satisfy your hunger."

She put the morsel into her mouth. "I would do as you bade me," she said, "even if it were poison."

"It is not poison," he rejoined. "It is nourishment in the only rational form."

"But it is tasteless; almost without substance."

"Yet it will support life for from eighteen to twenty-five days. This little gold box holds food enough to afford all subsistence to the entire Seventy-sixth Congress for a month."

She took the box and curiously examined its contents.

"And how long would it support my life- for more than a year, perhaps?"

"Yes, for more than ten- more than twenty years."

"I will not bore you with chemical and physiological facts," continued Wanlee, "but you must know that the food which we take, in whatever form, resolves itself into what are called proximate principles—starch[1], sugar, oleine, flurin, albumen, and so on. These are selected and assimilated by the organs of the body, and go to build up the necessary tissues. But all these proximate principles, in their turn, are simply combinations of the ultimate chemical elements, chiefly carbon, nitrogen, hydrogen, and oxygen. It is upon these elements that we depend for sustenance. [...] Now shall mankind go direct to the fountainhead[2] of nature for his aliment; now shall the old roundabout, cumbrous[3], inhuman method be at an end; now shall the evils of gluttony and the attendant vices cease; now shall the brutal murdering of fellow animals and brother vegetables forever stop—now shall all this be, since the new, holy cause has been consecrated by the lips I love!"

Edward Page Mitchell, "The Senator's Daughter" in *The Sun*, 1879

1. *amidon*
2. source
3. unmanageable

Doc 3 A chocolate pill?

You've likely heard that dark chocolate is good for you.

Last year, researchers linked a regular chocolate habit to a reduced risk of heart disease. "What we've seen is that intake of dark chocolate is associated with a greater ability of blood vessels to dilate when they should," Dr. David Katz, director of the Yale University Prevention Research Center, told me. And this may be a defense against cardiovascular disease.

The knock against chocolate—at least the candy bars that Americans seem to love—is that it's often loaded with milk fat and sugar, which we're told to eat less of. [...]

Researchers are recruiting volunteers to participate in a four-year study trial of cocoa extract. Half of the participants will take the cocoa extract capsules—which, alas, won't taste like chocolate. The capsules will contain about as much extract as you'd get from eating about 1,000 calories of dark chocolate. The other half of the participants will take a placebo.

"We'll be rigorously testing whether the cocoa reduces risk of heart attacks, strokes, cognitive decline and many other conditions over time," says Dr. Jo Ann Manson [...]. If the results are positive, we may see candy-makers expand from the candy aisle to the supplement aisle.

Not everyone is jazzed about the idea of turning chocolate into a nutritional supplement. "One of the beautiful things about chocolate is that it's a source of great pleasure," Katz told me.

Allison AUBREY,
NPR, August 2016

Compréhension de l'écrit

▶ In your own words and in English, account for documents 2 and 3, focusing on:
- the nature of the documents and their function;
- the kind of food mentioned and their use;
- the different points of view;
- the link with scientific innovations considering the dates of publication.

Compréhension de l'ensemble du dossier

Consider the video and the texts and explain the issues raised by these scientific innovations.

PARTIE 3 ▶ Expression écrite

▶ **Vous traiterez en anglais et en au moins 120 mots, l'un des deux sujets suivants au choix.**

SUJET A : Write a short article entitled "The real power of food processing technologies".

STRATEGIES ▶ Écrire un article p. 244

SUJET B : Charlie and Jude have read the cartoon and discuss the new opportunities of lab-grown meat. Charlie finds it fantastic, while Jude is totally opposed to it. Write the dialogue.

STRATEGIES ▶ Écrire un dialogue p. 240

"And they said we couldn't create meat in a test tube."

SHORT FILE 17

INNOVATIONS SCIENTIFIQUES ET RESPONSABILITÉ

SCIENTIFIC INNOVATIONS AND RESPONSIBILITY

Carbon-free UK

▶ **Can innovation help the UK phase out greenhouse-gas emissions by 2050?**

FINAL TASK Write an article for a youth magazine about the UK's net zero target.

More on SPEAKEASY NEWS
speakeasy-news.com

A

VIDÉO

▲ Extinction Rebellion protest in London (video: *Friend of the Earth*, 2019)

Committee on Climate Change, 2019

B

Target to cut greenhouse gases to zero by 2050 signed into law

A target to cut greenhouse gas emissions to "net zero" by 2050 has become law, making the UK the first major economy to legislate to end its contribution to global warming, the Government said.

The move comes after the Government's advisory Committee on Climate Change called for the new legal target to be brought in as soon as possible and to urgently ramp up[1] action to cut emissions.

Hitting net zero—a 100% cut in emissions—will mean an end to heating of homes with traditional gas boilers, more green electricity and a switch from petrol and diesel cars to electric vehicles.

ITV News, June 2019

1. increase

C

VIDÉO

Kite power systems, *Real Engineering*, 2017

WORDS

- achievement
- call for action
- demonstration = protest
- (global) scale

- involved = concerned
- groundbreaking
- innovative
- rebellious

- campaign for/against
- seek a solution = try to solve
- tackle/raise an issue
- take the lead: *prendre l'initiative*

DISCOVER AND SHARE

Work in teams and focus on one of the documents.

Doc A. Observe the photograph and **watch** the video.
Explain how local initiative can lead to nationwide progress for the UK.

Doc B. Study the infographic and **read** the article. **Find out** why 2050 is a key date. Would you say the UK is starting a revolution?

Doc C. Watch the video and **take notes** on innovations which produce renewable and natural energy.

NOW SHARE

Share your findings with the class. **Discuss** how the UK tackles the issue of climate change.

1. A new industrial revolution

➜ *How can planet-friendly technology foster better living?*

1 The planet is worth it!

e-workbook PARCOURS DIFFÉRENCIÉS

His name was Tom Aldous. He told the Chief in that first chat that he had applied to work at the Centre because he thought the planet was in danger, and that his background in particle physics might be of some use, and that when he saw that Beard himself was going to lead the team, Beard of the Beard–Einstein Conflation, he, Tom Aldous, excitedly assumed that the Centre would have as its prime concern solar energy, particularly artificial photosynthesis and what he called nano-solar, about which he was convinced...

'Solar energy?' Beard said mildly. He knew perfectly well what was meant.

'Yes!' Aldous smiled [...] 'Coal[1] and then oil[2] have made us, but now we know, burning the stuff will ruin us. We need a different fuel or we fail, we sink. It's about another industrial revolution. And there's no way round it, the future is electricity and hydrogen, the only two energy carriers we know that are clean at the point of use.'

'So, more nuclear power.'

'Dirty, dangerous, expensive. But you know, we've already got a nuclear power station up and running with a great safety record making clean energy converting hydrogen to helium at no cost, nicely situated ninety-three million miles away. You know what I always think, Professor Beard? If an alien arrived on earth and saw all this sunlight, he'd be amazed to hear that we think we've got an energy problem. Photovoltaics! I read Einstein on it, I read you. The Conflation is brilliant. And God's greatest gift to us is surely this, that a photon striking a semiconductor releases an electron. The laws of physics are so benign[3], so generous. And get this. There's a guy in a forest in the rain and he's dying of thirst. He has an axe[4] and he starts cutting down the trees to drink the sap. A mouthful in each tree. All around him is a waste-land, no wildlife, and he knows that thanks to him the forest is disappearing fast. So why doesn't he just open his mouth and drink the rain? Because he's brilliant at chopping down trees, he's always done things this way, and he thinks that people who advocate rain-drinking are weird. That rain is our sunlight, Professor Beard. It drenches our planet, drives our climate and its life. A sweet rain of photons, and all we have to do is hold out our cups! D'you know, I read this guy saying somewhere that less than an hour's worth of all the sunlight falling on the earth would satisfy the whole world's needs for a year. [...] Worth it for the planet! For our future, Professor Beard!'

Ian McEwan, *Solar*, 2010

1. *charbon* 2. *pétrole* 3. *salutaire* 4. *hache*

AUDIO

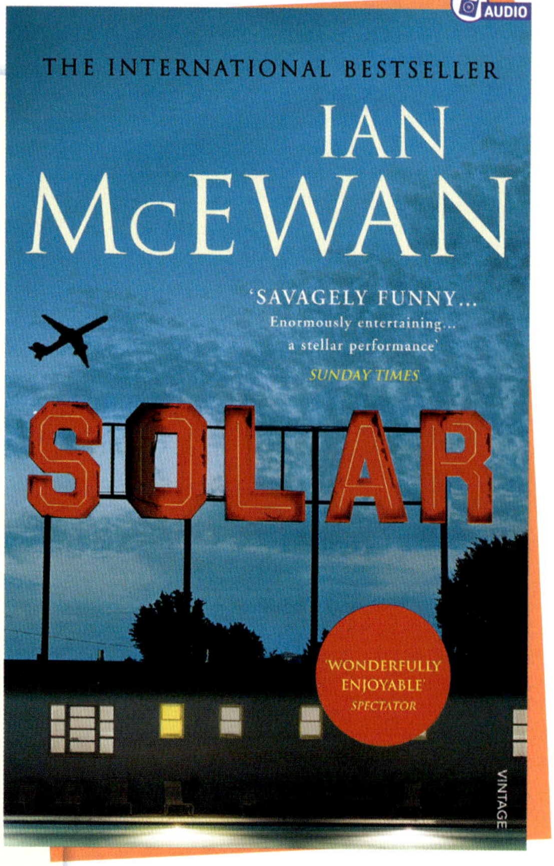

WORDS

- fossil energies
- oil: *pétrole*
- output = productivity
- power plant: *centrale nucléaire*
- process = method
- solar panels

- efficient = effective
- reliable: *fiable*
- secure = safe
- sustainable: *durable*

- damage = harm
- depend on = rely on
- implement: *mettre en œuvre*
- use up (resources): *épuiser*
- waste (energy): *gaspiller*

a. **Read** the text and **explain** why Tom Aldous wants to join the "Centre".

b. **Take** notes on the different forms of energy mentioned, their advantages and drawbacks.

c. **Focus** on l. 26-33. **Explain** the message behind the story and **guess** who the "guy in the forest" stands for.

d. GRAMMAR *"Because he thought the planet was in danger"* (l. 2); *"We need a different fuel or we fail."* (l. 12) How does the scientist express cause or alternative? **Explain** how it conveys the idea of a scientific emergency. ► 1 2 p. 172

e. **Comment**: *"We need a different fuel or we fail, we sink. It's about another industrial revolution."* (l. 12-13)

BAC **Give** your opinion on the role played by scientists in finding solutions to save the planet.

2 The future of manufacturing

Manufacturing predictions, *Innovate UK*, 2017

a. Watch the video and **say** where manufacturing will happen in the future.

b. Name three advantages of the technology and **pick out** details about each one.

c. Recap how it will work.

d. GRAMMAR *"Everything will need to be connected **to ensure** that supply..."; "**So** the robots can take care of...".* **Focus** on the words in bold. **Say** what they express and how they help understand the aim of the project.

e. Explain how Zoe Webster views its possible impact on people.

3 Zero-carbon Humber

10,000 new jobs could be created by Humber green-energy revolution

A £36m bid[1] has been submitted to make the Humber region[2] a "global testbed" for green energy innovation and create 10,000 new jobs over the next decade.

The so-called Energy Estuary 2.0 initiative is being backed by 40 high-profile businesses and organisations under the leadership of the University of Hull.

It would involve exploring ground-breaking new ways of producing clean energy.

Under the plan, a number of pilot projects would be tested by local industry using new technologies with the aim of reducing harmful emissions. One of the ideas is to build a £12m power station that could provide shared low-cost heating, cooling and electricity to homes and businesses. [...]

Dr David Richards, the University of Hull's pro-vice-chancellor for research and enterprise, said: "Many of the large industries here want to innovate to become greener and more efficient. Together, we want to continue the progress made to date and fully capitalise on the opportunities in front of us." [...]

He said: "Given the Humber will continually be affected by the impact of climate change from tidal surges and rising sea levels, it's in our interest to lead the charge in how we reduce carbon emissions and limit temperature rises. We know that regions bordering estuaries around the world will suffer the same fate so the Humber could be at the forefront of technology development that helps hundreds of countries deal with devastating climate change impact."

Angus YOUNG, *Hull Daily Mail*, October 2019

1. request
2. on the east coast of Northern England

a. Read the article and **pick out** information about the Energy Estuary 2.0 initiative (area, actors, goal).

b. Give details about the attitude and implication of the local industry.

c. Explain what the benefits of such a plan are for the region and other places.

BAC **Connect** both documents and **comment** on the role of green innovation for the UK local economies.

YOUR TASK You are the director of sustainable development in a factory in Humber. **Give** an interview about the green targets of your company.

BOOST YOUR SKILLS!

Formuler des objectifs

- Utilise le lexique de l'intention : *The **goal** of the project is to...* • ***With the aim of** reducing...* • *One of **the ideas is to** build...*
- Utilise des connecteurs de but : *so as to* • *in order to* • ***To** make the Humber region a "global testbed".* GRAMMAR 1 p. 172
- Évoque les alternatives possibles : *We need a different fuel **or** we fail* • ***Whether** you're a manufacturer **or** a consumer* GRAMMAR 2 p. 172
- Formule tes attentes : *I think there **will** be...* • *The Humber **could** be at the forefront...*

EXPLORE

2. A turnaround?

➜ ***How is the UK planning to cancel the damage done to the environment?***

UK's carbon capture project

Within two years a chemical plant[1] in Cheshire could keep 40,000 tonnes of carbon from the air every year, or the equivalent of removing 22,000 cars from the UK's roads.

The plant's owners, a division of the Indian-owned Tata conglomerate, will then use the captured carbon to make the chemicals found in glass, baking soda or even medicine.

The project is a step-change in the UK's battle to cut carbon emissions from heavy industry and will capture more than 100 times the carbon dioxide trapped by an existing trial[2] at the Drax power plant in North Yorkshire.

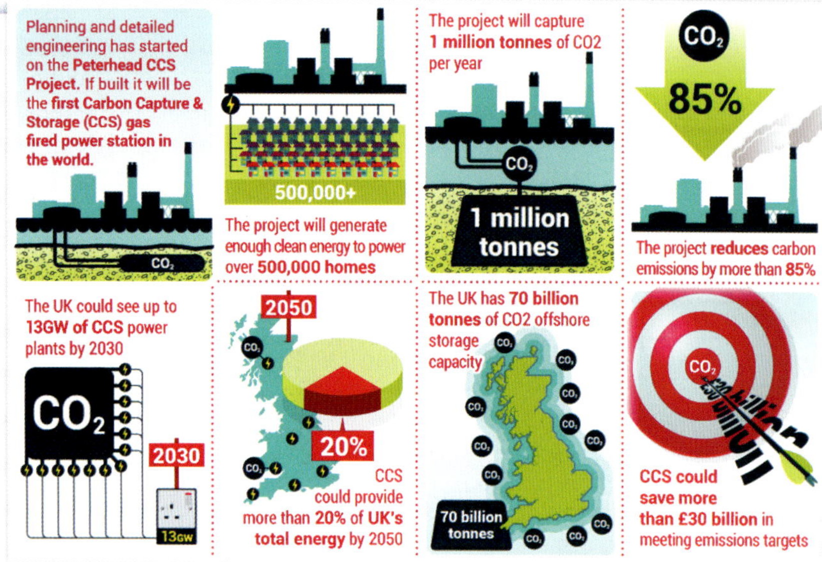

gov.uk, 2014

The plans are backed by the government, which has agreed to give Tata Chemicals Europe a £4.2m grant towards the £16.7m cost of the project. [...]

Carbon capture effectively traps the emissions from power plants or factory flues before they enter the atmosphere and contribute to global heating. The trapped carbon dioxide could be piped into permanent underground storage facilities, but it can also be purified to make products.

Tata plans to refine the carbon emissions to make a high-grade liquid version of carbon dioxide which will help make sodium bicarbonate, or baking soda. The company is the only UK-based maker of baking soda which is in high demand by the pharmaceutical sector to help treat conditions from heartburn to kidney disease. It is also found in ear and eye drops.

Tata is also the only company in the UK which produces soda ash, or sodium carbonate, which is used to make detergents, lemon sherbet powder and glass.

Martin Ashcroft, head of Tata Chemicals Europe, said the "hugely exciting" project would help to "reduce our carbon emissions, whilst securing supplies[3] of a critical raw material".

Tata also owns one of India's biggest energy companies and has promised to end investment in coal plants to focus on wind and solar power.

Chris Skidmore, the minister for energy and clean growth, said: "Cutting edge technology to capture carbon will cut emissions as we work towards a net zero economy, while creating new jobs—a key part of our modern industrial strategy."

Jillian AMBROSE, *The Guardian*, June 2019

1. *usine chimique*
2. *essai*
3. stock

a. **Look** at the infographic and **say** what a CCS power station does.

b. **Explain** what the UK hopes to achieve in Cheshire.

c. **Read** the article and **explain** how the Cheshire project would contribute to the UK's efforts.

d. GRAMMAR *"Sodium carbonate used **to** make detergents"* (l. 33); *"Baking soda **to** help treat [certain] conditions"* (l. 23). What do these sentences express? How does it help understand the advantages of the project? ▸ 1 p. 172

e. **Comment** on Tata's investment strategy and its possible drawbacks.

DIFFÉRENCIATION

YOUR TASK MÉDIATION You are a marketing project manager for Tata Chemicals Europe.

WAY 1 **Write** the CSS project's summary for an advertising brochure.

WAY 2 **Write** a brochure presenting the details of the CSS project to convince investors.

BOOST YOUR SKILLS!

Présenter un projet

- Rappelle les objectifs du projet : *A battle **to** cut carbon emissions • Carbon used **to** make the chemicals found in glass.* GRAMMAR 1 p. 172
- Appuie-toi sur des dates et des données chiffrées : ***22,000** cars... • The **£16.7m** cost of the project • ...by **2050**.*
- Mets en avant les bénéfices escomptés : *It **would** help to reduce. • It **will** cut emissions, **while creating** new jobs.*

FINAL TASK

Write an article for a youth magazine about the UK's net zero target.

As a British teenager, you are aware of the growing environmental concerns in your country. Write an article for a youth magazine about the "net-zero" project. Insist on the role played by scientific innovation in reducing carbon emissions.

1. **Browse through** the file to pick out the two projects that most caught your attention.
2. **Gather** your ideas to present the projects, focusing on:
   – their innovative aspects;
   – the possible benefits for the environment;
   – how much support they get;
   – whether they have shown results, or not;
   – the alternative they could represent to current energy policies.
3. **Write your article: describe** the specific context in the UK as an introduction, and **explain** how carbon emissions could be reduced thanks to innovative projects.

YES YOU CAN! Write an accurate article

TITRE ET SOUS-TITRE

Trouve un **titre** court et efficace (cela peut être une phrase non verbale) et un **sous-titre** qui précise le thème général et éveille la curiosité.

INTRODUCTION

En guise d'introduction, commence par un point marquant pour capter l'attention du lecteur, ou donne des éléments qui précisent le contexte.

DÉVELOPPEMENT

Présente les différents aspects du projet en t'appuyant sur des données chiffrées. Précise les enjeux et les technologies mises en œuvre. Souligne les bénéfices attendus, et pense à structurer tes idées en paragraphes.

RÉFÉRENCES

Fais référence à des spécialistes qui font autorité en la matière, et n'hésite pas à les citer.

CONCLUSION

Tu peux résumer ton propos en une phrase de synthèse, ou terminer par une formule percutante.

ZERO-CARBON HUMBER

10,000 new jobs could be created by Humber green-energy revolution

The so-called Energy Estuary 2.0 initiative is being backed by 40 high-profile businesses and organisations under the leadership of the University of Hull.

It would involve exploring ground-breaking new ways of producing clean energy.

Under the plan, a number of pilot projects would be tested by local industry using new technologies with the aim of reducing harmful emissions.

One of the ideas is to build a £12m power station that could provide shared low-cost heating, cooling and electricity to homes and businesses instead of taking energy from the National Grid. [...]

Dr David Richards, the University of Hull's pro vice chancellor for research and enterprise, said: "The area has made incredible progress on how to generate clean energy, which has already had a huge impact on the local economy. Many of the large industries here want to innovate to become greener and more efficient. We want to capitalise on the opportunities in front of us."

Angus YOUNG, *Hull Daily Mail*, October 2019

STRATEGIES Écrire un article, p. 244

BOOST YOUR ENGLISH!

Grammar — Exprimer la cause, le but et la conséquence

PRÉCIS 36 ET EXERCICES

Grammar Tuto

Pour exprimer la **cause**, le **but** ou la **conséquence**, on utilise des **connecteurs**.
La plupart sont des **conjonctions** qui introduisent une **subordonnée**, mais pas tous.

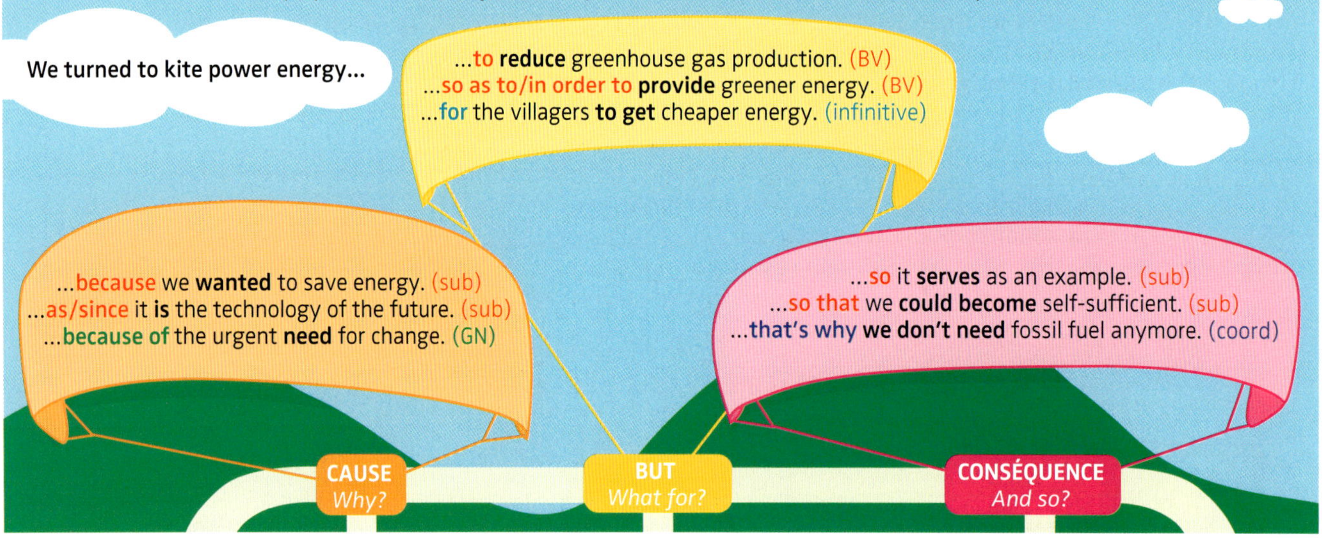

1 Complète ces phrases avec le mot de liaison qui convient.

that's why – in order to – because – so that – because of

a. They installed solar panels ... preserve the environment.
b. New jobs are being created ... the green energy sector is developing.
c. People are starting to realise that we need action now, ... there are more and more activists.
d. Hundreds of species are endangered ... global warming.
e. We should reduce our CO_2 emissions ... the planet could recover.

2 Complète chaque phrase selon le lien exprimé.

a. We must take action now so as to...
b. Using renewable energy is essential since ...
c. Every single action matters; therefore...
d. In the future, factories will be greener so that...
e. I changed my habits so...
f. Big factories should resort to green energy in order to...

→ More in *Pump it up!* p. 46

Grammar — L'expression de l'alternative

• Pour exprimer le **choix entre deux possibilités** ou bien **l'absence de choix**, on utilise les structures ***or***... (ou), ***nor***... (ni), ***either... or*** (ou..., ou) ou bien ***neither... nor*** (ni..., ni), qui peuvent être suivies d'un verbe, d'une proposition, d'un adjectif ou d'un nom.

Attention ! *Neither* contient déjà l'idée de négation, on ne l'emploie donc que dans des phrases affirmatives.

→ *We must act now **or** we'll regret it soon.*
→ *I don't use any plastic bottles **nor** do I use plastic bags.*
→ *They could **either** install windmills **or** solar panels in this field.*
→ *I trust **neither** the government **nor** big companies to solve the issue.*

3 Complète ces phrases pour exprimer l'alternative.

a. The funding helps companies to install solar panels ... windmills.
b. They are unaware of the situation and they feel ... concerned ... worried.
c. We have no choice: ... we change our habits ... we'll increase greenhouse gases.
d. Pessimistic people say there's no point in demonstrating ... in petitioning.

4 Rédige une affiche de recommandations éco-responsables en utilisant *or, nor, neither... nor* ou *either... or*.

You are the director of sustainable development in a company. Write a poster to present new eco-friendly measures to your employees. You can use expressions such as: *use car-pooling – ride to work – use renewable energy – print emails – send letters – use plastic bottles – use disposable cups.*

e-workbook GRILLES D'AUTO ÉVALUATION

ÉPREUVE ÉCRITE

play BAC

PARTIE 2 Compréhension de l'écrit

Doc The long road to a zero-emissions UK

Extinction Rebellion protesters want a carbon-free UK by 2025. But can the financial and political hurdles[1] be overcome?

It is the near future. You wake in a house warmed by a heat pump that extracts energy from deep below the ground and delivers it to your home. You rise and make yourself a cup of tea—from water boiled on a hydrogen-burning kitchen stove. Then you head to work—in a robot-driven electric car directed by central control network to avoid traffic jams.

At midday, you pause for lunch: a sandwich made of meat grown in a laboratory. At the end of the day, you are taken home by a robot car—through countryside festooned with solar panels and turbines.

Welcome to carbon-free Britain, a nation stripped of its petrol cars, diesel trucks and trains, gas heating, methane-belching cows, and jumbo jets. The UK of tomorrow is a zero-emissions haven. [...]

Creating a zero-emission society in the UK has become a major cause and it will receive further serious promotion next week when the government's climate change committee publishes its report on how, and when, Britain can achieve this status and play a proper part in the battle against global warming.

It will be hard work, as the committee will make clear. Last year 6.8 tonnes of greenhouse gases were emitted into the atmosphere per head of population in the UK. To decarbonise the nation, that figure will have to be reduced to zero.

But just how straightforward will it be to create a zero-emissions society? How easily will we be able to kick[2] the carbon habit? At first glance, the evidence looks encouraging. Britain has already embarked on a path of carbon emissions reduction for its power-generation industry. Fossil fuel plants have been closed and wind farms have been built in their place. [...]

"Decarbonising UK power production is going well," says George Day, head of policy for the technology and innovation centre Energy Systems Catapult. "There is a clear path forward." But as he points out, there are many other sources of carbon dioxide in the UK. "The next big challenge will be heating. Gas boilers are major carbon emitters and dealing with them is going to be very difficult."

According to Day, about 90% of British people have gas boilers in their homes, most having been fitted[3] relatively recently—over the past 20 to 30 years or so. "And we have really come to love them," he states. "You get hot water and heating at a flick of a switch, after all."

And that is a problem, he argues. "Dislodging that incumbent technology in a way that is socially acceptable is going to be really hard. Indeed, it is probably the toughest challenge we face in decarbonising Britain because you are talking about homes where people are used to making their own decisions."

Robin McKie,
The Guardian, April 2019

1. obstacle 2. stop 3. installed

Situation d'énonciation
- Appuie-toi sur le titre et les mots transparents pour identifier le sujet.
- Identifie le type de texte et le public visé.
- Prête attention à la date de publication pour avoir une idée du contexte.

Réseaux de sens
- Relève les idées qui découlent du sujet principal.
- Sois attentif aux comparaisons et aux questions rhétoriques pour comprendre la logique argumentative.
- Mets en relation les indications chiffrées avec les éléments comparés pour comprendre l'implicite.

Stratégie de communication
- Repère les personnes citées (noms propres, fonction) et leurs propos (guillemets), pour identifier les points de vue.
- Identifie le point de vue dominant pour comprendre l'enjeu du texte.

▶ In your own words, account for the document, focusing on:
- the nature of the document and its main topic;
- the solutions mentioned to solve the problem raised;
- the innovations involved and the reasons for using them;
- the viewpoints;
- the tone.

STRATEGIES Lire et comprendre un texte p. 233

La restitution
- Mets en évidence le lien avec l'axe « Innovations scientifiques et responsabilité ».
- Analyse bien le ton du document pour faire ressortir le point de vue exprimé.

PredPol

▶ **Can technology actually help prevent crime?**

YOUR MISSION

Take part in a live chat about predictive policing systems.

Group work. You are a group of young people interested in citizens' rights. Take part in a live chat to debate the use of PredPol programmes in American cities.

FOLLOW THE STEPS!

1 Predicting crimes?

AUDIO

Precrime Commissioner John Anderton is briefing Detective Danny Witwer, his newly appointed assistant, on his future job.

"You're acquainted with[1] the theory of precrime, of course."

"I have the information publicly available," Witwer replied. You've boldly[2] and successfully abolished the post-crime punitive system of jails and fines[3]. As we all realise, punishment was never much of a deterrent[4]."

"You've probably already grasped the basic legalistic drawback to precrime methodology. We're taking in individuals who have broken no law."

"But surely, they will," Witwer affirmed with conviction.

"Happily, they don't—because we get to them first, before they can commit an act of violence. [...] We can claim they are culpable. They, on the other hand, can eternally claim they're innocent. And, in a sense, they *are* innocent."

The lift let them out, and they again paced down a yellow corridor. "In our society, we have no major crimes," Anderton went on, "but we do have a detention camp full of would-be criminals. As I'm sure you know, Precrime has cut down felonies by ninety-nine and decimal point eight percent. We seldom get actual murder or treason. After all, the culprit knows we'll confine him in the detention camp a week before he gets a chance to commit the crime."

Philip K. Dick, *The Minority Report*, 1956

1. familiar with 2. impressively 3. financial penalties 4. *moyen de dissuasion*

WORDS

- data: *données*
- forecast = projection
- software

- accurate = precise
- automated
- deterrent = dissuasive

- abide by the law = respect the law
- be likely to
- deter from = prevent from
- occur = happen

a. **Read** the text and **describe** what the precrime system consists of.

b. **Find out** its positive consequences.

c. **Explain** the main issue with this policing system according to John Anderton.

BAC **Discuss** what you think should or could be the role of scientific innovation in fighting crime.

STEP 1

Take notes about the issues that the sci-fi short story *The Minority Report* raises. **Prepare** questions about the ways today's scientific progress could actually help prevent crime.

2 Discover PredPol

Doc. 1

Algorithms for predicting crime, *NSF*, 2017

a. Watch the video and **identify** the police department and the method it uses to fight crime.

b. Take notes on how this crime reduction method works.

c. GRAMMAR *"We mapped out where [...] experts believed crime **would** occur."* **Explain** what the modal auxiliary conveys in this sentence.

d. Compare PredPol to traditional policing methods.

e. Discuss the effectiveness of the method according to the video.

Doc. 2

Crimes of the future

One commonly used approach in predictive policing seeks to forecast where and when crime will happen.

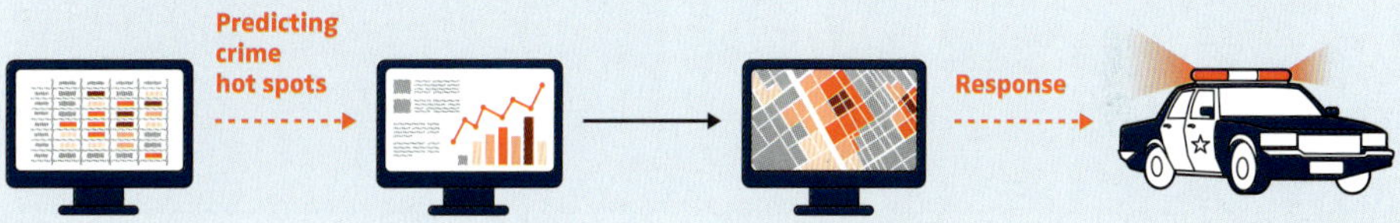

Data sets
Predictive policing starts with large amounts of data on past crimes and factors that may influence crime.

Analyze data
Software searches for patterns and correlations in past crime data.

Predictive maps
An algorithm predicts where/when crimes is likely to happen in the future.

Increased surveillance
Police add resources in certain areas or at certain times.

source: *sciencemag.org*, 2016

How does PredPol work?

PredPol uses a data-driven approach to direct patrol operations. Historical event datasets[1] are used to train the algorithm for each new city (ideally 2 to 5 years of data). PredPol then updates the algorithm each day with new events as they are received from the department. This information comes from the agency's records management system (RMS).

PredPol uses only three data points—crime type, crime location, and crime date/time—to create its predictions. No personally identifiable information is ever used. No demographic, ethnic or socio-economic information is ever used. This eliminates the possibility for privacy or civil rights violations seen with other intelligence-led or predictive policing models.

Predictions are displayed as red boxes on a web interface via Google Maps. Each box is a 500 x 500 foot square. The boxes represent the highest-risk areas for each day and for the corresponding shift: day, swing or night shift. Officers are instructed to spend roughly 10% their shift time patrolling PredPol boxes (about 6 minutes per hour).

You can supplement the PredPol patrol guidance by leveraging[2] your own analytics to create custom patrol boxes. These can be based on specific intelligence, known upcoming events, risk terrain modeling or other predictors of hotspot activity.

Predpol.com, 2017

1. *ensemble de données* 2. *exploiter*

a. Read the infographic and **describe** the steps in crime prediction.

b. Read the text and **pick out** the three factors used by PredPol.

c. Take notes on how the algorithm works and its purpose.

d. Focus on l. 15-19. **Discuss** what this sentence reveals about predictive policing methods.

STEP 2

Take notes on how the Predpol system works and how likely it is to prevent crimes.

BOOST YOUR SKILLS!

Exprimer la probabilité

- Varie les verbes pour décrire le champ des possibles : *support • determine • create • predict • map out*
- Utilise *can* ou *could* pour exprimer la possibilité : *It **could** occur... • We **can** focus our efforts... • We **can** do it with fewer officers... • You **can** supplement the patrol guidance by...* PRÉCIS 20 22
- Envisage le futur avec *will* : *Predicting where crimes **will** occur • This model **will** send officers...*

3 A controversial database

Doc. 1

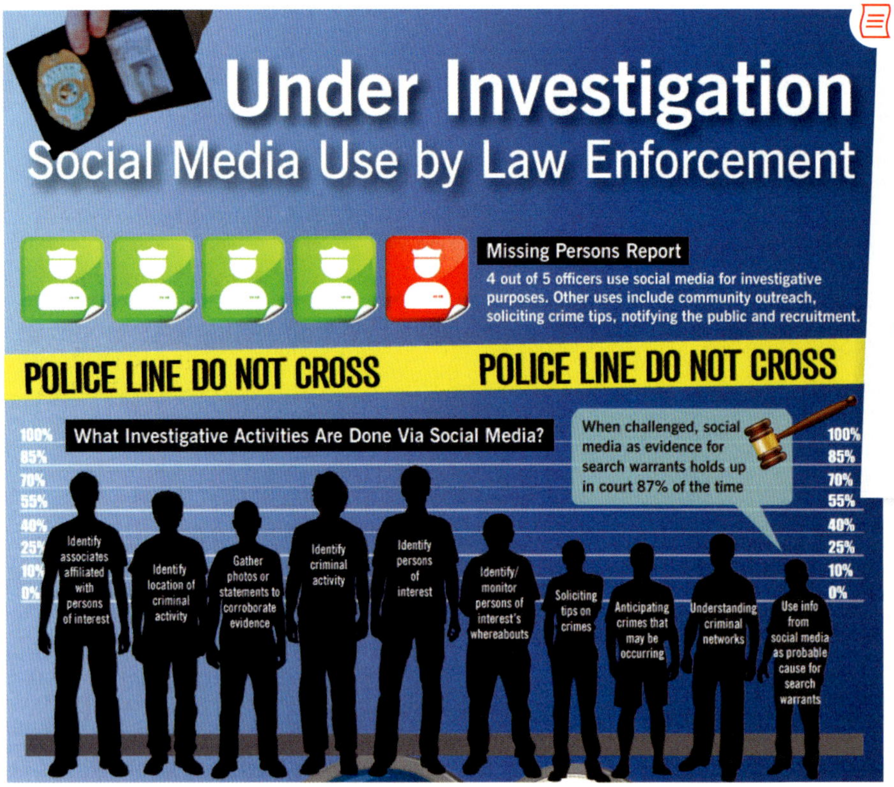

Data, used properly, can enhance[1] public safety. Police should be encouraged to use it, as long as they are open about what they are doing, and as long as they heed[2] legitimate criticism and adjust their programs accordingly. Failure to carefully tailor predictive policing programs invites invasion of privacy, racial profiling and other unacceptable side effects. Opponents make a good case that, instead of eliminating bias, algorithms actually enhance it.

Los Angeles Times, March 2019

1. improve 2. pay attention to

a. Focus on the infographic and **identify** the connection between the use of social media by the police and predictive policing.

b. Read the article and **comment** on the potential biases of such a method.

c. GRAMMAR *"Instead of eliminating bias, algorithms **actually** enhance it."* How does the use of the words in bold help nuance the argument?

BAC **Discuss:** What is a society's responsibility when faced with such scientific innovation?

WORDS

- purpose = intention
- racial profiling
- remedy

- biased = prejudiced
- flawless = faultless
- high-risk = unsafe

- discriminate
- mislead
- trust = have confidence in

Doc. 2

VIDÉO

Pre-crime policing, *Wired*, 2018

a. Watch the video and **explain** the limits of PredPol.

b. GRAMMAR *"What happens **if** prejudiced data makes its way into police work?"* **Discuss** the meaning conveyed by this conditional clause.

c. Explain how the accusations against PredPol are addressed.

BOOST YOUR SKILLS!

Exprimer un point de vue

- Mets en avant ton point de vue avec des tournures emphatiques : *The **biggest** fear I have... **is that**...* • ***That is what** a lot of people believe.* • *I **do** believe that...*
- Utilise le modal *should* pour faire des recommandations : *Police **should** be encouraged to use it...*
- Pense à nuancer tes propos : ***Instead** of eliminating bias, it **actually** enhances it.* • *Police should... **as long as** they...*

STEP 3

Gather arguments on the limits of predictive policing and **make** a list of potential answers to these criticisms.

4 Biased policing?

e-workbook PARCOURS DIFFÉRENCIÉS

Doc. 1

LAPD to scrap some crime data programs after criticism

Los Angeles Police Chief Michel Moore plans to scrap[1] a controversial program that uses data to identify individuals who are most likely to commit violent crimes, bowing[2] to criticism. Moore detailed a host of changes in response to a 52-page audit by Inspector General Mark Smith. The inspector general's audit found discrepancies[3] with a location-based tool, called PredPol. Smith found that some factors, for example, the size of the crime zones and presence of police facilities, skewed[4] the data. [...]

A recent study from New York University School of Law and NYU's AI Now Institute examined data programs in troubled police departments in Chicago, New Orleans and Maricopa County, Ariz. The study concluded that "dirty data"[5] lead to biased policing and unlawful predictions. Those policies repeatedly send officers to the same neighborhoods, regardless of the crimes committed, the study found.

Community activist Najee Ali said residents expect improvements in the wake of the audit. Ali said he welcomes future data audits and changes to problematic programs.

"We hope Chief Moore will continue to listen and value our input," Ali said.

Mark PUENTE, *Los Angeles Times*, April 2019

1. abandon 2. capitulate 3. inconsistencies 4. make biased 5. biased data

#NoPredPol, *Twitter*, 2019

Doc. 2

Improving the System

Crime-predicting models are caught in a quagmire[1] doomed to controversy because, on their own, they cannot realize racial equity. [...] This inequity isn't new. Even before predictive models, the common practice of considering a suspect's conviction history would have contributed to the same kind of cyclic perpetuation for [minorities]. The difference now is that it's been explicitly quantified and widely publicized. Awareness rises and the impetus to act will grow.

Given this revelation, predictive policing is in an ideal position to respond and do something about it. An undertaking[2] to integrate technology that supports decision-making across law enforcement, predictive policing has built the ideal platform on which new practices for racial equity may be systematically and widely deployed. It's an unprecedented opportunity for racial justice.

To that end, let's educate and guide law enforcement decision makers on the observed inequity. Train judges, parole boards and officers to understand the pertinent caveats when they're given the calculated probability a black suspect, defendant or convict will reoffend. In so doing, empower these decision makers to incorporate these considerations in whatever manner they deem fit[3].

Scientific American, 2018

1. *bourbier* 2. promise 3. consider useful

a. Focus on the cartoon and **say** what Los Angeles citizens are asking for.

b. Read doc. 1 and **explain** the answer given to the citizens' demands.

c. Read doc. 2 and **find out** how citizens could be protected from biased policing.

d. Explain the message conveyed in both documents regarding the future of predictive policing.

STEP 4

After reading both articles, **sort** your arguments for or against the scrapping of predictive policing systems.

FINAL STEP

Gather your notes, and **sort** your questions, ideas and arguments about predictive policing into pros and cons. Join your team, choose your role and take part in a live chat on a dedicated forum.

You've completed your mission. Well done!

STRATEGIES Intéragir, débattre à l'écrit p. 237

play BAC

BRAINSTORMING

How can science solve today's issues?

→ Increasing food production thanks to chemical products (fertilizers).

→ Facing today's world thanks to new technologies (Smart farming, PredPol, DNA testing).

→ Developing renewable energies to face climate change (Net zero in the UK).

Can scientific innovations be harmful?

→ Health threats (Monsanto Roundup cancer).

→ Infringement of privacy (PredPol, CCTV, access to private data of DNA test results).

→ Endangered future with fossil fuel (*Solar* by Ian McEwan).

SCIENTIFIC INNOVATIONS AND RESPONSIBILITY

Who raises awareness about the limits of science?

→ Non-Governmental Organisations (Greenpeace).

→ Citizens' actions (Extinction Rebellion, Monsanto Roundup trial).

→ Scientists themselves (CCS power station).

→ Local governments (Zero carbon Humber).

→ Individual actions (DIY detergents).

How are science and politics intertwined?

→ Using scientific evidence to legislate (Net zero target).

→ Law enforcement agencies experimenting new technologies (PredPol, use of private DNA test results to chase criminals).

→ Working with local communities to improve living conditions (SmartICE technology in Canada).

SPEAK ABOUT...

Scientific innovations and responsibility

● In pairs, look at the mind map and discuss the topics using the guidelines and your personal knowledge. You can ask your partner other questions. Develop these examples or choose any others from the English-speaking countries.

WORDS

AUDIO

Nouns
- achievement
- benefits ≠ drawbacks
- breakthrough
- chemicals
- downward slide
- experiment
- global warming
- greenhouse effect
- home automation
- improvement = advancement
- R&D: Research and Development
- renewable energies
- researcher
- resource
- scientist

Adjectives
- challenging
- costly = expensive
- cutting-edge
- eco-friendly
- ethical
- groundbreaking
- harmful = detrimental
- innovative
- organic
- pioneering
- proactive
- responsible (for) ≠ irresponsible
- sustainable
- threatening

Verbs
- address an issue
- deplete = use up
- discover
- fund
- hold sb accountable for
- increase ≠ decrease
- jeopardise = endanger
- move forward
- prevent from (+ V-ing)
- provoke = result in
- raise awareness
- step up
- tackle a challenge
- upgrade
- warn

Voie générale

5'

• Vous traiterez en **anglais** et **à l'oral** l'un des deux sujets suivants, **au choix**.

1. Look at the two images and say which one corresponds best to your understanding of *Scientific innovations and responsibility*. Explain your choice and give precise examples from what you studied in class or what you know about English-speaking countries.

• Analyse la construction de l'image choisie pour comprendre le message de son auteur.
• Utilise les éléments de contexte pour expliquer l'enjeu du document iconographique.

"The scientists never stopped to ask if they should—only if they could."

▲ Farley KATZ, *Elephants Crossbred with Plant*

2. Read the two quotes and say which one corresponds best to your understanding of *Scientific innovations and responsibility*. Explain your choice and give precise examples from what you studied in class or what you know about English-speaking countries.

"Success in creating Artificial Intelligence would be the biggest event in human history. Unfortunately, it might also be the last, unless we learn how to avoid the risks."
Stephen HAWKING
(British theoretical physicist)

"Surely we have a responsibility to leave for future generations a planet that is healthy and habitable by all species."
Sir David ATTENBOROUGH
(British natural historian)

• Choisis la citation qui te permettra d'utiliser le plus d'exemples possibles.
• Interroge-toi sur les références des pronoms afin d'envisager différents points de vue : ***we** learn how to... ; **we** have a responsibility (scientists? big companies? politicians? every citizen?)*

Voie technologique

5'

A few ideas about *Scientific innovations and responsibility* in technology...

ETLV

STI2D
• Present California's Net Zero Mandate and the way the state is trying to reach its goals.

STMG
• Present the Non-Governmental Organisation Greenpeace UK or USA and describe its strategies to deal with climate change.

ST2S
• Present the health issue of obesity and how it is linked to issues of food production in the USA (processed food, governmental subsidies...).

STL
• Explain how innovations can improve the ecological impact of the fashion industry (eco-friendly fabrics, dying fabrics with bacteria...).

STHR
• Present the Connected Room by Hilton and explain its benefits.

• Recherche des exemples de projets innovants dans ta spécialité, dans des pays du monde anglophone. Informe-toi sur les bienfaits de ces projets, mais également sur leurs limites, afin de développer ton esprit critique.

Indian girl power

▶ **How are Indian women a force for change in their country?**

FINAL TASK MÉDIATION **Share your experience as a NGO worker at a conference dedicated to women in India.**

A

▲ International Women's Day poster, India, 2019

B

Celebrating Indira Gandhi, *WWE*, 2018

WORDS

- accomplishments
- portrayal /pɔːˈtreɪəl/
- role model

- incentive /ɪnˈsɛntɪv/ = motivating

- inspirational
- self-assured

- advocate = support = endorse a cause
- debunk = demystify

C

"I was very sure I did not want to be the stereotype of what Indian people are seen as, which is Bollywood, and henna. That's all great but that's not all we are. I want to be able to break the stereotype of what Indian people are supposed to be."

Priyanka Chopra (former Bollywood actress, now lead of US series *Quantico*.)

▲ *Quantico*, Season 3, ABC, 2018

D

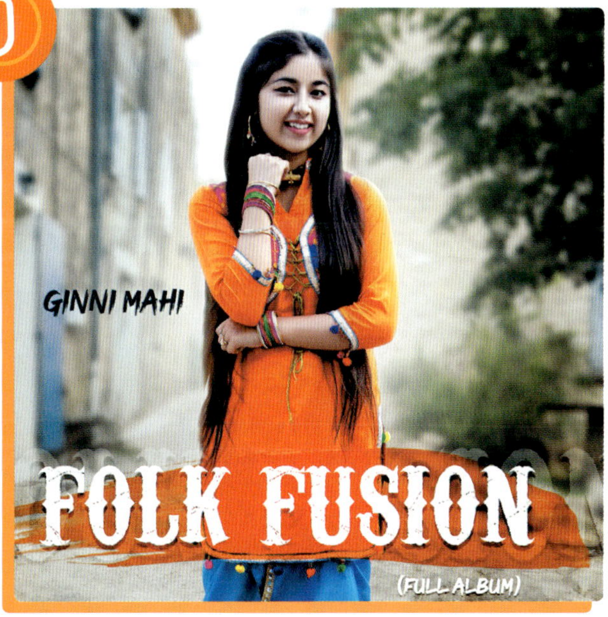

▲ Ginni Mahi's album cover, 2019

CULTURE SPOT

Ginni Mahi is a Dalit rap and hip-hop singer. Her songs, which have gone viral online, usually defend the rights and interests of her community. Also called Untouchables, **Dalits** represent the most marginalised category of the Indian caste system.

DISCOVER AND SHARE

Join your team. Focus on doc. A and another document.

Doc A. **Study** the poster. **Say** what you know about these women or **imagine** what they did.

Doc B. **Watch** the video and **note down** what made Indira Gandhi a remarkable figure.

Doc C. **Focus** on the poster and the quote. **Find out** Priyanka Chopra's motives as an actress.

Doc D. **Focus** on Ginni Mahi's story and album cover. **Imagine** how her success may impact the situation of the Dalits.

NOW SHARE

Share your findings and **discuss** how these women have contributed to making Indian society evolve.

EXPLORE

1. Reclaiming space

➜ *Why is space such a burning issue for female power in India?*

1 The Delhi Bikerni

VIDÉO

Bikerni Biker Club, *Nokia Mobile*, 2017

a. **Watch** the video and **find out** who these women are (age, social backgrounds...).

b. **Pick out** information about their common passion.

c. **Comment** on the other people's reactions.

d. GRAMMAR *Man shout out to us, "Hey, you're supposed to be in the kitchen" and I say, "Why is that?".* **Identify** the type of speech. What effect does it produce? ▸ 1 p. 188

e. **Discuss** how belonging to this group can help empower women.

2 The Sabarimala case

After a two-decade-long legal battle and years of debates, discussions, and fierce disapproval, the Supreme Court on Friday allowed women's entry into Kerala's Sabarimala Temple, lifting the decades-long ban[1] on the entry of women between the ages of 10 and 50 into the temple. The Court ruled that all restrictions concerning women's entry into the temple are unconstitutional and a violation of their rights and also went on to say that faith cannot be put above people, their gender notwithstanding[2].

The ban has legally been in place since 1991, after a Kerala High Court ruling, in which the Court said, "customs must be followed". The practice is said to have started sometime in the 1950s, with no proof to believe it ever existed anytime before that. This restriction is attributed to the legend that has it that the deity residing in Sabarimala had vowed[3] celibacy and to keep this vow he insists that women of menstrual age don't visit him.

Though women can no longer be legally restricted from entering the temple, it remains to be seen if those who are opposing the move [...] will employ other hurdles[4] to forbid the entry of women. Legal entry alone won't change much, for the verdict to have any bearing, it is crucial that we accommodate the women who desire to visit Sabarimala, and incorporate them and their needs to create a safe environment which belongs to them as much as it does to men.

Akshita PRASAD, *www.feminisminIndia.com*, October 2018

▲ Protest at Sabarimala Temple

1. official prohibition 2. despite their gender 3. promised 4. obstacles

WORDS

- **founder** = creator
- independence = self-sufficiency
- sisterhood

- forward-thinking
- galvanising /'gælvənaɪzɪŋ/ = motivating
- out of harm's way = safe

- bring together
- emancipate = liberate
- go on a journey = travel
- rally = unite

a. **Read** the text and **identify** the decision made by the Indian Supreme Court.

b. **Give** the reasons for making this decision.

c. **Say** what also appears necessary to support this new right.

BAC **Discuss** the impact of such a decision on Indian women's rights.

CULTURE SPOT

The Sabarimala Temple is a Hindu place of worship and one of the most famous pilgrimage sites in India. **Hinduism** is the largest religion in India, that of 80% of the population.

3 Mumbai's Sister Library

Aqui Thami is busy. Apart from working on her PhD, the Mumbai-based artist and activist has just opened the doors of India's first community-owned feminist library: Sister Library. Known for her guerrilla posters, photography, and zines[1] tackling subjects like sexual harassment and periods[2], Thami, 29, isn't afraid of using her artistic voice to address political and social issues. This is something she is continuing with Sister Library, where her aim is "to create a place where women can get together and organise to smash[3] that evil thing called patriarchy."

Since May 15, Sister Library is now a permanent—albeit[4] small—space in the Bandra neighbourhood of Mumbai—it houses 600 works of literature by women, including zines, graphic novels, fiction, nonfiction, and poetry, mostly from Thami's own sprawling collection. Sister Library began as a travelling interactive artwork, which visited cities all over India. [...]

It was while travelling around India that she discovered how much potential a permanent space would have. Thami describes a sense of solidarity amongst young and old women, as well as men, who visited the library: "Older women who longed for a space like this one came with their grandchildren and showed them books that changed their lives, and young women cried at the sight of books they thought they would never really get to see in real life."

She explains that India desperately needs a space like this in order to open up a dialogue: "Since our society is caste segregated, knowledge production and sharing has always been historically restricted, so even if there are amazing works by women, they are in universities and privately libraries with no or limited access."

▲ Aqui Thami, founder of the Mumbai's Sister Library

> **"India desperately needs a space like this in order to open up a dialogue."**
> AQUI THAMI

Thami hopes the library will help to reshape attitudes around the role of women in Indian society: "We are so done with the same old same old." The positive response to the library so far shows just how much people are ready and willing for change.

Jessie WILLIAMS, *www.dazeddigital.com*, June 2019

1. magazines
2. menstruation
3. break to pieces
4. even if

a. Read the text and **take notes** on this new space's purpose.

b. Explain Aqui Thami's motivations for leading this project.

c. GRAMMAR Focus on l. 34-35. **Identify** the type of speech, and **justify** its use. ▸ 1 p. 188

d. Comment on how the choice of books presented there can have an impact on Indian women.

DIFFÉRENCIATION

YOUR TASK MÉDIATION You are a journalist investigating on women's organisations in India.

WAY 1 **Compile** Aqui Thami's statements and **report** on her intentions when she opened Sister Library.

WAY 2 **Report** on your experience meeting the Delhi Bikerni. **Present** their group and ideas.

BOOST YOUR SKILLS!

Rapporter des propos

- Au discours indirect pour plus de fluidité : *She **hopes** the library will help to...* • *She **explains that** India needs...*
- Au style direct pour créer du rythme : *Her aim is **"**to create a place where women can get together.**"*** • *People ask me **"**Ditta, do you want to be a man?**"**.*
- Varie les verbes de parole : *They **were like**... but I **said*** • *She **explains**... **describes**... **hopes**...*

GRAMMAR 1 p. 188

EXPLORE

2. Pushing for change

→ *How are Indian women leading the way to social and political changes?*

1 Marriage viewing

e-workbook | PARCOURS DIFFÉRENCIÉS | AUDIO

The marriage viewing took place that evening. They arrived a little after six o'clock. There was the groom[1], who was apprenticed in the sari shop along with his mother, father, Ramayya, and an uncle and aunt. [...] [Poornima] was in the weaving hut[2], where the looms[3] were located, when they arrived. Her father's sister was helping her with her sari—cream-colored cotton with a green border, which had belonged to her mother—and tying a garland[4] of jasmine to her hair. [...] Her aunt yanked at her hair as she braided it, pulling the strands with such force that Poornima squealed in pain.

"Shush", her aunt scolded. "One boy already fallen through. The shame. How do you think it looks for a girl? Huh? Thank the Lord Vishnu he never laid eyes on you. That would've been the end. Your poor father. First he loses his wife, five kids on his own, and now *this*. Working his fingers to the bone. But this one will work out. You'll see." She lathered Poornima's face with a thick coating of talcum powder. She reapplied the kumkum and kajal[5]. And then she took the gold bangles[6] off her own wrists and squeezed them onto Poornima's. "There," her aunt said, taking a step or two back. "Now, keep your eyes down, and only speak when spoken to. Don't get frisky. Just answer their questions. And try to sing. If they ask you, sing something. A devotional ballad is good. Simple, so you don't mess it up."

Poornima nodded.

Her aunt then led her out of the weaving hut, around the back of the main hut, and into the front, where they were all seated. She nudged Poornima onto the straw mat, on which were also seated the groom's mother and aunt or cousin. The groom's father was seated in the chair, while all the other men were seated on the edge of the hemp-rope bed. Pleasantries were exchanged with Poornima's aunt, whom the aunt and cousin seemed to be acquainted with. Then the groom's mother reached over and touched the gold bangles. "Not very thick," she said.

"Yes, well," Ramayya said lightheartedly, "all that can be discussed later."

The woman smiled, let go of the bangles reluctantly, and said, "What's your name, dear?"

Shobba Rao, *Girls Burn Brighter*, 2018

▲ Child bride picture, by Saumya Khandelwal

CULTURE SPOT

Known for her involvement on gender issues, independent photojournalist **Saumya Khandelwal** received a Getty Images Instagram award in 2017 for her documentary work on the child brides of Shravasti.

1. future husband
2. *cabane*
3. *métiers à tisser* (Poornima's father's job)
4. *couronne (de fleurs)*
5. makeup
6. bracelet

a. **Read** the text. **Find out** what a marriage viewing consists of.

b. **Take** notes on Poornima's reactions. **Imagine** how she feels.

c. **Focus** on the photograph and **explain** how it reflects both the importance of the event and Poornima's feelings.

d. **Explain** how both documents might contribute to raising awareness about the child-bride issue.

AT HOME Go to *lyceen.nathan.fr/shine-bright-term* and look for other photographs by Saumya Khandelwal. Be ready to comment on the way it may be used to push for change.

2 Boosting woman voter turnout

Deepika Chaudhary hunts for a name in an election register and compares a face with a photograph, one of her colleagues updates data to a list and another inks[1] the left-hand index finger of a voter at one of several polling stations run by all-female staff to encourage more Indian women to vote.

As India on Monday conducted the fifth of the seven-phase general elections held between Apr. 11 and May 19, all-women voting booths[2] have been a trend setter[3] in a country where female voter turn out has traditionally been low even as it started picking up recently.

To narrow down the gender gap in electoral participation in the world's largest democracy, the Election Commission of India, for the first time, ordered that one polling booth having all female staff be set up in each of the 543 constituencies so that more women come out to vote freely. There were men also in the queue as the pink voting centers managed by women are gender neutral for voters. [...]

"This (all-female staff voting stations) is a kind of motivation for female voters because if there is male staff a woman feels shy," said 29-year-old Deepika, who has been an election worker earlier as well but is working in an all-women's center for the first time. According to her estimates, there are many more than one such centers in each constituency, taking the total figure to over 543 throughout the country.

Noemi JABOIS, *www.efe.com*, May 2019

▲ Indian women at a polling station, May 2019

1. put ink on
2. *bureaux de vote*
3. innovation

a. Read the article and **identify** the system set in India to encourage women to vote. **Find out** how successful it was.

b. Explain why this system was first introduced.

c. Give your opinion on it and **justify** your ideas.

MÉDIATION **YOUR TASK** As a journalist, you have interviewed an Indian woman leaving the polling station. She told you why she decided to come and vote. **Report** her testimony.

BOOST YOUR SKILLS!

Dénoncer une situation

- Utilise le présent simple pour exposer les faits : *When it **comes** to Dalit women...* • *If there **is** male staff a woman feels shy.* PRÉCIS 12A
- Utilise la forme négative pour mettre en avant ce qui est, par opposition à ce qui n'est pas : *This community does **not**...* • *They **never** come under the category of women **at all**.*
- Utilise des pronoms pour prendre position : ***We** tell man that **we** are...* • ***I'm** your mother, **I'm your** sister...* PRÉCIS 9

3 Empowering Dalit women

VIDÉO

K. Munusamy, *Hague Talks*, 2017

EACH WEEK IN INDIA....

13 Dalits are murdered
5 Dalit homes are burnt
6 Dalit people are kidnapped
21 Dalit women are raped.
A crime is committed against a Dalit person every 18 minutes.

overcomingviolence.org

WORDS

- ballot = vote
- demand /dɪˈmɑːnd/
- disgraceful = shameful
- downtrodden = abused
- be committed to = be active for
- be prejudiced towards
- require = demand
- stand one's ground
- stigmatise /ˈstɪgmətaɪz/

a. Read the chart and **watch** the video. **Take** notes on the specific situation of Dalit women in India.

b. Find out why K. Munusamy decided to become a human-rights lawyer.

c. PHONOLOGY *"They_never consider Dalit women to be women_at_all".* **Focus** on the rhythm. How does it make the listener feel about the situation? ▸ p. 199

d. Comment on the way K. Munusamy encourages people to take action.

BAC **Explain** how she challenges stereotypes about Dalit women.

3. Education is key

→ *To what extent is education a key to female empowerment in India?*

1 Educate Girls

VIDÉO

Wall Street Journal, 2015

a. Watch the video and **pick out** the reasons why Indian girls are less likely to get an education than boys.

b. Describe Educate Girls and Team Balika's action towards girl's education.

c. GRAMMAR *"Educate Girls says it has brought 100,000 girls back to school."* **Transpose** this sentence into direct speech. Why use indirect speech here? ▸ 1 p. 188

d. Imagine how educating girls can contribute to the good of an entire community.

YOUR TASK As a member of Team Balika, you take part in a forum dedicated to education in India. **Explain** why you believe educating girls should be a priority in India.

CULTURE SPOT

According to last census data the **female literacy rate** in India stood at 65.46%, significantly lower than the world average of 79.9%.

BOOST YOUR SKILLS!

Exposer les enjeux d'un engagement

- Varie les verbes d'action : *We **work** in... • We **focus** on finding... • Each member **goes** door-to-door*
- Souligne les enjeux par des tournures d'instance : ***This** wasn't always the case. • **This** is how Educate Girls is changing the future.*
- Précise les objectifs avec des subordonnées de but : *We work **to** close the gender gap • ... **to** spread awareness on educating girls.* PRÉCIS 36

2 You can be

AUDIO

@harnidhk 30,5K followers

a metaphor if you want it to be

you are a lioness prowling[1] a city's streets
ribs[2] shadowing your chest every time you
move. you are a knife sharpening[3] your edges
against every stone you stumble to. you are
a glittering[4] sunset splaying itself on a lake
with no measure of the space it takes. you
are an icy, sudden gust of wind on a cool
autumn day. you are a schoolgirl, legs stretched
against warm asphalt, knees still thrumming[5]
from when you ran without caring about how
your body moved. you are a meteor still learning
how to streak against the sky without crumbling
into debris. you are a waterfall discovering how
hard you have to fall to crack open new worlds
in stone. you are all of this, you can be.

Harnidh Kaur, *Instragram*, April 2019

1. *rôdant*. 2. *côtes* 3. *aiguisant* 4. *scintillant* 5. *vibrant*

a. Read the poem and **pick out** several metaphors. **Explain** the general feeling they create.

b. Find out who *"you"* refers to. Did you expect that from the beginning of the poem? Why?

c. SPELLING **Imagine** why the poet doesn't use capital letters in her poem.

d. Focus on the last sentence and explain how it summarises the entire poem.

e. Comment on the fact that it was published on Instagram.

f. Give your opinion: how inspiring do you find this poem?

WORDS

- career plan
- upbringing = training

- self-sufficient = independent
- skilled /skɪld/ = trained
- upbringing = education

- attend school
- raise sb's expectations
- widen sb's prospects

FINAL TASK

MÉDIATION

Share your experience as a NGO worker at a conference dedicated to women in India.

You have worked for an NGO in India dedicated to female empowerment. You are invited to share your experience in an international congress dedicated to women and girls' education in India. Report the stories and experiences of Indian women you met and give your personal testimony.

1. **Browse through** the topics of the file to **decide on your work field** (place, aims of the job, name for the NGO, etc.).
2. **Gather your ideas focusing on:**
   – the type of work (activities, people you worked with, actions, achievements...);
   – the facts and realities you have noticed (examples, figures, names...);
   – the women you met and the actions they were involved in;
   – some quotes or personal anecdotes delivered by women you met and which you want to report.
3. **Insist** on the major issues at stake for NGOs defending Indian women's interests.
4. **Take part in the congress to share your experience:** try to make your intervention as fluent as possible.

YES YOU CAN! Offer a personal testimony

1. PRÉSENTATION

Présente-toi à l'assemblée et explique à quel titre tu interviens.

I come from a Dalit community. The environment I grew up in made me become a human-rights lawyer.

2. EFFICACITÉ

Fais part de ton expérience personnelle pour attirer la bienveillance de ton auditoire.

Doing graduation is not that easy for a Dalit woman in India.

3. PRISE DE PARTI

Prends clairement position quand tu abordes tes idées principales.

I want to make clear that the Dalit women never come under the category of women at all.

► Empowering Dalit women p. 185

4. POSTURE

Fais en sorte de rallier ton auditoire à ta cause en l'impliquant dans ton discours.

We tell men that we are your co-human-beings living in the planet and I'm your mother, I'm your sister.

Veille à la fluidité de ton discours pour faire passer tes idées phares.

Dalit women_never come_under the category of_women_at_all.

5. CONCLUSION

Fixe des objectifs clairs et conclus en encourageant ton auditoire à réagir.

So, by raising voices against any inequality, any discrimination, then you are setting peace in motion. So, just stand up!

STRATEGIES Faire une présentation orale p. 236

BOOST YOUR ENGLISH!

Grammar — Discours direct et discours indirect

PRÉCIS 38 ET EXERCICES

Grammar Tuto

On peut rapporter des propos entendus tels quels (**discours direct**), ou en les reformulant légèrement, pour plus de fluidité (**discours indirect**). Dans les deux cas, on utilise un verbe introducteur :

say – tell – explain – assert – answer – ask – wonder

DISCOURS DIRECT

Les propos entendus sont répétés **à l'identique et entre guillemets** par celui qui les rapporte.

DISCOURS INDIRECT

Les propos entendus sont **reformulés** par celui qui les rapporte, introduits avec un **verbe introducteur** mais **sans guillemets**.

⚠ Verbes, pronoms et adverbes sont modifiés.

PRÉSENT

She says[1], "I feel free on my bike."

1. Les propos viennent d'être dits.

"I feel free on my bike"

*She **says** (that) she (feels) free on **her** bike.*

PASSÉ

They said[2], "We're going to the polls today."

2. Les propos ont été dits dans le passé.

"We're going to the polls today."

*They **asserted** (that) they were going to the polls that day[3].*

3. Le jour où elles parlaient.

QUESTION

*She **wondered**, "Why do so few Indian girls go to school?" and **asked**, "Can't we make this change?[4]"*

4. La forme reste interrogative.

"Why do so few Indian girls go to school? Can't we make this change?"

*She **wondered** why so few Indian girls went to school and (if) they could make that change.[5]*

5. La phrase devient affirmative.

⚠ L'impératif se rapporte au discours indirect avec un verbe de **volonté** et une proposition infinitive.

*"Be proud and don't be ashamed of who you are." ⟶ She **wanted** us to be proud and not to be ashamed of who **we were**.*

1 Rapporte ces propos au discours indirect et au présent.

a. "I'm a Bollywood actress but I don't want to be a stereotype". → *She…*

b. "I feel lucky because I can be educated and I don't have to stay at home cooking." → *She…*

c. "My mother couldn't go to school." → *The boy…*

d. "Why couldn't women vote?" → *They…*

2 Rapporte ces propos au discours indirect et au passé en variant les verbes introducteurs.

a. "We can change things but we have to act now!"

b. "As a woman, I feel ostracised and I want it to change for my daughters."

c. "Thanks to their action, they'll raise awareness."

d. "Have you ever thought about rebelling?"

3 Réécris les paroles telles qu'elles ont été prononcées.

a. She said she thought women had the right to ride their bikes.

b. She told me I could change the world if I wanted to.

c. She wondered when there would be an Indian woman in power.

d. They asked me if I wanted to look like a man on my motorbike.

4 Dans cet article, repère les passages de discours indirect puis transpose-les au discours direct.

Last month, Raja told BBC World that she wanted to raise awareness on that issue and that, at the moment, she was helping young Indian girls get an education thanks to her association. After visiting the school she set up, our reporter met a few other NGO workers who confessed this association had really changed some of the girls' lives. They wondered what they would have become without it. Raja asserted education in India is a key to women's empowerment. She said she really hoped these girls would get a job in the future and thus become independent women.

5 Rapporte des propos en variant les verbes introducteurs.

You met an Indian school girl enrolled in school thanks to Team Balika's help. Report on her testimony. You can use expressions such as : *get an education – debunk stereotypes – shatter conventions – widen one's prospects – climb up the social ladder…*

→ More in *Pump it up!* p. 54

Vocabulary — Women in Indian society

EXO Lexiquiz

Education — Society — Community

School (AUDIO)
- bet on sb
- bring knowledge
- drop out of school
- give access to
- teach ≠ learn
- train

Means (AUDIO)
- income = earnings
- scholarship

- invest in
- save money

Prospects (AUDIO)
- expectation
- self-sufficiency = independence
- step forward = progress

- come up the social ladder

Politics (AUDIO)
- ideology
- tradition
- conservative ≠ modern
- patriarchal
- unequal = discriminatory

Women's status (AUDIO)
- gender gap

- abused = harassed
- misrepresented ≠ true to life
- submissive = obedient

- despise = disregard
- look down on sb ≠ respect

Actions (AUDIO)
- bring to light
- campaign against/for
- launch legal proceedings
- raise awareness
- reclaim space
- voice an issue

Sisterhood (AUDIO)
- backing = endorsement
- peers: *semblables*

- bind together
- strengthen bonds

Empowerment (AUDIO)
- confidence
- recognition

- break out of
- debunk stereotypes
- free oneself from
- live up to sb's expectations

1 Complète ces phrases avec le verbe qui convient.

debunk stereotypes – bet on – bring knowledge – bind together – break out of

a. Parents are encouraged to ... their daughters by sending them to school.
b. Sisterhood encourages women to ... in order to ... isolation.
c. One of Priyanka Chopra's primary concerns is to ... about Indian women.
d. Human rights lawyers like K. Munusamy ... about the fate of Dalit women.

2 Trouve l'intrus dans les séries suivantes.

a. self-sufficient – independent – confident – abused
b. campaign for – voice an issue – invest in – raise awareness
c. recognition – backing – support – challenge

3 Mobilise ton vocabulaire.

Encourage un groupe de femmes indiennes à voter lors des prochaines élections. Utilise des verbes d'action et des adjectifs comme : *make one's voice heard – raise issues – campaign for – challenging – recognised.*

Phonology — Liaisons et groupes de souffle

AUDIO

→ More in *Pump it up!* p. 82

En anglais, des **groupes de souffle**, qui forment aussi des groupes de sens, sont prononcés d'une traite et séparés par des pauses. Ils donnent ainsi du rythme au discours, auquel les **liaisons** donnent de la fluidité :
- consonne + son de voyelle : *An_old tradition* • *Essential_issues* • *A place for_all.*
- deux consonnes identiques : *People will just_turn their heads.* • *A skilled_diplomat.*
- entre deux voyelles, grâce à une petite « béquille » sonore : *It's election day_/j/_in India.* • *You_/w/_are all of this.*

1 Écoute et concentre-toi sur le liaisons et groupes de souffles indiqués.

Motorbikes have_always / been_a huge part_/ of_Indian culture.
Why should_I stop / riding_a_bike?
All citizens_are_equal.

2 Recopie ces phrases et note les liaisons et groupes de souffle. Écoute et vérifie.

As an actress, I feel as an ambassador promoting equality.
When are women going to be considered as equal to men?
Don't you think you can act and assert your power?

BAC TEST YOUR SKILLS

ÉPREUVE ÉCRITE

1H30

e-workbook GRILLES D'AUTO ÉVALUATION

PARTIE 1 ▶ Compréhension de l'oral

• Consacre 20 à 30 min à cette partie.

Prends des notes sur :
- le thème principal ;
- les informations essentielles ;
- le contexte et les motivations du locuteur;
- les arguments exposés ;
- la fonction et la portée du document.

Doc 1 Indra Nooyi on girls' education

"Educate a Girl" campaign, *Plan India*, 2013 AUDIO 1'30s

▶ Vous écouterez le document à trois reprises, séparées par une pause d'une minute. Vous rendrez ensuite compte en français de ce que vous avez compris.

STRATEGIES ▶ Comprendre un document audio p. 232

PARTIE 2 ▶ Compréhension de l'écrit et de l'ensemble du dossier

• Consacre environ 1h à cette partie.

Doc 2 Of Marriageable Age

Savitri had been learning with Mr Baldwin for six months when finally the letter came. Iyer took the letter to Mrs Lindsay and humbly begged permission to remove Savitri from schooling.

"Cooky! But no, I cannot allow that! Why, she is making such progress... Mr Baldwin says so, and besides, David would be all alone! Why on earth?"

Savitri said only, "The mistress begs for an explanation, Appa[1]."

Iyer played with the paper between his fingers. He handed it to Mrs Lindsay, who only gave it an impatient glance and handed it back, saying, "It's in Tamil. What is it about?"

"It's about my daughter's marriage, madam," said Savitri.

"Which daughter? You only have one daughter!" Savitri translated these words for her father and he replied respectfully.

"That is correct. I am speaking of my daughter Savitri," said Savitri.

Savitri herself was not present at the conversation. Only her body was. She herself had withdrawn from her thought-body so as not to become entangled in the words she spoke. They had nothing to do with her. She spoke words without thinking what she was speaking. When Mrs Lindsay spoke, Savitri turned her words to Tamil, and when her father spoke she turned his words to English. She was a mere vessel of translation through which language flowed back and forth.

"You don't mean Savitri's marriage!"

"She is my only daughter, madam."

"But for heaven's sake, Cooky, she's only seven! She's a child! You can't marry her off yet! And she's so bright in school, you can't..." Mrs Lindsay launched into a long speech and Iyer and Savitri heard her out, their faces blank, till she had no more words, Savitri faithfully converting all into Tamil. Then Iyer said, and Savitri repeated, in English:

"My brother Madanlal has found a suitable[2] boy for her in Bombay. He is a cook in the Ashok Lodge. My brother says he is very eligible, despite his clubfoot[3]. Savitri is to go to Bombay to live in my brother's household, until she is of marriageable age, and then she will marry the boy."

Sharon MAAS, *Of Marriageable Age*, 1999

1. father
2. appropriate, acceptable
3. *pied bot*

Doc 3

Why are our girls not in school?

The 21st century is here, and the world is making earth-shattering progress, but women and girls are still not able to enjoy their rights across the world. [...] According to the Census of 2011, there are still about 32 million children, aged between six and 13 years, who have never attended any educational institution. A majority of them are children from Dalit, Adivasi and Muslim communities. Regardless of the laws, policies and schemes available for the education of girls, one wonders why girls are not in schools? Several research studies show that poverty, child marriage, disinterest in schooling, distantly located schools and lack of safety in schools and on the way to schools are some of the leading reasons why girls, especially from these marginalised communities, are out of school. Social and cultural norms pose a lot of restrictions too, due to which girls are unable to enjoy freedom. Girls experience multiple forms of discrimination and violence in different contexts. They are forced into early marriage by their families as they are considered to be a big liability, and their safety issues, especially after puberty, is another big reason. According to a recent report, India ranks first in terms of the number of child brides in the world, with around 27 percent girls being married off before their eighteenth birthday. Poor educational opportunities for girls, especially in rural areas, also increase the vulnerability of girls to be forced into child marriage.

Seema RAJPUT, *YourStory*, 2018

Compréhension de l'écrit

▶ Using your own words, account for docs 2 and 3, focusing on:
- the nature of the texts;
- the issue tackled by the texts;
- the situation Indian girls have to deal with;
- the gaps between the girls' situations and what they might aspire to;
- the link with *Diversity and inclusion*.

STRATEGIES Lire et comprendre un texte p. 233

Compréhension de l'ensemble du dossier

Consider the audio and the texts and analyse how education represents hope for Indian girls.

PARTIE 3 ▶ Expression écrite

- Consacre 30 à 40 min à cette partie.

▶ **Vous traiterez en anglais et en au moins 120 mots l'un des deux sujets suivants au choix.**

SUJET A : You have met Indra Nooyi and she told you why she supports the cause of girl's education in India. In turn, write an open letter to be published on social networks to encourage people to contribute to her foundation. Explain why joining the foundation could make a huge difference in Indian girls' lives.

STRATEGIES Écrire une lettre p. 241

SUJET B : A mother is trying to convince her husband that keeping their daughter in school for as long as possible is the best option for everyone. Write the dialogue.

STRATEGIES Écrire un dialogue p. 240

SHORT FILE 20

DIVERSITÉ ET INCLUSION

DIVERSITY AND INCLUSION

Chicago swing

▶ **How does the city of Chicago use music as a means of inclusion?**

More on SPEAKEASY NEWS speakeasy-news.com

FINAL TASK Write the lyrics of a song celebrating Chicago's diversity.

A

VIDÉO

▲ Chicago Blues Festival (video: *LonelyPlanet*, 2018)

B

CULTURE SPOT

Chicago Unites is a free concert that took place in Millennium Park in 2018 celebrating the diversity of the city. At the end of the show, the audience and artists sang John Lennon's "Imagine" together.

▲ Opera Night at Millennium Park

Opera Night at Millennium Park

tripadvisor

●●●●● August 2018

What a gift! One of the most famous opera houses in Chicago, Millennium Park, performs a free concert every summer and we were able to go!! We just went and it was open and free for all. People were having picnics on the grass while listening to live opera in one of the most beautiful outdoor stages I have ever seen. I found myself enjoying opera which—let's be honest—I never thought would happen, amidst a whole crowd of tourists and locals just chilling there together and listening to nice music. It is definitely worth a visit!

www.tripadvisor.com

WORDS

- genre /ˈʒɒnrə/ = style
- inclusion
- (wide) range = variety /vəˈraɪəti/
- stage: *scène*

- multicultural
- numerous = multiple

- open-**air** = outd**oo**r
- w**e**lcoming

- be fam**i**liar with
- or**i**ginate from = come from
- overc**o**me

C

VIDÉO

◀ Chicago Hip-Hop (video: *Indigenous Film*, 2018)

DISCOVER AND SHARE

Join your team and focus on one of the documents.

Doc A. **Watch** the video and **find out** how essential music is in Chicago. **Imagine** how it may contribute to inclusion.

Doc B. **Focus** on the pictures and **react**. **Identify** the types of music you may listen to in Millennium Park. **Explain** how it bonds people.

Doc C. **Watch** the video and **comment** on the place and role of hip hop in Chicago.

NOW SHARE

Share your findings with the class. **Discuss** the way music reaches everyone in Chicago.

EXPLORE

1. A city in unison

➜ *How does Chicago's prolific musical scene bring people together?*

1 Youth involvement

VIDÉO

Lyric Opera of Chicago, 2016

a. Look at the pictures and **imagine** what type of musical event these teenagers may be involved in.

b. Watch the video. **Check** your hypotheses and **take** notes about the project.

c. GRAMMAR **Identify** what the pronouns refer to *"My choir director told me about it"*, *"Telling them that it's cool."* ▸ 2 p. 198

d. Explain how this project benefits both the artists and the people around them.

WORDS

- call for = plea for
- integration = blending
- roots

- appealing = attractive
- astonishing = striking
- talented = skilled

- gather = come together
- inherit from
- praise = emphasise: *mettre en valeur*
- take pride in one's origins
- transmit = pass on

2 Immigrant stories

VIDÉO

Chicago Jazz Philarmonic, 2018

a. Describe the poster and **make** hypotheses about the project.

b. Watch the video and **say** how the man's origins influenced him as an artist.

c. Explain what the project consists of.

d. GRAMMAR *"I want you to bring everything that you bring to this project"*, *"that message is more powerful than anything else"*. **Identify** the underlined words and **explain** how they emphasise the idea of inclusion. ▸ 2 p. 198

BAC **Discuss** the impact of such a project for Chicago immigrants.

▲ *King Oliver's Creole Jazz Band*, by Rick Seguso

1928: Louis (Armstrong) arrives from New Orleans in Chicago for the first time. AUDIO

The cab swung a left onto 31st Street and dropped him off outside the Gardens and Louis looked up at the building and caught sight of the sign above the doors: KING OLIVER AND HIS CREOLE JAZZ BAND.

And then he heard the unmistakable sound of his old mentor's cornet cutting through the walls of the building and soaring out[1] onto the street. It was the same, lowdown blues from back home, but different somehow. It took a moment to figure it out: the speed. It was much, much faster, just like the people he'd seen rushing through the streets; it had a more frenetic tempo, made breakneck[2] to suit its new home.

'It's the King's new boy,' shouted the cabdriver over the noise to one of the bouncers[3] at the door, swinging a thumb in Louis' direction. Louis stepped out of the cab and the bouncer eyed him, and he felt conscious once more of his clothes and his battered cardboard suitcase. […]

And in the queue outside the club, he saw something that made him stop: white people. A group of awkward young men, studious-looking, skittish[4], listening to the music like they were listening to some kind of god.

The bouncer stared at Louis and inclined his head a whole eighth of an inch toward the entrance; Louis walked to the front of the queue and the bouncer swung the door open and that's when the music really hit him, like a freight train, ear-splittingly loud and unrelenting.

They stepped through the foyer and onto the dance floor and Louis saw it was packed with hundreds of young slickers[5], dancing to the sound of Papa Joe's freak music, his horn growling and moaning and bending its timbre and pitch. The place was thumping with jazz, swirling in a current of optimism and hedonism, crazed by the here and now. And in that moment, a realization flared through Louis' mind—despite the difference in tempo, all these sophisticated Northerners were flocking there to listen to Southern music, to New Orleans music, to his music. And he thought of that ragged-looking[6] army of refugees getting off the train at the 12th Street station. They might have been impoverished, but they were giving the city something it craved[7], something it worshipped.

And a smile cracked his lips. He wasn't sure what was going on, some exchange between people from different ends of the country, between fast and slow, black and white, old and modern, some forging of something new and important. Something was happening in Chicago, and he grinned from ear to ear at the beautiful bizarreness of it all.

Ray CELESTIN, *Dead Man's Blues*, 2016

1. fly **2.** *endiablé* **3.** doorman at a club **4.** nervous **5.** stylish people **6.** *en guenilles* **7.** desire

e-workbook | PARCOURS DIFFÉRENCIÉS

3 A familiar sound

a. Read l. 1-12 and **pick out** information about Louis's arrival in Chicago.

b. VOCABULARY **Pick out** words from the lexical field of music and **compare** what Louis hears to what he is used to.

c. Identify the people he sees inside and outside the club. How does he feel about them?

d. Identify stylistic devices in l.20-29. **Analyse** the effect they create.

BOOST YOUR SKILLS!

Faire une description poétique

- Utilise le lexique des perceptions : *He **heard**… the **sound** • **Shouted** over…*
- Utilise des pronoms pour partager tes émotions : *It made **me** so happy • Telling **them** to join…*
GRAMMAR 2 p. 198
- Utilise des figures de style : *This is what **Chicago** is, what **America** is.* (gradation) • ***Fast** and **slow**, **black** and **white**…* (antithesis) • *the **beautiful bizarreness*** (oxymoron)

MÉDIATION

YOUR TASK You visited Chicago and were moved by its musical harmony in diversity. **Write** a review on the city web page to **describe** this musical singularity and **share** your feelings.

EXPLORE

2. Come, join and create

➜ *How is Chicago becoming an artistic hub?*

1 A unique orchestra

The Chicago Sinfonietta has been devoted to diversity and inclusion since it was founded by pioneering African-American conductor Paul Freeman. Throughout the 2017/18 season, the orchestra is shining a spotlight on women composers. In fact, it's shining it brighter than most orchestras; no other organization of its kind has programmed a higher percentage of works by women composers this season. The first Sinfonietta concert that Mei-Ann Chen led as music director designate happened to feature women composers. "That concert kind of planted the seed back then to do something that would highlight women in a big way," she said. But representing women in music is not just a yearlong initiative for Sinfonietta, or Chen, who is one of the few women to serve as music director for an American orchestra. Women are also well represented in the Sinfonietta's roster[1]. Typically, 47% of the performers on stage in a Sinfonietta performance are women.

wfmt.com, March 2018

CS, 2018

1. list of players

a. **Watch** the video and **explain** what the project consists of.

b. GRAMMAR *"He really gave an opportunity for minority musicians to build a place for themselves."* **Identify** the infinitive clause. What does it say about the founder of the project? ▸ 1 p. 198

c. **Deduce** the importance of this project for the musicians.

d. **Read** the text and **find out** about the new dimension of the project.

e. **Discuss**: *"How much is changing the face of classical music worth to you?"*

WORDS

- gender gap
- outfit = costume
- role model
- troupe = group of performers

- life-changing
- self-confident
- uplifting = inspirational
- widespread

- challenge stereotypes
- grant = allow
- have access to
- identify with = relate to

2 Hiplet

CBS Chicago, 2018

a. **Describe** the picture. **What** type of dance may the girls be doing?

b. **Watch** the video and **find** information about hiplet (type of dance, origin).

c. **Explain** why it can be seen as the American dream for Chicago girls.

d. **Comment** on the international dimension of hiplet.

DIFFÉRENCIATION

YOUR TASK MÉDIATION You have just discovered the Chicago Sinfonietta or the hiplet dance school. **Report** about the project to your own music/dance school.

WAY 1 **Explain** why you would like to join in.

WAY 2 **Explain** why you would like such a project to come to your city.

BOOST YOUR SKILLS!

Exprimer une volonté ou une envie

- Utilise des verbes de volonté : *We **wanted** to do something...* • *I **would like** to be just like them.* GRAMMAR 1 p. 198
- Précise ce que tu attends : *A source of **strength**...* • *An **empowerment** thing* • *An **opportunity** to build a place*
- Donne une portée plus universelle à tes aspirations : *We need to see **everyone** on stage* • *It is more powerful than **anything** else* GRAMMAR 2 p. 198

FINAL TASK

Write the lyrics of a song celebrating Chicago's diversity.

You take part in a student writing contest organised by the city of Chicago. Write a song to celebrate the city's diversity.

1. **Choose** one aspect of the city's diversity you want to focus on (musical, cultural, ethnic, etc).
2. **Gather** your ideas to celebrate the city's diversity, focusing on:
   – the people (musicians, artists, immigrants, young people);
   – a specificity of the city you want to highlight;
   – your wish to see Chicago's model of diversity expand.
3. **Write** your song. **Make** it as poetic as possible to emphasise your message.

YES YOU CAN! Write a powerful song

AUDIO

Chicago has my heart,
don't ask me to leave,
don't force me to go.
When the rents rise,
when the city I know
is unrecognizable, it's mine.
Chicago, you have my heart, split in two,
like the city and stories you tell.
but I am one, not two,
second will not do.
You can't continue to break us in two,
in remade, / refurbished, /
renewed models for the few.

Chicago has my heart,
but my head, my hands, my body
with the people who build.
Rise Chicago,
this body politic will rise,
our fire will burn, again.

Kevin COVAL,
Chicago Has my Heart, 2016

LA SITUATION D'ÉNONCIATION

Choisis un point de vue clair :
1re ou 3e personne du singulier.
Tu peux aussi choisir d'expliciter à qui s'adresse ta chanson.

LES RIMES

Utilise des rimes pour mettre en valeur les idées importantes. Tu peux tout écrire en rimes, ou seulement le refrain pour le rendre plus percutant.

LA STRUCTURE

Pense à inclure un refrain qui fera ressortir ton message. Il peut être court.
Choisis aussi le nombre de strophes que va comporter ta chanson.

L'ÉCRITURE POÉTIQUE

Pense aux figures de style : des anaphores, des répétitions, des comparaisons, des métaphores, ou des jeux de rythme permettront de donner de la profondeur à ta chanson.

STRATEGIES Enrichir son vocabulaire p. 238

BOOST YOUR ENGLISH!

Grammar — La proposition infinitive

PRÉCIS 30 ET EXERCICES

Grammar Tuto

Certains verbes permettant d'exprimer une volonté, une demande, une attente ou une pression sur autrui sont suivis d'une proposition infinitive. (= ***TO*** + **BV** dans la proposition qui suit).

WANT • WOULD LIKE
EXPECT • ALLOW
FORCE • ENCOURAGE
ORDER • OBLIGE

*Immigrants **wanted** to tell their stories through music.*
*The organisers **expected** everyone to come to the concert.*

Proposition infinitive

+ (SUJET) + *TO* + BASE VERBALE

It is • necessary • impossible • interesting • beneficial FOR

Certaines propositions infinitives sont introduites par ***FOR*** après un adjectif exprimant une opinion ou un jugement.

***It's** really **beneficial** FOR us to make hiplet known.*
***It's essential** FOR tourists to understand Chicago's musical diversity.*

1 Utilise les éléments entre parenthèses pour rédiger des propositions infinitives.

a. Musicians want (people/experience their music).
b. It's important (everyone/discover new types of music).
c. I didn't expect (Chicago/be so diverse).
d. The Chicago Sinfonietta musicians want (listeners/take part) and enjoy.
e. It's impossible (you/miss) this open-air concert!
f. This creative spirit encourages (artists/innovate).

2 Reformule les attentes exprimées ci-dessous à l'aide d'une proposition infinitive.

a. Everyone should see hiplet dancers performing once in their lives.
b. People must open up their minds to different types of music.
c. Music bringing people together… That's my wish.
d. Every artist must convey an emotion in their song, that's essential.
e. You must go to the Millennium Park if you want to get Chicago's genuine artistic atmosphere.

→ More in *Pump it up!* p. 38

Grammar — Pronoms personnels et pronoms indéfinis

PRÉCIS 9 ET EXERCICES

• Les **pronoms personnels** remplacent une **personne** en position **sujet** (*I, you, he/she/it, we, you they*) ou **complément** (*me/you/him/her/it/us/you/them*).
I just want to dance like them!

• Les **pronoms indéfinis** ne se réfèrent pas à une personne, ou une chose précise. Formés d'un quantificateur (*any, some, every, no*) suivi de *one, body* ou *thing*, ils permettent d'évoquer une personne ou une chose tout en restant neutre.
Someone told me about this free concert. (quelqu'un)
Everyone loves music. (tout le monde)
No one dances hiplet like her. I had seen nothing like that before. (personne/rien)

3 Remplace les noms soulignés par un pronom sujet ou complément.

a. Jack taught his sister how to play the guitar.
b. Chicago is so diverse that tourists never get bored.
c. My friend and I discovered hiplet last month! This dance is so empowering!
d. The Sinfonietta really convinced my brother to start playing an instrument.
e. My parents truly enjoyed Chicago, they really want my brother and me to go there!

4 Remplace les éléments soulignés par un pronom indéfini.

a. All the people at the concert sang and cheered.
b. I've never met a single person who doesn't like music.
c. This is a specificity that is part of Chicago's identity.
d. Not a single person in my family has been to Chicago.
e. I had never seen anything like that before!
f. It's unusual but today, there's no show on at the concert hall.

e-workbook GRILLES D'AUTO ÉVALUATION

ÉPREUVE ÉCRITE

play BAC

PARTIE 1 ▶ Compréhension de l'oral

Doc UIC School of Theatre and Music

▶ Vous visionnerez la vidéo à trois reprises, séparées par une pause d'une minute. Vous rendrez ensuite compte en français de ce que vous avez compris.

STRATEGIES Comprendre une vidéo p. 235

1'30s VIDÉO

UIC School, 2018

Prends des notes sur :
- la situation d'énonciation ;
- le thème principal ;
- les informations données ;
- la fonction et la portée du document.

- **AVANT L'ÉCOUTE** Formule des hypothèses au sujet du document en te fondant sur le titre, la source et la photographie.

- **PREMIÈRE ÉCOUTE** Regarde le document une première fois sans prendre de notes mais en cherchant à vérifier tes hypothèses. Appuie-toi sur les images pour identifier les lieux et les personnes dont il est question.

- **DEUXIÈME ÉCOUTE** Prends en note les informations principales. L'accentuation des mots t'aidera à repérer les points essentiels. Utilise des abréviations ou des symboles pour rendre ta prise de notes efficace. Distingue bien les gens qui parlent et ceux dont on parle. Profite des pauses pour compléter tes notes au fur et à mesure.

- **TROISIÈME ÉCOUTE** Efforce-toi de relever davantage de détails. Cherche à repérer les connecteurs et la progression logique du document. Demande-toi à la fois ce qu'il s'y passe et ce que ce document chercher à montrer.

- **COMPTE RENDU ÉCRIT** Rédige un compte-rendu organisé. Désigne le locuteur par sa fonction si tu n'as pas réussi à relever son nom. Tu n'es pas obligé de suivre la linéarité du document mais tu dois chercher à en dégager la logique.

Situation d'énonciation
- Qui parle ? Un(e) locuteur(trice) ou une voix off ?
- À qui s'adresse-t-il/elle et de quoi parle-t-il/elle ?

Réseaux de sens
- Identifie les lieux montrés dans la vidéo.
- Identifie les liens qui sont fait entre ces lieux.
- Mets en relation les images et le discours pour comprendre l'enjeu du document.

Stratégies de communication
- Concentre-toi sur le projet et sur ce qu'il apporte aux jeunes dont on parle.
- Quelle image de cette école est véhiculée ?
- Quel est l'objectif de cette vidéo ?

La restitution
- Essaie de comprendre en quoi ce document se raccroche à l'axe « Diversité et inclusion ».
- Soigne la présentation.

PARTIE 3 ▶ Expression écrite

▶ **Vous traiterez en anglais et en au moins 120 mots l'un des deux sujets suivants au choix.**

SUJET A : You took part in a music summer camp in Chicago. Explain in a detailed comment on your travel blog what you particularly liked.

STRATEGIES Écrire une page de journal intime p. 246

SUJET B : Sarah Dessen, an American novelist, said:

"Music is the great uniter. An incredible force. Something that people who differ on everything and anything else can have in common."

How much does this apply to Chicago?

STRATEGIES Écrire un texte argumentatif p. 243

SNAPFILE 21

DIVERSITÉ ET INCLUSION
DIVERSITY AND INCLUSION

Invictus Games

▶ **How can sport, team spirit and humour repair broken lives?**

YOUR MISSION

Deliver an inspirational speech for the opening ceremony of the Invictus Games.

As a member of a Youth Sports Club assisting the organisation of the Invictus Games, you promote the inclusion of athletes with disabilities or health problems. You represent your club at this year's opening ceremony. Prepare your speech.

FOLLOW THE STEPS!

1 Welcome to the Invictus Games

INVICTUS GAMES FOUNDATION | FOUNDATION | GAMES | NEWS & BLOGS | WE ARE INVICTUS | CONTACT | SHOP | DONATE

Most of us will never know the full horrors of combat. Many Servicemen and women suffer life-changing injuries, visible or otherwise, whilst serving their country. How do these men and women find the motivation to move on and not be defined by their injuries?

On a trip to the Warrior Games in the USA in 2013, HRH[1] The Duke of Sussex saw first-hand how the power of sport can help physically, psychologically and socially those suffering from injuries and illness. He was inspired by his visit and the Invictus Games was born.

The word 'invictus' means 'unconquered'. It embodies the fighting spirit of wounded[2], injured and sick Service personnel and personifies what these tenacious men and women can achieve post injury. The Games harness[3] the power of sport to inspire recovery[4], support rehabilitation and generate a wider understanding and respect for those who serve their country.

The Invictus Games is about much more than just sport—it captures hearts, challenges minds and changes lives.

The Invictus Games is a multi-national sporting event, held in:

- **London 2014:** 10-14 September with 409 competitors from 13 nations
- **Orlando 2016:** 8-12 May with 487 competitors from 14 nations
- **Toronto 2017:** 23-30 September with 539 competitors from 17 nations
- **Sydney 2018:** 20-27 October with 491 competitors from 18 nations
- **The Hague 2020:** 9-16 May with 500 competitors from 19 nations

1. His Royal Highness 2. *blessé* 3. use 4. *rétablissement*

▶ **Read** the webpage and **watch** the video.

a. Explain who the Invictus Games were created for and what the goal was.

b. Find out what experiences inspired Prince Harry.

c. Comment on the example the Invictus Games give to the world today.

BAC **Discuss.** What values do the Invictus Games convey for the new generations?

STEP 1

As an introduction to your speech, **sum up** the history of the Invictus Games.

VIDÉO

The Duke of Sussex's speech, Sydney, 2018

2 The poem behind the Games

Doc. 1

Invictus

Out of the night that covers me,
Black as the pit[1] from pole to pole,
I thank whatever gods may be
For my unconquerable soul.

In the fell clutch[2] of circumstance
I have not winced[3] nor cried aloud.
Under the bludgeonings[4] of chance
My head is bloody, but unbowed[5].

Beyond this place of wrath[6] and tears
Looms[7] but the Horror of the shade,
And yet the menace of the years
Finds and shall find me unafraid.

It matters not how straight the gate,
How charged with punishments the scroll,
I am the master of my fate,
I am the captain of my soul.

William Ernest HENLEY, 1875

1. hole 2. *griffes cruelles* 3. *grimacer* 4. beatings 5. up high 6. anger 7. appear

Doc. 2

VIDÉO

"Invictus", *Invictus Games Foundation*, 2014

WORDS

- bravery /'breɪvəri/
- dedication
- honour /'ɒnə/
- perseverance = determination
- trauma

- resilient
- strong-minded = determined
- unflinching = unwavering

- embody
- overcome obstacles
- stand together
- strive = struggle

▶ **Read** the poem and **watch** the video. e-workbook PARCOURS DIFFÉRENCIÉS

a. (l. 1-12) **Pick out** elements showing the speaker's difficult situation.

b. (l. 11-12) **Explain** the attitude of the speaker towards danger.

c. (l. 15-16) **Show** how both the rest of the poem and the attitude of the athletes in the video illustrate this situation.

d. **Comment** on the choice of this poem as the emblem of the Invictus Games. Why did celebrities accept to read it?

AT HOME **Search** the web and **find** information about the author and the context in which *Invictus* was written.

STEP 2

Choose a stanza of the poem and **practise** saying it out loud. Quote it in your speech, and **pay tribute** to the athletes' determination and courage.

BOOST YOUR SKILLS!

Rendre hommage

- Utilise des tournures emphatiques : ***Most of us*** *will never...* • ***Many*** *Servicemen and women...* • ***Much more*** *than just sport...*
- Choisis du lexique qui souligne l'exemplarité : *It embodies* ***the fighting spirit*** *of...* • ***Tenacious*** *men and women* • *They generate* ***understanding*** *and* ***respect***.
- Joue sur le rythme et les répétitions pour marquer les esprits : *It* ***ca****ptures hearts, /* ***cha****llenges minds / and* ***cha****nges lives.* • *I have* ***not*** *winced /* ***nor*** *cried aloud.*

3 The power of sport

Invictus Games Foundation, Sydney, 2018

a. Watch the video and **pick out** elements illustrating the following ideas: comradeship – family values – recognition – resilience.

b. PHONOLOGY *"You're loved here", "This is an experience that I'll never forget", "It is life changing, it is."* **Say** whether the voice goes up or down at the end of each sentence and **explain** the effect it produces.

c. Explain why participating in this competition is more important than winning.

BOOST YOUR SKILLS!

Valoriser une démarche

- Souligne l'objectif de la démarche avec *To + V* : ***To be** on a team is...* • ***To participate** is important...* • ***To show** them I can...*
- Utilise des tournures laudatives : *It's **life-changing*** • *That's **the most important** thing.*
- Utilise l'expression de l'opposition pour souligner le sens de la démarche : *It's **not** about... / It's about...* • ***Instead of** saying..., say...*

STEP 3

Write a short paragraph to **praise** sports values: **explain** what they can bring both to athletes and to the rest of us.

4 A tight-knit community

Doc. 1

http://www.invictusgames2018.org

Volunteers from all walks of life join Invictus Games family in Sydney

People from diverse walks of life comprise the more than 1 000 volunteers who will play an integral role in delivering the fourth edition of the Invictus Games. Among those who are investing their time is Amar Singh, a transport-company operator: "It's all about learning new skills and meeting new people. And, it's about giving back to society," he said.

Singh's first experience in volunteering was at the Sydney 2000 Olympic Games, not long after he arrived in Australia. "I was a recent migrant back then, only two years in the country, I put my hand up and it's something I still can't forget." [...]

Another Sydney 2 000 volunteer, Christine Patton, will be working in accreditation at Invictus Games Sydney 2018 alongside her medical-alert dog, Angel.

"I'm disabled to a certain extent and I thought it would be good to see that people could do jobs like this," said Patton.

Adrian Talbot, who competed at the 2014 London Invictus Games spoke to the people who will make Invictus Games Sydney 2018 possible. [...] Talbot's moving words reinforced the value of the volunteers' contribution. "Each athlete and their families have stories of overcoming adversity. The resilience and devotion to recovery of these people will be showcased at the Invictus Games. The relationships I made during the Games are long-lasting and forged in the understanding that you are no longer alone. [...] Truly, without the smiling faces and dedication of the volunteers, this event would not be possible. Welcome to the family."

David SYGALL, *invictusgames2018.org*, 2018

a. Read the article and **identify** the various people interviewed. **Pick out** personal information about them.

b. VOCABULARY **Pick out** the words that carry a positive value.

c. Find out why each volunteer has chosen to take part in the Invictus Games.

d. Comment on what volunteers can bring to the Games.

BAC Would you like to volunteer your services for The Invictus Games? Why?

Doc. 2 VIDÉO

Emma shares her story, *Beyond Blue*, 2018

WORDS

- purpose
- sense of community
- solidarity = support

- determined = strong-willed
- hopeful = cheering
- owerwhelming = life-changing

- be driven/motivated by
- bounce back = tip over the edge
- engage in = get involved in
- seize the opportunity

a. **Watch** the video and **find out** what problem Emma had to face.

b. **Explain** what symptoms she suffered from and where she found support.

c. GRAMMAR *"I've accepted it. I've moved on."*
Identify the verb tense and justify its use. PRÉCIS 14

d. **Explain** how the Invictus Games have helped her overcome her problems.

STEP 4 VIDÉO

Discover online the testimonies of other Invictus Games athletes. **Take** notes and get ready to **tell** the story of a volunteer or an athlete who inspires you.

5 A friendly, competitive spirit

F.L.O.T.U.S
Hey, @KensingtonRoyal, are you ready for Invictus Orlando? Game on!

Kensington Royal
Wow! F.L.O.T.U.S and P.L.O.T.U.S some @weareinvictus fighting talk there! You can dish it out but can you take it?

VIDÉO

Twitter war with Prince Harry, *CBSN*, 2016

a. **Read** the tweets and **identify** who they are from, who they are addressed to, and what message they deliver.

b. **Watch** the video and **check** your understanding of the tweets. **Explain** why this is a joke.

c. **Find** a detail showing that Prince Harry actually admires American athletes.

d. **Imagine** the reasons why the Queen accepted to get involved in "the fight".

STEP 5

Write a conclusion to your speech adding a touch of humour and challenging your competitors in order to boost their motivation.

BOOST YOUR SKILLS!

Défier un adversaire avec humour

- Utilise des questions rhétoriques : *Are you ready for...? • Can you take it?*
- Utilise des expressions idiomatiques : *Bring your A-game! • Game on!*
- Mets en garde ton adversaire avec des impératifs : ***Be** careful what you wish for.*

FINAL STEP

Gather your notes and **deliver** an inspirational speech for the opening ceremony of the next Invictus Games.

You've completed your mission. Well done!

play BAC

BRAINSTORMING

DIVERSITY AND INCLUSION

How can diversity bring cultural enrichment?

- → Communities celebrating diversity (Immigrants stories in Chicago).
- → Different forms of expression creating new trends (Hiplet in Chicago; Ginni Mahi mixing traditional music and hip-hop in India).
- → Leading to worldwide cultural alliances (Commonwealth, CARICOM).

Can common struggles lead to a community spirit?

- → Opening up new spaces (All female voting stations in India, the Sister Library in Mumbai).
- → Fighting stereotypes (Priyanka Chopra in *Quantico*, Latino superheroes in US fictions).
- → Making education a priority (Educate Girls).
- → Sharing experiences (the Sister Library in Mumbai, volunteers at the Invictus Games).

How can inclusion become a source of empowerment?

- → Bringing disability to center stage (The Invictus Games).
- → Bridging the gaps between social classes or castes (Music in Chicago, the Internet in South Africa).
- → Fighting gender inequalities (The Sabarimala case).

How do common passions create new bonds?

- → Common interests bring diverse people together (Chicago Sinfonietta).
- → Associations create new bonds and aspirations (The Delhi Bikerni).
- → Connecting over common interests on social networks (Instagram poetry).

SPEAK ABOUT...

Diversity and inclusion

- In pairs, look at the mind map and discuss the topics using the guidelines and your personal knowledge. You can ask your partner other questions. Develop these examples or choose any others from the English-speaking countries.

WORDS

AUDIO

Nouns
- acceptance
- affirmative action = introduction of quotas
- background
- behaviour = attitude
- bonds
- civil rights
- equal opportunity
- integration
- multiculturalism
- newcomer
- pride
- self-confidence
- status
- stereotype

Adjectives
- accessible
- class-ridden
- committed = involved in
- disabled = handicapped
- discriminated against = prejudiced
- equal = balanced
- ethic
- fair = unbiased
- mixed-race
- mutual
- oppressed
- strong-willed
- under-represented
- unifying

Verbs
- achieve equality
- belong to
- celebrate = embrace
- change people's minds
- demonstrate
- empower
- enforce human rights
- face a challenge
- fight for/against
- find balance
- include in
- make sthg easier
- overcome obstacles
- reconcile
- strengthen

Voie générale

5'

• Vous traiterez **en anglais** et **à l'oral** l'un des deux sujets, **au choix**.

1. Look at the images and say which one corresponds best to your understanding of *Diversity and inclusion*. Explain your choice and give precise examples from what you saw in class or what you know about English-speaking world.

• Identifie le message de l'image et la réaction attendue chez l'observateur.
• Si tu reconnais une référence à un autre visuel (ici : *Raising the Flag on Iwo Jima*) mentionne-le : les références interculturelles sont valorisées.

▲ Papworth Trust, *"I can"* campaign, 2014

▲ Michael D'ANTUONO, *What Makes America Great*, 2016

2. Read the two quotes and say which one corresponds best to your understanding of *Diversity and inclusion*. Explain your choice and give examples from what you saw in class or what you know.

• Prends pour point de départ le message précis délivré par la citation. Présente-le en t'appuyant sur les mots clés. Puis élargis ton propos pour l'appliquer à une réalité culturelle d'un pays anglophone.

"No culture can live if it attempts to be exclusive."
Mahatma GANDHI
(Indian political activist)

"Diversity is the engine of invention. It generates creativity that enriches the world."
Justin TRUDEAU (Canadian Prime Minister)

Voie technologique

5'

A few ideas about *Diversity and inclusion* in technology...

ETLV

STL STI2D STD2A
• Present a company specialised in robotic prosthetics and/or exoskeletons.

ST2S
• Present the representation of social workers and their choice of therapy in *Alive Inside* by Michael Rossato-Bennett (2014).

STMG
• Choose a company based in an English-speaking country. Present and analyse its Human Resources strategies when it comes to diversity and inclusion.

STHR
• Present a resort hotel specialising in inclusion for disabled people. Explain your project.

• Compare ton cas d'étude à d'autres réalités. Renseigne-toi sur différentes entreprises ou associations spécialisées dans le sujet que tu traites. Opère des comparaisons entre ton cas et la manière dont d'autres compagnies procèdent.

STRATEGIES Présenter une organisation ou un fait social p. 249

FILE 22

TERRITOIRE ET MÉMOIRE

TERRITORY AND MEMORY

Landscape of History

▶ **How is Australia's heritage inscribed in the land?**

FINAL TASK

MÉDIATION

Tell a story about the Australian land and history.

More on SPEAKEASY NEWS speakeasy-news.com

A

AUDIO

▲ Australia's weird and wonderful place names (audio: *ABC News*, 2019)

B

◀ *40,000 years* mural in Redfern (inner-city suburb of Sydney)

CULTURE SPOT

40,000 Years presents a historic storyline that acknowledges Redfern's Aboriginal cultural heritage, collective community spirit, resilience and pride. The title comes from a song which is a tribute to the continuous presence of the Aboriginal people and their cultural connection to the land.

C

Australia Day Celebrations, 2019

WORDS

- **e**vidence = proof
- h**e**ritage = l**e**gacy
- roots

- age-**o**ld = **a**ncient /'eɪnʃənt/
- ind**i**genous = Abor**i**ginal
- sh**a**red = c**o**mmon
- tw**o**fold = d**ou**ble

- be tied to = be linked with
- claim **o**wnership of = take poss**e**ssion of
- name sth after sth/sb
- s**e**ttle: *s'installer*
- trace sth back to

DISCOVER AND SHARE

Join your team and focus on one of the documents.

Doc A. **Listen** to the audio and **explain** how place names in Australia tell us about the country's history.

Doc B. **Watch** the video and **read** the culture spot. **Explain** the significance of the Redfern mural.

Doc C. **Watch** the video and **explain** what this event means.

NOW SHARE

Share your findings with the class and **discuss** how the land reflects Australia's diversity.

EXPLORE

1. Mapping memory

➜ *How have civilisations left their mark on the map of Australia?*

What's in a name?

1

When Australians get hold of a name that suits them they tend to stick with it in a big way. We can blame this unfortunate custom on Lachlan Macquarie, a Scotsman who was governor of the colony in the first part of the nineteenth century, and whose principal achievements were the building of the Great Western Highway through the Blue Mountains, the popularizing of Australia as a name (before him the whole country was indifferently referred to as either New South Wales or Botany Bay) and the world's first nearly successful attempt to name every object on a continent after himself.

You really cannot move in Australia without bumping into some reminder of his tenure[1]. Run your eye over the map and you will find a Macquarie Harbour, Macquarie Island, Macquarie Marsh, Macquarie River, Macquarie Fields, Macquarie Pass, Macquarie Plains, Lake Macquarie, Port Macquarie and a Macquarie town. I always imagine him sitting at his desk, poring over maps and charts with a magnifying glass[2], and calling out from time to time to his first assistant: 'Hae we no' got a Macquarie Swamp[3] yet, laddie? And look here at this wee copse[4]. It has nae name. What shall we call it, do ye think?'

You wouldn't suppose there would be much left after all that, but one of Macquarie's successors as governor, Ralph Darling, managed to get his name all over the place too. In Sydney you will find a Darling Harbour, Darling Drive, Darling Island, Darling Point, Darlinghurst, and Darlington. Elsewhere Darling's modest achievements are remembered in the Darling Downs and Darling Ranges, a slew of additional Darlingtons, and the important Darling River. What isn't called Darling or Macquarie is generally called Hunter or Murray. It's awfully confusing.

Even when the names aren't exactly the same, they are often very similar. There is a Cape York Peninsula in the far north and a Yorke Peninsula in the far south. Two of the leading explorers of the nineteenth century were called Sturt and Stuart and their names are all over the place, too, so that you have constantly to stop and think, generally at busy intersections where an instant decision is required, 'Now did I want the Sturt Highway or the Stuart Highway?' Since both highways start at Adelaide and finish at places 3,994 kilometres apart, this can make a difference, believe me.

Bill BRYSON, *Down Under: Travels in a Sunburned Country*, 2000

1. time as governor **2.** *loupe* **3.** *marais* **4.** *bosquet, petit bois*

a. Read the text and **find out** why so many places have the same name in Australia.

b. Explain why Bill Bryson refers to this situation as an "*unfortunate custom*" (l. 3).

c. GRAMMAR **Focus** on "who" and "whose" (l. 4-5). **Explain** why the relative pronouns are different. PRÉCIS 34

d. Comment on the tone of the passage.

WORDS

- forefather = ancestor
- sense of belonging

- countless = innumerable
- nationwide
- overwhelming = impressive

- be reminded of
- conquer
- imprint = mark
- inherit
- trace = keep track of

2 Aboriginal mapping

Doc. 1 VIDÉO

What are song lines?, *Queensland Rural Medical Education Limited*, 2013

CULTURE SPOT

Dot painting is the unique style of Australian Aboriginal Art. Not just aesthetic, it has a far deeper purpose: to map their land and disguise sacred meanings behind the stories in the paintings.

Doc. 2

The memory code

It has long been known that the human brain has evolved to associate memory with place, referred to as the method of *loci*. This means that we associate memory with a location. How often do memories come flooding back to us when we visit our childhood haunt[1]?

Loci (Latin for "place"), can refer to landscape features, ceremonial sites, abstract designs—anything with distinct features where information can be linked to memory. [...]

In oral cultures, knowledge is power. In Indigenous cultures, elders who have passed the highest levels of initiation hold the deepest levels of knowledge. This is reflected in ceremonial sites where knowledge is passed down. Aboriginal initiation sites include a secret area where the most sacred knowledge is discussed.

But *loci* is not only linked to places you can touch or visit. Indigenous people also use the stars as memory spaces. For example, groups of stars can represent features on the landscape. Aboriginal Law Man Ghillar Michael Anderson explains how the Euahlayi people were able to travel long distances for trade and ceremony.

The Euahlayi would memorise star maps at night and learn the songs that talk about their relationship to the land. Each star was associated with a landscape feature, such as a waterhole. Later in the year, they would sing the song as they travelled across country by day. These songline routes became the foundation of some of our highway networks that criss-cross the country.

Rather than navigating by the stars, the stars themselves serve as a memory space.

Duane W. HAMACHER, *theconversation.com*, Septembre 2016

1. favourite place

Focus on doc. 1 or 2

e-workbook · PARCOURS DIFFÉRENCIÉS

a. Watch the video or **read** the text and **pick out** information about the Aboriginal lifestyle.

b. GRAMMAR *"They'**d** have a meeting"* (doc. 1); *"The Euahlayi **would** memorise star maps at night"*. **Focus** on the auxiliary in bold and **explain** its use here.

c. Explain what *"the song lines"* (doc. 1) and *"the method of* loci*"* (doc. 2) (doc. 3) stand for.

d. Comment on the close relationship between Aboriginal people and nature.

BAC **Discuss** the way memory is kept alive thanks to oral tradition.

MÉDIATION

YOUR TASK You are a guide at the Aboriginal cultural centre in Sydney. **Explain** to a group of visitors the ancestral methods used by Aboriginals to map their land.

BOOST YOUR SKILLS!

Evoquer des traditions ancestrales

- Rapporte les faits passés au prétérit simple : *We **understood** the whole area where we **lived** • We **moved** around the land.* GRAMMAR 1 p. 214
- Utilise *would* pour décrire des habitudes dans le passé : *They'**d** have a meeting • The warriors **would** report back • The Euahlayi **would** memorise star maps.* PRÉCIS 13
- Apporte des précisions avec des subordonnées relatives : *A Scotsman **who** was... • **Whose** achievements... • The songs **that** talk about...* PRÉCIS 34

2. Stories from the past

➜ *How does the land tell the story of its inhabitants?*

1 The first settlers

AUDIO

In 1810, Hannah Stanley arrives from England to the Sydney prison colony in Australia.

'There, Hannah, I told you. Here's the Governor come to welcome us. Look.'

All eyes focused on the small group of officials approaching. Hannah recognized the Colonial Surgeon and their own Captain Ward trailing the Governor and his aides. She thought Governor Macquarie cut a fine figure in his heavily gold-lined dark blue dress coat with the high white collars, double-breasted red waistcoat, the red sash with sprayed tassels[1] on the end, cream skin-tight trousers, and near knee-height mirror-finish boots. His face was fine-featured, if somewhat gaunt[2], that is what she could see under his broad dark bicorn. He wasted no time climbing a small dais[3] to address the gathering.

'I bid you welcome to New South Wales,' he began, eyeing his captive audience. 'You will serve your sentence here in this new land. Some of you will go to the Female Factory down the Parramatta River a bit.' He raised a white gloved hand towards the west. 'But the greater majority of you will be allocated work on the farms or businesses here around Sydney Town. Note well, people, that each one of you has an opportunity to put your crimes behind you and start a new life here in this land and, make no mistake, it will be a great land one day.' The Governor paused for effect. 'Sydney will be a great city and I want you to be a part of it, but it's up to you, entirely up to you. After you have been here for four years, you may apply for a ticket-of-leave which means that you can work for yourself doing whatever legal occupation you wish to do. This is a privilege you should not ignore if you want to better yourself. If you misbehave or commit a further crime, you will be jailed, receive punishment and your current sentence increased. You could even be sent to Norfolk Island or Newcastle. God forbid if that happens. Believe me you would not like it there. Now, that's about all I have to say.'

Raymond CLARKE, *Hannah*, 2009

1. *écharpe ornée de franges* 2. *très maigre* 3. platform

CULTURE SPOT

Between 1788 and 1868, the British Government transported over 150,000 **convicts** (prisoners) to Australia. Most of them had only committed minor offences.

▲ *First Impressions*, monument to the first settlers and convicts in Sydney

a. Read the text and **give** basic information about Hannah's situation.

b. Comment on Hannah's prospects.

c. VOCABULARY **Focus** on the description of the Governor and **draw** him.

d. What image does the Governor give of himself and the country's future?

e. Explain the role the characters play in the building of the nation.

DIFFÉRENCIATION

YOUR TASK MÉDIATION Hannah has been in New South Wales for one month. **Write** a short entry from her diary.

WAY 1 **Describe** what she has done and her first impressions.

WAY 2 **Relate** an event that has occurred and might affect her future.

STRATEGIES p. 246

BOOST YOUR SKILLS!

Rendre un récit vivant

- Donne des détails sur les personnages en variant les noms et adjectifs : *A fine figure in his heavily gold-lined dark blue dress coat with the high white collars.*
- Utilise des verbes d'action au prétérit : *All eyes **focused** on... • He **raised** a hand... • The Governor **paused** for effect.*
  GRAMMAR 1 p. 214
- Donne du rythme en variant les indicateurs temporels : ***As** she left... • **One day**... • **When** news reached... • **Still** obvious...*
  GRAMMAR 2 p. 214
- Introduis des émotions : *They mocked her **grief** and **rage** • Her **anger** was now beyond restraint.*

AUDIO

▲ Uluru Kata Tjuta National Park, Australia

Wherever you walk around Mutitjulu Waterhole, you are surrounded by the presence of two ancestral beings—Kuniya, the sand python, and Liru, the poisonous snake.

The Kuniya and Liru story occurs on different sides of Uluru, but their deadly battle took place near Mutitjulu Waterhole.

The Kuniya woman came from far away in the east to hatch[1] her children at Uluru. She carried her eggs strung around her neck like a necklace and brought them to rest at Kuniya Piti on Uluru's north-east corner. There she left the eggs on the ground.

Kuniya camped at Taputji and hunted in the nearby sandhills. As she left and entered her camp, she formed deep grooves[2] in the rock. These grooves are still there.

One day, Kuniya had to draw on all her physical and magical powers to avenge the death of her young nephew, also a Kuniya. He had enraged a group of Liru, or poisonous brown snakes, who travelled from the south-west to take revenge on him.

They saw him resting at the base of Uluru and rushed upon him, hurling their spears[3]. Many spears hit the rock face with such force that they pierced it, leaving a series of round holes that are still obvious. The poor Kuniya, outnumbered, dodged[4] what he could but eventually fell dead.

When news of the young python's death reached his aunt on the other side of Uluru, she was overcome with grief and anger. She raced along the curves of the rock to Mutitjulu Waterhole, where she confronted one of the Liru warriors, who mocked her grief and rage.

Kuniya began a dance of immense power and magic. As she moved towards the Liru warrior she scooped up sand and rubbed it over her body. Her rage was so great that it spread like a poison, saturating the area at that time.

In a fearsome dance she took up her wana, or digging stick, and struck the head of the Liru. But her anger was now beyond restraint, and she hit him again across the head.

He fell dead, dropping his shield near Mutitjulu Waterhole, where Kuniya herself remains as a sinuous black line on the eastern wall. The blows she struck are two deep cracks on the western wall, and the Liru's shield, now a large boulder[5], lies where it fell.

parksaustralia.gov.au

1. give birth (for birds, snakes, etc.) **2.** *rainure* **3.** *lance* **4.** *éviter* **5.** rock

2 Kuniya and Liru

a. **Read** the text and **identify** its nature and the main situation.

b. GRAMMAR **Focus** on *"He **had enraged** a group of Liru"* (l. 14-15) and **explain** the use of the past perfect here.

c. **Sum up** the story highlighting the chronological events.

d. **Explain** the link between the story and the landscape.

BAC **Read** the culture spot and **discuss** the decision to ban tourists from climbing Mount Uluru.

CULTURE SPOT

Uluru, also known as Ayers Rock, is a giant monolith in the middle of the Australian desert. It is both a world-famous tourist site and an Aboriginal sacred cultural landmark. Tourists have been banned from climbing Uluru since October 2019, in order to respect its spiritual significance.

WORDS

- home country
- legacy
- purpose = ambition

- deserving: *méritant*
- hard-working
- sturdy = robust

- be worthy of = deserve
- hand down to = pass on to
- turn over a new leaf = start anew

AT HOME VIDÉO **Visit** the *parksaustralia* website. **Take** notes about one of the other three Tjukurpa stories and **practise** telling the story.

EXPLORE

3. A question of time and place?

➜ *How does Australia reconcile its national stories?*

Doc. 1

▲ Image posted on *Instagram* by Aboriginal illustrator Charlotte ALLINGHAM in January 2018, as a protest against the celebration of Australia Day.

CULTURE SPOT

Australia Day on the 26th of January commemorates the day when a British penal colony was established there in 1788. Some call it "Invasion Day". The *Change the Date* campaign suggests choosing a less contentious date in order to acknowledge the connection of all Autralians to their land.

WORDS

- consensus
- homeland
- predicament = dilemma
- struggle = fight

- awkward = uncomfortable
- righteous = morally right

- acknowledge
- be torn-apart between
- dispel tensions = pacify
- reconcile
- take pride in

Doc. 2 VIDÉO

Prime Minister Defends Australia Day, *gov.au*, 2018

a. Look at the picture (doc. 1). **Explain** the message and **say** how the details in the picture support it.

b. Listen to the speech (doc. 2) and **find out** what Malcom Turnbull wants to celebrate about Australia.

c. PHONOLOGY **Focus** on rhythm in "*A free country debates its history, it does not deny it.*" **Comment** on it and **find** other examples in the speech.

e. Explain what unites the Australians according to Malcolm Turnbull.

BAC Use both documents to **explain** the challenges Australians still face.

YOUR TASK **Record** a short vlog entry suggesting another day for Australia Day. **Explain** your point and be convincing.

BOOST YOUR SKILLS!

Captiver son auditoire

- Utilise des structures hyperboliques (quantifieurs, superlatifs) : ***All of*** *our History...* • ***But above all...*** • ***The most*** *successful...* • *In a world* ***too often riven*** *with discord...*
- Adopte un rythme binaire ou ternaire pour créer du souffle : *Writes new books, / not burn old ones.* • *What unites us / what inspires us / what gives all of us reason to be proud*
- Fais des pauses pour maintenir l'attention : *A free country debates its history / ... / it does not deny it.*

FINAL TASK

Tell a story about the Australian land and history.

You take part in a training course with the storytelling guild of Australia. You have to tell a story about the Australian land and history.

1. **Gather** your ideas and **choose** your story among:
   – Aboriginal Australian tales;
   – settlers' narratives;
   – modern stories that bring the nation together.
2. **Find** the key-moments in your plot and **write** them down in brief notes.
   Use time markers to structure your story and do not forget actions verbs to make it lively.
3. **Practise** telling your story. **Be** expressive and **use** body language.
4. **Tell** your story without reading or reciting: mastering silence is as important as speaking with fluidity.

YES YOU CAN! Tell a captivating story

1. INTRODUCTION

Énonce la situation de manière claire (époque, lieux, personnages) et donne envie à ton auditoire d'écouter la suite.

The Kuniya and Liru story occurs on different sides of Uluru… Kuniya, the sand python, and Liru, the poisonous snake.

2. CONTEXTE

Crée une atmosphère en intégrant ton récit dans l'histoire de l'Australie.

The Kuniya woman came from far away in the east to hatch her children at Uluru.

3. STRUCTURE

Structure ton récit grâce à des marqueurs temporels, notamment des conjonctions de subordination.

As *she left and entered her camp, she formed deep grooves in the rock.* ***When*** *news of the young python's death reached his aunt…*

The Kuniya and Liru Story ► p. 211

4. NARRATION

Fais progresser ton récit en utilisant de l'action et des émotions. Crée des rebondissements et des péripéties en intercalant des pauses descriptives.

He had enraged a group of Liru […] who travelled from the south-west to take revenge on him. They saw him resting at the base of Uluru and rushed upon him, hurling their spears…

5. DÉNOUEMENT

Choisis un dénouement heureux ou malheureux et donne la signification de ton histoire.

He fell dead, dropping his shield near Mutitjulu Waterhole… The blows she struck are two deep cracks on the western wall, and the Liru's shield, now a large boulder, lies where it fell.

STRATEGIES Faire une présentation orale p. 236

BOOST YOUR ENGLISH!

Grammar — Prétérit simple, *be* + V-*ing* et *past perfect*

PRÉCIS 13 16 ET EXERCICES

Grammar Tuto

Les **temps du passé** marquent la **chronologie des faits** les uns par rapport aux autres.

Le *past perfect* (*had* + V-*en*)
Fait passé antérieur à un autre fait passé

Le prétérit *be* + V-*ing*
Action qui dure dans le passé, description ou commentaire

Le prétérit simple
Succession de faits passés révolus (temps du récit)

1 Choisis la forme et le temps qui convient.

a. Some *were hunting/hunted* while others *were telling/told* stories.
b. They *sang/had sung* the anthem after they *had read/read* an Aboriginal poem.
c. He *had gathered/was gathering* information before he *decided/was deciding* to live in Australia.
d. They *had painted/painted* this mural in the 80s and then it slowly *deteriorated/had slowly deteriorated*.

2 Mets les verbes au temps et à la forme qui convient.

a. Aboriginal people (*map*) their lands long before Europeans (*settle*) in Australia.
b. The celebration (*be*) a very intense moment: while they (*listen*) to the Aboriginal songs, most of the people (*cry*).
c. They (*start*) celebrating Australia day in the 1930s.
d. When the British settlers (*arrive*), they (*name*) the places they (*reach*).

→ More in *Pump it up!* p. 16 et 22

Grammar — Les subordonnées de temps

PRÉCIS 35 ET EXERCICES

Pour **situer des évènements** passés les uns par rapport aux autres, on utilise des **marqueurs** de temps (conjonctions de subordination) tels que *when, before, after, while, as, since, whenever*…

They were visiting Sydney ***when*** *they saw the mural.* (quand)
Aboriginal people had lived nomadically ***before*** *the Europeans moved them.* (avant que)
Some were painting ***as/while*** *others were telling stories around the fire.* (pendant que)
He has loved dreamtime stories ***since*** *he heard "Kuniya and Liru".* (depuis que)

3 Complète ces phrases avec le marqueur de temps qui convient.

a. Australia had celebrated Foundation Day … they started celebrating Australia Day in January.
b. He read Bill Bryson's book … he was flying to Australia.
c. The explorers named the "new" places … they arrived in Australia.
d. During the ceremony, some were singing … others were dancing.

4 Complète ces phrases selon les marqueurs de temps proposés.

a. Aboriginal people had mapped their land long before…
b. They were listening to Jason Owen singing the national anthem as…
c. They painted the mural after…
d. He wrote his article on Uluru while…

→ More in *Pump it up!* p. 48

Vocabulary — Australian heritage

EXO Lexiquiz

Landscape (AUDIO)
- bush: *sorte de maquis*
- landmarks = monuments
- sacred land
- ancestral
- unalterable
- staggering

Traces (AUDIO)
- evidence = proof

- imprint
- keep track of
- name after
- trace back to

Sense of belonging (AUDIO)
- collective memory
- homeland = motherland = home country
- national pride

- bond = link = tie

Heritage (AUDIO)
- line: *lignée*
- roots

- be reminded of
- hand down to = pass on to
- inherit

Settlers (AUDIO)
- convict = prisoner

- claim ownership
- conquer
- settle: *s'installer*
- take possession of

Duality (AUDIO)
- predicament = dilemma
- struggle = fight

- awkward = uncomfortable
- twofold = double

- be torn apart between

Aboriginals (AUDIO)
- owners = custodians

- age-old = ancient
- indigenous = native
- righteous = morally right
- rightful = legal

Reconciliation (AUDIO)
- acknowledge
- bring together
- share
- start anew
- dispel tensions = pacify relationships

1 Complète chaque phrase ci-dessous avec une préposition de la liste.

after – apart – back – down – over

a. Port Macquarie was named … an Australian Governor.
b. The marks on Uluru can be traced … to age-old times.
c. Aboriginal song lines have been handed … from generation to generation.
d. Some Australians feel torn … between cultures.
e. Some people think changing Australia Day could help the nation turn … a new leaf.

2 Remplace chaque mot souligné par un synonyme.

<u>Native</u> Australians are generally <u>believed</u> to be the <u>true</u> owners of the land. It is said that their territory was <u>colonised</u> and that settlers unfairly <u>took possession</u> of it. Today, many Australians wish to <u>pacify relationship</u> and reach <u>appeasement</u>.

Phonology — L'accent de mot : noms et verbes dérivés

AUDIO → More in *Pump it up!* p. 80

On forme un mot dérivé en ajoutant un ou plusieurs **affixes** (préfixe ou suffixe) à un autre mot (racine/noyau). *happy → happiness ; celebrate → celebration ; own → ownership*. L'accent porte en général sur la **première** syllabe du mot, mais lorsque l'on ajoute un **affixe**, l'accent peut parfois se déplacer. Dans le cas des **noms** et **verbes** dérivés, on peut retenir ces règles (même s'il existe des exceptions).

- Les plupart des **préfixes** (***pre-***, ***in-***, ***de-***, ***il-***, ***ex-***, ***re-***, ***dis-***, etc) n'entrainent pas de modification d'accent. *claim → reclaim*
- Les suffixes dits **faibles** comme ***-ism***, ***-ist***, ***-ance***, ***-edge*** ne modifient pas l'accentuation du radical. *active → activist*
- Les suffixes dits **forts** comme ***-ion***, ***-it***, ***-cian*** imposent l'accentuation sur la syllabe placée avant le suffixe. *solve → solution ; music → musician*

1 Écoute ces mots et leurs dérivés. Note l'accent tonique.

celebrate – celebration / heritage – inherit – inheritance / know – knowledge – acknowledge / remember – memory – memorisation / create – creation / claim – reclaim – reclamation

2 Lis les mots suivants et leurs dérivés et anticipe la place de l'accent tonique. Écoute et vérifie, puis répète.

explain – explanation / govern – government / civilise – civilisation / connect – disconnect – disconnection / present – represent – representation

BAC TEST YOUR SKILLS

ÉPREUVE ÉCRITE 1H30

e-workbook GRILLES D'AUTO ÉVALUATION

PARTIE 1 ▶ Compréhension de l'oral

• Consacre 20 à 30 min à cette partie.

Doc 1 Controversial statues

History debate, *ABC News*, 2017 AUDIO 1'30s

▶ Vous écouterez le document à trois reprises, séparées par une pause d'une minute. Vous rendrez ensuite compte en français de ce que vous avez compris.

STRATEGIES ▶ Comprendre un document audio p. 232

Prends des notes sur :
- le thème principal ;
- le contexte (personnes, lieux, etc.)
- les différents points de vue ;
- la fonction et la portée du document.

PARTIE 2 ▶ Compréhension de l'écrit et de l'ensemble du dossier

• Consacre environ 1 h à cette partie.

Doc 2

Statues are not History

Unless history strives for truth, it is nothing more than propaganda. There is nothing intrinsically educational about a statue, memorial or place name.

Amid all the reactionary harrumphing and puerile criticism that those who question memorialising men who slaughtered Indigenous people are being somehow Stalinist or, even more ludicrously, Taliban-like, we really ought to think about truth and history.

Unless "history" strives for truth it is nothing more than propaganda. Good history involves constant re-evaluation of the past – of surveying and challenging the interpretation of archival and oral evidence, and the endless search for new material to further enhance truth.

Memorials, statues and the nomenclature afforded to places of public importance in the name of prominent (mostly) men are moments frozen in time. As individual pieces of stone and bronze, or as names on maps, they are fragments of the past that often tell us more about the politics and mores[1] of their era than they do about what actually happened.

Politics is frequently more intrinsic[2] than history to such statues of the famous.

Statues dedicated to Captain James Cook—or to other early killers of Indigenous men, women and children, murderers such as Governor Lachlan Macquarie, the syphilitic John Batman, Thomas Mitchell or Alfred Canning—are not, of themselves, histories of the people they memorialise. Indeed, sometimes, they are the opposite: they are anti-histories.

It's no truer that Macquarie was a "perfect gentleman" (I've written reams[3] in the past five years highlighting his violence and use of "terror" against Aboriginal people) as the plaque on his most recent statue in Sydney's Hyde Park purports, than a nearby one insisting Cook "discovered" Australia.

No. We do not learn history from monuments and statues, but from interrogating and challenging them. We learn our history from forensic[4] archival research, from pushing back against orthodoxies, from arguing and debating what's on the page, said in the classroom and thrown back at us by self-appointed guardians of the status quo, be they shock jocks[5], denialist academic "historians" and politicians or "look at me"-style reactionary columnists[6].

"No, no," we are told by critics of the current Australian debate (some of us have been having it for years but, testimony to the enduring cultural potency of American imperialism, it's only gained recent media currency amid

1. customs
2. fundamental
3. lots
4. detailed, scientific
5. provocative talk show radio presenter
6. journalist

▶ B2

BAC

arguments about confederate statues in the United States!) "to tear down or change monuments is to mess with or erase history." It all depends, of course, what is erected in their place and what additional plaques, added to existing statuary, might say. [...]

Old statues and monuments should, in my view, be amended to include the details about their subjects – the bad and ugly, too. In that way the argument, the search for truth, will continue and the stories of their crimes and their victims might come to overshadow them. [...]

Finally, as you drive around this continent, it's worth stopping to think about some of the names you'll see on creeks, roads and beaches.

It's no coincidence there are so many placed named Skeleton Creek in Queensland, and Skull Creeks in Gippsland, the Northern Territory and Western Australia. There is a Murdering Gully in Victoria, a Skull Hole in Queensland and a Massacre Waterfall in central-west New South Wales.

The continent has been re-named to commemorate the very act of murdering its First People.

Place names and statues have no value at all unless we can appreciate the truth behind and beneath them.

That is history.

Paul DALEY,
The Guardian, August 2017

Compréhension de l'écrit

▶ In your own words, account for the text, focusing on:
- the nature of the document;
- the issue tackled in the text and elements of context;
- the link between statues, place names and historical truth;
- specific examples given by the journalist;
- the point of view of the journalist, and of the people he opposes.

STRATEGIES ▶ Lire et comprendre un texte p. 233

Compréhension de l'ensemble du dossier

Consider the video and the text, and explain why people are concerned about the message carried by place names and statues in Australia.

PARTIE 3 ▶ Expression écrite

▶ **Vous traiterez en anglais et en au moins 120 mots l'un des deux sujets suivants au choix.**

SUJET A : Write a speech for the unveiling of a statue celebrating Australian Aboriginal heritage.

STRATEGIES ▶ Écrire et faire un discours p. 239

SUJET B : Write the back cover for a book entitled "Australia Day: Everyone, every story."

STRATEGIES ▶ Écrire un texte argumentatif p. 243

SHORT FILE 23

TERRITOIRE ET MÉMOIRE

TERRITORY AND MEMORY

Hong Kong: a land apart?

▶ **How does Hong Kong reflect its British heritage?**

FINAL TASK Write an article about Hong Kong's double cultural heritage.

VIDÉO

A

▲ Hong Kong harbour (video: Simon Ayres, 2014)

FAST FACTS

- Special Administrative Region of the People's Republic of China
- Total area: 1,106.66 km^2
- Population: 7.52 million (2019)
- Population density: 6,880 people per km^2 (2018)
- Official languages: Chinese and English
- Main dialect: Cantonese

www.gov.hk, 2019

B

BYE-BYE, BRITISH BOXES

Hong Kong to remove British emblems from post boxes

Hong Kong is currently grappling[1] with one of the key identity issues that post-colonial territories have to deal with—what do you do with your colonial-era post boxes?

Hongkong Post believes it is "inappropriate" to display royal insignia on the remaining letter boxes installed during the colonial period and has opted to cover up any colonial-era markings.

Activists are angry, saying the post boxes are part of Hong Kong's street heritage and should be kept as they are.

Peter Li Siu-man of the Conservancy Association told the *South China Morning Post* that he suspected the decision to cover up the cyphers[2] may have been politically motivated. [...] Some suspect the hand of pro-China elements behind the decision, after a former Beijing official last month called for the former crown colony, which reverted to Chinese rule in 1997, to "de-colonise".

Clifford Coonan, *The Irish Times*, October 2015

A Hong Kong post box

1. struggle 2. symbols

C

VIDÉO

South China Morning Post, 2019

WORDS

- citizenship
- legacy /ˈlegəsi/ = heritage
- status /ˈsteɪtəs/

- characteristic
- colonial-era /ˈɪərə/
- conservative

- bear the traces of
- be deeply influenced by
- colonise ≠ decolonise
- display = reflect

DISCOVER AND SHARE

Work in groups of three. Each member will focus on one of the documents.

Doc A. **Study** the documents and **watch** the video. **Find** information about the links between the UK and Hong Kong.

Doc B. **Read** the article and **pick out** details related to Hong Kong's post-boxes. **Explain** why they are controversial.

Doc C. **Watch** the video and **find** information about the BN(O) passport. **Identify** the three types of passports Hongkongers can claim.

NOW SHARE

Report your findings to your classmates, **insisting** on the ways in which British influence is present in Hong Kong.

EXPLORE

1. Britain's last colony

→ *What is Hong Kong's historical link to Britain?*

1 Hong Kong's takeover

e-workbook | PARCOURS DIFFÉRENCIÉS

AUDIO

As a member of the British forces during the First Opium War, Kesri watches Captain Elliot and Commodore Bremer[1] officially claim Hong Kong Island for Queen Victoria.

Next morning their detachment was taken to Hong Kong by a steamer. Disembarking at the eastern end of Hong Kong Bay, they marched up a hill to a stretch of level ground. A tall flagstaff had been planted there with the Union Jack fluttering atop. Several other squads[2] had already mustered[3] on the ground and were preparing for the ceremony: Kesri spotted the regimental colours of the Royal Irish, the Cameronians[4], the 49th and 37th Madras.

The Bengal Volunteers were placed next to the Madras sepoys[5], to the rear of the British squads. After taking his position at the head of the squad, Kesri took a look around: he saw that a large group of civilians, mainly British, had gathered on the far side of the ground. A still larger crowd, composed of local people, had collected higher up the hillside.

Then Captain Elliot began to read from a sheet of paper.

'The island of Hong Kong having been ceded to the British crown under the seal of the Imperial minister and High Commissioner Keshen, it has become necessary to provide for the government thereof[6], pending Her Majesty's further pleasure." [...]

Captain Elliot looked up at the assembled soldiers and civilians.

'God save the Queen!'

'I Bremer, Commander-in-Chief, and Elliot, Plenipotentiary, by this Proclamation make known to the inhabitants of the island of Hong Kong, that the island has now become part of the dominion of the Queen of England by clear public agreement between the high officers of the Celestial[7] and British Courts: and all native persons residing therein must understand that they are now subjects of the Queen of England, to whom and to whose officers they must pay duty and obedience.'

Amitav GHOSH, *Flood of Fire*, 2015

1. representatives of the British government 2. *brigades* 3. gather
4. a Scottish regiment 5. Indian soldiers 6. of Hong Kong
7. Chinese imperial court

a. Read the text and **find** basic information about the event.

b. Identify the people mentioned and **explain** their relationships to the British crown.

c. VOCABULARY **Find** words related to power and **comment** on the effect they produce.

d. Focus on l. 19-25. **Explain** the new status of the "native persons" and **imagine** how they were affected by the agreement.

CULTURE SPOT

The Opium Wars (1839-1842 and 1856-1860) opposed Imperial China and Britain. For years, Britain had smuggled opium into China for commercial reasons. The Chinese fought back against the illegal trade, but lost Hong Kong to the British.

2 Hong Kong's handover

Looking back 22 years, *NPR*, July 2019

AUDIO

a. Look at the picture and **imagine** why the sailors are removing the portrait.

b. Listen and **find** information about the handover (date, people and countries involved, conditions...).

c. GRAMMAR *"The British flag was lowered"; "The Chinese flag was raised"*. **Identify** the verb forms and **justify** their use in this context. ► 1 p. 224

d. Explain why reactions to the handover were mixed.

BAC **Compare** and **contrast** documents 1 and 2. **Explain** how the colonial era affected Hongkongers' way of life.

▲ Hong Kong sailors removing Elizabeth II's portrait.

EXPLORE

2. When cultures blend

→ *How do British and Chinese cultures cohabit in Hong Kong?*

1 A popular question

Do Hongkongers speak English?

One of the most popular questions about Hong Kong is if people in Hong Kong speak English. The answer is somewhat complex, and most people will be disappointed to hear that speaking English in Hong Kong is somewhat more difficult than the city attempts to portray.

Because Hong Kong is a major metropolis (and a former British colony), people often arrive in Hong Kong with high expectations about the level of English. In general, they will be disappointed. Hongkongers are far from fluent in English, and it certainly isn't a second mother tongue. That said, Hongkongers are arguably[1] the best users of English in Asia, aside from Singaporeans. Around 48 percent of Hong Kong residents speak Mandarin while 46 percent speak English. However, Cantonese is the most popular dialect as 96 percent of the population can speak it.

English is an official language in Hong Kong, so all official signs and announcements are in both Cantonese and English. All government officials, including police officers and immigration officials, are required to have a communicative level of English, and, by and large[2], they do. [...]

In general, the quality of English language learning has been declining, both because of the handover from Britain to China and because of the increasing importance of Mandarin. The government is currently[3] trying to improve English teaching and, hopefully, the effects will be felt before too long.

Rory BOLAND, *tripsavvy.com*, April 2019

▲ Hong Kong newspapers

1. probably 2. in general 3. *actuellement*

a. **Look** at the picture and **say** what it reveals about Hong Kong.

b. **Read** the article and and **find** information about the use of English in Hong Kong.

c. **Explain** why *"the quality of English language learning has been declining"* (l. 30-31).

d. GRAMMAR *"The effects will be felt before too long"* (l. 35). **Identify** the verb form and **translate** the sentence into French. What does it show about the government's intentions? ► 2 p. 224

2 Chinese and British tea cultures

VIDÉO

How to make Hong Kong milk tea, *Mai leaf*, 2018

a. **Watch** the video and **find** information about Hong Kong tea diners.

b. **Sum up** the history of Hong Kong's favourite drink.

c. *"The intangible cultural heritage of Hong Kong"*: **explain** what this phrase refers to.

BOOST YOUR SKILLS!

Exposer une situation

- Utilise le présent simple pour exposer la situation actuelle : *People **arrive** with high expectations.* • *English **is** an official language.* PRÉCIS 12
- Choisis le *present perfect* pour évoquer l'influence du passé : *The quality of learning **has been declining**...* • *This small store **has become** a tourist attraction.*
- Mets l'accent sur les faits avec des tournures passives : *Officials **are required** to...* • *The effects **will be felt**...* GRAMMAR 2 p. 224

DIFFÉRENCIATION

YOUR TASK You are visiting Hong Kong. **Exchange** views with a resident about:

WAY 1 The traces of British and Chinese influence in Hong Kong.

WAY 2 The colonial history of Hong Kong and its current mix of cultures.

EXPLORE

3. One country, two systems?

➜ *How do Hong Kong citizens relate to their heritage?*

Doc. 1

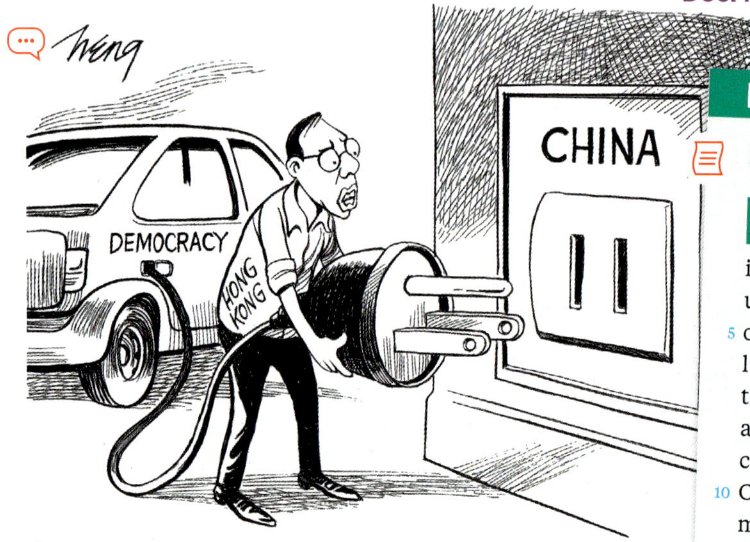

▲ *Heng Kim Song, 2014*

Doc. 2

A democratic legacy

The British colonisation of Hong Kong—which stretched from 1841 to 1997—was not done with the best of intentions, nor did its governments always act in good faith. [...] Colonialism has undoubtedly left an ugly mark on countries around the world. But it's clear there is still a yearning for Hong Kong's days under British rule—and the spirit it left behind in its people. [...]

While those who long for the good old days are accused of lacking self-respect—even nicknamed "running dogs" of the British—we know that people should be judged not by their race or ethnicity but by their character and conduct. So, too, should systems of governance be judged on their merits. The people of Hong Kong may not have had real democracy under British governance, but they did enjoy many of Britain's liberties—among them the freedom to call a spade a spade[1]. That's what is now at stake[2], and the sustained popular outcry[3] shows just how unique Hong Kong's culture is—forged for the most part by the influence of Britain and local people, not China.

Amy LAI,
The Globe and Mail, July 2019

1. *appeler un chat un chat* **2.** *en jeu* **3.** disapproval

Doc. 3

BETTER TIMES?

Hong Kong's British Nostalgia Trip

From its rattling[1] trams and racecourses[2] to its legal system and the ubiquitous consumption of Spam[3], Britain's colonial legacy still resonates through Hong Kong. But almost 20 years since the city was handed back to China under a deal that made it semi-autonomous, colonial emblems have become a symbol of protest.

Some angry young campaigners are promoting independence for Hong Kong—but activist Alice Lai says she would rather rejoin Britain. [...] "Hong Kong and the UK coexisted in a proven, well-functioning system for close to two centuries," says Lai. "China is simply unfit[4] to be governing Hong Kong—it's a different way of thinking, a different way of life." [...]

Former nurse Peter Tsang criticises those who look back with rose-tinted glasses. "I'm extremely glad and happy the British are gone," said Tsang, 66. "People say things were better in colonial times simply because they have nil[5] experience. Most are still young."

Hong Kong Free Press,
28 May 2017

1. noisy **2.** *hippodromes* **3.** canned ham **4.** inapt **5.** zero

WORDS

- dependency
- inheritance
- nostalgia
- system of governance

- authoritarian
- autonomous

- compatible ≠ incompatible (with)

- enjoy freedoms
- feel nostalgic about
- shake off one's past
- act in good/bad faith

a. **Describe** the cartoon (doc. 1) and **explain** its meaning.

b. **Read** doc. 2 and and **explain** Amy Lai's mixed views on colonialism.

c. **Read** doc. 3 and **identify** the people interviewed. **Explain** what they disagree about.

d. **Explain** why public opinion is divided on the issue of Hong Kong's colonial legacy.

MÉDIATION

YOUR TASK You are studying abroad in Hong Kong. In a short email to a British friend, **explain** how Hong Kong citizens view their relationship to both Britain and China.

BOOST YOUR SKILLS!

Varier les points de vue

- Mets l'accent sur les acteurs avec la voix active : *Young campaigners **are promoting** independence* • *Peter Tsang **criticises** those who look back.*
- Choisis la voix passive pour mettre l'accent sur les résultats : *The city **was handed back*** • *Colonisation **was not done** with the best of intentions.* GRAMMAR 1 p. 224
- Utilise des expressions liées au contraste : *48% speak Mandarin **while** 46% speak English.* • *Colonialism has **undoubtedly** left... **but** it's clear there is still...*

FINAL TASK

Write an article about Hong Kong's double cultural heritage.

You are a British visiting journalist in Hong Kong. Write an article highlighting the fusion of British and Chinese cultures in the territory.

1. **Browse** through the file and **note down**:
   – examples of British and Chinese influence in Hong Kong;
   – examples of how both cultures come together.
2. **Collect** your ideas and **focus** on:
   – places, people and activities of interest in Hong Kong;
   – reminders of Hong Kong's British past;
   – today's social realities and political atmosphere.
3. **Write** your article from a neutral perspective, making it as concrete as possible. **Include** quotes from interviews with Hong Kong residents.

YES YOU CAN! Write a relevant article

STRUCTURE

Donne un titre attractif à ton article et un sous-titre qui éclaire davantage le sujet. Veille à structurer tes idées en paragraphes.

DÉTAILS CONCRETS

Pense à inclure des détails concrets sur la vie à Hong Kong, notamment en ce qui concerne les traces de la culture britannique (nourriture, habitudes, architecture, institutions).

MISE EN PERSPECTIVE

Donne des indications temporelles et utilise le *present perfect* pour rendre compte de la manière dont l'histoire influence la culture hongkongaise aujourd'hui.

ÉNONCIATION

Utilise une perspective neutre en écrivant à la troisième personne. Tu peux utiliser la voix passive et des extraits d'entretiens (au discours direct) pour varier les points de vue.

BETTER TIMES?

Hong Kong's British Nostalgia Trip

From its rattling trams and racecourses to its legal system and the ubiquitous consumption of Spam, Britain's colonial legacy still resonates through Hong Kong. But almost 20 years since the city was handed back to China under a deal that made it semi-autonomous, colonial emblems have become a symbol of protest.

Some angry young campaigners are promoting independence for Hong Kong—but activist Alice Lai says she would rather rejoin Britain. "Hong Kong and the UK coexisted in a proven, well-functioning system for close to two centuries," says Lai. "China is simply unfit to be governing Hong Kong—it's a different way of thinking, a different way of life." [...]

Former nurse Peter Tsang criticises those who look back with rose-tinted glasses. "I'm extremely glad and happy the British are gone," said Tsang, 66. "People say things were better in colonial times simply because they have nil experience. Most are still young."

Hong Kong Free Press, 28 May 2017

SOURCE

Pense à dater ton article en précisant le titre du journal pour lequel tu écris.

STRATEGIES Écrire un article, p. 224

BOOST YOUR ENGLISH!

Grammar — Voix active et voix passive

PRÉCIS 18 ET EXERCICES

Grammar Tuto

VOIX ACTIVE

J'utilise la voix active pour mettre en avant **la personne qui fait** l'action ou l'événement qui a lieu.

VOIX PASSIVE

J'utilise la voix passive pour mettre en avant **la personne qui subit** ou bénéficie de l'action.

Verbes à 1 complément

China | accepted | British rules → British rules | were accepted | **by** China

↳ Le sujet **fait** l'action. ↳ Le sujet **subit** ou **bénéficie** de l'action.

Verbes à 2 compléments

China | had given | Hong Kong | to Britain. → Britain | had been given | Hong Kong | [by China.]

Hong Kong | had been given | **to** Britain | [by China.]

Verbes prépositionnels

Both countries | were looking for | consensus. → A consensus | was being looked for | [by both countries.]

Sujet — Verbe — Complément 1 — Complément 2 — Agent

1 Mets les phrases suivantes à la voix passive. Attention, il y a parfois 2 possibilités.

a. The whole world watched the handover ceremony.
b. The guide showed us a few British landmarks.
c. Britain and China offered a special status to Hong Kong.
d. They will soon shape a new culture.

2 Mets ces phrases à la voix active grâce à l'agent précisé entre parenthèses.

a. Hong Kong was given back to China in 1997. (*the UK*)
b. They will soon be given their BN(O) passports. (*the authorities*)
c. We were promised independence long ago. (*officials*)
d. English is still spoken in Hong Kong. (*many inhabitants*)

3 Mets ces phrases à la voix active en réintroduisant un sujet si nécessaire.

a. Hong Kong was occupied by the British in 1841.
b. China was forced to cede Hong Kong to Britain in 1842.
c. British rules were enforced by Hong Kong in the late 19th century.
d. The Queen's portraits were removed after 1997.

→ More in *Pump it up!* p. 42

Grammar — La voix passive et la traduction de « on »

PRÉCIS 18 ET EXERCICES

Certaines **tournures passives** sont intraduisibles mot pour mot en français lorsqu'elles impliquent un verbe de parole tel que *say*, *tell*, *ask*… Elles se traduiront le plus souvent en français avec le **pronom indéfini** « on ».
Dans ces tournures, c'est le sujet passif qui est mis en avant.

Hong Kong is said to be a cosmopolitan place correspond à *People say Hong Kong is a cosmopolitan place.*
→ On dit de Hong Kong que c'est une ville cosmopolite.

4 Mets les phrases suivantes à la voix passive. Attention aux aspects et aux temps.

a. They asked <u>Britain</u> to give Hong Kong back.
b. People thought <u>many Hong Kong inhabitants</u> were reluctant.
c. They say <u>Hong Kong's culture</u> is a mix of two cultures.
d. They say <u>the Opium Wars</u> were a turning point in history.
e. Many people told me to learn about Hong Kong's history before visiting the country.

5 Traduis les phrases suivantes en utilisant des tournures passives.

a. On dit que Hong Kong est une ville très ouverte sur le monde.
b. On croit souvent que les habitants de Hong Kong sont nostalgiques de leur passé.
c. On affirme que les Britanniques sont attachés à leur histoire.
d. On considère souvent Hong Kong comme une ville historiquement riche.

e-workbook GRILLES D'AUTO ÉVALUATION

ÉPREUVE ÉCRITE

play BAC

PARTIE 2 ▶ Compréhension de l'écrit

Doc Places for the People

On a bright weekend afternoon, a group of children are playing basketball in King George V Memorial Park, a rare patch[1] of greenery[2] amid the concrete canyons of Jordan, in the dense urban heart of Hong Kong's Kowloon peninsula.

At exactly the same time, across the harbour in Sai Ying Pun, another old neighbourhood near the western end of Hong Kong Island, a group of kids are playing another ball game—soccer—in a park with the same name, flanked by its own forest of high-rises[3].

Just how did Hong Kong end up with two parks named in honour of a British king who reigned for less than three decades? George V was the grandson of Queen Victoria and the grandfather of the current monarch, Queen Elizabeth. Beyond that, most people would be hard pressed to point out anything remarkable about him.

Yet his legacy in Hong Kong is two well-used green spaces in neighbourhoods that have too few of them. And whether you are on Hong Kong Island or in Kowloon, both George V parks are worth a detour—not only are they green and pleasant, they are each imbued with vintage architecture and plenty of neighbourhood colour.

Plans for the parks were first announced soon after the king's death in 1936. "At the present time of economic depression it is unlikely that sufficient money could be raised in this Colony for the purchase of large areas for playing fields," read an official statement from the then colonial governor, Sir Andrew Caldecott. He asked local companies to pledge money to the Urban Council, which would oversee construction.

Two sites were identified for the future parks: a rocky patch of barren land at the corner of Jordan Road and Canton Road, across from the Jordan Road Ferry Pier, and the site of the Government Civil Hospital on Hospital Road, which was soon to be replaced by the new Queen Mary Hospital in Pok Fu Lam.

"It is understood that a feature of both parks will be the handsome gateways, done in Chinese architectural style," reported the *Post* in November 1937. [...]

The Sai Ying Pun park never got the Chinese architecture it was promised, but is perfectly pleasant even without it. Epic banyan trees hang over the historic stone retaining walls flanking the green space, which were retained from the gardens of the hospital that once stood here. And the soccer pitch[4] is always busy.

It may be named for a king, but this is actually a park for the people—perhaps the greatest memorial of all.

Christopher DEWOLF, *South China Morning Post*, 26 June 2019

1. small space 2. *verdure* 3. tall buildings 4. *terrain de foot*

Situation d'énonciation
- Repère d'abord les éléments de paratexte (titre, auteur, date, etc.).
- Identifie le type de texte (article de journal, essai, extrait de roman ou de nouvelle, etc.) et le public visé.
- Relève et classe les mots clés pour identifier le sujet et les idées qui en découlent.

Réseaux de sens
- Reconstruis la chronologie des faits évoqués, que ne suit pas forcément l'ordre du texte.
- Sois attentif aux réseaux de comparaison et d'opposition pour comprendre la logique argumentative.

Stratégie de communication
- Repère l'objectif de communication (informer, convaincre, divertir, etc.) ?
- Pour comprendre les arguments avancés par l'auteur, repère les connecteurs logiques.

▶ In your own words, account for the document using the following guidelines:

1. Identify the nature of the document and the way the topic is introduced.
2. Focus on the places mentioned and analyse the way Hong Kong is implicitly described.
3. Analyse the author's perspective on Hong Kong's British heritage.
4. Explain how the document reflects on the idea of territory and memory.

Consignes
- Les consignes comportent parfois plusieurs parties. Veille à n'en négliger aucun point.
- Essaie autant que possible de donner des réponses détaillées, en citant le texte lorsque c'est utile.

STRATEGIES Lire et comprendre un texte p. 233

SNAPFILE 24

TERRITOIRE ET MÉMOIRE
TERRITORY AND MEMORY

Locked in Alcatraz

▶ **What does Alcatraz tell us about US history?**

YOUR MISSION Escape from Alcatraz!

ESCAPE GAME

GAME ON!

You are a group of tourists visiting the famous prison of Alcatraz. You were commenting marks on the walls and didn't see the guide leave with the rest of the group. Now you are locked in at the end of the visiting hours. Find the clues to escape the legendary prison: they are scattered everywhere in the pages. Be quick, you have two hours before the intruder alarm goes off. Turn to your e-workbook or flash the pages with *Nathan live* to take the different challenges.

e-workbook | FEUILLE DE ROUTE

2

I was on my way to Alcatraz. They take the prisoners out there from a pier that's well away from the city. They don't want to disturb the honest townspeople. Don't want to let the folks on holiday see us either. Might spoil the tourist trade. Prisoners ain't a pretty sight. Though, when word gets out there's a new prisoner going over, there's always two or three guys turn up to watch that early morning boat ride.

To be continued... **e-workbook** FEUILLE DE ROUTE

Theresa BRESLIN, *Prisoner in Alcatraz*, 2008

3

AUDIO

4
AUDIO
U. S. PENITENTIARY
ALCATRAZ
85
U. S. PENITENTIARY
ALCATRAZ
85
5
VIDÉO

On November 9, 1969, a group of young Native Americans jumped off a boat in San Francisco Bay and swam towards the abandoned prison of Alcatraz to claim the island by right of discovery.
Te Coast Guard quickly removed them, but they returned on November 20 in a group of 79 activists under the name of "Indians of All Tribes". Supporters from all walks of life occupied Alcatraz for 19 months, uniting the tribes, igniting the Red Power movement and forcing change in Federal Government on Indian Treaties.
By 1964 there were 20,000 Indians in San Francisco -- the facilities and employment they were promised did not materialize, but a strong sense of community did.
It was the policy of the Bureau of Indian Affairs to relocate Indians out of the reservation, to assimilate them into greater society. I think that it kind of backfired. People wised up there and started taking control of their own destiny.
— ALAN MILLER
The famous prison on Alcatraz closed in 1963, and the US government declared the island 'surplus federal property'.
FORT LARAMIE TREATY
Activist Belva Cottier proposed that the Bay Area's Indians could occupy the island legally via the 1868 Treaty of Fort Laramie, a treaty which returned to Native peoples all abandoned and out of use federal lands.
They demanded the deed to the island and funds to build a new cultural center, an American Indian spiritual center, an ecology center and an American Indian Museum.
We feel that this... island is more than suitable for an Indian Reservation, as determined by the white man's own standards.
— ADAM FORTUNATE EAGLE NORDWALL
Throughout the Alcatraz experience and afterward, I met so many people from other tribes who had a major and enduring effects on me. They changed how I perceived myself as a woman and as a Cherokee.
Wilma Mankiller, Cherokee Chief
The end of the occupation was widely publicised. While the US Government did not meet all the demands of the activists at Alcatraz -- like the deeds to the island and a center to preserve and share cultural knowledge -- many prominent Indians later hailed the occupation as kickstarting the modern Native American civil rights movement and having profound personal impact.
... To many of us, the occupation of Standing Rock felt like history repeating itself. It was an example of Alcatraz's legacy, a resistance that ignited a spirit that brought us all together.
WE CAN'T DRINK OIL!
NO DAPL!
WATER IS LIFE!
Half a century later, the water protectors fighting against the Dakota Access Pipeline at Standing Rock referred back to Alcatraz as a pivotal turning point in greater Native American solidarity.

play BAC

BRAINSTORMING

TERRITORY AND MEMORY

How is History inscribed in the land?

- Place names (Australian place names, street names in Hong Kong).
- Monuments and memorials (Mandela's giant statue (SA), statues of Rosa Parks (US), Commonwealth War Graves).
- Cultural and spiritual significance (Uluru for Aboriginals).
- Geographical boundaries (Border between Hong Kong and mainland China, Belfast peace wall).

Why should historical and cultural landmarks be preserved?

- As sources of cultural pride and identity (Hong Kong post boxes).
- For tourism (Stonehenge, National Trust heritage sites in the UK, Ayers Rock).
- As a symbol of a community's past (Murals in Northern Ireland or South Africa).

How do communities commemorate the past?

- Claiming a cultural heritage (Australia Day protests, Native American occupation of Alcatraz, *Rhodes Must Fall* protest in South Africa).
- Commemorating the past in meaningful places (Remembrance Day at the Cenotaph in London, The Battle of Clontarf reenactment).
- Uniting around preservation campaigns (Standing Rock Reservation).
- Passing on an immaterial heritage (Aboriginal Australian song lines, Alaskan Native music and dance).

How can heritage sites become disputed places?

- Over the naming of heritage sites (Uluru *vs.* Ayers Rock).
- Over territorial questions (Property rights to Alcatraz).
- Over the preservation of historical buildings (British colonial buildings in India).

SPEAK ABOUT...

Territory and memory

- In pairs, look at the mind map and discuss the topics using the guidelines and your personal knowledge. You can ask your partner other questions. Develop these examples or choose any others from the English-speaking countries.

WORDS

AUDIO

Nouns
- amnesty = forgiveness
- area = zone
- border = boundary
- claim
- collective memory
- heritage
- historic place
- memorial
- monument = landmark
- a people: *un peuple*
- reenactment
- representation
- ruins = remains
- source of conflict
- traces of history

Adjectives
- architectural
- conflict-ridden
- disputed = fought over
- emotional
- forgotten
- historical
- historically accurate
- meaningful ≠ meaningless
- ravaged = damaged
- reconstructed
- rooted ≠ uprooted
- significant
- timeless = lasting
- treasured = cherished
- wistful = nostalgic

Verbs
- acknowledge
- be lost forever
- commemorate
- fall into disrepair
- lay claim to ≠ give up
- obliterate = destroy
- pass on to
- pay tribute to
- preserve = protect
- reconcile with
- remember ≠ forget
- show respect for
- showcase = highlight
- tour = visit
- uphold = maintain

Voie générale

5'

- Vous traiterez **en anglais** et **à l'oral** l'un des deux sujets, **au choix**.

1. Look at the two images and say which one corresponds best to your understanding of *Territory and memory*. Explain your choice and give precise examples from what you studied in class or what you know about English-speaking countries.

- Si tu ne connais pas cette aire culturelle, établis des liens avec une autre aire que tu as étudiée, en expliquant les enjeux de cet ordre dans le monde anglophone.

▲ Great Britain Campaign, *gov.uk*, 2016

▲ Anti-oil pipeline mural, Los Angeles, California, 2016

2. Read the two quotes and say which one corresponds best to your understanding of *Territory and memory*. Explain your choice and give examples from what you studied in class or what you know about English-speaking countries.

"All adventures, especially into new territory, are scary."
Sally RIDE (American astronaut)

"The more you know of your history, the more liberated you are."
Maya ANGELOU (American poet)

- Lorsque les deux citations sont générales, ancre ta réflexion dans une réalité culturelle du monde anglophone.
- Identifie les événements auxquels les citations peuvent faire référence ou évoque des événements auxquels elles te font penser.

Voie technologique

5'

A few ideas about *Territory and memory* in technology…

ETLV

STL STI2D STD2A
- Explain how 3D laser mapping technology has been used to study ancient Irish landmarks such as Newgrange.

ST2S
- Discuss the heroic representation of nurses in British war writing and film adaptations (Ex: Ian McEwan's *Atonement* or Vera Brittain's *Testament of Youth*).

STMG
- Present a marketing campaign related to the promotion of English National Trust sites in the Lake District.

STHR
- Present a restaurant menu based on Maori and New Zealand culinary traditions.

- Pour bien traiter le sujet choisi, fais des fiches ou des cartes mentales pour apprendre le lexique spécifique du domaine professionnel impliqué.

STRATEGIES

Comprendre un document audio

Step 1

ANTICIPER AVANT L'ÉCOUTE

Avant d'écouter le document, **anticipe** à partir du titre, en général, il résume le thème principal du document. Essaie de **le relier à un axe** que tu as étudié.

SUJET

Titre du document audio :
"Molly of Denali" breaks new ground
npr, 2019

title of a book? of a film?

an innovative work?

Step 2

PREMIÈRE ÉCOUTE

- Pour cette première écoute, concentre-toi sur **le repérage de la situation d'énonciation** (qui parle ? à qui ? de quoi ?) :
– les locuteurs ;
– le thème principal ;
– les mots qui sont accentués ou répétés pour te permettre d'en savoir plus ;
– des dates ou des lieux, le contexte.
- Repère aussi **la structure du document** et **son ambiance sonore générale** (bruits de fond ou de pas, accents, intonations, ambiance, etc.).
- À la fin de la première écoute, profite de la minute de pause pour noter **la situation d'énonciation**, **le thème principal et la nature du document** dans un tableau ou une *mindmap* que tu complèteras lors des écoutes suivantes.

TIPS

- De manière générale, concentre-toi sur ce que tu comprends sans te laisser décontenancer par les mots ou expressions inconnues.
- Prête attention à l'intonation des phrases (montante, descendante ou descendante montante), elle te donne des indications sur l'intention du locuteur :
– L'intonation **montante** indique souvent une question fermée (réponse par oui ou non), ou des énoncés avec une attention de rassurer, d'exprimer sa sympathie ou son désaccord.
– L'intonation **descendante** indique des informations neutres, une question ouverte, ou encore l'exclamation.
– L'intonation **descendante montante** (*fall rise*) est utilisée lorsque le locuteur apporte une précision ou réagit à ce qui vient d'être dit.

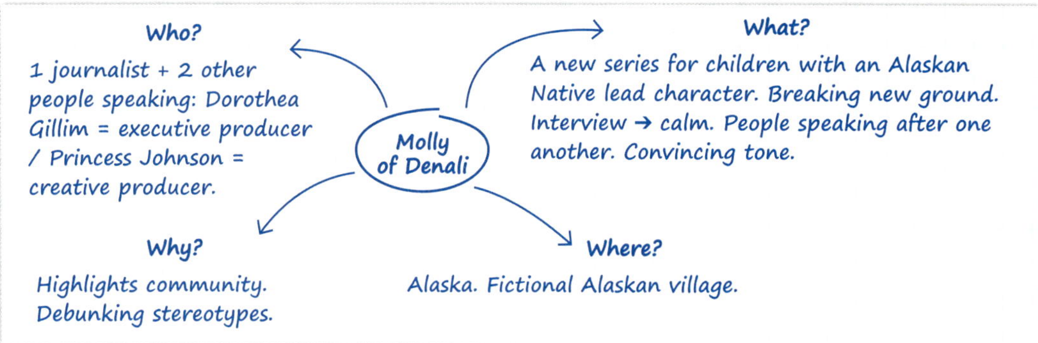

Step 3

DEUXIÈME ÉCOUTE

- Pendant les écoutes suivantes, prends **des notes** sous forme de mots-clés et d'expressions courtes. Ton objectif est de **trier les informations** pour **repérer l'essentiel** :
– concentre-toi sur ce que tu comprends, et **essaie d'en déduire** le reste ;
– prends des notes **en anglais** (essayer de les traduire en français au moment de l'écoute risque de te disperser au moment où tu dois être le/la plus concentré(e) et rapide) ;
– n'écris que **des mots-clés**, **chiffres**, **abréviations** et pas des phrases complètes ;
– **repère les connecteurs logiques** et **utilise des symboles** pour montrer comment les idées s'enchaînent : + / → / =...
- Après cette écoute, prends le temps de **faire des liens entre les informations**. Essaie de **classer tes notes dans ta *mindmap* ou ton tableau**.

TIPS

- Espace bien tes notes au brouillon pour pouvoir les compléter aux écoutes suivantes.
- S'il y a plusieurs locuteurs, pense à tirer un trait après chacun.
- N'hésite pas à noter **?** quand il y a des informations que tu n'as pas comprises. Tu compléteras plus tard.
- Profite des pauses pour organiser les informations recueillies.

Step 4

TROISIÈME ÉCOUTE

À la troisième écoute, complète tes notes avec davantage de détails. Ensuite, réorganise-les afin de **préparer la restitution**.

TIP

Attention, dans ton compte rendu, on ne te demande pas d'écrire le script exact du document audio, le but est bien d'en extraire des informations utiles.

STRATEGIES p. 247

Lire et comprendre un texte

Step 1

CHERCHER DES INDICES ET ANTICIPER

- Commence par **repérer le paratexte** pour déterminer la **nature** du texte que tu vas lire (titre, auteur, source, date de publication, illustration ou photographie, etc.) et faire des **hypothèses** sur le contenu.
- Lis les deux textes ci-dessous, et explique comment tu as pu identifier s'il s'agit d'un **texte de presse** ou d'un **texte de fiction**.

Text 1

After a two-decade-long legal battle and years of debates, discussions, and fierce disapproval, the Supreme Court on Friday allowed women's entry into Kerala's Sabarimala Temple, lifting the decades-long ban on the entry of women between the ages of 10 and 50 into the temple. The Court ruled that all restrictions concerning women's entry into the temple are unconstitutional and a violation of their rights and also went on to say that faith cannot be put above people, their gender notwithstanding.

Akshita PRASAD, *www.feminisminindia.com*, October 1, 2018

Text 2

The marriage viewing took place that evening. They arrived a little after six o'clock. There was the groom, who was apprenticed in the sari shop along with his mother, father, Ramayya, and an uncle and aunt. [...] [Poornima] was in the weaving hut, where the looms were located, when they arrived. Her father's sister was helping her with her sari – cream-colored cotton with a green border, which had belonged to her mother – and tying a garland of jasmine to her hair. [...] Her aunt yanked at her hair as she braided it, pulling the strands with such force that Poornima squealed in pain.

Shobba RAO, *Girls Burn Brighter*, 2018

Step 2

CONSTRUIRE LE SENS DU DOCUMENT

Dans l'optique de l'évaluation de la compréhension de l'écrit lors des épreuves communes, tu devras bien prendre en compte **3 critères** qui visent une compréhension de **l'implicite (niveau B2 attendu)**.

Critère 1 : Comprendre la situation d'énonciation et le contexte

- Repère les informations sur le contexte : les **lieux**, les **personnes**, les **événements** et les **enjeux**.
- Identifie **qui parle**, **d'où** et **à qui**, l'**implicite** de la situation.

Texte 1

temple de Sabarimala (Kerala), La Cour Suprême, octobre 2018, permission d'entrer dans le temple pour les femmes. Égalité hommes-femmes en Inde, moment-clé de l'histoire. Point de vue journalistique engagé (Akshita Prasad), publication sur un site internet féministe indien.

Texte 2

Inde. Scène = l'arrangement d'un mariage, 6 heures du soir, dans l'atelier du père de Poornima. Personnages : le futur marié et sa famille, Poornima et sa tante. Objectivation et douleur de Poornima. Narrateur omniscient.

Critère 2 : Construire les réseaux de sens

- Identifie la **logique** du document (relations de cause à effet) ou la **chronologie** des faits. Appuie-toi sur les **connecteurs logiques** et les **temps**.

Texte 1

20 ans de bataille juridique → Cour Suprême autorise les femmes à entrer dans le temple. Interdiction jugée inconstitutionnelle = violation de leurs droits.

Texte 2

Famille du futur marié (parents, oncle, tante) → chez le père de Poormina (veuf) // arrangement du mariage. Poormina en train d'être habillée et coiffée par sa tante (atelier à tisser). Coiffage douloureux.

Critère 3 : Comprendre la stratégie de communication

- Identifie l'**intention** et la **visée** du document (relater, informer, critiquer, dénoncer, divertir, amuser etc.). **Explicite**-les.

Texte 1

Texte journalistique à visée informative. L'article est publié sur un site féministe et la journaliste est engagée (lexique de l'injustice → fierce disapproval), accent sur la durée de la lutte.

Texte 2

Extrait littéraire à visée dénonciatrice. Récit de l'arrangement d'un mariage. Il montre que Poornima n'a pas la maîtrise de son destin. Réseau familial oppressant / tante manque de bienveillance dans ses gestes.

STRATEGIES ▸ Faire un compte rendu, p. 247

STRATEGIES

Comprendre un document iconographique

Step 1

IDENTIFIER ET RÉAGIR

- **Relève les informations relatives à l'image** : son titre, sa nature, le nom de l'auteur et sa date de publication ou de création.
- **Exprime ton ressenti :** quelle émotion cette image suscite-t-elle ? Appuie-toi sur cette émotion pour comprendre le document.

*– This **poster** was **created by** Greenpeace for a campaign organised **in 2010**. The picture **makes me think of a distorted** Kellogg's cereal box.*

*– The poster **arouses feelings of** disgust and uneasiness.*

cartoon painting chart graph advertisement book cover map photograph portrait poster comic strip work of art

Step 2

OBSERVER ET ANALYSER

- **Concentre-toi sur ce que tu vois** et note des **mots-clés** pour décrire l'image.
- **Identifie sa structure** en situant les différents éléments dans l'espace.
- **Explique** ce que l'on peut apprendre des **personnages** en décrivant leurs gestes, leur attitude, leur regard, leur expression.
- **Observe les lignes et les couleurs** qui composent le document et identifie les éléments de contraste et/ou de similitude qui s'en dégagent.

*– **In the middle**, we can see "Franken the Tiger", an altered version of Kellogg's original character which **alludes to** Frankenstein's creature. The pejorative term "frankenfood" **refers to** the genetically modified piece of corn contained in the test tube he **is** vaguely **staring** at. The colour green **evokes** chemical poison.*

*– **In the foreground,** the label "Frosted Fakes" in bold letters **is a play on words** which means that the corn flakes are unnatural.*

*– **In the bottom left-hand corner,** the words "untested" and "unlabeled" **point out** the fact that the company uses genetically engineered ingredients that can be harmful to children's health.*

*– Franken's words **in the bottom right-hand corner** show that cereals may alter children's DNA.*

Greenpeace's "Frosted Fakes", 2010

BOOST YOUR VOCABULARY!

More in *Pump it up!* p. 58

- Exprimer son ressenti : ***What strikes me the most** about this picture is (that)... • **It arouses a feeling of** joy ≠ sadness/empathy ≠ disgust • It **makes me** want to laugh ≠ cry, etc.*
- Parler de ses impressions : *The picture **reminds me of**... • We are **under the impression that**...*
- Commenter la prise de vue : *a close-up ≠ a wide-angle view • The subject **is seen from** above/below.*
- Décrire le regard : ***stare at*** (fixer) • ***gaze at*** (contempler) • ***glance at*** (regarder furtivement) • ***glare at*** (lancer un regard furieux)
- Mettre en relief : *The author wants to **highlight/emphasise**... • It **draws** the viewer's **attention to/points out**...*
- Évoquer l'atmosphère : *The author **manages to convey/create** a light-hearted ≠ oppressive/peaceful ≠ threatening/warm ≠ cold/idyllic ≠ nightmarish/pleasant ≠ desolate atmosphere.*
- Le but recherché: ***The author intends to** show/demonstrate/prove/denounce/suggest/encourage/motivate...*

Step 3

INTERPRÉTER L'IMAGE

- **Place le document dans son contexte** culturel, historique ou artistique et détermine l'intention de l'auteur. **Explicite le titre**.
- **Partage ton opinion** sur le message de l'auteur, l'efficacité des techniques utilisées ou encore la valeur du document aujourd'hui.

*– Greenpeace **manages to create** a strong feeling of distrust towards Kellogg's in this poster.*

*– **I really like this picture** because ...*

*– **Personally,** I find it very effective **in that**...*

Comprendre une vidéo avec voix off

Step 1

ANTICIPER

• Avant de regarder la vidéo, appuie-toi sur le titre du document et sur le visuel lorsqu'il y en a un.

• Lors de cette anticipation, interroge-toi sur **le lien de la vidéo avec ce que tu as étudié** précédemment et prends connaissance des questions qui l'accompagnent. Cela te guidera pendant le visionnage.

TIP

Tu peux aussi faire une liste de quelques mots que tu t'attends à entendre : *gaming* • *school* • *students* • *learn* • *teach*

3 The future of education?

Xprize, a non-profitable organisation, 2016

• Lis le titre et pose-toi des questions : *How is gaming likely to affect education? Can teachers use video games? How? Is this seen as positive or negative?*

• Observe le visuel : *What does this young boy look like? Think of adjectives to describe him.*

• Anticipe la nature du document et le point de vue.

Step 2

PREMIER VISIONNAGE

• Aborde le document dans sa globalité en essayant de répondre aux questions que tu t'es posées en anticipation.

• Focalise-toi sur le repérage de la situation d'énonciation et du thème principal : repère qui parle, de quoi et à qui il s'adresse. Souvent la première phrase sert d'introduction et te donnera des informations sur le thème abordé et la dernière phrase sert de conclusion.

• Interroge-toi sur la nature du document (est-ce un reportage, un document promotionnel, un vlog, etc.).

• Profite de la minute de pause pour noter ce que tu as compris dans un tableau ou une *mindmap*.

TIP

Ne prends pas de notes pendant ce premier visionnage pour te concentrer sur ce que tu vois et ce que tu entends.

Repère l'alternance entre plans fixes et images pour dégager l'alternance entre arguments et exemples.

Step 3

DEUXIÈME VISIONNAGE

• Regarde la vidéo une deuxième fois et cette fois-ci, prends des notes en même temps.

• Repère **la structure du document** : dans un document de ce type avec une seule voix, les images ne vont pas suffire à créer tout le sens, mais elles vont t'aider à dégager la structure du document. Demande-toi **ce qu'elles illustrent** et **appuie-toi sur l'intonation de la voix et les mots accentués** pour faire ressortir les idées essentielles.

• Après ce deuxième visionnage, prends le temps de **faire des liens entre les informations** relevées lors des deux écoutes.

TIPS

• Appuie-toi sur les données chiffrées et sur les comparaisons.

• Identifie des répétitions qui te permettront de dégager des idées importantes.

Step 4

LES VISIONNAGES SUIVANTS

• Regarde à nouveau la vidéo pour compléter tes notes et essayer d'identifier plus de **détails**.

• Demande-toi quelle est **l'intention** de la personne qui s'exprime et de la personne qui a réalisé ce document. Mets cela en relation avec les éléments de contenu pour aborder ton compte-rendu.

TIPS

• Grâce à l'intonation, tu peux repérer des mots qui s'opposent : *less / more* • *right / wrong...*

• Si tu as un doute, note un point d'interrogation dans tes notes pour vérifier l'information lors des visionnages suivants.

• Ne panique pas si tu ne comprends pas tout quand l'homme qui s'exprime parle plus vite, les idées les plus importantes sont celles qu'il prend le temps d'énoncer.

STRATEGIES

Faire une présentation orale

Step 1

ORGANISER SES IDÉES

Introduction → Idée 1 + exemple → Transition → Idée 2 + exemple → Transition → Idée 3 + exemple → Conclusion

TIPS

- **Fais un schéma** de ta présentation pour mieux te souvenir des différentes étapes.
- **Mémorise** les transitions pour gagner en fluidité.

Step 2

PARLER À PARTIR DE NOTES : QUEL EST MON PROFIL ?

Je prépare ma présentation

J'arrive à parler à partir de mots isolés

Prévois des synonymes ou des expressions proches de tes mots-clés essentiels pour pouvoir expliciter une idée : *leader* • *role model* • *set an example for* • *look up to*

J'ai besoin d'écrire des phrases complètes

Écris tes phrases, puis surligne tes idées-clés. Entraîne-toi à lire à haute voix, puis supprime progressivement les mots outils.

Je m'entraîne à faire ma présentation

Je sais enchaîner mes idées naturellement

Indique clairement le passage d'une idée à l'autre : *this leads me to another idea...* • *and my next part will be about...* • *and last but not least...*

Je perds le fil quand je passe d'une idée à l'autre

Retrouve le fil de ta présentation en reprenant tes idées. Pour te donner le temps de réfléchir, utilise des expressions comme : *so you see...* • *so my point is...*

En prononciation...

Je m'en sors plutôt bien !

Je dois m'améliorer sur certains sons

Identifie les sons récurrents qu'il te faut travailler. Entraîne-toi à bien les prononcer en répétant des mots qui les contiennent : **em/en** → *September, envious, member, genuine* • **h-** → *have, hot, heart, how, humans* • **-er** → *river, teacher, faster, remember*

Je fais ma présentation

- **Installe-toi confortablement et correctement** face à ton auditoire.
- **Parle haut et fort** pour que tout le monde puisse t'entendre.
- **Adapte ton débit. Enonce les idées principales lentement**, les exemples **plus vivement** et **fais des pauses** quand tu passes d'une partie à l'autre.

TIP

Fais ou refais les activités de phonologie de la séquence concernée et utilise ***Lexiquiz*** pour écouter et répéter les mots.

TIPS

- Pose tes notes sur une table ou un bureau pour avoir les mains libres.
- Éloigne-toi des murs ou du dossier de ta chaise pour ne pas te relâcher.
- Si tu vois qu'un interlocuteur perd le fil ou ne comprend pas, reformule ou explique ton idée à l'aide de synonymes, de périphrases ou d'exemples.

Interagir, débattre à l'oral ou à l'écrit

Step 1

LIRE LE SUJET ET REPÉRER

- **le contexte** (conseil municipal, débat parlementaire, émission de radio ou télévision, forum de discussion, fil Twitter...) ;
- **l'enjeu de cette interaction** (vote d'une loi, décision pour la communauté, sujet de société, débat d'idées...).

Choisis ta place dans le débat

- Tu dois **mener** le débat.
- Tu es **neutre** et **modérateur(trice)**.
- Tu es **en faveur** du thème abordé.
- Tu es **opposé(e)** au thème abordé.

Step 2 (Tu dois mener le débat / Tu es neutre et modérateur(trice))

SE PRÉPARER

- Sois prêt(e) à présenter le sujet et les différents intervenants dans le débat.
- Anticipe la manière dont tu pourras rebondir sur leurs arguments afin de maintenir ou de relancer le débat.
- Assure-toi d'adapter ton registre de langue à ton rôle.

Step 2 (Tu es en faveur / Tu es opposé(e))

SE PRÉPARER

- Liste le plus d'arguments possibles pour appuyer ton point de vue.
- Utilise des exemples précis pour illustrer tes arguments.
- Anticipe les arguments des autres participants et réfléchis à la manière dont tu pourras les renforcer ou contrer.

Step 3

À TOI DE JOUER !

More in *Pump it up!* p. 62

À l'oral. Utilise des expressions qui rendent **l'interaction naturelle**, comme des *gap fillers* (sans en abuser !).

Well... • Actually... • So... • You know... • I mean...

À l'écrit. Rappelle le nom ou pseudo de ton(tes) interlocuteur(s) pour rendre l'interaction plus claire.

@john You wrote that... but don't you think that....?

Exprime ton **accord** :

I agree with you... • You're right when you say... • It is true that...

Ou ton **désaccord** :

I don't think so • I (totally) disagree with what you're saying • I don't share your viewpoint

⚠ Si tu n'es pas d'accord, attaque les idées, jamais la personne.

À l'écrit. Sur les forums ou les chats, tu peux ajouter des émoticônes, des gifs ou des abréviations qui montrent la connivence : *LOL (Laughing outloud) • BTW (By the way) • FYI (For your information) • IMO (In my opinion)*

- Exprime clairement ton **point de vue** pour commencer.

I personally believe that... • In my opinion... • I think that... • I guess... • I believe... • I'm convinced that... • To my mind... • From my point of view... • To me...

- **À l'oral**. Fais attention à ton **intonation** : tu seras plus convaincant(e) si tu montres que tu crois en tes arguments. Accentue les mots importants, fais des pauses, accélère ou ralentis le rythme.
- Travaille aussi ta **posture** : regarde ton interlocuteur et adresse-toi directement à lui en l'impliquant.

Don't you think... ? • We all know that.... • You can't deny... • Right?

- Souligne tes propos par des **gestes**.

- Écoute attentivement les autres interlocuteurs et **reformule** leurs arguments pour mieux **rebondir** :

What did you mean when you said/wrote/posted that...? • May I ask you why you said/claimed...? • Did you really mean...? • I would like to come back to what you said/wrote...

- En **concédant** certains arguments, tu seras encore plus percutant.

Although it seems... • Yes, I suppose so, however... • Admittedly..., but... • Sure, but still... • And yet...

TIP

Si tu veux intégrer une présentation orale dans ton interaction, tu peux utiliser les conseils de la fiche ***Faire une présentation orale***, p. 236.

STRATEGIES

Enrichir son vocabulaire

On entend souvent les gens dire : « Je n'ai pas assez de vocabulaire pour parler ou comprendre l'anglais... ». Voici quelques conseils pour remédier à cela !

Step 1

SAVOIR DÉRIVER DES MOTS

- De nombreux mots anglais sont formés à partir d'une **racine** commune à laquelle on a ajouté un **préfixe** et/ou un **suffixe**. On dit qu'ils sont « **dérivés** ».
- En ajoutant un préfixe ou un suffixe à un mot, on crée un mot nouveau qui change souvent de catégorie grammaticale.

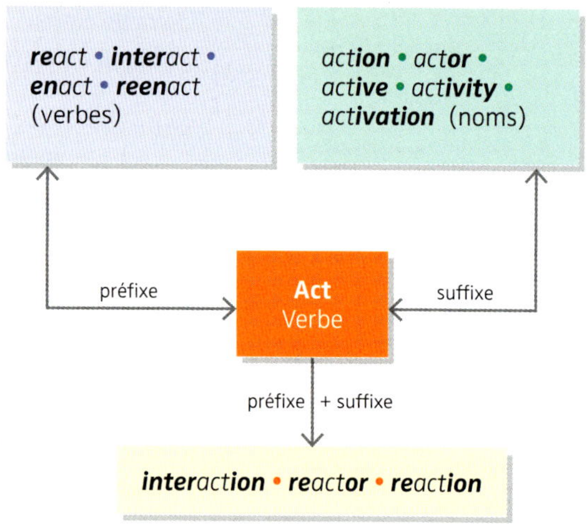

Step 2

APPRENDRE PAR THÈME

Apprendre du vocabulaire est tout de suite plus facile lorsqu'il est **placé dans un contexte**. Par exemple, si tu pars du mot *fond*, tu peux créer une **carte mentale** autour pour créer **son champ lexical**. Ton cerveau fonctionnant par association, tu auras moins de mal à retenir ces groupes de mots que des mots pris isolément.

▸ Carte mentale complète p. 163

Step 3

MOBILISER SON VOCABULAIRE

Pour enrichir ton expression, pense à utiliser :

- des adjectifs, des adverbes et des subordonnées pour être précis et donner des détails :

William Gerry speaks about his irrigation management tools. → *When he was interviewed, the young Californian farmer William Gerry spoke enthusiastically about his new irrigation management tools.*

- des pronoms, des groupes nominaux de substitution ou des synonymes pour éviter les répétitions :

William Gerry is very excited about using an online dashboard for his irrigation system. That way, William Gerry knows when he needs to turn off the irrigation system.
→ *That way, he knows when he needs to turn it off.*

- des mots de liaison pour structurer ton propos. PRÉCIS 33

TIPS

- **Champ lexical** = groupe de mots reliés par leur sens, par opposition à un mot isolé associé à sa définition.
  Pense à utiliser EXO **Lexiquiz** pour apprendre ton vocabulaire !
- **Ménage ton cerveau !** La capacité de mémorisation est très variable selon les individus. Le mieux est donc de se fixer un objectif réalisable mais régulier (10 mots par jour, par exemple).

Step 4

RETENIR DES FORMES IDIOMATIQUES

- Pour mieux mémoriser un mot, il est toujours utile de **construire une phrase avec**, car cela permet de lier le vocabulaire à des situations, ce qui te rend plus apte à le réutiliser. Cela te permet aussi de **mémoriser le mot en fonction de son utilisation**, notamment quand il s'agit de ***phrasal verbs***.
- Les **expressions idiomatiques** sont les plus difficiles à mémoriser, car elles sont très **liées à la culture** inhérente à une langue. Pour les débusquer et les apprendre :

– **lis, regarde, écoute** des articles, émissions, films, séries en anglais... Quand une expression t'échappe, note-la et fais une recherche pour en comprendre le sens ;

– **échange avec des anglophones :** ce sont les mieux placés pour te les expliquer !

– **réutilise** les expressions que tu as apprises le plus souvent et le plus vite possible.

TIPS

Crée des fiches pour chaque nature de mots (adjectifs, adverbes...) et organise-les par catégories pour mieux les mémoriser :

- **Adverbes :** temporels, spatiaux, de fréquence, d'ajout, de degré, de liaison, de manière, etc.
- **Adjectifs :** portrait physique, portrait moral, sentiments, atmosphère, etc.

BOOST YOUR VOCABULARY!

More in *Pump it up!* p. 68-73

Flashe cette page pour accéder à une liste des principaux *phrasal verbs* et apprends-les par cœur ! **Phrasal verbs**

TIP

Phrasal verb = verbe à particule, c'est-à-dire un verbe qui est suivi par une préposition qui infléchit/modifie le sens du verbe en question.

Écrire et faire un discours

STRATEGIES

Un bon discours s'articule autour d'un thème fort, se construit avec des figures de style, des pauses, des crescendos et une certaine symétrie textuelle pour avoir du rythme.

Step 1

LIRE OU DÉFINIR TON SUJET

Quel est l'enjeu de ton discours ? Selon les cas, il s'agira de convaincre ou d'émouvoir ton auditoire. Veux-tu par exemple :

- insister sur une question de société ? (*Share your experience as an NGO worker in a conference dedicated to women in India*, File 19)
- rassembler ton auditoire autour d'une cause ou d'une célébration ? (*Deliver an inspirational speech for the Opening ceremony of the next Invictus games*, Snapfile 21 • *Make a speech on Australia day to celebrate Australians' connection with their land*, File 22)
- promouvoir quelque chose ? (*Promote the multiple assets of British radio*, File 3)
- proposer des actions pour résoudre un problème ? (*Give a talk about your agricultural choices*, File 16)

TIPS

- Prends des notes au brouillon pour **hiérarchiser** et **organiser** tes idées : le mieux est d'aller crescendo vers l'argument le plus important et porteur.
- Adapte le **registre de langue** à l'orateur et à son auditoire.

Step 2

ACCROCHER LE PUBLIC

- Commence par une **formule d'accroche forte** et **enthousiaste**.

*"My name is Greta Thunberg. I am 16 years old. I come from Sweden. And **I speak on behalf of future generations**."* (Greta Thunberg, Climate Speech to British MPs, 2019)

*"**Today, it is an honour for me** to be speaking again after a long time. Being here with such honourable people is a great moment in my life."* (Malala Yousafzai, speech to the United Nations, 12 July 2013)

Step 3

ÊTRE CONVAINCANT(E)

Pour souligner et renforcer l'adhésion à ton propos, tu peux :

- donner ton opinion **avec insistance** : *I have **full confidence** that... • I am **certain** that... • I am **convinced** that... • I **assure** you that... • **Believe** me...*
- utiliser des **modaux** : *We **shall** go on to the end... • We **shall** fight... • **Will** you join us...?*
- avoir recours à des **questions rhétoriques** : *"**But why**, some say, the moon**? Why** choose this as our goal? And they may well ask **why** climb the highest mountain**?**"* (John F. Kennedy, 1961)

Step 4

CRÉER DU RYTHME ET DE L'EMPATHIE

- Fais des comparaisons, établis des parallèles : *"When **they** go low, **we** go high."* (Michelle Obama, Speech at the Democratic Convention, 2016)
- Inclus des éléments personnels pour que le public puisse s'identifier : *"I was fortunate to be born in a time and place where everyone told us to dream big; I could become whatever I wanted to. I could live wherever I wanted to. People like me had everything we needed and more. Things our grandparents could not even dream of. We had everything we could ever wish for and yet now we may have nothing."* (Greta Thunberg, Climate Speech to British MPs, 2019)
- Donne du souffle à ton discours en utilisant de l'emphase : *"**I hope you're ready. I hope you're ready** for some fierce competition. And **I hope you're ready** to see lives change in front of your eyes."* (Prince Harry, Opening speech of the Toronto Invictus Games, 2017, *Snapfile 21*)

Step 5

PROPOSER UNE CONCLUSION FORTE

Tu peux par exemple :

- faire un effet de contraste : *Are you going to give up?... **Or** are you going to fight for it?*
- utiliser une citation inspirante d'un personnage emblématique de la cause que tu défends. Par exemple, dans un discours pour lutter contre les violences faites aux femmes : *As Malala said, "When the whole world is silent, even one voice becomes powerful."*
- lancer un défi à ton auditoire : *Are you up for the **challenge**? If we can do it, **so can you**!*

TIP

L'anaphore dans le discours du prince Harry permet de créer un rythme particulier et de rendre le discours plus mémorable. Tu peux également utiliser la répétition d'un mot-clé qui aura le même effet.

STRATEGIES

Écrire un dialogue

Step 1

SE PRÉPARER

Lorsqu'on te demande d'écrire un dialogue, c'est souvent à partir de documents que tu as étudiés précédemment. Relis ou réécoute bien les documents afin d'**identifier correctement la situation et les personnages** (leur psychologie, leur opinion, etc.).

Benjamin Trotter, a fifty-year-old Londoner, is watching the BBC News Channel when an item about the Leave.EU campaign appears, showing a queue of migrants and the text 'We must break free of the EU and take back control of our borders.'

Benjamin actually shuddered at the crude, unapologetic xenophobia of the image. It was the ugliest thing he had seen yet in this ugly campaign. As soon as he saw it, he knew that his mind was made up. [...]

The telephone rang. It was his father. Although his pronunciation had become unclear since the mini-stroke, there was no mistaking the unaccustomed note of jauntiness in his voice.

'Guess where I've been?' he said.

'What do you mean, where you've been? You didn't leave the house, did you?'

'Yes.'

'What for?'

'I voted. I took that form you gave me and filled it in and I posted it.'

'How did you vote?' Benjamin asked, although he was already pretty sure of the answer.

'Leave, of course.' Defiantly, he added: 'You knew what, didn't you?'

'What about Sophie?'

'What about her?'

'You know she wanted you to vote the other way. It's her future, you know. She's the one who's going to be around the longest.'

'She's a nice girl but she's very naive. I've done her a favour. She'll thank me one day.' [...]

Disheartened by the conversation, Benjamin turned back to the television.

Jonathan COE, chapter 33 "Deep England", *Middle England*, 2018

Step 2

RÉDIGER

- Introduis la situation : personnages, lieu, moment où se déroule la scène ou action.
- Un dialogue n'est pas constitué que de répliques. Les **émotions**, **attitudes**, **mouvements** des personnages sont aussi importants. Ils sont indiqués dans les parties du texte qui ne sont pas entre guillemets, comme les **didascalies** au théâtre.
- On utilise aussi des **verbes introducteurs** qui peuvent préciser le ton des personnages.

TIP

Attention ! La ponctuation anglaise est différente de celle du français. Il faut :
– utiliser les guillemets anglais (" et ") ;
– les ouvrir et les fermer à chaque réplique et ne pas mettre de tirets ;
– passer à la ligne quand tu changes d'interlocuteur.

TIP

Pour rendre ton dialogue vivant, tu peux utiliser des éléments de la langue orale : *tags*, réponses courtes, *gap fillers*, formes contractées, etc.

BOOST YOUR VOCABULARY!

1. Verbes introducteurs
- Neutres : *say to sb* • *tell sb*
- Affirmation : *agree* • *admit* • *reckon* • *confess...*
- Question : *ask* • *wonder* • *enquire* • *beg* • *implore*
- Réponse : *answer sb* • *reply* • *retort...*
- Suggestion : *suggest* • *warn* • *advise...*
- Ton, débit : hésitation, bégaiement (*stammer* • *stutter* • *hesitate*) ; éclat (*exclaim* • *blurt out* • *snap* • *bark*) ; cri (*yell* • *scream*) ; chuchotement (*whisper* • *mutter*), soupir (*sigh*)

2. Verbes de mouvement

Nod (faire "oui" de la tête), *shake one's head* (faire "non" de la tête), *shrug* (hausser les épaules), *fold ones' arms/elbow* (donner un coup de coude)

3. Langage oral
- Tags : *Suzie won't come, **will she?*** • *You are hungry, **aren't you?***
- Réponses courtes : *Yes, I do* • *I don't think so.*
- Gap fillers : *well...* • *um...* • *er...* • *you know...* • *let me think...* • *I mean...*
- Formes contractées : *I'm gonna play soccer* • *He's been to the stadium...*

Écrire une lettre ou un courrier électronique

Tu vas parfois être amené(e) à écrire une lettre ou un courrier électronique. C'est un exercice formel dont tu devras respecter les règles.

Step 1

SE PRÉPARER

- Pour réussir l'écriture d'une lettre ou d'un courrier électronique, il faut d'abord que tu **identifies la situation de correspondance** dans laquelle l'exercice te place : **qui écrit, à qui** et **dans quel contexte**.
- Lis bien la consigne pour **identifier ce qu'on attend de toi** :

– écrire à un proche ? *You've decided to travel all around Alaska. Write a letter to your best friend, telling him or her about this territory's specificities and living conditions.*

– rédiger un courrier formel ? *You have decided to participate in the next Boston Robotics Summit. Write an email to the conference organiser presenting your robot and the reasons why he should select you.*

– adopter le point de vue d'un personnage ? *Imagine you're Louis arriving in Chicago. Write a letter to your relatives giving them your first impressions about the city, Short File 20, **doc 2** p. 195*

- **Relis** le(s) document(s) sur le(s)quel(s) s'appuie ton courrier et **relève** les éléments dont tu auras besoin pour **rédiger** (contexte de la lettre, raisons, émotions du personnage, informations sur le destinataire pour choisir le bon registre de langue, etc.).

Step 2

RÉDIGER

- Précise la date à laquelle tu écris.
- Formule de salutation à adapter au destinataire.
- Le corps de lettre est organisé en paragraphes alignés à gauche.
- Termine par une formule de politesse adaptée.
- Signe ton courrier.

Dear Madiba, November 2018

I first met you in 2004 for the 46664 AIDS Benefit Concert in Cape Town, and the impact you have had on my life resonates with me today and every day. Your vision for dignity, for human rights, for peace and a South Africa free of racism and apartheid, allows us all to turn dreams into reality. [...]

You made it possible for so many people like me to reject impossibilities and understand our capabilities in making lasting change in the world. The smallest efforts could change the trajectory for so many living in extreme poverty, facing injustices, the indecency of racism and fighting for their rights as humans. [...] I promise you that we have made your dreams our own.

Your work and your sacrifices were not in vain. [...]

Beyoncé Knowles-Carter

TIP

Tu peux ajouter à côté de la date en haut à droite le nom du lieu d'où tu écris.

- Les mêmes règles s'appliquent pour l'email. Adapte juste l'en-tête et prends soin d'ajouter un objet.

Send

To: englishteacher@domain.com

Cc:

Bcc:

Subject: Test subject

BOOST YOUR VOCABULARY!

Début de lettre

- Si tu ne connais pas l'identité du destinataire : *Dear Sir or Madam.*
- Si tu t'adresses à un proche : *Dear Jack* • *Dear friend* • *Dearest sister.*

Corps de lettre

- Annonce de l'objet du courrier : *I'm writing to you to tell you/ask you about...* • *I would like to know if...* • *I would be very grateful if you could...*
- Formule de clôture : *I'm looking forward to hearing from you.* (formule polie) • *Keep in touch!* • *Take care!* (pour un proche)

Formules de fin

- Si le destinataire n'est pas un proche : *Sincerely* • *Yours Sincerely* • *Faithfully*
- Si tu connais la personne : *Best regards* (formule polie) • *Lots of love* • *Love* • *xoxo* (pour un proche)

STRATEGIES

Écrire une scène de roman

Step 1

LIRE LE SUJET

Il s'agit d'écrire...

Une scène qui précède, suit ou s'inspire d'une scène de roman existante ?

Step 2

LIRE LE TEXTE DE DÉPART

Lis le texte avec attention et repère :

- le narrateur (texte à la 1re personne ou pas ?) ;
- la situation (lieu, époque, action) ;
- les personnages (nom, âge, personnalité, état d'esprit, caractéristiques, etc.).

Step 3

RELIRE LE SUJET

De quel type de scène s'agit-il ?

La scène qui **précède** une scène existante ?

Dans le texte d'origine :

- surligne les éléments qui font référence au passé/à ce qui précède (souvenir, rebondissement, etc.) ;
- analyse les relations entre les personnages (amoureux, en conflit, etc.).

La scène qui **suit** une scène existante ?

Dans le texte d'origine, identifie bien la situation finale et imagine les possibilités de développement de celle-ci.

Une scène **existante** en changeant de point de vue ?

Dans le texte d'origine :

- repère le personnage dont la scène raconte le point de vue et tous les éléments qui caractérisent ce dernier ;
- choisis le personnage dont tu vas adopter le point de vue pour rédiger et repère ses réactions.

Step 4

RÉFLÉCHIR

Rassemble tes idées sur :

- la situation que tu veux raconter = Qui ? Quoi ? Où ? Quand ? ;
- l'évolution des personnages au fil de cette scène (sentiments, actions, etc.) ;
- le point de départ, le/les élément(s) perturbateur(s) et le point d'arrivée.

La scène d'ouverture d'un nouveau roman ?

Step 2

RÉFLÉCHIR

Rassemble tes idées au brouillon sur :

- le thème de ton roman et son atmosphère ;
- le type de roman (autobiographique ? fiction à la 1re personne ? narrateur omniscient ?) ;
- La situation que tu veux raconter = Qui ? Quoi ? Où ? Quand ? ;
- les personnages (nom, âge, personnalité, état d'esprit, caractéristiques, etc.) ;
- le style ou le registre (familier, descriptif, dialogué, poétique, etc.).

FINAL Step

RÉDIGER !

More in *Pump it up!* p. 60

TIPS

- Si ta scène part d'un roman existant, garde bien le même narrateur, le ton et le(s) temps du texte d'origine.
- Si tu veux intégrer un dialogue dans ta scène STRATEGIES p. 240.
- Pour enrichir ton texte STRATEGIES p. 238.

Écrire un texte argumentatif

STRATEGIES

Step 1

LIRE LE SUJET

Il s'agit de développer...

Un point de vue personnel sur un thème général ?

Un point de vue nuancé à partir d'une citation ?

Step 2

RÉFLÉCHIR

Rassemble tes idées sur le sujet en partant des mots-clés :

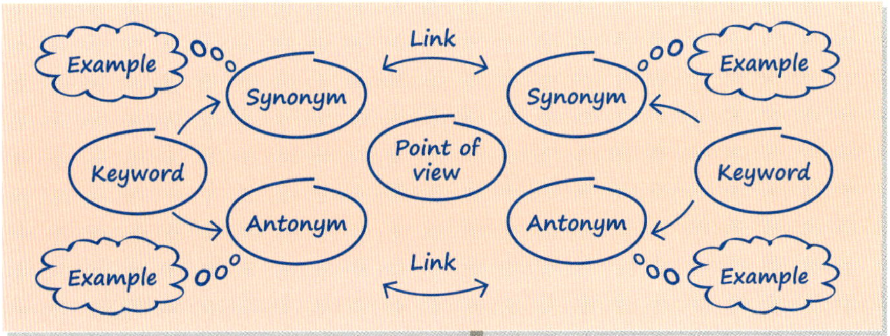

TIP

Surligne de couleurs différentes tes idées selon qu'elles se renforcent, se complètent ou s'opposent pour faire émerger un plan. Raye-les ensuite au fur et à mesure de la rédaction pour ne rien oublier.

TIPS

- Nouvel argument = nouveau paragraphe.
- Varie le vocabulaire pour nuancer ou renforcer ton propos.

More in ***Pump it up!*** p. 64

Step 3

S'ORGANISER

Un point de vue personnel sur un thème général :

1. Choisis comme **point de départ** :
- une idée générale
Nowadays it seems that...
It is generally accepted that...
OU
- l'idée la moins convaincante
It always strikes me when people argue that...

2. Présente en **point central** :
- un argument évident
One can't deny that...
... and that's a fact

3. Avance en **point final** :
- une idée originale
It is quite possible to suggest that...
OU
- une idée percutante
I would claim that...

Un point de vue nuancé à partir d'une citation :

1. Choisis comme **point de départ** :
- une idée qui soutient celle avancée
It is true that...
It is possible to agree with...
OU
- une idée qui se rapproche de celle énoncée.
To suggest that... is coherent with the idea that...

2. Présente en **point central** :
- une idée en contrepoint
However, one may also argue that...
On the one hand...
On the other hand...

3. Avance en **point final :**
- un point de vue nuancé
A more balanced way of seeing things would be to...

Step 4

PRENDRE POSITION

- Annonce ta conclusion : *To conclude...* • *As a conclusion...*
- Reprends tes idées : *If in some instances one might say that..., in others...*
- Aboutis à un point de vue personnel : *All in all, I would say that...*

Écrire un article

Lorsqu'on te demande d'écrire un article de presse, il faut bien analyser le sujet pour en comprendre les enjeux, puis respecter des règles de mise en forme précises.

Step 1

ANALYSER LE SUJET ET FAIRE UN PLAN

Avant de construire ton article, reprends les différents documents étudiés auparavant qui te donneront des idées. Au brouillon :

- **réfléchis aux arguments, exemples, anecdotes** que tu souhaites intégrer à ton article ;
- rassemble les éléments importants et **détermine deux, trois grandes idées** qui constitueront les **paragraphes** de ton article ;
- pense à un **titre accrocheur**, ton but étant d'attirer ton lecteur. Le titre est souvent une phrase nominale.

Step 2

RÉDIGER ET METTRE EN FORME

Afin que ton article soit bien structuré et réponde aux codes de la presse, prends garde aux éléments suivants.

Check list

- ✔ N'oublie pas **de donner un titre** à ton article, et d'**intégrer le nom de journal, l'auteur, et la date**.
- ✔ Démarre par **un chapeau** qui introduit le sujet de l'article et donne envie au lecteur de lire la suite.
- ✔ Introduis **une idée/un argument par paragraphe**, illustré(e) par un exemple. En fonction du sujet de ton article, n'hésite pas à intégrer des citations et/ou des chiffres pour donner du poids à tes idées.
- ✔ Dans tes paragraphes, commence par **le plus général** (on pose le contexte), puis donne **des précisions** et enfin termine par **une ouverture ou un contrepoint**.
- ✔ Tu peux éventuellement intégrer **des photos** avec une légende pour illustrer ton propos.

Lis l'article ci-contre et repère :

- le titre et la source ;
- un chapeau qui introduit le sujet de l'article ;
- les parties de l'article correspondant à :
  – *First anti-Brexit street art* ;
  – *A new Brick Lane* ;
  – *Frustration over the referendum* ;
- les illustrations choisies et leur légende.

BOOST YOUR VOCABULARY!

Pour donner des exemples, utilise :
for example • for instance • such as • as the latest figures show... • As Mr. X said...

ANTI-BREXIT STREET ART

▲ Street art in Shoreditch, London

How anti-Brexit street art in London's East End is sparking conversation—on walls.

Brick Lane has long been a must-see tourist site in London's East End, harbouring boutiques, restaurants and the city's thriving[1] street-art scene. But as the Brexit deadline looms, new murals and paste-ups[2] appear on its walls daily—and it's incubating discussion about the U.K.'s escalating political climate. Other artists and passers-by leave comments on the pieces to share their perspectives, or tear them off in defiance.

The public interacts with the art by "augmenting and changing it," said Dave Stuart, founder of Shoreditch Street Art Tours, who has been leading groups through the area for the past 15 years. When it came to Brexit, he said, "the handbrake[3] came off and artists did loads of political street art." [...]

A lot of the anti-Brexit street art only started appearing in March 2019, when the initial date to leave the EU was approaching, he said. Given London's largely "remain" voting population, Stuart said it made sense that most artists working in Brick Lane are anti-Brexit.

▲ Street artist Uberfubs doing paste-ups of her anti-Brexit art, 2019

"It was soul-destroying when that happened," street artist Uberfubs said of the 2016 Brexit vote. "I was in an incredibly low place for weeks and months after. It was a total shock."

Uberfubs, who declined to provide her real name because some of her work is on private property without permission, is Irish, but she also holds Canadian nationality through her father.

"I'd grown up believing that London was cosmopolitan, it was multiracial and full of immigrants," she said. "I had to question what my immigration status was." [...]

Uberfubs started to put up her art in 2017, because she felt "frustrated" about the results of the referendum. "Doing street art was a chance to get my voice not heard but seen," she said.

Zahra KHOZEMA, *CBC News*, October 2019

Écrire une note de synthèse *a concept note!*

STRATEGIES

On va parfois te demander de faire une synthèse de plusieurs documents (écrits et/ou visuels). Mais que signifie « faire une synthèse » ? Follow the steps!

Step 1

ANALYSER LE SUJET

Lis bien la consigne et **identifie l'objectif de cette synthèse**. Puis note **les mots-clés** qui te viennent à l'esprit à la lumière de cet objectif et essaye d'identifier **les problématiques** qui t'aideront ensuite à construire un plan.

Write a concept note on Hong-Kong's British heritage.

Mots clés : colonial traces (in architecture, art, culture...), Chinese versus British culture...

Problématique : peaceful cohabitation or opposition?

TIPS

Note de synthèse ≠ résumé

- Faire **un résumé** revient à condenser le contenu d'un document (car cela peut aussi être un doc oral?) en ne retenant que les informations/idées les plus importantes.
- Faire **une synthèse** consiste à condenser le contenu d'au moins deux documents en un seul et même texte structuré et contenant les idées directrices de ces deux textes organisées de manière logique.

Step 2

FAIRE UN PREMIER TOUR

Fais un premier tour rapide des documents afin :

– d'**identifier le sens général** de chaque document ;

– d'évaluer **le lien avec les problématiques** que tu as identifiées ;

– de **choisir dans quel ordre** tu vas les étudier en fonction de leur nature et de leur importance.

TIP

Tour rapide = lecture des titres, sous-titres, chapeaux ou autres paragraphes mis en exergue...

Step 3

ÉTUDIER LES DOCUMENTS

- Étudie chacun des documents en gardant toujours l'objectif de la synthèse en tête :

– les passages non reliés à ton sujet doivent être **ignorés** ;

– **surligne les passages** des textes (ou décris les éléments du visuel) qui illustrent les aspects problématiques que tu avais en tête ou qui en font émerger d'autres.

- Tu peux ensuite passer au **relevé d'idées** : cela consiste à reformuler au brouillon et de manière organisée tous les éléments qui viendront nourrir ta note.

TIP

Ton relevé peut être organisé dans un tableau (ou une *mindmap*) avec une colonne par document ou une colonne par angle de la problématique.

Step 4

FAIRE UN PLAN

- Grâce à ton relevé, tu vas pouvoir **dégager les idées principales** à mettre en exergue et ainsi **construire un plan clair, logique et équilibré**.
- Une note de synthèse comprend **2 à 3 parties**, qu'il faut bien repérer à la lecture (numérotation, titres, paragraphes...).

TIPS

- **Clair et logique =** ne pas chercher l'originalité à tout prix ! Il est par exemple préférable de commencer par analyser les causes d'un problème avant d'en évoquer les solutions.
- **Équilibré =** les différentes parties doivent être à peu près équivalentes en taille.

Step 5

RÉDIGER

- Une note doit être **bien structurée** : introduction, développement (parties, sous-parties) et conclusion.
- Utilise ton plan et ton relevé de notes pour rédiger ta note.
- **Adopte un ton impersonnel** : tu ne dois pas donner ton opinion dans cette note mais présenter les idées des documents de manière **neutre**.

TIPS

- **Ton impersonnel =** ne rédige pas à la 1re personne.
- **Numérote et titre tes parties et sous-parties** pour qu'on se repère bien dans ta note.
- **Illustre ton propos** en citant des passages des documents.

BOOST YOUR VOCABULARY!

1. Pour introduire

- *To start/begin with...* • *First of all...* • *First and foremost...*
- *The set of documents deals with/is about/tackles the issue of...* • *It provides an overview of...*

2. Pour reformuler ou paraphraser

In other words • *That is to say* • *Namely* • *Actually* • *As a matter of fact* • *As it were*

3. Pour enchaîner les idées

- Ajouter : *Besides* • *Furthermore* • *Moreover* • *Better still...*
- Nuancer : *However* • *Nevertheless...*
- Indiquer un lien de cause à effet : *Therefore* • *As a result* • *Consequently*

4. Pour conclure

In conclusion • *To sum up* • *Finally*

STRATEGIES

Écrire une page de journal intime

Tu peux avoir à rédiger un extrait de journal intime à partir d'un personnage choisi, ou bien à partir d'un texte support en compréhension écrite.

Step 1

SE PRÉPARER

• Un journal intime contient **des pensées, idées, sentiments, expériences, activités, réactions et informations personnelles**. Il permet de **garder une trace** d'événements vécus ou à venir. Prends des notes au brouillon sur les souvenirs que tu veux mettre en avant ainsi que l'analyse que ton personnage peut avoir de ces événements. L'ensemble doit être en lien avec la situation de ton personnage, ou celle du texte support.

• Souligne les éléments importants du sujet afin d'**identifier la situation du personnage visé**. Tu dois pouvoir cerner clairement plusieurs données :

Les caractéristiques du personnage :
- nom, âge, genre
- classe sociale
- personnalité
- état d'esprit

⟵ Personnage incarné ⟶

Le contexte :
- la **situation d'énonciation** (le lieu, l'époque, le contexte)
- les **actions évoquées** (faits passés ? faits à venir ?)
- la **position** du personnage sur ces faits (accord ou non, sentiments éventuels, etc.)

• Appuie-toi sur tes **connaissances du contexte** historique, social, politique, culturel, géographique et/ou scientifique dans lequel vit ton personnage.

TIP

Garde bien à l'esprit que ton écrit doit **refléter le personnage** qui le rédigerait.

Step 2

RÉDIGER

• Commence par indiquer la date à laquelle se situe ton récit, puis situe clairement le contexte pour ton lecteur. Écris à la **première personne du singulier**.

• **Alterne** récit et pensées personnelles.

• Utilise les **temps appropriés** : ici, le **prétérit** permet au personnage de raconter des événements passés ; le présent sert à énoncer une vérité générale.

• Mobilise des **connecteurs logiques et chronologiques** pour structurer ton récit.

• **Varie les phrases longues et les phrases courtes** afin de donner du rythme et du dynamisme à ton récit.

• Utilise un **registre de langue adapté** à la personnalité de ton personnage. Si le style est informel, familier, il convient pourtant d'écrire dans une langue correcte. Communique des pensées et des émotions dans des termes que le personnage emploierait.

• Choisis des **adjectifs** et des **adverbes** qui te permettront de décrire réactions et sentiments.

April 1935:

It was my birthday this week. I did not tell anyone about it but apparently my brother William wrote to Florence to let her know. Florence and the other housemaids then put some money together and they bought me a selection of film magazines and a box of toffees from town. I woke up on the morning of my birthday to find a little brown paper package at the end of my bed. It was a lovely surprise!

Easter was late this year and the local Easter dance was the day after my birthday. Mrs. Seddons gave us housemaids and the footmen permission to attend, though we had to be back by ten in the evening. I spent a good hour getting ready, trying on the new dress Mother made me. Florence let us all use her lip-rouge and we tried to fashion our hair like that of the girls in the film magazines. This was more difficult than we first supposed it would be. I do not understand how these girls can look so perfect! The dance itself was lovely.

Diary of a Housemaid, ickworthlivesnt.wordpress.com.

TIP

Tu peux ajouter le lieu de l'écriture fictionnelle de ton personnage en haut à droite et commencer ton entrée par *'Dear diary'*.

BOOST YOUR ENGLISH!

Dans un journal intime, tu peux être amené(e) à varier le temps des verbes. Utilise :
- le **présent simple** pour décrire ou énoncer une vérité générale ;
- le **prétérit** pour relater des événements passés ;
- le **prétérit *be* + V-*ing*** pour décrire ou parler d'une action en déroulement dans le passé ;
- le ***pluperfect*** (*had + -en*) pour parler de ce qui s'est passé avant l'événement au prétérit ;
- le ***present perfect*** pour dresser un bilan de la journée ou rapporter des faits qui ont une répercussion sur le présent ;
- le **présent en *be* + V-*ing*** ou ***be going to* + V** pour parler d'une intention.

Faire un compte rendu

STRATEGIES

Lors des épreuves communes de contrôle continu du bac, tu auras à rendre compte de ta compréhension orale en français et de ta compréhension écrite en anglais.

Step 1

PRÉPARER UN PLAN

- À partir de tes notes, **identifie les idées principales** du ou des documents étudié(s) pour définir ton plan qui peut être chronologique, ou suivre la structure du document. Il peut aussi être suggéré dans la consigne.
- En réfléchissant à l'axe du sujet, **identifie les enjeux**.

Step 2

RÉDIGER LE COMPTE RENDU

- Rédige une introduction qui présente **la nature du ou des documents**, **leur source** et **les enjeux**. Lorsqu'il y a plusieurs documents, inclus dans ta présentation les informations qui te permettront de **faire des liens entre eux** et de les **contraster**.

Compréhension orale

➔ doc C p. 29

Le document proposé à l'écoute est un entretien avec les productrices d'une nouvelle série de CBS intitulée Molly of Denali. Informatif, il aborde la question de la représentation des peuples originaires d'Alaska.

Compréhension écrite

➔ docs 2 p. 182 et 2 p. 184

These documents are an excerpt from a novel entitled Girls Burn Brighter by Shobba Rao and a web article from www.feminismindia.com, both published in 2018. They address the issue of women's rights in India.

TIPS

Nature de document :

- un entretien, un reportage, un vlog, un discours, etc.
- *a press/web article, an excerpt from a novel, a blogpage, a website extract, etc.*

- **Reconstruis ensuite le sens du ou des document(s)** :
  – va **du plus général au plus détaillé** et de l'explicite vers l'implicite (ce qui est sous-entendu) ;
  – montre **la cohérence et les liens** entre les éléments du ou des document(s) à l'aide de **connecteurs logiques et chronologiques** ;
  – présente **les locuteurs ou narrateurs et leur point de vue**, le **sujet traité**, et la **visée** et la **tonalité** du ou des document(s).

TIPS

- **Visée** = quel est l'objectif du document ? informer, promouvoir, critiquer, etc.
- **Tonalité** = le document est-il factuel ? humoristique ? ironique ? revendicatif ? etc.

Compréhension orale

La journaliste explique que c'est la première série à mettre en scène un personnage principal originaire de l'Alaska. Ce personnage, Molly, est une fillette aventureuse de 10 ans qui vit dans un village fictif en Alaska. La journaliste présente ensuite les deux productrices interviewées, Dorothea Gillim et Princess Johnson, pour qui la série est importante car elle met l'accent sur une communauté méconnue des Américains. Elles expliquent que l'objectif de la série est de déconstruire les stéréotypes sur la vie des peuples originaires d'Alaska ainsi que les stéréotypes au sens plus large (notamment sur les Texans). Il s'agit de montrer que les peuples originaires de l'Alaska sont modernes même s'ils restent attachés à leurs traditions.

Compréhension écrite

The article presents a Supreme Court ruling that now allows the entry of women into the Sabarimala Temple. The novel depicts a 'marriage viewing,' an event during which Poornima's family hopes to marry her to a young man. While the article appears to present a powerful decision for women's rights, the journalist explains that women are likely to still be excluded from this temple. Indeed, even with the legal right to enter the temple, they may not feel safe enough to do so. In this sense, the literary extract reveals other limits placed on women: Poornima's appearance is crucial (her sari and hair are described as well as her face); her aunt also blames her for a first failed marriage. Both documents highlight the social pressures exerted on women, seen as impure in the article or as objects in the novel, in today's India.

TIPS

- Dans ton compte rendu en anglais, évite la paraphrase c'est-à-dire de recopier des passages des textes. Utilise tes propres mots.
- Relis ton compte rendu pour vérifier la correction orthographique et grammaticale ainsi que la ponctuation.

STRATEGIES

Présenter un projet

ETLV

STI2D STL STD2A

Lors de ta présentation d'ETLV, tu devras, en 5 minutes, présenter un projet scientifique ou technologique conduit en enseignement de spécialité. Pour cela, tu vas pouvoir t'appuyer sur un support que tu projetteras au jury. STRATEGIES p. 236

TIPS

Entraine-toi tout au long du cycle terminal afin d'être capable :
- d'**utiliser un lexique technologique précis**, pertinent, et de le prononcer correctement ;
- de **construire un support visuel** qui te guidera dans ta présentation et permettra au jury de suivre ta démarche ;
- de **faire le lien entre une démarche scientifique et une problématique** liée au monde anglophone.

Step 1

CONTEXTUALISER

- Commence par **expliquer comment ce projet est né** :
  – en quoi correspond-il à des connaissances et des centres d'intérêts personnels ?
  – en quoi répond-il à un enjeu d'actualité ?
- **Introduis la problématique** choisie en la mettant en lien avec les programmes d'anglais et avec ceux de ta spécialité. Illustre-la avec des données pertinentes pour indiquer clairement ce que tu vas chercher à montrer.
- **Émets des hypothèses** et indique quels résultats tu t'attends à obtenir.

TIP

Utilise des modaux pour formuler tes hypothèses : *we **may** wonder • we **might** see • we **can** expect • we **should** be able to observe...*

STL

Context → The British goverment has banned single-use plastic straws in 2010

Question raised → Can we make bio-sourced straws from starch and use them as an alternative to the traditional ones?

Topic → Scientific innovation and responsibility

STI2D

Context → Great fires in Australia (Winter and Autumn 2019-2020)

Question raised → Can we develop outdoor fire alarm systems ?
How much can it help protect the sacred Australian land?

Topic → Territory and memory

STD2A

Context → Creation and development of collaborative spaces in Canada (co-housing, co-working, co-living...)

Question raised → Can technological innovation and house planning change/improve people's life/relationships?

Topic → Private and public spaces
Snapfile 6, p. 70

Step 2

DÉCRIRE DES TÂCHES

- Explique comment tu as choisi de répondre aux hypothèses émises :
  – tu peux **présenter la répartition des tâches** en montrant comment le travail individuel s'inscrit dans une réflexion de groupe ;
  – assure-toi de pouvoir **justifier les choix opérés**.
- Décris la démarche scientifique :
  – présente **le protocole** ;
  – nomme **les techniques** et **le matériel utilisé**.

TIPS

- Le jury est composé d'un professeur spécialiste de la discipline et d'un professeur d'anglais non spécialiste. Il faut donc expliquer clairement ta démarche pour **rendre ton propos accessible**.
- Sur ton support, pense à **inclure des photos et des schémas** pour illustrer ta démarche. **Ne rédige pas ta présentation :** à l'oral, tu pourras t'appuyer sur ce support visuel pour le commenter.

Step 3

TIRER DES CONCLUSIONS

- Présente tes **résultats** :
  – décris les résultats obtenus ;
  – indique si ceux-ci confirment les hypothèses de travail ;
  – mets en relation les conclusions avec l'axe culturel du programme.
- **Projette-toi :**
  – prends du recul par rapport aux résultats présentés pour les nuancer au besoin ;
  – envisage des prolongements au projet.

TIPS

- Sur ton support, fais apparaitre tes résultats grâce à un tableau, un diagramme...
- Pour plus de clarté, tu peux refaire apparaitre les résultats espérés pour les mettre en parallèle avec les résultats réels.

Step 4

INTERAGIR STRATEGIES p. 237

À l'issue de ta présentation, le jury va **te poser quelques questions**. Ces questions peuvent t'amener à corriger ou préciser certains points ou à élargir la réflexion. Pour te préparer au mieux à cette partie, anticipe les questions :

- assure-toi de pouvoir décrire précisément certaines tâches que tu aurais choisies de ne pas présenter initialement ;
- envisage d'autres manipulations te permettant d'affiner les résultats.

BOOST YOUR VOCABULARY!

Tout au long de l'année, mémorise et apprends à utiliser du vocabulaire précis.
→ Pour t'exprimer en ETLV, rabat V de ton manuel

Présenter une organisation ou un fait social STMG ST2S

STRATEGIES

ETLV

Lors de ton oral d'ETLV, tu devras, en 5 minutes, présenter :
STMG une organisation (entreprise, administration ou association) ;
ST2S un fait social touchant à la santé ou au bien-être des populations.
Tu pourras t'appuyer sur un document support préparé par tes soins.

Step 1

CHOISIR SON SUJET ET FAIRE DES RECHERCHES

- Pour choisir ton sujet, appuie-toi sur ce que tu as vu dans le cadre de l'ETLV. Prends garde à **choisir une organisation ou un fait social qui soit ancré dans la culture anglophone**.
- Prends ensuite des notes destinées à **introduire ton propos** en t'aidant des questions ci-dessous.

STMG

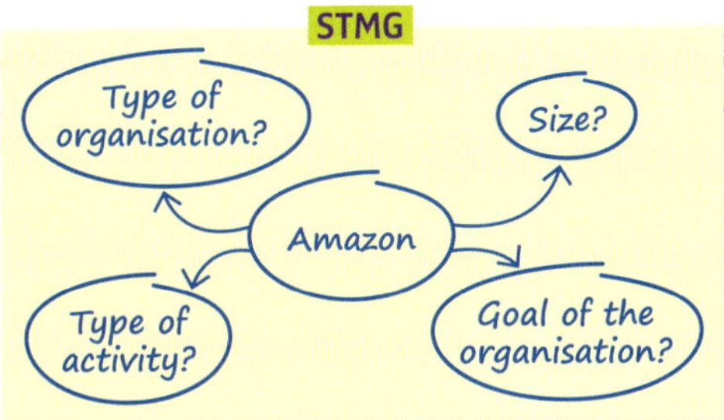

ST2S

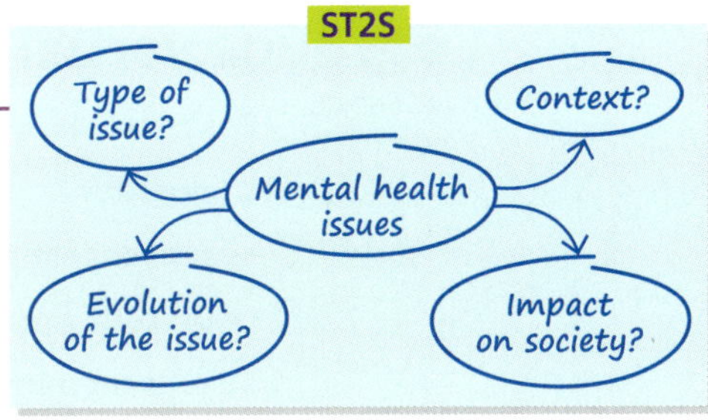

Step 2

DÉFINIR UNE PROBLÉMATIQUE

- Analyse ton sujet à travers un axe du programme de langues vivantes et d'un point du programme de ta spécialité. Il s'agira de **montrer en quoi le sujet abordé est spécifique à un pays de l'aire anglophone**.

STMG

How has Amazon reshaped the USA's work organisation?
➔ Organisation and society
➔ Scientific innovations and responsibility

ST2S

How does the British society deal with the increase in mental health issues?
➔ Policies, public health and social action measures
➔ Diversity and inclusion

Step 3

ORGANISER LA PRÉSENTATION

Lors de ta préparation, commence par **lister tes éléments de réponse à la problématique**, puis **regroupe-les en deux ou trois grandes idées**. Appuie-toi sur des documents précis pour illustrer les idées que tu souhaites mettre en avant.

STMG

1. Innovative work organisation
2. Fair competition?
3. Dehumanising work

Exemple détaillé

ST2S

1. Health issue
2. A factor of inequality
3. Putting mental health issues under the spotlight

Exemple détaillé

Step 4

RÉPONDRE AUX QUESTIONS STRATEGIES p. 237

- Lors de la partie entretien, le jury peut te poser des questions sur ta présentation afin de **préciser ou corriger certains points**.
- Les questions peuvent également aborder d'autres éléments non mentionnés lors de ta présentation. Pour te préparer au mieux à cette partie, **anticipe les questions** :

– réfléchis à d'**autres exemples** d'organisation ou de fait social qui illustrent le mieux l'axe étudié ;
– tente de relier l'organisation ou le fait social présenté à un **autre axe**.

TIPS

Ton **document support** doit être concis et pertinent. Utilise PowerPoint, Genially, Prezi, etc. :
- limite le nombre de diapositives et la longueur des textes : inclus des mots clés, des schémas, des cartes mentales.
- Entraîne-toi à parler à l'aide de ton support. STRATEGIES p. 236

BOOST YOUR VOCABULARY!

Tout au long de l'année, mémorise et apprends à utiliser du vocabulaire précis.

➔ Pour t'exprimer en ETLV, rabat V de ton manuel

PRÉCIS GRAMMATICAL

Sommaire

Le groupe nominal

Le groupe verbal

De la phrase simple à la phrase complexe

Le groupe nominal

Fiche 1 Les noms

A Dénombrables et indénombrables

Les noms peuvent être dénombrables ou indénombrables.

- Les noms **dénombrables** désignent des éléments que l'on **peut compter** :
  a chair • *a cat* • *a town* → *two chairs* • *three cats* • *four towns*
- Les noms **indénombrables** désignent des éléments que l'on **ne peut pas compter**, comme les noms d'aliments ou de matière :
  bread • *butter* • *water* • *plastic* • *silk*, etc.
  ou les mots qui renvoient à une notion indéfinie :
  joy la joie • *health* la santé • *soccer* le football, etc.

Attention ! Certains mots dénombrables en français sont indénombrables en anglais :
advice les conseils • *furniture* les meubles • *information* les informations • *luggage* les bagages • *news* les nouvelles • *toast* les toasts, etc.

- Pour dire qu'il y a un seul élément en anglais, on utilise parfois ***a piece of*** :
  *I bought **a piece of** furniture.* J'ai acheté **un** meuble.
  *He took **two pieces of** toast.* Il a pris **deux** toasts.
  On utilisera aussi souvent le nom sans article :
  That is good news! C'est **une** bonne nouvelle !
  He ate bacon and toast. Il a mangé **du** bacon et **des** toasts.

B Singulier et pluriel

Pour former le pluriel d'un nom en anglais, on ajoute un **-*s*** à la fin du mot : *a horse* → *horses* • *a month* → *months*

- Pour les mots qui se terminent au singulier par -***s***, -***x***, -***z***, -***ch*** ou -***sh*** et pour certains mots qui se terminent au singulier par -***o***, on ajoute un -***e*** avant le -***s*** du pluriel :
  a bus → *buses* • *a match* → *matches* • *a hero* → *heroes*
- Pour les mots qui se terminent au singulier par une consonne + -***y***, la terminaison au pluriel est -***ies*** :
  a party → *parties*
- Pour les mots qui se terminent en -***f(e)***, la terminaison est -***ves*** : *a wolf* → *wolves* • *a wife* → *wives*
- Certains noms d'animaux sont invariables :
  a sheep → *sheep* • *a fish* → *fish*

MIND THE TRICK!

- Certains pluriels sont irréguliers :
  a man → *men* • *a child* → *children* • *a mouse* → *mice* • *a foot* → *feet* • *a tooth* → *teeth* • *a phenomenon* → *phenomena* • *a hypothesis* → *hypotheses*, etc.

La prononciation du pluriel

- si le **nom** se termine par une consonne sonore, le ***s*** se prononce /z/ : *bags* • *cars*
- si le **nom** se termine par une consonne sourde, il se prononce /s/ : *cats* • *cups*
- si le **nom** se termine par les sons /s/, /ʃ/, /dʒ/ ou /z/, le pluriel se prononce /iz/ : *buses* • *cages* • *brushes* • *horses* • *ages* • *watches*

La prononciation des pluriels irréguliers

Attention, les mots suivants se prononcent différemment au singulier et au pluriel :
a woman → *women* • *a child* → *children*
/ʊ//ə/ /ɪ/ /ɪ/ /aɪ/ /ɪ/

MIND THE TRICK!

- Certains mots singuliers en français sont au pluriel en anglais et inversement :
  *My luggage **is** heavy.* Mes bagages **sont** lourds.
  *The news **is** good!* Les nouvelles **sont** bonnes !
- Les pays constitués de plusieurs États sont suivis d'un verbe au singulier :
  *The USA **is** a country I would like to visit.* Les États-Unis **sont** un pays que j'aimerais visiter.
- Les noms qui se réfèrent à un ensemble appellent généralement le pluriel : *The police **are** arriving!* La police arrive !

1 Classe les noms soulignés selon s'ils sont dénombrables ou indénombrables.

a. Ireland has an amazing <u>culture</u> that is so enriching for young <u>people</u> discovering the <u>country</u>.
b. The <u>Internet</u> has helped foreign <u>students</u> enrol at Irish <u>universities</u> to acquire <u>knowledge</u> and consider a <u>career</u>.
c. Uni <u>life</u> has tremendous <u>importance</u> for students as it helps them build up <u>friendships</u> with other <u>students</u>.
d. Finding the right <u>accommodation</u> on the <u>campus</u> can sometimes be a real <u>nightmare</u>, and students have to do odd <u>jobs</u> to pay the <u>rent</u>.

2 Singulier ou pluriel ? Choisis la forme qui convient.

a. So many people (*considers/consider*) studying in Ireland nowadays.
b. Social media (*is/are*) used a lot by students.
c. Recent data (*shows/show*) that more and more students (*is/are*) attracted to Irish universities.
d. The good news (*is/are*) that I'll study in Ireland next year!

3 Mets les mots entre parenthèses au pluriel. Attention aux changements induits (pronoms, verbes, déterminants).

a. An Indian girl's (*life*) may changed thanks to education.
b. (*University*) often helps change people's (*life*) by the (*career*) it offers.
c. Even if a (*student*) has no (*means*), he can enrol at (*university*) thanks to a (*scholarship*).
d. The (*opportunity*) to study abroad is a life-changing (*experience*).

4 Traduis les phrases suivantes.

a. Étudier à l'étranger permet de découvrir la culture et de pratiquer une langue.
b. Les étudiants reçoivent beaucoup d'informations au sujet de leur future carrière, des cours et du logement.
c. Les Etats-Unis et l'Irlande attirent les jeunes qui veulent faire des études à l'étranger.
d. La bonne nouvelle c'est que les gens du monde entier viennent acquérir leurs savoirs en Irlande.

Fiche 2 Les noms composés

Les noms composés sont construits à partir de deux mots distincts. Ils peuvent être constitués, par exemple :

- de deux noms : *a raincoat* un imperméable
- d'un nom et d'un verbe : *sightseeing* du tourisme
- d'un verbe et d'un nom : *a swimming-pool* une piscine
- d'un adjectif et d'un nom : *a greenhouse* une serre
- d'une préposition et d'un nom : *an onlooker* un badaud
- d'un adverbe et d'un adjectif : *an evergreen* un conifère
- d'un nom et d'une préposition : *a passer-by* un passant
- d'un verbe et d'une préposition : *a take-off* un décollage
- d'un participe passé et d'une préposition : *a grown-up* un adulte

Attention ! En français, le nom principal porteur de sens est placé en premier alors qu'en anglais, il est en deuxième position. Pour traduire un nom composé de l'anglais au français, commence par la fin !
Exemple : *an aircraft carrier* un porte-avions

5 Traduis ou explique en anglais les mots de cette liste (liés aux jeux vidéo).

a. online gaming
b. eSport
c. role-playing game
d. multiplayer
e. game over
f. software
g. streaming media
h. augmented reality

6 Forme des noms composés en ajoutant un nom ou une préposition au mot entre parenthèses.

a. Not only teenagers but also (*grown*) play video games.
b. This innovation is a real (*break*) in the world of online gaming.
c. My favourite games are (*role*) games.
d. My (*break*) was due to an (*use*) of the console... Am I playing too much?
e. Most players train like (*sport*) in order to keep fit.

7 Trouve le mot composé correspondant à la définition.

a. Someone who plays games on the internet.
b. Prejudice regarding boys' and girls' abilities.
c. Sporting competition whose origins date back to Ancient Greece.
d. Course materials based on games.

8 Traduis les phrases suivantes en français.

a. Learning tools should rely on video games more often.
b. A gaming learning module is being tested at school.
c. Gaming communities are a fast growing phenomenon.
d. Army officials resort to gaming to recruit real-life soldiers.
e. High school students love playing eSports with their teammates.

Fiche 3 Les articles

Les articles et les adjectifs démonstratifs sont des déterminants. Ils précèdent les noms pour apporter une information supplémentaire.

A L'article indéfini *a/an*

L'article *a/an* sert à désigner un élément isolé, par rapport à un ensemble, une classe.
*We saw **a** cat in the garden.*

- On utilise ***a*** si le mot qui suit commence par une consonne ou par le son /j/ : *a uniform*
- On utilise ***an*** si le mot qui suit commence par une voyelle ou par un <h> muet :
heir • *honest* • *honour* • *hour*

Ainsi, on dira : ***an** apple* → ***a** big apple*
***a** story* → ***an** unbelievable story*

Attention !

- On utilise ***a/an*** devant des noms de métier :
*His mother is **an** accountant.* Sa mère est comptable.
- On utilise ***a/an*** après certaines prépositions :
without a friend sans ami
- On utilise également ***a/an*** pour exprimer un rapport :
once a month une fois par mois
- ***A/an*** ne s'utilise pas avec les indénombrables :
She gave me advice. Elle m'a donné un conseil.

- Au pluriel, si l'on veut déterminer quelque chose d'indéfini, on ne met **pas d'article**.
*We saw **a cat** in the garden.* → *We saw **cats** in the garden.*

B Absence d'article ou article zéro (Ø)

Lorsque l'on veut désigner plusieurs éléments d'une manière indéfinie, on n'utilise pas d'article :
I have Ø friends in Toronto. J'ai **des** amis à Toronto.

Attention ! En grammaire, Ø est une façon de symboliser l'absence d'article, mais il ne s'écrit jamais le reste du temps.

Pour désigner une généralité, on n'utilise pas d'article :
Photography is her passion.
Her pictures depict freedom and happiness.

Attention ! En anglais, on ne met pas d'article devant les noms de pays : *Ø Canada* • *Ø France* • *Ø South Korea*,
sauf devant les noms composés d'États : ***the** United States* • ***the** United Kingdom*.
On ne met pas d'article devant les noms propres :
Ø Queen Elizabeth la Reine Elisabeth • *Ø President Trump* le président Trump.
Mais on dira *the Queen* ou *the Prime Minister* quand le nom n'est pas précisé.

C L'article défini *the*

The sert à désigner :

- un ou plusieurs éléments dont on a déjà parlé ou qui sont connus de ceux qui parlent :
  *Will you go to **the** exhibition?* (celle dont on a déjà parlé)
  ***the** Earth* • ***the** sun* • ***the** stars* • ***the** Internet*
- un ou plusieurs éléments qui sont caractérisés par ce qui suit :
  ***The** city I like most is Toronto.*
- un groupe dans sa totalité (en utilisant un adjectif) :
  the homeless les sans-abri • *the elderly* les personnes âgées

On l'utilise aussi dans certaines expressions figées :
*She plays **the** oboe and **the** piano.* Elle joue du hautbois et du piano.

MIND THE TRICK!

- On dira :
  Ø homeless people (pluriel de *a homeless person*)
  Ø elderly people (pluriel de *an elderly man/woman*)

La prononciation de *the*

- Si le mot qui suit commence par une **consonne** ou un **<h> aspiré**, ***the*** se prononce **/ðə/** :
  the photo • *the city* • *the hero*
- Si le mot qui suit commence par une **voyelle** ou un **<h> non aspiré**, ***the*** se prononce **/ði/** :
  the image • *the hour*

Ainsi, on prononcera différemment :
***the** man* **/ðə/** → ***the** old man* **/ði/**
• ***the** image* **/ði/** → ***the** splendid image* **/ðə/**

9 Complète les phrases avec *a/an, the* ou Ø.

a. What can ... people do to save ... planet? What are ... solutions?
b. ... eco-friendly movements have been developing over ... last decade.
c. As ... activist, I think we should all use ... renewable energies, I personally installed ... panels on ... roof of my house and ... windmills in ... garden.
d. Is ... pollution-free city possible? ... government should launch ... awareness campaign.

10 Complète avec *the* ou Ø.

a. ... windmills in ... field next to ... main road are huge!
b. ... environmental issues shouldn't matter to ... teenagers only! ... adults should also feel concerned by ... global warming.
c. ... future of ... Earth greatly depends on ... way we handle ... pollution issue in ... big cities.
d. ... number of new jobs created by ... booming green companies is incredible.

11 Complète avec *a* ou *an*.

a. It doesn't take more than ... hour to cycle to work.
b. ... huge part of our emissions could be avoided with ... better awareness of the situation.
c. I read ... article about ... university student who had spent ... whole week experimenting with ... new means of saving energy.
d. I'm ... nature lover and demonstrating is ... unique opportunity for me to make things change.

12 Traduis les phrases suivantes.

a. Le Royaume Uni et l'Europe doivent trouver de nouvelles sources d'énergie pour protéger l'environnement.
b. Lancer des campagnes de sensibilisation et des pétitions sur Internet est un bon moyen d'alerter les gens.
c. Le temps presse si l'on veut sauver la planète. Les gens doivent comprendre que de simples actions du quotidien peuvent changer les choses et aider la nature.
d. Des militants ont manifesté dans les rues du monde entier cette semaine pour protester contre le réchauffement climatique.

Fiche 4 Les démonstratifs (*this/these – that/those*)

Les démonstratifs peuvent être **adjectifs ou pronoms**.

- En tant qu'**adjectifs**, ils correspondent à « ce, cet(te), ces » en français.
- En anglais, il y a deux adjectifs démonstratifs ***this*** (***these*** au pluriel) et ***that*** (***those*** au pluriel).
- Leur emploi diffère en fonction de la proximité (***this***) ou de l'éloignement (***that***) avec celui qui parle.
  ***This** is my house!* (proximité géographique)
  *In **those** days...* (éloignement temporel)
  ***That** was your idea!* (éloignement affectif)
- En tant que **pronoms**, ils correspondent à « celui-ci, celle-ci, ceux-ci / celui-là, celle-là, ceux-là ».
  *I don't want **these** games. I want **those**.* Je ne veux pas ces chaussures. Je veux celles-là.

NB : Le choix de *this* ou *that* peut aussi avoir une **valeur de commentaire**.
What's this? (surprise, découverte d'une nouveauté)
What's that? (expression d'un jugement, positif ou négatif)

13 Complète les phrases suivantes à l'aide d'adjectifs démonstratifs.

a. Look! ... is the game I told you about ... week.
– ... game? Are you sure? It doesn't look great to me.
b. What's ...? ... game is so boring!
c. ... gamers are real sportsmen, ... is why they won ... competition.
d. In ... days, only a few people were professional gamers.
e. ... learning modules are based on ... video games, so ... students love learning.

14 Traduis les phrases suivantes.

a. Regarde cette équipe là-bas ! Ces joueurs sont les meilleurs au monde, ils ont gagné cette compétition l'an dernier.
b. Ces personnages apportent du suspense à ce jeu, c'est exactement ce que j'aime !
c. Il y a 10 ans, ces compétitions étaient peu connues.
d. Les professeurs de cette école utilisent des jeux en ligne en ce moment.
e. C'est ce que je pensais ! Tu n'as jamais testé cette version sur cette console-là.

Fiche 5 Le génitif et la possession

A Le génitif

Le génitif est un déterminant du nom qui exprime une relation entre deux éléments ou personnes. Il correspond au **complément du nom** en français.
Comme tout déterminant, il se place devant le nom qu'il détermine et peut être remplacé par un article ou un adjectif possessif.

- Il se forme avec **'s** ou seulement avec **'** si le nom qui précède est au pluriel (régulier).
  the doctor → *the doctor's...*
  doctors → *doctors'...*
- Si le mot se termine par un **-s** qui n'est pas la marque d'un pluriel, la règle s'applique normalement.
  James → *Saint James's Park*

Le génitif peut exprimer :

- la possession : *the doctor's car* la voiture du docteur • *my parents' house* la maison de mes parents • *my children's cat* le chat de mes enfants
- un lien entre deux personnes : *Andrew's sister* la sœur d'Andrew • *my neighbours' friend* l'ami de mes voisins
- un repère temporel : *today's menu* le menu du jour
- un repère géographique : *London's museums* les musées de Londres
- une durée : *a year's work* un travail d'un an
- une catégorie : *a girls' school* une école pour filles • *a kids' menu* un menu enfant

Attention ! Utilise le génitif pour dire « chez » :
I went to the hairdresser's. Je suis allé chez le coiffeur.
I had lunch at Susan's. J'ai déjeuné chez Susan.

B Les adjectifs possessifs

Ils marquent un lien de possession (mon, ma, mes, nos, etc.). Ils se placent avant le nom ou groupe nominal.

I → *my*	*it* → *its*
you → *your*	*we* → *our*
he → *his*	*you* → *your*
she → *her*	*they* → *their*

Attention ! Contrairement au français, les adjectifs possessifs s'accordent en genre et en nombre avec le **possesseur** et non avec le nom qu'ils déterminent :
*John lives with **his** mother and **his** grandfather, while Martha doesn't see **her** parents a lot.*
Pour parler des parties du corps en anglais, on utilisera l'**adjectif possessif** alors qu'en français, on utilise l'article simple et un verbe pronominal réfléchi :
*He washed **his** hands.* Il s'est lavé les mains.
*She hurt **her** leg.* Elle s'est blessée à la jambe.

C Les pronoms possessifs

I → *mine*	*we* → *ours*
you → *yours*	*you* → *yours*
he/she/it → *his/hers/its*	*they* → *theirs*

Ils renvoient à l'objet possédé en évitant la répétition.
This notebook is mine. = my notebook

Attention ! Utilise le pronom possessif pour dire « un de mes » : *He's a friend of mine.* C'est l'un de mes amis.

La prononciation du pronom possessif

Il est accentué pour insister sur la possession.
It's not your book, it's mine!

15 Remplace les mots soulignés par un déterminant ou pronom possessif.

a. This is Patrick's office which is also Jessica's office.
b. My friends' well-being is as important as your well-being.
c. Working from home was not my boss's decision, it was my decision.
d. Mary's idea of well-being differs from Matt's idea of well-being.
e. My neighbours' house is their working place, just like our house.

16 Reformule les segments soulignés à l'aide d'un génitif.

a. Companies in Canada take the well-being of their employees into account.
b. This is the work I did yesterday.
c. The decision Jack took was to become a stay-at-home dad.
d. I like the policy of this company.
e. These are the photos Gary took in the most welcoming region in Canada: Yukon.

17 Choisis la forme qui convient pour compléter ces phrases.

a. This new programme has changed a lot of *employees' lives/employees's lives.*
b. His *boss's/boss'* open-mindedness was crucial in *Thomas's/Thomas'* decision.
c. *People's/people* private lives are respected in the company.
d. The *2019's/2019* report heralded *this year's/this year* trend.
e. After work, I'll go to *Jane's/Jane* for drinks with a couple of *co-workers/coworkers'*.

18 Traduis les phrases suivantes.

a. Le mari de l'une de mes amies est devenu un père au foyer, c'était leur choix commun.
b. La politique de l'entreprise pour laquelle je travaille est de préserver la vie privée de ses employés à tout prix.
c. Les entreprises innovantes du Canada sont classées parmi les meilleures du monde.
d. Le discours de leur patron a confirmé la tendance de l'an dernier.
e. Les salariés de cette entreprise sont ravis de leur cadre de travail.

Fiche 6 Les quantifieurs

Les quantifieurs permettent de préciser une **quantité.** Le choix du quantifieur dépend de la quantité, mais aussi de la nature du nom **(dénombrable ou indénombrable).**

A La quantité

Quantité	Indénombrables	Dénombrables
Une quantité nulle : pas de, aucun(e)	**no** – *They sometimes have* ***no*** *future in their country.* **not ... any** – *He did* ***not*** *have* ***any*** *future so he left his country.*	**no** – ***No*** *relatives are allowed to visit.* ***No*** *relative shall enter the compound.* (aucun proche) **not a** – *There was* ***not a*** *single Latino actor in this movie.* (pas un acteur latino) **none of them** – ***None of them*** *was offered a skilled job.* (aucun d'eux) **no one** – ***No one*** *could find a skilled job.* (personne)
Une petite quantité : peu, un peu de, quelques	**little** – *We have* ***little*** *information about their living conditions.* (peu d'informations) **a little** – *We have* ***a little*** *information about their living conditions.* (un peu d'informations)	**few** – ***Few*** *movies star are Latino actors.* (peu de stars de cinéma) **a few** – ***A few*** *Latino actors become famous worldwide.* (quelques acteurs latinos)
Une certaine quantité (non précisée) : du, de la, des	**some** – *There was* ***some*** *hope he could find a well-paid job.* (de l'espoir) **some** – *Do you have* ***some*** *news about him?* (on s'attend à une réponse positive) **any** – *Do you have* ***any*** *news about him?* (à tout hasard)	**some** – ***Some*** *prejudices are still deeply rooted in people's minds.* (des préjugés) **some** – *Can you name* ***some*** *Latino actors?* (on s'attend à une réponse positive) **any** – *Can you name* ***any*** *Latino actors?* (à tout hasard)
Une grande quantité : beaucoup de	**much** – *There is so* ***much*** *variety in Latino culture.* **a lot of** – *They have* ***a lot of*** *hope once they set foot in the U.S.*	**many** – ***Many*** *people spoke about their courage.* **a lot of** – ***A lot of*** *people spoke about their courage.*
Une quantité à déterminer : combien de	**How much** – ***How much*** *do we really know about them?* *We can't tell* ***how much*** *they suffer from stereotypes.*	**How many** – ***How many*** *people travelled with you?* *Who knows* ***how many*** *years they have to struggle?*

MIND THE TRICK!

- Dans les questions, tu emploies ***some*** lorsque tu attends une réponse positive.
  Would you like some tea? (demande polie)
  Tu emploies ***any*** lorsque tu ne sais pas quelle réponse va être faite. *Is there any tea in the pot?*
- Attention ! Avec ***no*** et ***never***, on n'ajoute pas ***not*** pour former la phrase négative. *There is no water here.*

La prononciation de *some* et *any*

Some et *any* sont généralement **non-accentués** lorsqu'ils expriment une **quantité non définie.**
Any est **accentué** lorsqu'il signifie « **n'importe lequel** ».
Any traveller can go there!

B De l'unité à la totalité

one – un seul, une seule	***One*** *immigrant was granted a scholarship.*
both – les deux	***Both*** *immigrants were granted citizenship.*
each + singulier – chaque	*We want* ***each*** *immigrant to feel welcome.*
every + singulier – tous les, chaque	***Every*** *day, they struggle to make both ends meet.*
most – la plupart de	***Most*** *people knew it would be difficult.*
(the) whole – tout/toute (entier/entière)	***The whole*** *population has preconceived ideas.* *He'll have to fight prejudices his* ***whole*** *life.*
all – tout, toute	***All*** *week long, he spends* ***all*** *his energy to make a living.*
either... or... – soit..., soit...	*People often* ***either*** *criticise them* ***or*** *ostracise them.*
neither... nor... – ni... ni...	***Neither*** *Maria* ***nor*** *her sister could find a decent job.*

19 Complète les phrases suivantes avec *some, any, (a) little, (a) few* ou *no(ne)*. Plusieurs réponses sont parfois possibles.

a. It can't be said that Latinos have ... representation since there are ... Latino characters in movies for example. Yet, only ... Latino actors are Hollywood stars.

b. ... Americans really know about the Latino culture, or maybe, ... of them know ... about it.

c. I have ... idea how to debunk stereotypes! Do you have ...?

d. ... while before A. Ocasio Cortez was elected, I think ... knew her, maybe only ... people had heard about her.

20 Complète ces phrases avec le quantifieur qui convient. Plusieurs réponses sont parfois possibles.

a. So ... Americans have ... stereotypes in their minds. In fact, they don't know ... about the Latino community.

b. Mary and Jane ... have Latino origins and still have ... relatives living in Mexico.

c. It takes so ... courage to work your way up the ladder ... have tried but only ... have succeeded as they get very ... help.

d. I don't give ... credit to what people say: I heard ... things and collected ... information about the Latino culture in order to debunk ... the stereotypes.

e. Not ... videogames are about Latinos but this one shows ... the hardships they have to endure and the ... recognition they get once in the US, yet, I guess only ... people will understand this is based on ... true facts.

21 Complète ces phrases avec *all, whole, every* ou *each*.

a. ... the immigrants I know have spent their ... lives working hard ... day.

b. ... one of us knows a Latino actor, even if we don't know ... of them.

c. ... Latino can tell you that almost ... the stereotypes about them are wrong.

d. The ... Latino community agrees on saying that ... the Latino characters are caricatures in this movie. Yet, this is not the case in ... movie.

e. ... month, new immigrants try to cross the border.

22 Traduis les phrases suivantes.

a. La plupart des Latinos ne sont ni vraiment ni fidèlement représentés dans beaucoup de films.

b. Alexandria Ocasio Cortez montre que l'on peut être à la fois Latino et figure politique.

c. Pas un d'entre nous ne peut imaginer le courage et la détermination que cela demande de quitter son pays.

d. Dans la plupart des films, les Latinos sont représentés soit comme des criminels soit comme des pauvres.

Fiche 7 Les adjectifs

A La place et l'ordre des adjectifs

En anglais, les adjectifs sont **invariables**.

- Lorsqu'ils sont épithètes, les adjectifs se placent **avant** le nom : *a prosperous city* une ville prospère
- Certains adjectifs ne peuvent pas être épithètes et se placent toujours après le verbe : *alive • asleep • afraid • awake • ill • glad*
  She is asleep. • He looks ill.
- Lorsqu'il y a plusieurs adjectifs devant un nom, ils sont classés du **plus subjectif au plus objectif**.
  Voici une formule pour t'aider :
  QOTAFCOM : Quantité, Opinion, Taille, Âge, Forme, Couleur, Origine, Matière

B Les adjectifs composés

- Les adjectifs composés peuvent être formés à partir d'un **adjectif** :
  adj + adj : *a **light-blue** dress* une robe bleu clair
  nom + adj : *a **navy-blue** suit* un costume bleu marine
- Il y a deux formations possibles à partir d'un **verbe** :
  – on ajoute ***-ing*** à la base verbale s'ils ont un sens actif :
  a story that breaks the heart → *a **heart-breaking** story* (nom + V-*ing*)
  a city that grows quickly → *a **quickly growing** city* (adv + V-*ing*)
  a child that looks good → *a **good-looking** child* (adj + V-*ing*)
  – on utilise le **participe passé** s'ils ont un sens passif :
  a cake made at home → *a **home-made** cake*
  a mountain covered with snow → *a **snow-covered** mountain*
- S'ils sont formés à partir d'un **nom** (parties du corps, vêtements, traits de caractère, éléments distinctifs), on ajoute ***-ed*** à la fin du nom :
  *a **white-striped** shirt* une chemise aux rayures blanches
  *a **bad-tempered** man* un homme de mauvaise humeur

La prononciation des adjectifs composés

L'accent porte généralement sur la 2e partie :
*red-h**ai**red • heart-br**ea**king*

23 Mets dans le bon ordre les adjectifs entre parenthèses.

a. BBC3 broadcasts (*talented – British – young*) artists' music.

b. BBC1 now uses music apps which are (*modern – digital – convenient*) tools.

c. The Princess's speech cheered up the (*British – low-spirited*) citizens.

d. I listened to an artist's (*new – classical – great*) piece.

24 Remplace les éléments soulignés par un adjectif composé.

a. This famous piece was played in a bad way and it split my ears and now, I'm in a bad mood. Yet, when it's performed in a good way, it's so moving that it breaks my heart.

b. This artist is famous all over the world for his pieces inspired by folk music.

c. This artist works hard to compose pieces that win awards.

d. This song not only opened my eyes to current problems but also stirred my soul.

25 Choisis l'adjectif qui convient.

a. I found this artist's musical world really *fascinated/fascinating* and *moving/moved*.

b. His talent is *overrating/overrated*! His last album is rather *disappointing/disappointed*.

c. I listened to a very *interesting/interested* programme on BBC1 about a recently *awarded/awarding* artist.

d. I was *amazing/amazed* when I heard his new title: it is so *surprised/surprising* of him as he isn't a *committed/committing* artist.

Fiche 8 Le comparatif et le superlatif

A Infériorité, égalité, superiorité

- Le comparatif permet de comparer deux éléments entre eux. Le superlatif permet de comparer un élément par rapport à tous les autres.

	Comparatif	Superlatif
Infériorité	***less*** + adjectif + ***than*** *Living in cities is **less** easy **than** living with their tribes.* ***not as*** + adjectif + ***as*** *Native Americans are **not as** numerous **as** I thought.*	***the least*** + adjectif *This tribe is **the least** present in the area.*
Égalité	***as*** + adjectif + ***as*** *Their culture is **as** rich **as** any other one.*	

- La formation du comparatif et du superlatif de supériorité diffère selon si l'adjectif est court (une syllabe) ou long (2 syllabes ou plus) et parfois selon sa terminaison.

	Comparatif	Superlatif
Supériorité	Adjectifs longs : ***more*** + adjectif + ***than*** *Youth project is **more** popular **than** the previous one.* Adjectifs courts et adjectifs de deux syllabes ou plus terminés par *-er*, *-y*, *-ow* ou *-le* : adjectif + ***-er*** + ***than*** *Their culture and rites are easi**er** to understand **than** I expected.*	Adjectifs longs : ***the most*** + adjectif *The Fort Laramy treaty is **the most** important treaty in Indian History.* Adjectifs courts et adjectifs de deux syllabes ou plus terminés par *-er*, *-y*, *-ow* ou *-le* : ***the*** + adjectif + ***-est*** *The Trail of Tears was **the** harsh**est** episode in the history of Native Americans.*
	Si un adjectif court se termine par consonne + voyelle + consonne (= *big*), on double la consonne finale au comparatif et au superlatif. *The Cherokee tribe was bi**gger than** most tribes.*	

MIND THE TRICK!

- **Comparatifs et superlatifs irréguliers :**
  good et *well* → *better, the best*
  bad → *worse, the worst*
  far → *further / farther, the furthest / the farthest*
  old → *older / elder, the oldest / the eldest*

Attention ! En anglais, pour exprimer le **superlatif de supériorité de deux éléments uniquement**, on utilise le **comparatif**.
young → *her young**er** son (**of two** sons)*
old → *the eld**er** brother (**of two** brothers)*
old → *the eld**est** brother (**of three** brothers)*

B Accroissement ou diminution

- De plus en plus :
  More and more *people want to visit reservations.*
- De moins en moins :
  Fewer and fewer *Native Americans talk their native language.*
  *They have **less and less** land.*
- Plus... moins..., moins... plus..., etc.
  ***The** small**er** their reservations are, **the more** powerless Native Americans feel.*
  ***The more** visited the reservations are, **the less** respected Cherokee Indians feel.*
  ***The less** space they have, **the fewer** tribes there are.*

26 Mets les adjectifs au comparatifs (+ / - / =).

a. Indian tribes are now (- *powerful*) they used to be.
b. Their influence was (+ *big*) and they were (+ *respected*) a century ago.
c. Their living conditions are (+ *bad*) a few years ago.
d. Being a Native American is not (= *easy*) we may think.

27 Mets les adjectifs au superlatif.

a. (*bad*) part in Native American history may well be the Trail of Tears, which is (*shameful*) episode in the US history. It's still (*criticised*) event in the country today.
b. Being sent to reservations was neither (*good*) nor (*useful*) thing that has ever happened to them.
c. Some people think that opening reservations to the public is (*bad*) idea ever.
d. (*large*) Native festival takes place on Labor Day weekend, it's one of (*authentic*) ones.

28 Complète ces phrases avec *fewer and fewer*, *less and less* ou *more and more*.

a. The debate about the future of the reservations is becoming ... intense.
b. Nowadays, ... people feel ashamed as Native Americans have ... land.
c. ... people are proud of their Native American origins.
d. As there are ... tribes, those who remain have ... influence and face ... hardships every day.

29 Traduis les phrases suivantes.

a. Plus leurs réserves sont ouvertes et moins ils ont de vie privée.
b. Plus ils s'expriment par l'art et mieux ils se sentent.
c. Plus ils s'impliquent dans le projet et plus ils ont de chances de trouver un emploi.
d. Les tribus les plus pauvres sont parfois les moins connues.

Fiche 9 Les pronoms

PRÉCIS GRAMMATICAL

Les pronoms remplacent les noms auxquels ils font référence.

A Les pronoms personnels

Pronoms sujet	*I, you, he/she/it, we, you, they*
Pronoms complément	*me, you, him/her/it, us, you, them*

Ann met Andrew. → ***She** met **him**.*
sujet complément

Attention ! Il n'y a qu'un seul type de **pronom sujet** en anglais (*I, you, he/she/it, we, you, they*), contrairement au français où le pronom sujet peut prendre les formes « je » ou « moi » selon les cas.
I work every day. **Je** travaille tous les jours.
***You and I** have to stick together.*
Toi et moi, nous devons être solidaires.
*My brother and **I** work in the same company.*
Mon frère et **moi** travaillons dans la même entreprise.

MIND THE TRICK!

- ***You and I*** **ou** ***You and me***?
On utilise ***you and I*** quand ces pronoms sont sujets et qu'on peut les remplacer par ***we***.
***You and I** have a lot to do.* → ***We** have a lot to do.*
On utilise ***you and me*** quand ces pronoms sont compléments et qu'on peut les remplacer par ***us***.
*This is hard for **you and me**.* → *This is hard for **us**.*
- ***It*** est utilisé pour nommer les objets et les animaux.
Mais on utilisera ***he/she*** pour parler d'un animal familier et ***she*** pour parler d'un bateau.

B Les pronoms réfléchis

- On les emploie lorsque le sujet et l'objet sont la même personne :

Pronoms réfléchis	*myself, yourself, himself/herself/ itself, ourselves, yourselves, themselves*

*She has hurt **herself**.* Elle s'est blessée.
≠ *She has hurt her (= her daughter).* Elle l'a blessée.

- On peut aussi les employer pour marquer une insistance :
Write it yourself! Écris-le toi-même !

Attention ! Les verbes pronominaux sont différents en français et en anglais. Le pronom réfléchi n'est pas toujours nécessaire en anglais. La réflexion peut se traduire grâce à ***get*** : *get angry* se fâcher • *get married* se marier, etc. ; ou être déjà « sous-entendue » dans le verbe : *wake up* se réveiller • *sit down* s'asseoir • *hide* se cacher • *meet* se rencontrer • *relax* se relaxer, etc.

C Les pronoms réciproques

- On les emploie pour exprimer un échange entre deux (***each other***) ou plusieurs personnes (***one another***).
*Anne and Henry looked at **each other**.*
Anne et Henry se sont regardés.
*The two clans looked at **one another**.*
Les deux clans se sont regardés.

D Les pronoms indéfinis

- Ils sont composés de *some, any, no* et *every* d'une part et de *body, one, thing, where* d'autre part :
***Somebody** has called you.*
Quelqu'un t'a appelé.
***Everyone** knows this song!*
Tout le monde connait cette chanson.
*This key could be **anywhere**!*
Cette clé peut être n'importe où !
*I knew **nobody** at the party.*
Je ne connaissais personne à la fête.
***No one** forgets their first date.*
Personne n'oublie son premier rendez-vous.
***None of** the houses were sold.*
Aucune des maisons n'a été vendue.

E Les pronoms en *-ever*

- Le mot *-ever* accolé aux pronoms en *wh-* montre que l'on envisage plusieurs possibilités.
whatever quoi que • *whoever* qui que
***Whoever** you are, and **whatever** you do for the planet, it helps.* Qui que tu sois, et quoi que tu fasses...

MIND THE TRICK!

Whenever (chaque fois que) et ***wherever*** ne sont pas des pronoms mais des adverbes de temps et de lieu.

30 Complète ces phrases avec des pronoms.

a. Chicago is a must-see city! Both you and ... should go visit ...! ...'ll have the time of our lives!
b. My parents went to an open-air concert: ... simply loved ... and ... told my sister that ... should try one day.
c. Have you seen Patrick? I told ... to meet ... at 9 at the Millenium park to attend a concert but I can't find ... .
d. Look at ...! These dancers make ... feel like dancing!

31 Remplace les éléments soulignés par *someone, anyone, everyone* ou *no one*. Attention aux accords !

a. Not a single participant regretted coming to the concert!
b. A man I met told me that this hall was the best place for you, me and music lovers to listen to talented artists.
c. People in general love music. I don't know a single person who hates music!
d. All the dancers want to try Hiplet once in their lives.

32 Complète ces phrases avec *whatever, whoever, wherever, whenever*.

a. ... you go in Chicago, you'll feel this vibrant atmosphere.
b. I go to a concert ... I come to Chicago.
c. ... music she plays, it's vibrant.
d. ... told you that is wrong: Chicago is such a diverse and lively city.

33 Traduis les phrases suivantes.

a. Il a composé cette chanson lui-même, puis il me l'a chantée : je l'ai adorée.
b. Quiconque vient à Chicago se rend compte de sa diversité culturelle.
c. Ces artistes nous ont émerveillés. Deux d'entre eux sont très talentueux.
d. Les danseuses se sont regardées, ont commencé à danser puis elles se sont assises.

Le groupe verbal

Fiche 10 Base verbale, infinitif et gérondif

A Formation

- La **base verbale** est la forme la plus simple du verbe : *go* • *cook* • *play*
- L'**infinitif** est la base verbale précédée de *to* : *to go* • *to cook* • *to play*
- Le **gérondif**, qui est un nom verbal, se forme grâce au suffixe *-ing* ajouté à la base verbale : *going* • *cooking* • *playing*
- Le **participe présent**, à ne pas confondre avec le gérondif, est la forme verbale V-*ing* qui permet de modifier l'aspect de l'action exprimée par le verbe : *I speak* → *I'm speak**ing*** (voir formes simples et formes en V-*ing*, Fiches 12 et 13).

L'accentuation de *to* et *-ing*

To et *-ing* sont non accentués. L'accent porte sur la racine du verbe.
*She **coo**ks* → *She likes **coo**king.*
*She wants to **co**me.* → *She's **co**ming.*

B Emplois

1. Sens

- La base verbale exprime le **concept** du verbe d'une manière neutre.
Verbes ou expressions **suivis de la base verbale** : *must* • *can*, etc. (modaux) • *help* • *let* • *make* • *had better* • *had rather*, etc.
- La préposition ***to*** de l'infinitif induit souvent une **visée**.
Verbes **suivis de l'infinitif** : *want* • *decide* • *plan*, etc. (verbes de **volonté**) • *expect* • *ask* • *allow*, etc.
- La forme en ***-ing***, quant à elle, ajoute un commentaire sur l'activité du sujet.
Verbes et expressions **suivis du gérondif** : *can't help* • *prefer* • *don't mind* • *look forward to* • *object to*, etc.

2. Base verbale ou participe présent ?

- Après les verbes de **perception** (*see* • *hear* • *smell*, etc.), on trouve les deux formes.
I saw her run the race. (pas de commentaire)
I saw her running the race. (insistance sur le déroulement de l'action)

3. Base verbale ou gérondif ?

- Après les verbes de **goût** (*like* • *love* • *enjoy* • *prefer* • *hate* • *detest*), on trouve le gérondif :
I like playing soccer. J'aime jouer au football.
Mais les expressions *would like* et *would love* sont suivies de l'infinitif : *I would like to discover rugby in New Zealand*. J'aimerais découvrir le rugby en Nouvelle-Zélande.

Attention ! Les verbes de goût peuvent être suivis de V-*ing* ou de *to* + BV. Pour mettre en valeur l'expérience ou l'action, on utilise V-*ing*. Pour insister sur l'habitude ou la préférence, on utilise *to* + BV.
*He **likes** tell**ing** jokes*. Il aime raconter des blagues. (On insiste sur l'action de raconter.)
*He **likes** to go to the market on Sundays*. Il aime aller au marché le dimanche. (On insiste sur la préférence, l'habitude.)

4. Infinitif ou gérondif ?

- Après ***stop***, ***forget***, ***remember***, l'infinitif et le gérondif sont possibles, mais les énoncés n'ont pas le même sens.
I've stopped smoking. J'ai arrêté de fumer. (cessation de l'activité)
I stop to smoke. Je m'arrête pour fumer. (s'arrêter pour faire l'activité)
I forgot (that) eating sweets is not good for your teeth. J'ai oublié que manger des bonbons n'était pas bon pour les dents.
I forgot to buy some sweets. J'ai oublié d'acheter des bonbons.
He remembers bringing the ball. Il se souvient d'avoir apporté le ballon.
He must remember to bring the ball. Il doit se souvenir d'apporter le ballon.

34 Reformule les passages soulignés avec un gérondif. Cela implique parfois une reformulation ou l'introduction d'un verbe.

a. I don't mind <u>classical music</u>.
b. He admitted <u>that he was a huge fan of Radio 3</u>.
c. I'm looking forward to <u>the auditions</u>!
d. She sings all day long, she can't help <u>it</u>!

35 Mets les verbes à la forme qui convient : base verbale ou gérondif.

a. She spends her time (*listen*) to radio gaga, instead of (*study*) her maths. Her mum says she'd better (*revise*)!
b. Could you (*help*) me (*download*) this BBC app, please?
c. I don't mind (*go*) with you to this radio show, but I'd like you to (*tell*) me more about the programme.
d. My parents are not used to (*listen*) to Radio 1 even though they used to (*listen*) to the radio when they were my age.
e. After (*discover*) this band on BBC 1, I wanted to (*go*) to their concert.

36 Choisis la forme verbale qui convient : infinitif ou gérondif.

a. When she heard the song on the radio, she stopped *to work/working* and started *to dance/dancing.*
b. Please remember *to record/recording* my favourite programme on BBC3!
c. I forgot *to see/seeing* that band years ago.
d. I remember *to attend/attending* their concert in the 80s.
e. They haven't stopped *to broadcast/broadcasting* this show in the 70s.

37 Traduis les phrases suivantes.

a. Avant de les entendre à la radio, je les avais vus chanter en concert.
b. Ma grand-mère se souvient avoir écouté le discours de Churchill à la BBC.
c. Il n'a pas arrêté de présenter l'émission, mais il a commencé à jouer du piano.
d. Il veut rencontrer ses stars préférées et il aimerait les interviewer dans son émission.
e. J'ai l'habitude d'allumer la radio le soir, après le travail, alors que mes parents l'écoutaient plutôt le matin.

Fiche 11 L'impératif

A Formation

À la forme affirmative

– Aux 2es personnes du singulier et du pluriel, l'impératif se forme avec la **base verbale**.
Speak louder. Parle plus fort.
Listen carefully! Écoutez attentivement.
– À la 1re personne du pluriel, le verbe est précédé de ***let's*** ou ***let us***.
Let's watch the film now! Regardons le film maintenant !

À la forme négative

– Aux 2es personnes du singulier et du pluriel, on ajoute ***not*** à l'auxiliaire ***do***.
Don't interrupt him. Ne lui coupe pas la parole.
Don't write. N'écrivez pas.
– À la 1re personne du pluriel, on ajoute ***not*** à ***let's*** ou ***let us***.
Let's not forget this exercise! N'oublions pas cet exercice !

B Emploi

On utilise l'impératif pour donner un **ordre**, une **consigne** ou un **conseil**.
Read the text and circle the key dates. Lisez le texte et entourez les dates clés.

38 Reformule ces phrases en utilisant l'impératif.

a. You shouldn't eat GMOs.
b. We'd better eat healthy food.
c. I don't recommend processed food.
d. Why not try lab-grown meat?
e. You should try to change your eating habits.

39 Traduis les phrases suivantes.

a. Ne faites pas trop confiance à l'industrie agro-alimentaire.
b. Arrêtez d'acheter des produits dont vous ne connaissez pas l'origine.
c. Faisons les bons choix pour notre santé et préservons la planète.
d. Réduis ta consommation de produits transformés.

Fiche 12 Le présent simple et présent en *be* + V-*ing*

A Le présent simple

1. Formation

- Le présent simple se forme avec la **base verbale** à laquelle on ajoute un **-*s*** à la 3e personne du singulier.
*They **live** in Dublin. He **lives** in Dublin.*
- Pour former une question, on utilise l'auxiliaire ***does*** pour la 3e personne du singulier et ***do*** pour toutes les autres personnes.
*Where **do** you **live**? Where **does** he **live**?*
- Pour former un énoncé négatif, on ajoute ***not*** à l'auxiliaire.
*I **do not** live in Dublin. He **does not** live in Dublin.*
On contracte souvent les formes négatives : ***don't / doesn't***

MIND THE TRICK!

- ***Do*** est aussi un verbe. Pour les questions et les formes négatives, on aura donc besoin à la fois de **l'auxiliaire *do*** et du **verbe *do*** :
*I **do not do** research.* • ***Do** you **do** it every year?*

2. Emplois

Le présent simple est utilisé pour exprimer ce qui est stable et pour présenter des informations simples :

- énoncer une **vérité générale** :
Dublin buses are yellow.
- **caractériser** quelqu'un ou quelque chose :
She lives in Dublin. She is a student.
- exprimer un **goût** :
They enjoy reading science books.
- évoquer une **habitude** :
He works in the garden every Saturday.
- raconter une **histoire** (présent de narration) :
Gemma walks to the park and runs for twenty minutes.
- présenter un **événement à venir** :
The conference in the library starts at 8 p.m. tomorrow.

B Le présent en *be* + V-*ing*

1. Formation

- On utilise l'auxiliaire ***be*** au présent + le verbe à la forme -***ing***.
*The architect **is** renovat**ing** the house.*
- Pour former une question, on place ***be***, au présent, avant le sujet.
*Why **are** you chang**ing** the plans?*
- Pour former un énoncé négatif, on ajoute ***not*** à l'auxiliaire ***be***, conjugué au présent.
*They **are not** paint**ing** the bedroom.*

2. Emplois

On utilise le présent en ***be*** + V-***ing*** :

- pour décrire une **action en cours de déroulement** :
*Sonia **is** play**ing** the saxophone.*
- pour préciser la **position** de quelqu'un :
*She **is** sitt**ing** in the armchair.*
- pour faire un **commentaire** sur la personne dont on parle :
*He **is** always bother**ing** her!* • *You'**re** be**ing** such a nice sister.*

MIND THE TRICK!

- Les verbes **exprimant un état** ne s'emploient généralement pas au présent en ***be*** + V-***ing***.
be • believe • feel • forget • hate • know • like • want...
I believe he can manage. Je pense qu'il peut y arriver.
I hate the way you talk to me! Je hais la façon dont tu me parles !
- ***Have***, ***see***, ***think*** ont deux sens :
Ils expriment un état : *have* avoir • *see* voir • *think* penser
Ils expriment une action : *have*, dans certaines expressions comme *have dinner* dîner • *see* se rencontrer • *think* envisager de
Quand ils expriment une action, ils peuvent s'utiliser au présent en *be* + V-*ing*.
I'm thinking of travelling next year. J'envisage de voyager l'année prochaine.
≠ *I think she's in the bathroom.* Je pense qu'elle est dans la salle de bain.

40 Mets les verbes à la forme du présent qui convient.

a. More and more students (*come*) to Ireland to study because they (*want*) to have a different experience.
b. This year, Jack (*study*) in Ireland and he (*love*) it, so he (*think*) of staying there next year.
c. Irish universities (*attract*) students from all over the world.
d. Today, Mary (*leave*) for Ireland.
e. Students (*need*) determination to study abroad.

41 Choisis la forme de présent qui convient.

a. Many universities *offer/are offering* scholarships to foreign students this year.
b. I *believe/am believing* you *need/are needing* a year abroad to improve your English.
c. He *thinks/is thinking* of enrolling at university because he *knows/is knowing* this is such a great opportunity.
d. He *has/is having* trouble finding a flatmate at the moment.
e. Today is her first day at uni. She is nervous and excited as she *doesn't know/isn't knowing* anyone yet.

42 Traduis les phrases suivantes.

a. Que font-ils cette année ? Ils étudient en Irlande, à Dublin.
b. Que fait-il ? Il est professeur à l'université de Dublin.
c. Il est en train de réfléchir à sa carrière. Il aime les langues et veut travailler à l'étranger.
d. Cette université à l'air dynamique. Chaque année, elle organise un forum pour les étudiants étrangers.
e. Il travaille tard ce soir car il révise ses examens. D'habitude, il ne travaille pas après 18 h.
f. Je crois qu'il étudie à Dublin, pas à Cork.

Fiche 13 Le prétérit simple et le prétérit en *be* + V-*ing*

A Le prétérit simple

1. Formation

▸ Le prétérit simple des verbes réguliers se forme en ajoutant ***-ed*** à la **base verbale**. Les verbes irréguliers ont des formes particulières qui doivent être apprises par cœur (p. 268-269).
*He creat**ed** Obama's inauguration poster and **became** famous overnight.*

▸ Pour former une question, on utilise l'auxiliaire ***did*** pour toutes les personnes.
***Did** his poster contribute to Obama's victory?*

▸ Pour former un énoncé négatif, on ajoute ***not*** à l'auxiliaire.
*He **did not** know the poster would be so popular.*

La prononciation de *-ed*

- On prononce /t/ si le verbe se termine par les sons /p/, /k/, /f/, /s/ ou /ʃ/ :
stopped • worked • laughed • kissed • washed
- On prononce /id/ après les sons /d/ et /t/ :
needed • started
- On prononce /d/ dans la plupart des autres cas :
lived • banned • played • breathed

2. Emplois

▸ Le prétérit simple s'utilise pour exprimer des faits passés, terminés, souvent associés à des repères temporels passés :
When he was a child, he wanted to be an artist.

B Le prétérit en *be* + V-*ing*

1. Formation

▸ On utilise l'auxiliaire ***be* au prétérit** + V-***ing***.
*He **was** paint**ing** the poster.*

▸ Pour former une question, on place ***be***, conjugué au prétérit, avant le sujet.
*What **was** he paint**ing**?*

▸ Pour former un énoncé négatif, on ajoute ***not*** à l'auxiliaire ***be***, conjugué au prétérit.
*He **was not** paint**ing** on a canvas but on a wall.*

La prononciation de *-ing*

Ce suffixe n'est pas accentué. L'accent porte sur la racine du verbe : *The aboriginal artist was **pain**ting song lines.*

2. Emplois

▸ On utilise le prétérit en *be* + V-*ing* pour **donner un avis**, une explication sur l'action. On insiste sur le fait que l'action est **en cours de déroulement**.
He was painting on a wall when the police arrested him.
(Ici l'action en cours de déroulement est interrompue par une action ponctuelle.)

43 Conjugue les verbes au prétérit simple ou prétérit en *be* + V-*ing*.

a. They (*use*) his images as posters when they (*demonstrate*) last week.
b. As the journalist (*interview*) him, Fairey (*start*) to draw.
c. He (*use*) his art to denounce what (*happen*) at that time.
d. He (*dream*) of being a skateboarder but he also (*love*) drawing, that's why he (*become*) a street artist.
e. He (*tell*) the journalist he (*work*) on a new project and then, he (*explain*) what (*be*) about.

44 Traduis les phrases suivantes.

a. Ses premières œuvres ont tout de suite enfreint les règles.
b. Il a commencé à 19 ans et a choisi le *street art* dès le départ.
c. Il expliquait comment il peignait dans les années 1980.
d. À travers cette œuvre, il voulait surtout éveiller les consciences.
e. La communauté artistique a commencé à valoriser son travail il y a une dizaine d'années.

Fiche 14 Le *present perfect* et *present perfect* en *be* + V-*ing*

A Le *present perfect*

1. Formation

- Le *present perfect* se forme avec ***have*** conjugué au **présent** et le **participe passé** du verbe.
  *Lisa **has learnt** a lot from her grandparents.*
- Pour former une question, on place ***have*** conjugué au présent avant le sujet.
  *What **has** she **learnt**?*
- Pour former un énoncé négatif, on ajoute ***not*** à l'auxiliaire.
  *She **has not met** her family abroad.*

MIND THE TRICK!

- ***Have*** n'est pas qu'un auxiliaire, c'est aussi un verbe. Dans ce cas, pour les questions et les formes négatives, on a besoin des deux ***have*** (le premier *have* est l'auxiliaire, le second est le verbe : ici, on peut le remplacer par *eat*) :
  *I **have** not **had** dinner with my relatives.*
  ***Have** you **had** dinner with your relatives?*

L'accentuation d'un verbe au *present perfect*

Have en tant qu'auxiliaire est une forme faible et *-ed* est un suffixe non accentué. L'accent porte sur la racine du verbe.
*She has disc**o**vered her grandparents' language.*

2. Emplois

Le *present perfect* est utilisé pour :

- présenter les **résultats présents** d'une action passée :
  They have learnt Alaska Native language.
- faire le **bilan** d'une situation passée :
  His appearance has changed over the years.
- parler d'une action qui a **commencé dans le passé et se poursuit au moment où l'on parle** :
  They have lived in Alaska for 25 years.

Attention ! Le *present perfect* ne se traduit pas systématiquement en français par le passé composé :
His appearance has changed. Son apparence a changé.
Il est souvent traduit par le présent :
This is the first time I have seen him. C'est la première fois que je le vois.

MIND THE TRICK!

Attention, si l'événement est rattaché à une date précise, on utilise le prétérit.

B Le *present perfect* en *be* + V-*ing*

1. Formation

- On utilise l'auxiliaire *have* au *present perfect* + *been* + V-*ing*.
  *They **have been working** all day.*
- Dans une question, on place l'auxiliaire *have* devant le sujet.
  *What **have** they **been doing** all day?*
- À la forme négative, on ajoute *not* à l'auxiliaire *have*.
  *They **have not been working** all day.*

2. Emplois

On utilise le *present perfect be* + V-*ing* pour :

- mettre en valeur la durée d'une action passée par rapport au présent :
  She has been working as an architect since 1995.
- évoquer une action commencée dans le passé qui continue dans le présent :
  She has been working on this project for weeks.
- souligner les conséquences présentes d'une action passée :
  As she has been working on the computer all day, her eyes are tired now.

45 Conjugue les verbes au prétérit ou au *present perfect*.

a. Jason (*come*) to settle in Alaska 30 years ago, he (*live*) there since then.
b. I (*discover*) Alaska's biodiversity when I first (*visit*) the country in 2010. Since then, I (*work*) with an association to preserve it.
c. I (*never/attend*) a Native Dance show but I (*already/see*) videos of these performances.
d. She (*start*) learning their language when she (*arrive*) in 1998 and she (*speak*) with the Inuits since that day.
e. This is the first time I (*see*) a bear for real.

46 Conjugue les verbes au *present perfect* simple ou en *be* + V-*ing*.

a. He (*teach*) cross-cultural communication for a few years now because that really matters to him.
b. They (*witness*) climate change in the area over the last 30 years. The landscape (*change*) a lot, the ice (*melt*) and the temperatures (*rise*) because of global warming.
c. The different communities (*create*) strong links over the years and they (*learn*) how to live together.
d. The number of inhabitants (*increase*) greatly over the last decade.
e. Alaska (*open*) up to tourism lately and this (*cause*) many changes.

Fiche 15 *Since, for, during, ago*

En anglais, il y a différentes façons d'exprimer l'origine et la durée d'une action. La structure des phrases est parfois différente de celles du français.

A Avec le *present perfect*

Lorsque **l'action a commencé dans le passé et continue dans le présent**, on utilise le ***present perfect*** et ***since*** ou ***for***, qui signifient alors « depuis ».

- ***Since*** est suivi d'une **date** ou d'un **moment précis** dans le passé :
  *She **has worked** as a nanny since she was 20.* Elle travaille comme nourrice depuis ses 20 ans.
- ***For*** est suivi d'une **durée exprimée en quantité** (nombre d'années, de jours, de minutes, etc.) :
  *She **has worked** as a nanny for five years.* Elle travaille comme nourrice depuis 5 ans. (elle l'est toujours)

B Avec le prétérit

- Lorsque **l'action est terminée**, on utilise ***for*** et le **prétérit**. ***For*** introduit une durée exprimée en quantité (nombre d'années, de jours, de minutes, etc.) et signifie alors « pendant ».
*She **worked** as a nanny for five years.* (elle ne l'est plus)
- ***During*** signifie lui aussi « pendant », mais il introduit une **période**. Il peut être utilisé avec le prétérit ou avec le présent :
*They **hired** their new servant during the holidays.*
*He **serves** them during the day and rests at night.*
- Pour exprimer la **longueur de temps écoulée depuis le début d'une action**, on utilise le prétérit et ***ago***, traduit par « il y a ». La durée est exprimée en quantité (nombre d'années, de jours, de minutes, etc.).
*They **hired** him four years ago.*

47 Complète ces phrases avec *since* ou *for* et mets le verbe au temps qui convient.

a. They (*employ*) housemaids ... a long time.
b. In the 30s, my family (*have*) servants ... 5 years.
c. Globalisation (*affect*) British codes ... a few years.
d. The number of servants (*decrease*) in England ... WWII.

48 Traduis les phrases suivantes en français.

a. Charlotte has had a nanny since her birth.
b. She had a nanny for three years.
c. Before WWII, he was a butler for 20 years.
d. Recently, there have been more and more TV series about this period.

Fiche 16 Le *past perfect*

A Formation

- Le ***past perfect***, appelé aussi ***pluperfect***, se forme avec l'auxiliaire ***have*** **au prétérit** et le **participe passé du verbe**.
*They **had heard** stories about the Aborigines.*
- Pour former une **question**, ***have***, conjugué au prétérit, est placé **avant le sujet**.
*What stories **had** they **heard**?*
- Pour former un énoncé **négatif**, on ajoute ***not*** à l'auxiliaire.
*They **had not met** any Aboriginal tribes before.*

MIND THE TRICK!

- ***Have*** est aussi un verbe. Pour les questions et les formes négatives, on a besoin des deux ***have*** (auxiliaire et verbe) :
She had not had a break. • *Had she had a break?*

L'accentuation d'un verbe au *past perfect*

L'accent porte sur la racine du verbe.
*They'd **stud**ied every cultural element.*

Had en tant qu'auxiliaire est une forme faible et ***-ed*** est un suffixe non accentué. On les entend à peine.
Il est donc parfois difficile de faire la différence entre *had* (+ participe passé) et *would*. C'est le contexte qui t'aide à la compréhension.
*They'd **studied** every cultural element they'd **found** on the sacred site. (had)*
*They'd **tell** stories to remember events. (would)*

B Emploi

- Le *past perfect* permet d'effectuer un **bilan** par rapport à des **repères passés**. Il marque l'**antériorité** d'un fait par rapport à d'autres faits passés.
*When I arrived at the festival, the pirate battle **had already started**.* Quand je suis arrivé(e) au festival, la bataille de pirates avait déjà commencé.
- Il est par exemple utilisé pour rapporter un **discours au passé**.
*He said that he **had taken** part in the battle.* Il a dit qu'il avait participé à la bataille.
Le repère au passé est le moment où il a parlé (*he said*). L'action s'est déroulée avant (*he **had taken** part in the battle*). L'antériorité est marquée par l'emploi du *past perfect*.

Attention ! Le *past perfect* se traduit généralement par le plus-que-parfait. Mais il peut aussi se traduire par l'imparfait, notamment après l'expression ***it was the first time***.
*It was the first time I **had visited** a pirate ship.*
C'était la première fois qu'il visitait un bateau pirate.
On notera également la particularité de l'emploi du *past perfect* après ***after*** :
*After he **had built** a shelter, Crusoe sat down to rest.*
Après avoir construit un abri, Crusoé s'assit pour se reposer.

49 Conjugue les verbes au prétérit ou au *past perfect*.

a. I (*read*) a book about the history of Australia last week. I (*never/read*) anything about it before.
b. I (*never/attend*) such a ceremony before. I (*feel*) like crying, it (*be*) so moving.
c. When the Europeans (*arrive*) in Australia they (*name*) the different places even though Aborigines (*name*) these places before.
d. The history teacher (*tell*) us about Australia the other day and I (*realise*) I (*not/hear*) anything about it before.
e. My Aboriginal ancestors (*use*) the stars to map their world long before Europeans (*invent*) maps!

50 *Had* ou *would* ? Dis à quoi correspond le *'d* et mets le verbe à la bonne forme.

a. They'd (*keep*) on telling stories even after the Europeans arrived.
b. She'd (*paint*) a mural in Brisbane too if she could.
c. My grand-father'd (*attend*) the first Australia Day and he'd (*sing*) a traditional Aboriginal song.
d. I'd (*be*) so glad if I could meet a tribe.
e. You'd never (*believe*) me if I told you what I'd (*learn*) before you got there: one of my ancestors'd (*sail*) to Australia with Cook!

Fiche 17 L'expression du futur

A Les formes et leur sens

Le futur n'est pas un temps en anglais. Il peut être exprimé de différentes manières selon le point de vue de l'énonciateur, donc selon le sens de l'énoncé.

Sens de l'énoncé	Forme
Simple information	Présent simple *She starts in September.*
Rappel de faits prévus	Présent en *be* + V-*ing* *I'm going to the music centre tomorrow. I told you I had to give a lesson.*
Prédiction de l'avenir grâce à une certitude personnelle	*Will* + BV *They won't come tonight.*
Situation qui est sur le point de se réaliser	*Be about to* + BV *Hurry up! The concert is about to start.*
Situation prévue et projetée dans l'avenir	*Be to* + BV *My job placement is to start next week.*
Prédiction de l'avenir grâce à des critères objectifs ou à une intention	*Be going to* + BV *Look at the sky. It's going to rain!* *I am going to organise a party.*
Situation susceptible de se produire	*Be likely to* + BV *The Queen is likely to inaugurate the festival.*
Proposition polie	*Shall* + BV *Shall I call you next week?*

Attention ! Dans les subordonnées temporelles, on ne peut pas utiliser les modaux (*will*, *shall*).
***When I go to** Nairobi, I will meet my cousins.* **Quand j'irai** à Chicago, je rencontrerai mes cousins.

MIND THE TRICK!

- Comme deux modaux ne peuvent pas être utilisés côte à côte, on utilisera ***be able to*** (et non *can*) pour exprimer la capacité dans le futur et ***have to*** (et non *must*) pour exprimer l'obligation dans le futur.
*He **will have to** pay for a ticket.* Il **devra** payer un billet.
*She **will be able to** give this lesson.* Elle **pourra** donner cette leçon.

51 Précise le sens de chaque énoncé : information, prédiction, etc.

a. I'm going to Nollywood next month.
b. His latest movie will be shown in Nollywood.
c. He is to exhibit his pieces in London next week.
d. His latest sci-fi novel is about to be released.
e. Shall we go to the exhibition in Nairobi?

52 Reformule ces énoncés à l'aide de *be going to, about to, be likely to, be to*.

a. He may well get a Nobel Prize for literature with this novel.
b. Very soon, the world will praise him.
c. His movie will be in cinemas in a few days.
d. He's decided to start writing a new scenario.

Fiche 18 La voix passive

A La forme

- La voix passive se forme grâce à l'auxiliaire ***be***, qui porte le temps et l'aspect, et au verbe au **participe passé**. Lorsque l'**agent** est mentionné, il est introduit par la préposition ***by***. Mais, le plus souvent, il n'est pas mentionné.

Voix active	Voix passive
*The city **builds** a temple.*	*A temple **is built** <u>by</u> the city.*
*They **are building** a temple.*	*A temple **is being built**.*
*They **built** a temple.*	*A temple **was built**.*
*They **have built** a temple.*	*A temple **has been built**.*
*They **will build** a temple.*	*A temple **will be built**.*

- La préposition des verbes prépositionnels reste après le verbe.
*They **were listening <u>to</u>** the speech with emotion.*
→ *The speech **was being listened <u>to</u>** with emotion.*
- Cas des verbes à double complément : le complément indiquant une personne devient sujet et le complément indiquant un objet reste après le verbe.
*They gave **us** <u>an interview</u>.* → ***We** were given <u>an interview</u>.*

B Les emplois

- La voix passive attire l'attention sur **l'objet ou la victime de l'action** et non sur l'auteur de l'action.
A temple was built. Un temple a été construit.

Attention ! Le passif est souvent traduit par « on » (à la voix active) en français.
I was asked to speak about citizenship. On m'a demandé de parler de la citoyenneté.

53 Mets les verbes à la voix passive et au temps qui convient.

a. The road signs (*write*) in English and Chinese and both languages (*speak*) by the inhabitants.
b. Hong Kong (*give*) back to China in 1997, and the Queen's portraits (*remove*) then.
c. Little by little, all the British urban elements (*remove*) and (*replace*).
d. Cooks in Hong Kong (*influence*) by both cultures.

54 Traduis les phrases suivantes.

a. On peut entendre les deux langues dans les rues de Hong Kong.
b. Hong Kong est connu pour être une région avec deux systèmes.
c. Certains protestataires ont été emprisonnés puis relâchés.
d. Cet article sur Hong Kong a été publié il y a trois jours.

Fiche 19 Les modaux – introduction

A Sens

Les modaux ont deux utilisations :

1. **Apporter une information sur le sujet :**
*She **can** sing very well.*
*She **must** practise singing every day.*
} **modal 1 : capacité ou obligation** du sujet à chanter.

2. **Indiquer les chances de réalisation de l'action :**
*She **can** still come.*
*She **must** be at school now.*
} **modal 2 : probabilité** de la venue ou de la présence à l'école.

B Formation

- Les modaux sont **toujours suivis de la base verbale** (sans *to*) et ne portent pas de **-s** à la 3ᵉ personne du singulier.
- Pour poser une **question**, le modal est placé **avant le sujet** : *Can she sing?*
- Pour former une **négation**, on place ***not* après le modal** : *She **cannot** sing.*
- Certains modaux ont une **forme** « **passée** » :
*can → **could** • will → **would** • may → **might** • shall → **should** • need → **needed***
Must n'a pas de forme passée. On utilisera ***have to*** au prétérit. *must → **had to***
- Utilisée comme **modal 1**, la forme « passée » renvoie au **passé** :
*She **could sing** very well when she was a child.*
Elle **chantait** très bien quand elle était enfant.
- Utilisée comme **modal 2**, la forme passée exprime l'**hypothétique** :
*She **could** come.* **Il se pourrait** qu'elle vienne.

La prononciation et l'accentuation des modaux

- Ne prononce pas le ***l*** de *could*, *would* et *should*.
- Les modaux ne sont accentués ni à la forme affirmative (sauf dans les réponses courtes) ni dans les questions en *wh-*.
***When** can you come?* /kən/
Ils sont accentués dans les *yes-no questions*, à la forme négative, dans les tags, les réponses courtes et à la fin des énoncés.
*Yes, I **can**.* /kæn/

Fiche 20 Les modaux – capacité, possibilité, volonté, habitude

Ces modaux apportent une information sur le sujet.

- ***Can* • *could*** : **capacité physique ou intellectuelle, ou possibilité**.
*She **can** run very fast.* Elle peut/est capable de courir très vite.
*He **could** read when he was four.* Il savait lire à quatre ans.
*We **can** come and see you at 5 pm.* Nous pouvons venir te voir à 5 heures.
- ***Cannot* • *could not*** : **incapacité**.
*They **cannot** climb the hill.* Ils ne peuvent pas grimper la côte.
*We **could not** go in without the key.* Nous n'avons pas pu entrer sans la clé.
- Pour renforcer l'idée de performance ou de défaut d'aptitude, on utilise ***be able to***.
*This artist **is able to** draw very quickly.*
Cet artiste est capable de dessiner très vite.
*We **were not able to** cross the river, it was too deep.*
Nous n'avons pas été capables de traverser la rivière, elle était trop profonde.
Be able to permet aussi d'exprimer la capacité ou l'incapacité au futur (on ne peut pas associer *will* et *can*.)
*Soon my baby **will be able to** stand up.* Bientôt, mon bébé pourra (/sera capable de) se tenir debout.
- ***Will* • *would*** : **volonté, intention, habitude.**
*I **will** come with you.* Je vais venir avec toi.
*He **would** go to the theatre at weekends.* Il avait l'habitude d'aller au théâtre le week-end.

Attention ! En général, on ne traduit pas ***can*** devant un verbe de sensation :
I can see you but I can't hear you.
Je te vois, mais je ne t'entends pas.

MIND THE TRICK!

- Ne pas confondre les **deux emplois de *would*** :
– il peut exprimer **l'habitude dans le passé** :
I would go there with you when you were a child.
J'avais l'habitude d'y aller avec toi quand tu étais petit.
– il permet aussi d'exprimer **le conditionnel** :
I would go with you if I had time.
Je t'accompagnerais si j'avais le temps.

55 Complète les phrases avec *can, could* ou *would*. Ajoute *not* si necessaire.

a. The Internet ... help the younger generation solve their issues and it ... help their movement go global.
b. ... you think of an example of African online activism?
c. ... you be ready to get involved in our Democracy project?
d. The Internet ... restrain activism, it ... only develop it!
e. If you lived in South Africa, I guess you ... join the movement.

56 Traduis les phrases suivantes à l'aide d'un modal.

a. Ce hashtag va devenir viral, et pourrait changer la vie de nombreux rhinocéros !
b. Sur les réseaux sociaux, on voit de plus en plus de posts d'activistes.
c. Si je pouvais participer à la démocratie en ligne, je le ferais.
d. Il y a 30 ans, ils ne pouvaient pas faire entendre leurs voix sur les réseaux sociaux.
e. Dans les années à venir, Internet aidera à soutenir encore plus de causes.

PRÉCIS GRAMMATICAL

Fiche 21 Les modaux – obligation, interdiction, permission, conseil et reproche

A *Must, mustn't, should, shouldn't, could, may, might*

Ces modaux indiquent que l'énonciateur essaie d'agir sur le sujet, en exerçant une pression plus ou moins forte.

- **Obligation : *must***
  *You **must** check what they tell you.* Tu dois vérifier ce qu'ils te disent.
- **Absence d'obligation : *needn't***
  *You **needn't** tell them.* Tu n'es pas obligé(e) de le leur dire.

MIND THE TRICK!

- ***Need*** ne peut s'employer comme modal qu'aux formes interrogatives et négatives.
  Need I tell them? Dois-je le leur dire

- **Interdiction : *mustn't***
  *You **mustn't** spread rumours.* Tu ne dois pas répandre des rumeurs.
- **Conseil : *should***
  *You **should** beware what you read.* Tu devrais te méfier de ce que tu lis.
- **Reproche : *shouldn't have* + V-*en***
  *You **shouldn't have** pass**ed** on the fake news.* Tu n'aurais pas dû relayer les fausses informations.
- **Permission : *could* • *may***
  ***May** I come and see the play?* Puis-je venir voir la pièce ?
  ***Could** I come to see you?* Est-ce que je pourrais venir te voir ?
- **Suggestion, hypothèse : *might***
  *You **might** ask him first.* Tu devrais d'abord lui demander.

B Les équivalents des modaux

L'action sur le sujet est extérieure. Ces modaux peuvent avoir des équivalents.

- **Obligation :**
  Have to (contrainte extérieure)
  *You **have to** face the truth.* Il faut que tu affrontes la vérité.
  Need to (obligation liée à un besoin)
  *A good journalist **needs to** check the facts before writing an article.* Un bon journaliste se doit vérifier les faits avant d'écrire un article.
- **Interdiction :**
  Not to be allowed to* • *be forbidden
  *You**'re not allowed to** slander him.* Tu n'as pas le droit de le calomnier.
  *Social media **are forbidden** here.* Les réseaux sociaux sont interdits ici.
- **Conseil :**
  Ought to (devoir moral)
  *They **ought to** tell the truth and nothing but the truth.* Il se doivent de dire la vérité et rien que la vérité.
  Need* + V-*ing
  *This newspaper **needs** chang**ing**.* Ce journal a besoin de changement.
- **Permission :**
  Be allowed to
  *They **were allowed to** ask questions during the press conference.* Ils étaient autorisés à poser des questions pendant la conférence de presse.

57 **Complète ces phrases avec le modal qui convient selon l'indication donnée.**

a. He ... check the facts. *(reproche)*
b. Social media ... not allow fake posts. *(conseil)*
c. New rules ... be implemented to check fake news. *(obligation)*
d. You ... read online news but you ... think twice before believing what you read. *(permission/nécessité)*
e. Schools ... educate students on fake news. *(suggestion)*

58 **Reformule ces phrases à l'aide d'un modal.**

a. I don't want you to read the news on this website.
b. It's not right for journalists to publish such things.
c. It's a pity they allowed such posts on Twitter.
d. It's paramount to take a step back and think.
e. It's forbidden to pass on fake news.
f. I don't think it's right for politicians to tweet that type of information.

59 **Refomule ces énoncés à l'aide de *have to*, *need to* ou *ought to*.**

a. It's morally unacceptable for them to allow fake news on their site.
b. You're not compelled to read their posts if you have a doubt!
c. It's his duty to sort the truth out from the lies.
d. It's necessary for a journalist to be trustworthy.
e. Big media companies have the obligation to investigate to find the truth.

60 **Complète ces phrases avec *have to*, *be allowed to* ou *be forbidden to*.**

a. It's a public post. You ... to be cautious as you ... slander someone publicly!
b. My parents are pretty cool: I ... to have a Facebook account but I ... to show my posts!
c. Considering the context, learning how to use the Internet ... be part of every school's curriculum, and I think teenagers should ... to have a Facebook account before they turn 18.
d. These journalists ... to use Twitter to get information but they ... double-check the facts.

61 **Imagine les revendications de ces manifestants. Formule autant de phrases que possible exprimant l'obligation, l'interdiction, la permission ou le reproche.**

PRÉCIS GRAMMATICAL

Fiche 22 Les modaux – probabilité

Ces modaux indiquent les **chances de réalisation** d'un fait.

- Lorsque le fait évoqué est **présent ou futur**, on emploie le **modal suivi de la base verbale**.
- Lorsque le fait évoqué est **passé**, on emploie le **modal suivi de *have* + V-*en***.

MIND THE TRICK!

- Ne confonds pas les modaux et les adverbes, même s'ils expriment tous deux la probabilité.
  Maybe he is tired. (adverbe)
  He may be tired. (modal)

Certitude	***must*** *They must have removed that video.* Je suis sûr qu'ils ont supprimé cette vidéo.
Possibilité logique	***can*** *We can get the whole class to participate.* On peut faire participer toute la classe.
Possibilité logique mais avec une **chance de réalisation moindre**	***could*** *The class could participate.* La classe pourrait participer. *These fake accounts could have influenced the election.* Ces faux comptes ont pu influencer les élections.
Possibilité (50 % de chances)	***may*** *They may sign the petition.* Il se peut qu'ils signent la pétition. *Your data may have been accessed.* Il se peut qu'on ait eu accès à tes données.
Probabilité restreinte (peu de chances)	***might*** *We might convince her to get involved.* Il se pourrait qu'on arrive à la convaincre. *He might not have been elected without our votes.* Il n'aurait peut-être pas été élu.

62 Complète les phrases avec *must*, *can(not)*, *may* ou *might*.

- **a.** Some still think that the UK ... negotiate trade deals outside EU, they think it's impossible!
- **b.** In a few years, people ... realize it was a mistake.
- **c.** You ... find this article on Brexit interesting.
- **d.** Jack is a Eurosceptic, he ... have voted for Brexit.

63 Reformule ces énoncés à l'aide d'un modal.

- **a.** Did they think about the consequences? I don't think so... → *They* ...
- **b.** I don't know if I'll go back to my native country once Brexit is enforced. → *I* ...
- **c.** She is hesitating about joining the party. → *She* ...
- **d.** I'm sure she thought about it a lot before voting. → *She* ...

Fiche 23 L'expression du conditionnel

A Le conditionnel articulé avec l'hypothèse

Le conditionnel est utilisé pour exprimer un fait ou une action soumis(e) à une condition. On l'exprime grâce au modal ***would***. On l'emploie dans diverses structures.

- **hypothèse incertaine** (introduite par le **prétérit**) :

  ***If* + prétérit modal, *would* + BV**

  *If we **won** this competition, we **would** win the award.*
  Si on gagnait cette compétition, on recevrait le prix.

- **hypothèse non réalisée** (introduite par le ***past perfect***) :

  If* + *past perfect* modal, *would have* + V-*en

  *If you **had gone** to the demonstration, I **would have come** too.* Si tu étais allé à la manifestation, j'y serais allé aussi.

MIND THE TRICK!

- L'auxiliaire ***be*** au **prétérit modal** est ***were*** à la 1re et 3e pers. du sing.
  *If I **were** adventurous, I **would have started** a digital business.*
  Si j'étais audacieux, je lancerais une entreprise numérique.

B Le futur dans le passé

- *He said he **would stay** in Scotland to protect his safety.*
  Il a dit qu'il resterait en Russie pour sa sécurité. (Attention à la concordance des temps dans le discours indirect.)

C L'expression d'un souhait

- *I **would like to** sign the petition.*
  J'aimerais signer la petition.
- Le souhait peut également être exprimé grâce à la structure ***I wish*** + **prétérit**, que l'on peut traduire en français par l'expression « j'aimerais... » :
  *I **wish** I **was** a better public speaker.*
  J'aimerais être meilleur orateur.
- Ou avec ***I wish* + *could* / *would*** :
  *I **wish** I **could** do it.* J'aimerais pouvoir le faire. (capacité)
  *I **wish** you **would** help me.* J'aimerais que tu m'aides. (volonté)

64 Mets le verbe entre parenthèses à la forme qui convient.

- **a.** If he left the UK, he (*go*) back to Norway.
- **b.** Things (*be*) less difficult if the British hadn't voted for Brexit.
- **c.** He (*leave/not*) London if he hadn't been compelled to.
- **d.** He wishes the UK (*stay*) in the EU.

65 Traduis les phrases suivantes.

- **a.** Je regrette d'avoir voté pour le Brexit.
- **b.** Si seulement il pouvait changer son vote !
- **c.** J'aimerais revenir dans le passé pour avertir les Britanniques.
- **d.** Si seulement j'avais pu voter !

Fiche 24 Les adverbes

A Adverbes en *-ly*

▶ La plupart des adverbes, notamment de manière, sont formés à partir d'un adjectif. On ajoute le suffixe ***-ly*** à la forme adjectivale.
*He came **immediately**.* Il vint immédiatement.
*They were driving very **carefully**.* Ils conduisaient très prudemment.

MIND THE TRICK!

- Si l'adjectif se termine par ***-le***, on supprime le ***e*** et l'on n'ajoute que ***-y*** : *simple* → *simply*
- Tous les mots qui se terminent par ***-ly*** ne sont pas des adverbes : *cowardly • friendly • lonely • lovely* sont des adjectifs. Si l'on peut dire "*in a ... way*", c'est qu'il s'agit d'un adjectif et non d'un adverbe : *in a friendly way* de manière amicale.

Attention ! Certains adjectifs ont une forme adverbiale irrégulière : *good* → *well*

B Adverbes identiques à l'adjectif

▶ Quelques adverbes ont la même forme que l'adjectif : *high • low • better • fast • late • early • weekly*
He is paid weekly. Il est payé à la semaine. (adverbe) / *a weekly TV show* un show télévisé hebdomadaire (adjectif)
It was late in the afternoon. (adverbe) / *You're always late!* (adjectif)

C Autres adverbes

▶ Certains adverbes, de temps notamment, ne sont formés à partir d'aucun adjectif.
never • tomorrow • soon • now • always • often...

He never told me the truth.
Il ne m'a jamais dit la vérité.
They will arrive soon.
Ils vont bientôt arriver.

D Sens, emploi et position

▶ Les adverbes apportent une **précision**, une nuance sur un élément de la phrase. Ils peuvent modifier :
– un verbe : *He eats **slowly**.* Il mange doucement.
– un adjectif : *This house is **very** warm.* Cette maison est très chaleureuse.
– un autre adverbe : *He walks **very** slowly.* Il marche très lentement.
– une proposition entière : ***Finally**, he decided to stay.* Finalement, il décida de rester.

▶ Ils donnent des indications dans divers domaines : le lieu, le temps, la fréquence, le degré, la liaison, la manière, l'opinion de l'énonciateur, etc.

▶ Leur **position** dans la phrase peut varier :

Notion	Adverbes	Position (en général)
lieu	*here, there, behind, nearby, etc.*	Fin d'énoncé (ou plus rare, en début d'énoncé) : *He lives **nearby**.*
temps	*now, today, tomorrow, soon, afterwards, etc.*	Début ou fin de proposition : *It's going to rain **tomorrow**.* ***Now**, take your books.*
fréquence	*always, often, sometimes, rarely, never, etc.*	Entre le sujet et le verbe (ou plus rare, en début d'énoncé) : *I **never** swim at weekends.*
degré	*very, too, enough, almost, hardly, etc.*	*Very, too, almost, hardly* : avant l'adjectif *It is **too** hot.* *Enough* : après l'adjectif *That's not good **enough**!*
liaison	*anyway, secondly, thus, then, etc.*	*Début de proposition* : ***First** he was late, **secondly** he was rude.* *Début ou fin de proposition* : ***Anyway**, we'll be here. I will stay here **anyway**.*
manière	*softly, violently, aggressively, pleasantly, etc.*	Après le verbe : *Speak **loudly**!* Mais avant l'adjectif : *a **poorly** ventilated area*
opinion de l'énonciateur	*probably, certainly, sure(ly) , etc.*	Début d'énoncé : ***Surely** they will bring their own tools.* Entre l'auxiliaire et le verbe : *They will **probably** come with their own tools.*

66 Reformule les passages soulignés à l'aide d'un adverbe.

a. She was listening to the concert with great care.
b. He plays the violin with passion and in a very professional way.
c. He's a very good piano player, it's a shame we hear him on rare occasions.
d. I've heard this song many times.

67 Repère les adverbes et traduis ces phrases en français.

a. He often listens to Radio 1. He finds the presenters friendly.
b. He quietly turned the radio on while I was asleep.
c. They'll soon broadcast a late show about classical music.
d. His highly praised programme will probably be on air in a few days.

68 Place les adverbes indiqués au bon endroit.

a. She listens to the radio because she says she is busy. (*rarely – too*)
b. They are not passionate to listen to the show. (*enough – regularly*)
c. I find this new show on Radio 3 good! (*really – quite*)
d. They'll broadcast her latest song. (*probably – soon*)

69 Traduis les phrases suivantes.

a. Cette nouvelle émission du matin est tellement intéressante !
b. Ils ne sont pas assez connus pour être diffusés par une très grande station.
c. Elle est assez douée pour participer au concours annuel des jeunes talents.
d. Finalement, il ne chantera pas en direct sur Radio 2 car il a trop peur.

PRÉCIS GRAMMATICAL

Fiche 25 Les verbes prépositionnels et les verbes à particule adverbiale

- Certains verbes sont suivis d'une préposition qui introduit le **complément d'objet**. Cette préposition ne modifie pas le sens du verbe : on parle alors de **verbe prépositionnel**.
*Look **at** this road sign! It's written in English and Chinese.*
Look at est un verbe prépositionnel.
- Certains verbes peuvent être accompagnés d'une particule, qui **modifie leur sens**. On parle alors de **verbe à particule adverbiale**.
*He got **away**.* Il s'échappa.
*He got **up**.* Il se leva.
Get away et ***get up*** sont des verbes à particule adverbiale.

Verbes prépositionnels	Verbes à particule
• La préposition introduit le **complément d'objet**. *He is **looking at** the map.*	• Le verbe à particule peut être construit **avec un complément d'objet.** *He **gave up** the idea.* Lorsque le complément est un **pronom**, il se place **avant la particule**. *He **gave it up**.*
• Lorsque le verbe n'a **pas de complément**, la **préposition disparaît**. ***Look**! The bus stop is here!*	
• La préposition est **maintenue après le verbe** dans les questions, les relatives et à la voix passive : *What are you **looking at**?* *This is the map he was **looking at**.* *They were being **looked at**.*	• Le verbe à particule peut se construire **sans complément**. **La particule est nécessaire** et **ne peut pas être retirée** dans les questions, les relatives ni à la voix passive. *He **gave up**.* *Why are you **giving up**?* *That is the project I **gave up**.* *They won't be **given up**.*

La prononciation des verbes à particule

Les verbes à particules s'écrivent en deux mots, mais se prononcent comme s'il s'agissait d'un seul mot.
Ne marque pas de pause entre le verbe et la particule.
*Don't **give up**!*

70 Complète ces phrases avec une préposition. Souligne les verbes à particules uniquement.

a. Look ... the demonstrators over there. Demonstrating is a way to stand ... ... their rights.
b. Are you listening ... what they're explaining ... the crowd?
c. They'll never give ... the fight because this cause really matters ... them.
d. They succeeded ... preserving their status and managed ... improve their conditions.
e. I'm looking ... an example of their English past.

71 Remplace les passages soulignés par des verbes à particules adverbiales. Attention aux changements induits.

a. They are impatient to taste the new recipe.
b. Cooks in Hong Kong continue to innovate.
c. They didn't abandon their traditions but they are always searching for new means to blend both cultures.
d. Hong Kong still attracts a lot of tourists.
e. They entered the building.

72 Transforme les phrases de la façon indiquée.

a. They look forward to visiting Hong Kong. (*question*)
b. I noted down the address of this trendy restaurant in Hong Kong. (*negative*)
c. She's looking for the name of her hotel. (*question*)
d. The whole world listened to the handover speech. (*voix passive*)
e. They have waited for change! (*question*)
f. Many people look up to this great chef! (*voix passive*)

73 Traduis avec des verbes prépositionnels ou à particules adverbiales.

a. Les manifestants ont traversé la ville en marchant.
b. J'ai ouvert ce livre en me réveillant ce matin.
c. C'est une cause digne d'être défendue.
d. Certains regardent vers le passé mais il vaut mieux aller de l'avant.
e. J'ai pris quelques idées lors de mon séjour.

De la phrase simple à la phrase complexe

Fiche 26 L'affirmation et la négation

A L'affirmation

- Les énoncés affirmatifs suivent l'ordre **sujet** + **verbe** + **complément**.
He lives in a reservation. • *They signed a treaty.*

- Dans un énoncé affirmatif, on peut utiliser l'auxiliaire ***do / does*** (***did*** au prétérit) pour donner du poids à ce que l'on dit. Ce « ***do*** » est emphatique.
He said that he would come, and he did come. (confirmation)
They thought I didn't know my origins but I do know my ancestors. (contradiction)
Do keep in touch. (souhait ardent)

L'accentuation du *do* emphatique

Le ***do*** emphatique est accentué pour renforcer le point de vue de celui qui parle.

B La négation

- Les énoncés négatifs se forment grâce à un auxiliaire. C'est sur cet auxiliaire que porte la négation.
She's not dancing tonight. • *I don't live in a big city.* • *She doesn't live in a flat, **neither** do I.* (... moi non plus)

Attention !

- Lorsqu'on utilise ***no*** et ses composés (*nowhere, nobody, no one, nothing, none*) ou ***never***, le verbe est à la forme affirmative. ***Not*** n'apparaît pas, tandis qu'en français, on utilise « ne ».
*She has **no** relatives.* Elle n'a pas de famille.
*They have **nothing** left.* Il ne leur reste rien.
*She **never** sees her Native American relatives.* Elle ne voit jamais sa famille Amérindienne.
*He knows **none** of them.* Il n'en connait aucun.
- Mais on garde la négation avec ***any*** et ses composés.
*She does **not** have **any** relatives.*
*They do **not** have **anything** left.*
*He does **not** know **anyone**.*

74 Mets les phrases suivantes à la forme négative.

a. She lives with her tribe, so does he.
b. I know everything about my ancestors.
c. Everyone says that living in a flat is easier than in reservations.
d. You can find Native American relics everywhere in this area.

75 Reformule les passages soulignés en utilisant *do* ou *did*.

a. She promised she'd come back to her tribe <u>and she finally came back</u>.
b. They hate living in a big city, <u>but I don't agree</u>.
c. Some Native Americans <u>really want</u> to make things change.
d. He didn't get involved in the Youth project <u>contrary to his brother</u>.
e. I <u>strongly believe</u> we should preserve our traditions.
f. I don't want to go and live with my tribe <u>unlike my father</u>.

76 Traduis les phrases suivantes.

a. Je ne connais rien à leurs traditions.
b. Je n'ai jamais rencontré aucun Indien, mes camarades de classe non plus.
c. Aucune tribu n'a échappé à la relocalisation.
d. Aucun d'entre eux n'est indien mais ils soutiennent leur cause.

Fiche 27 L'exclamation

- **Les énoncés exclamatifs avec *what***
What + groupe nominal (= quel + GN)
Ce groupe nominal est introduit par l'article ***a/an*** s'il est au singulier.
***What** an impressive competition!* Quelle compétition impressionnante !
***What** impressive Games!* Quels jeux impressionnants !

- **Les énoncés avec *how***
How + adjectif ou ***How*** + adverbe (= comme + adjectif)
***How** impressive these Games are!* Que ces jeux sont impressionnants !

- **Les énoncés avec *so* et *such***
So + adjectif (= si + adjectif)
*These athletes are **so** inspiring!* Ces athlètes sont si inspirants !

Such + groupe nominal (= si + adjectif, un tel + GN/une telle + GN)
Ce groupe nominal est introduit par l'article *a/an* s'il est au singulier.
*This competition is **such** a meaningful event!* Cette compétition est un événement tellement significatif !

77 Transforme ces phrases en énoncés exclamatifs.

a. These athletes are determined. (*how*)
b. The opening ceremony was moving. (*what*)
c. The race was thrilling. (*how*)
d. His victory was stunning. (*what*)

78 Complète les phrases avec *so* ou *such*.

a. We were (*moved*)! It was (*an extraordinary game*).
b. He sounded (*enthusiastic*) at the idea of taking part in (*an awesome competition*).
c. He was (*determined*) to win the competition!
d. We lived (*an amazing moment*), we were (*captivated*).

Fiche 28 Les questions

PRÉCIS GRAMMATICAL

A Les questions en *yes-no*

- Ce sont des questions qui appellent une réponse en oui ou non. On les appelle aussi des **questions fermées**.
  Elles se construisent selon le schéma : **auxiliaire** (*be, do, did, have* ou modal) + **sujet** + **verbe**.
  Can you speak your father's language? Yes, I can. / No, I cannot/can't.
- L'anglais utilise beaucoup les phrases interro-négatives, notamment pour inviter ou suggérer. La négation porte sur l'auxiliaire.
  Don't you think we could help him? Ne penses-tu pas que nous pourrions l'aider ?

B Les questions en *wh-*

- Ce sont des questions qui appellent une réponse autre que oui ou non. Elles sont introduites par un pronom interrogatif.
  On les appelle aussi **questions ouvertes** ou ***wh- questions***, parce que plusieurs pronoms interrogatifs commencent par ***wh-*** (les questions en ***how*** en font aussi partie).

Pronom interrogatif	Sens : type d'information recherchée	Construction
What	La nature d'un objet	***What*** *do you need?* (COD) De quoi as-tu besoin ? ***What*** *is nostalgia?* (sujet) Qu'est-ce que la nostalgie ? ***What*** *languages do you speak?* (parmi toutes les langues) Quelles langues parles-tu ?
Which	Lequel (parmi plusieurs)	*Your parents speak German and Russian. You learn English.* ***Which*** *languages do you speak?* (parmi celles citées) Tes parents parlent allemand et russe. Tu apprends l'anglais. Quelles langues parles-tu ?
Who	L'identité d'une personne	***Who*** *came yesterday?* (sujet) Qui est venu hier ? ***Who*** *do you live with?* (complément) Avec qui vis-tu ?
Whose	L'identité d'une personne à qui appartient une chose	***Whose*** *book is it?* À qui appartient ce livre ?
Where	Le lieu	***Where*** *were you born?* Où es-tu né(e) ?
When	La date	***When*** *did your parents arrive in the UK?* Quand tes parents sont-ils arrivés au Royaume-Uni ? ***Since when*** *have you been waiting here?* Depuis quand attends-tu ici ?
Why	La cause	***Why*** *did they leave India?* Pourquoi ont-ils quitté l'Inde ?
How	La manière	***How*** *did they travel?* Comment ont-ils voyagé ?

- Les questions en *how* :

How deep / tall / old... (+ adjectif ou + adverbe)	La mesure	***How old*** *are you?* Quel âge as-tu ? ***How tall*** *is he?* Quelle est sa taille ?
How far	La distance	***How far*** *is the airport?* À quelle distance se trouve l'aéroport ?
How often	La fréquence	***How often*** *do they go back to India?* À quelle fréquence retournent-ils en Inde ?
How long	La durée	***How long*** *have you been in England?* Depuis combien de temps es-tu en Angleterre ?
How much / How many	La quantité	***How much*** *money did you have?* (indénombrable) Combien d'argent avais-tu ? ***How many*** *brothers and sisters do you have?* (dénombrable) Combien de frères et sœurs as-tu ?

Attention ! En français, c'est souvent l'intonation seule qui indique qu'il s'agit d'une question : Tu as pris des cours de Polonais ?
En anglais, l'inversion est nécessaire : *Have you taken Polish lessons?*

- L'intonation des **questions fermées** est **montante**.
  Do you speak Chinese? ↗
- L'intonation des **questions ouvertes** est **descendante**.
  What language do you speak? ↘

79 Pose la question correspondant aux mots soulignés.

a. They started their organic food business <u>in 2017</u>.
b. <u>My father</u> wanted to grow food responsibly.
c. They relocated their farm <u>in the Mid-West</u>.
d. He changed his habits <u>because of his health issues</u>.
e. <u>No, they didn't get any damages from Monsanto</u>.

80 Complète les questions suivantes.

a. ... did it take to turn your farm into an organic one?
b. ... helped you change your habits?
c. ... difficult is it to grow organic vegetables?
d. ... does it cost to set up your own farming business?
e. ... made you change your mind?

Fiche 29 *Question tags* et réponses courtes

A Les *question tags*

- Pour obtenir une confirmation, on utilise un ***question tag***.
  *He is listening, **isn't he**?* Il écoute bien, n'est-ce pas ?
- Le *tag* reprend l'auxiliaire de l'énoncé et le pronom sujet en une question. Lorsque l'énoncé est affirmatif, le *tag* est interro-négatif. Lorsque l'énoncé est négatif, le *tag* est interrogatif.
  You will change your eating habits, won't you?
  You won't eat lab-grown meat, will you?
  Pat works a lot on the farm, doesn't he?
  Max doesn't help him much, does he?

L'intonation des *questions tags*

Pour cette demande de confirmation, l'intonation est généralement descendante.

B Les réponses courtes

- Pour répondre à une question en *yes-no*, l'anglais utilise l'**auxiliaire** (avec ou sans *not*) précédé du **pronom**.
  "Do you buy organic food?" "I do. / I do not (don't)."
  "Can you come?" "Yes, I can. / No, I cannot (can't)."
- D'autres réponses courtes peuvent être faites grâce à ***so***, équivalent de « moi aussi » (*so* + auxiliaire + pronom) :
  "I want good food." "So do I."
  – Lorsque l'énoncé est négatif, on utilise ***neither*** :
  "She cannot trust big food companies." "Neither can I."
  Moi, non plus
  – ***So*** peut également être équivalent de « je le pense, je l'espère » en référence à ce qui vient d'être dit :
  "Does he enjoy growing organic food?" "I think so. / I don't think so." Je le pense. / Je ne le pense pas.
  "I hope so." Je l'espère.

81 Donne une réponse courte à ces questions.

a. Do you rely on big food companies? (-)
b. Did he read the article about organic farming? (+)
c. Have you lodged a complaint against Monsanto? (+)
d. Are you trying to eat healthier food? (+)
e. Will they support the movement? (-)

82 Complète les phrases avec un *tag*.

a. We shouldn't eat GMO products, ...?
b. Patrick has turned to organic farming, ...?
c. The Smiths stopped intensive farming, ...?
d. Let's not forget local farms, ...?
e. We can change our habits, ...?

Fiche 30 La proposition infinitive

La proposition infinitive est utilisée pour exprimer la pression ou la contrainte qu'exerce quelqu'un sur quelqu'un d'autre.

A La proposition infinitive (verbes de volonté, d'offre, de demande)

- La structure est :
  sujet + **V** de la prop. principale (+ sujet de la prop. infinitive) + ***to*** + **BV** de la subordonnée
  I want to stay. Je veux rester.
- Le verbe de la proposition infinitive peut être accompagné d'un sujet :
  – un groupe nominal → *I want my friends **to stay**.*
  – un pronom personnel (*me, you, him/her/it, you, us, them*) → *I want them **to stay**.*
  – ou ne pas être accompagné d'un sujet. → *I want **to stay**.*
- La proposition infinitive peut se mettre à la forme négative. La négation ***not*** se place avant ***to*** :
  *I would like him **not** to stay.* J'aimerais qu'il ne reste pas.
- Verbes suivis d'une proposition infinitive :
  ask • encourage • expect • like • force • get • oblige • order • prefer • tell • want, etc.
- Sont également suivis d'une proposition infinitive :
  – les verbes *allow • advise*, etc.
  – les expressions avec *would* : *would like • would want*

B La proposition infinitive introduite par *for*

1. Après un adjectif exprimant le jugement

- Elle permet d'argumenter, en exprimant la possibilité, l'impossibilité ou le jugement.
- La structure est :
  adjectif + ***for*** + **sujet** de la prop. infinitive + ***to*** + **BV**
  *It's unreasonable **for** you **to** go out today.*
  Il n'est pas raisonnable que tu sortes aujourd'hui.
  *It will be absolutely impossible **for** me **to** arrive at 7 am.*
  Il me sera absolument impossible d'arriver à 7h.

2. Pour exprimer un but

- *I did it **for** her **to** understand the situation.*
  Je l'ai fait pour qu'elle comprenne la situation.
  *Did you buy that book **for** him **to** read during the holidays?*
  As-tu acheté ce livre pour qu'il le lise pendant les vacances ?

83 Réécris ces phrases à l'aide d'une proposition infinitive.

a. Don't miss this concert! → She told us...
b. Come and watch this show! → He encouraged us...
c. Just listen to that band! → He advised me...
d. Why don't you try Hiplet? → She encouraged me...

84 Complète ces phrases en introduisant une proposition infinitive avec les éléments donnés entre parenthèses.

a. They prefer (*not attend/concert*) when they are in Chicago.
b. We expect (*you/come and visit us*) next month.
c. The Hiplet choreographer told (*his dancers/give their best*) during practice.
d. The musician asked (*her band/train harder*) yesterday night.

85 **Forme des phrases à partir des éléments donnés.**

a. impossible / hate Chicago
b. important / you / understand Chicago's mood
c. essential / Sinfonietta / become known worldwide
d. the choreographer / expect / the show / be a success
e. my parents want / the whole family / go to the concert in Chicago
f. She told / the dancers / perform to perfection

86 **Traduis les phrases suivantes.**

a. Il est essentiel que tu assistes au ballet de ce soir.
b. Il s'attend à ce que nous venions au concert demain.
c. Le soutien de la ville leur a permis de faire leur concert en plein air.
d. C'est enrichissant pour moi d'apprendre la musique à Chicago.
e. J'adorerais apprendre le Hiplet!

PRÉCIS GRAMMATICAL

Fiche 31 La proposition en V-*ing*

Le **gérondif** est la forme du V-*ing* (Voir Fiche 10). Quand il est précédé d'un déterminant ou d'un nom, l'ensemble constitue une **proposition** qui occupe les fonctions d'un groupe nominal.

- On le trouve après certains verbes comme : *avoid* • *give up* • *miss* • *prevent* • *resist* • *consider* • *suggest* • *enjoy* • *mind* • *object to* • *forgive* • *stop* • *keep on*, etc.

  *I gave up **trying** to break the record.* J'ai arrêté d'essayer de battre ce record.
  *They object to **smoking** in the house.* Ils refusent que l'on fume dans la maison.

- Il peut être précédé d'un adjectif possessif ou d'un génitif.
  *I like **his** driving.* J'aime sa façon de conduire.
  *I like **Peter's** driving.* J'aime la façon de conduire de Peter.
- Dans l'anglais courant, on supprime de plus en plus la forme génitive et l'on remplace parfois l'adjectif possessif (*my, your, his/her/its, our, your, their*) par un pronom complément (*me, you, him/her/it, us, you, them*) :

  *Do you mind **Lisa's** watching TV*
  → *Do you mind **Lisa** watching TV ?*

  *Do you mind **my** watching TV?*
  → *Do you mind **me** watching TV?*

87 **Mets les verbes entre parenthèses à la forme qui convient.**

a. I don't object to (*listen*) to Radio 3 every day.
b. Some were worried about (*the BBC/broadcast*) new types of shows.
c. I really look forward to (*discover*) this musical show.
d. After listening to the show, they usually can't stop (*sing*).
e. My mother enjoys (*listen*) to classical music.

88 **Traduis les phrases suivantes.**

a. Cela te dérange-t-il d'éteindre la radio s'il te plait ?
b. J'envisage de participer au casting des jeunes talents.
c. Je n'aime pas la façon qu'il a de chanter en écoutant la radio !
d. Rien ne m'empêchera d'écouter mon émission préférée.
e. J'évite de parler de musique avec mon frère qui ne supporte pas que je critique ses goûts musicaux !

Fiche 32 Les structures causatives : « faire faire » et « laisser faire »

- Les structures causatives permettent d'exprimer l'**interaction** entre deux sujets. Dans ces structures, le sujet est à l'origine de l'action, mais n'en est pas l'auteur : il fait faire ou laisse faire l'action par autrui.
- Elles se construisent avec les verbes *make* • *have* • *let*, qui jouent alors le rôle d'un auxiliaire, selon la structure suivante : **sujet + V + objet + infinitif sans *to***.
- Le sujet de l'infinitif peut être un groupe nominal ou un pronom personnel complément (*me, you, him/her*...).
  *You should **let your children go out**. You should **let them go**!*

- ***Make*** **: forte relation de cause à effet ou contrainte forte**
  *He **made** her laugh.* Il l'a fait rire.
- ***Have*** **: cause à effet sans contrainte**
  *She **had** him repair her car.* Elle lui a fait réparer sa voiture.
- ***Let*** **: autorisation**
  *He **let** me change my ticket.* Il m'a laissé changer mon billet.

MIND THE TRICK!

- ***Have*** peut être suivi du participe passé. L'action n'est alors pas demandée par le sujet, mais il en subit les conséquences :
  *I **had** my car **stolen**.* Je me suis fait voler ma voiture.

89 **Complète ces phrases avec les éléments entre parenthèses.**

a. These working conditions (*let/him/enjoy*) his young children.
b. Working in this company (*make/them/feel*) more productive.
c. They (*have/a videoconference/organise*) for the staff.
d. My boss (*make/me/realise*) my private life mattered.

90 **Reformule ces phrases à l'aide de *make* ou *let*.**

a. My boss didn't force me to choose between my personal and professional life.
b. Workplaces in Canada enable workers to feel comfortable at work.
c. When I visited this new workspace, I felt thrilled.
d. My company agreed when I asked for a short leave to enjoy my toddlers.
e. I am free to work from home, my company supports my choice.

Fiche 33 Les mots de liaison

- Les mots de liaison permettent de relier deux éléments.
Nowadays, in India, you can be a girl ***and*** *get educated.* De nos jours, en Inde, on peut être une fille et être instruite.
You still need your father's approval ***before*** *getting married.* On a encore besoin de l'aval de son père pour se marier.
- Les mots de liaison expriment différents sens :
– **Lien temporel :** *afterwards* après • *in the meantime* pendant ce temps • *meanwhile* pendant ce temps • *then* ensuite • *while* tandis que
– **Opposition :** *but* mais • *whereas* alors que • *while* alors que, tandis que • *unlike* à la différence de, contrairement à • *contrary to* contrairement à
– **Concession** : *however* cependant • *nevertheless* néanmoins • *yet* cependant • *still* pourtant • *otherwise* autrement • *although* bien que • *however* toutefois
– **Addition :** *and* et • *furthermore* de plus • *in addition* en plus • *moreover* de plus, en outre • *besides* en outre • *also* aussi
– **Précision :** *indeed* en effet • *as a matter of fact* en fait, en réalité • *in fact* en fait
– **Conséquence :** *so* donc • *thus* donc • *as a result* en conséquence • *consequently* par conséquent • *actually* finalement • *that's why* c'est pourquoi • *therefore* donc
– **Cause :** *for* car • *because* parce que • *because of* à cause de

91 **Complète les phrases avec *whereas, unlike, yet, although* ou *otherwise*.**
a. She proudly rides her bike ... most Indian girls.
b. Indian girls don't have many rights ... Indian boys have lots!
c. We need change ... women's status will never evolve.
d. Bollywood is very famous in India, ... Europeans don't know much about it.
e. ... all citizens are supposed to be equal, Indian girls still suffer from discrimination.

92 **Complète ces phrases en te servant du mot de liaison donné.**
a. She has decided to get an education that's why...
b. They are going to the polls tomorrow because...
c. She first started as an actress in Bollywood, then...
d. She's acting for change besides...
e. They think voting is paramount, indeed...

93 **Choisis le mot de liaison qui convient.**
a. *Unlike/Like* Hollywood actors, Bollywood actors are not famous world-wide.
b. She started school *yet/therefore*, she had to stop to get married.
c. They believe voting can make things change *because/that's why* they are casting their votes tomorrow.
d. School is a right for girls *otherwise/however* only a few attend classes regularly.
e. Many Indian girls try to debunk stereotypes, *as a consequence/however* they take action.

94 **Complète ces phrases avec un mot de liaison indiquant un lien temporel.**
a. She wanted to get an education ... getting married.
b. First, her parents didn't want her to get an education ... they prevented her from voting.
c. ... she was riding her bike, she met a group of protesters.
d. She was delivering a speech. ..., others were protesting.

Fiche 34 Les propositions subordonnées relatives

A Définition

- Les propositions subordonnées relatives sont introduites par un **pronom relatif**, qui a pour antécédent un **groupe nominal ou une proposition**.
It was the astronaut Armstrong ***who*** *first set foot on the Moon.* antécédent : groupe nominal
They are planning to explore Mars, ***which*** *is so thrilling.* antécédent : proposition
- Les propositions subordonnées relatives sont de deux types.
– **la relative restrictive**, nécessaire pour déterminer ce dont on parle :
The novelist ***who wrote this book*** *is Asimov.* (Ici, la relative est **nécessaire** pour que l'on sache de quel chanteur l'on parle.)
– **la relative appositive** (ou non restrictive), que l'on pourrait supprimer :
Michio Kaku, ***who is an American professor of Theoretical Physics****, is the author of several physics-related books.* (La relative appositive apporte une information supplémentaire, mais **pas déterminante**).

Attention ! La relative appositive doit toujours être placée **entre deux virgules**.

B Les pronoms relatifs

- **Quand l'antécédent est un groupe nominal** :
On utilise différents pronoms relatifs selon le **type d'antécédent** (humain, non humain, indicateur de temps, lieu, cause) mais aussi selon la **fonction du pronom relatif** dans la proposition (sujet, complément du verbe, complément du nom).

MIND THE TRICK!
- Le pronom relatif est toujours ***that*** ou Ø après ***all*** :
All *he needs is love.*
- ***What*** contient son propre antécédent :
What *lay ahead was very exciting.*

- **Quand l'antécédent est une proposition** :
Which reprend toute la proposition qui le précède :
They sent men into space in the 60s, ***which*** *was an amazing achievement.*

Fonction du pronom relatif	Antécédent humain	Antécédent non-humain	Antécédent exprimant le lieu, le temps, la cause
Sujet	***who*** (qui) *The woman **who** wrote the book was a scientist.*	***which*** (qui) *This movie, **which** is about Mars, is captivating.* (qui est à propos de...)	
Complément	***Ø / who(m) / that*** (que) *The scientists **that/Ø** I met were passionate.* (que j'ai rencontré) • Dans le cas d'une relative **restrictive**, on peut utiliser ***who(m)*** ou ***that***, mais on préfèrera le plus souvent **ne pas utiliser de pronom relatif**. • Si la relative est **appositive**, on ne peut utiliser que ***who(m).***	***Ø / which / that*** (que) *The book **that/Ø** I read was about space exploration.* (que j'ai lu) • Dans le cas d'une relative **restrictive**, on peut utiliser ***which*** ou ***that***, mais on préfèrera le plus souvent **ne pas utiliser de pronom relatif**. • Si la relative est **appositive**, on ne peut utiliser que ***which***.	***where, when, why*** *The time **when**...* le moment où *The place **where**...* l'endroit où *The reason **why**...* la raison pour laquelle
Complément du nom	***whose*** (dont) *I love Asimov, **whose** books are so thrilling.* (dont les livres...)	***whose*** (dont) *This is the star **whose** name is still to be determined.* (dont le nom...)	

95 Complète ces phrases avec *who, whose, which* ou *what*.

a. ... I find interesting about space exploration is the unknown.
b. This book, ... was written by Asimov, is incredible!
c. The scientist ... works have just been published will certainly get the Nobel Prize for science.
d. Do you know the man ... first walked on the Moon?

96 Complète ces phrases avec un pronom relatif.

a. The planet ... I'd like to explore is Mars.
b. So far, the Earth is the only planet ... life is possible.
c. I admire sci-fi writers ... are visionaries.
d. The writers ... I admire are sci-fi writers.

Fiche 35 Les subordonnées de temps et de condition

Elles relèvent de la phrase complexe. La phrase est constituée au moins d'une proposition principale et d'une proposition subordonnée reliées entre elles par une conjonction de subordination.
Le sens dépend de la conjonction :

A Condition

La subordonnée de condition peut être introduite par :

- ***if*** si
  If you go to the demonstration, I will come too. Si tu vas à la manifestation, j'irai aussi.
- ***provided (that)*** à condition que
  *We will stop the strike **provided (that)** you reassess the budget.* Nous arrêterons la grève à condition que vous réexaminiez le budget.
- ***unless*** à moins que
  *We won't return to classes **unless** the budget cuts are cancelled.* Nous ne retournerons pas en cours à moins que les coupes budgétaires soient annulées.

B Temps

La proposition subordonnée de temps peut être introduite par ***when*** quand • ***as*** lorsque • ***while*** pendant que • ***as soon as*** dès que • ***after*** après • ***before*** avant • ***since*** depuis que • ***whenever*** chaque fois que • ***until*** jusqu'à ce que / tant que (si la proposition principale est négative).

*They'll wait **until** the celebration begins.* Ils attendront jusqu'à ce que la célébration commence.

*Nobody sang **until** the celebration started.* Personne ne chanta tant que la célébration n'avait pas commencé.
*They started singing and dancing **as soon as** the celebration started.* Ils se mirent à chanter et à danser dès que la célébration commença.

Important ! Alors que le français peut utiliser le futur dans les subordonnées temporelles, l'anglais ne permet pas l'utilisation de ***will*** et de ***would***.
***When** the celebration starts, they'll sing and dance.* Quand la célébration commencera, ils chanteront et danseront.

97 Complète ces phrases avec *after, as soon as, until, as* ou *whenever.*

a. They lived in harmony with nature ... the settlers moved them.
b. ... they arrived, the settlers changed the names of the places.
c. I feel moved ... I attend the Australia Day ceremony.
d. Everyone was quiet ... they were listening to the ceremony.
e. The Aborigines' lives changed ... the arrival of the European settlers.

98 Mets le verbe à la forme qui convient, puis traduis les phrases.

a. You (*can/understand*) what being an Aborigine is unless you (*share*) their everyday life.
b. If you (*go*) to Australia, you (*see*) traces of Aboriginal culture.
c. You (*understand*) their culture provided that you (*make*) an effort to meet them.
d. When you (*visit*) Australia, you (*discover*) an amazing country.
e. Many people (*open*) their eyes if they (*learn*) about the Aborigines' situation.

PRÉCIS GRAMMATICAL

Fiche 36 Les subordonnées de cause, but et conséquence

A Cause

- La proposition subordonnée de cause peut être introduite par ***as*** comme • ***because*** parce que • ***since*** puisque.
Elle peut répondre à la question ***why***.
__Why__ do you want to install windmills? __Because__ they are eco-friendly.
- On peut également exprimer la cause avec
– ***for*** + proposition. *I want to install windmills __for__ they are eco-friendly.* Je veux installer des éoliennes car elles sont écologiques.
– ***for*** + **V-*ing*** après certains verbes
This company was criticised __for__ __using__ nuclear energy. Cette entreprise a été critiquée pour son utilisation du nucléaire.

MIND THE TRICK!

- Il faut bien faire la différence entre ***as*** et ***since*** liens de **cause** et ***as*** et ***since*** liens **temporels** :
__As__ they changed their habits, they felt they were helping the planet. (temps)
They sold their car __as__ they wanted to adopt an eco-friendly lifestyle. (cause)
__Since__ the late 1990s, governments have tried to implement green measures. (temps)
__Since__ renewable energy is the future, we should all get rid of fossil fuel. (cause)

B But

- La proposition subordonnée de cause est introduite par ***in order to / so as to*** pour / dans le but de / afin de, ou simplement par ***to*** + BV. Elle peut répondre à la question ***what*** + ***for?***.
__What__ were those solar panels installed __for__? They were installed __in order to/so as to__ save energy and money.
Dans quel but... ? Pour économiser...
- On peut également exprimer le but grâce à une proposition infinitive en ***for*** + sujet + ***to***. (Voir **Fiche 30**)
It is essential __for__ governments __to__ invest on green energy.
Il est essentiel pour les gouvernements d'investir dans les énergies vertes.

C Conséquence

- La proposition subordonnée de conséquence est introduite par ***so that***.
I installed solar panels __so that__ I could save money and reduce pollution. J'ai installé des panneaux solaires de sorte que je puisse économiser de l'argent et réduire la pollution.

99 Dis ce qu'expriment ces phrases (but, cause, conséquence ou lien temporel).

a. Since they installed solar panels, they have saved money.
b. The government decided to go green that's why cars are no longer allowed in the city centre.
c. They reduced their CO2 emissions so that they became a green company.
d. They apologised for not resorting to green energy.
e. As he was reading the news, he realised he should go green.

100 Traduis les phrases suivantes.

a. Dans quel but ont-ils adopté des énergies renouvelables ?
b. Ils ont recours à des énergies vertes afin de préserver la nature et réduire la pollution.
c. Pourquoi n'ont-ils pas investi dans des éoliennes ? Parce que cela est trop coûteux.
d. Notre planète est en danger, c'est pourquoi nous devons tous adopter une attitude responsable.
e. J'ai choisi de changer mes habitudes afin de réduire la pollution.

Fiche 37 Les subordonnées d'opposition et de concession

A Opposition

- La proposition subordonnée d'opposition est introduite par ***while / whereas*** alors que / tandis que.
Some of them are professional gamers __while/whereas__ others aren't.
- En dehors des subordonnées circonstancielles d'opposition, il existe des tournures au sens proche, telles que ***but*** mais, ou ***unlike*** contrairement à.
Some of them are professional gamers __but__ others aren't.
Certains d'entre eux sont des joueurs professionnels mais d'autres ne le sont pas.
__Unlike__ those guys, these ones are not professional gamers.
Contrairement à ces gens, ceux-là ne sont pas des joueurs professionnels.

MIND THE TRICK!

- Il faut bien faire la différence entre ***while*** lien de **contraste** et ***while*** lien **temporel** :
__While__ he was playing online, his mother called him. (temps)
__While__ he is an amateur gamer, his sister is a professional. (opposition)

B Concession

- La proposition subordonnée de concession est introduite par ***although / though*** bien que • ***even though / even if*** même si.
__Although__ he is a world champion, not many people know his name.
- En dehors des subordonnées circonstancielles de concession, il existe des tournures au sens proche, telles que ***and yet*** et pourtant, ou ***however*** cependant.
She is not a professional gamer, and __yet__ she won the championship.

101 Complète ces phrases avec *whereas, contrary to, however* ou *although*.

a. ... he was reluctant to use gaming in his classes, he finally used it with his first year students.
b. My parents hate gaming online ... my grandma is rather into it.
c. I've never tried gaming ... all my friends are online players.
d. ... hard I train every day I've never won a single competition!
e. ... what most people think, gaming is not a male-only world.
f. Gaming is considered as a sport ... it doesn't look like one!

102 Traduis les phrases suivantes en français.

a. Although she is a grandmother, she is a regular gamer.
b. You can learn with video games contrary to what many people think.
c. While he was playing online, he was also revising his maths lesson.
d. She decided to try gaming, however, she didn't like it.
e. My father thinks gaming is useless whereas my mom thinks it can help develop new skills.
f. The U.S. Army recruitment campaign is going not just online but into videogames.

PRÉCIS GRAMMATICAL

Fiche 38 Discours direct et discours indirect

A Le discours direct

Une personne rapporte directement la parole de quelqu'un sans intermédiaire. Le discours direct se caractérise par l'emploi de guillemets.

Attention ! Les guillemets sont différents en français « ... » et en anglais "...". La virgule est à l'intérieur du guillemet en anglais.
"Please, let me in," she said. « S'il te plait, laisse-moi rentrer », dit-elle.

B Le discours indirect

- Dans le cas du discours indirect, des paroles sont rapportées par une personne.
Cette médiation entraîne des **modifications**. Le verbe introducteur peut être conjugué à tous les temps.
- **Quand le verbe introducteur est au présent** (ou exprime le **futur**), les changements affectent la ponctuation (disparition des **guillemets**), les pronoms (**sujet** → **complément**), les **possessifs**, et **l'ordre des mots**.
If ou ***whether*** suivent également les verbes interrogatifs si la question est fermée.
*He says: "**I'm leaving tomorrow**."* → *He **says** (that) **he** is leaving tomorrow.*
*He's asking: "What **did** you **eat**?"* → *He'**s asking** him what **he** ate.*
*She will tell them: "I **can't** come"* → *She **will tell** them (that) **she** can't come.*
- **Quand le verbe introducteur est au passé,** en plus de ces modifications, le discours rapporté prend une forme passée, les démonstratifs changent (***this*** → ***that***), ainsi que les repères de lieu (***here*** → ***there***) et de temps (***yesterday*** → ***the day before, tomorrow*** → ***the day after***).

Discours direct	Discours indirect passé
*"**I'm leaving**," he said.*	*He said (that) **he was leaving**.*
*"**I love** Once upon a time," he said.*	*He said (that) **he loved** Once upon a Time.*
*"**I will be here tomorrow**," he said.*	*He said **he would be there the day after**.*
*"What **did you eat**?" he asked.*	*He asked what **he had eaten**.*
*"**Have you finished**?" he asked.*	*He asked **if they had finished**.*
*"**I can't** come," he said.*	*He said **he couldn't** come.*
*"**She may** be coming", he said.*	*He said (that) **she might** be coming.*

- **Exemples de verbes introducteurs :** *say* • *tell* (+ pronom + infinitif si c'est un ordre → *he told me to sit down*) • *ask* • *reply* • *add* ajouter • *announce* • *wonder* se demander • *apologise for* + V-ing • *blame for* + V-ing • *suggest that* (+ BV) • *assure* affirmer, etc.
*She told **him to leave** her alone.*
*She blamed **him for being** late. He apologised **for being** rude.*
*He suggested that the tale **be adapted** into a musical.*

103 Complète ces phrases avec des verbes de paroles sans jamais utiliser deux fois le même.

a. "Why do you want to make things change?" he ... .
b. "Because I think that's my duty as an Indian girl," she ... .
c. "You're amazing!" he ... .
d. "Join us and help us," she ... him.
e. "The future is in our hands," she ... .

104 Transpose ces énoncés au discours indirect (passé).

a. "I will vote tomorrow to make things evolve," she declared.
b. "I think every woman is allowed to get an education," she stated.
c. "She doesn't want to get married as she wants to be independent," she explained.
d. "I'm standing here to help you stand up for your rights," she said.
e. "Today, you have the power to change your lives!" she told them.

105 Transpose ces questions au discours indirect (passé).

a. "Do you want to join the movement?" she asked.
b. "Why don't you support our cause?" she wondered.
c. "Is your daughter going to school? Why isn't she?" she wanted to know.
d. "How can we help you?" he asked.
e. "Who will benefit from these changes?" he wondered.

Corrigés des exercices du précis

Le groupe nominal

Fiche 1 ▶ p. 251

1 *Dénombrables* : culture, people, country, students, universities, career, friendships, campus, nightmare, jobs, rent.
Indénombrables : Internet, knowledge, life, importance, accommodation.

2 **a.** consider **b.** are **c.** show – are **d.** is

3 **a.** lives **b.** Universities – lives – careers **c.** students – means – universities – scholarships **d.** opportunities – experiences

4 **a.** Studying abroad enables you to discover a culture and practice a language.
b. The students receive/get a lot of information about their future career, the lessons and accommodation.
c. The USA and Ireland attract the young who wants to study abroad.
d. The good news is that people from all over the world come to Ireland to acquire knowledge.

Fiche 2 ▶ p. 252

5 **a.** *jeux en ligne* / games you play on the net **b.** *eSport, sports électroniques* / electronic sports **c.** *jeux de rôle* / games in which you play a role **d.** *multi-joueur* / gaming mode with which you play with several people **e.** *fin de partie* / you are at the end of the game, it's over **f.** *logiciel* / programs used by a computer **g.** *médias diffusés en continu* / a media that can be used 24/7 **h.** *réalité augmentée* / reality made better, « more real » thanks to technology

6 **a.** grown-ups **b.** break-through **c.** role-playing **d.** breakdown – overuse **e.** sportsmen

7 **a.** online gamer **b.** gender stereotype **c.** Olympic Games **d.** e-learning/learning module

8 **a.** *Les outils d'apprentissage devraient se baser plus souvent sur les jeux vidéo.*
b. *En ce moment, un module d'apprentissage basé sur le jeu est en train d'être testé à l'école.*
c. *Les communautés de joueurs sont un phénomène qui grandit à vive allure.*
d. *Les représentants de l'armée ont recours aux jeux vidéo pour recruter de vrais soldats.*
e. *Les lycéens aiment jouer à des eSports avec leurs coéquipiers.*

Fiche 3 ▶ p. 252

9 **a.** Ø – the – the **b.** Ø – the **c.** an – Ø – Ø – the – Ø – the **d.** a – The – an

10 **a.** The – the – the **b.** Ø – Ø – Ø – Ø **c.** The – the – the – the – Ø **d.** The – the

11 **a.** an **b.** A – a **c.** an – a – a – a **d.** a – a

12 **a.** The UK and Europe must find new sources of energy to preserve/protect the environment.
b. Launching awareness campaigns and petitions on the net is a good means of warning people.
c. Time is running out if we want to save the planet. People must understand that basic every-day actions can change things and help Nature.
d. Activists demonstrated worldwide this week to protest against global warming and governments' lack of action.

Fiche 4 ▶ p. 253

13 **a.** This – this – That **b.** that – That **c.** These – this – this **d.** those **e.** These – these – these

14 **a.** Look at that team over there! These players are the best in the world and they won this competition last year.
b. These characters bring suspense to this game, that's exactly what I like!
c. 10 years ago, these competitions were not very well-known.
d. The teachers in this school are using online games at the moment.
e. That's what I thought! You've never tried/tested this version on that console.

Fiche 5 ▶ p. 254

15 **a.** his – her **b.** Their – yours **c.** his/her – mine **d.** Her – his **e.** Their – ours

16 **a.** Canada's companies – their employee's well-being
b. yesterday's work
c. Jack's decision
d. this company's policy
e. Gary's photos – Canada's most welcoming region

17 **a.** employee's lives **b.** His boss's – Thomas's **c.** People's **d.** 2019 – this year's **e.** Jane's – co-workers

18 **a.** A friend of mine's husband became a stay-at-home dad. It was their joint choice.
b. My company's policy is to preserve its employees' privacy at all costs.
c. Canada's innovative companies are ranked among the world's best.
d. Their boss's speech confirmed last year's trend.
e. This company's employees are delighted with their work environment.

Fiche 6 ▶ p. 255

19 **a.** no – some – a few **b.** Few – some/a few – a little **c.** no – any/some **d.** A little – no one – a few/some

20 **a.** many – a lot of/lots of/many – much/a lot **b.** both – a few/some/a lot of **c.** much – Many – a few – little **d.** much/a lot of – a few/some – some – all the/a lot of/most **e.** many – all – little – a few/few – some

21 **a.** All – whole – every **b.** Every – all **c.** Every – all **d.** whole – all **e.** Every

22 **a.** Most Latinos are neither truly nor truthfully represented in a lot of movies.
b. A.O.C. shows you can be both a Latina and a political figure.
c. Not a single one of us can imagine how much courage and determination it takes to leave your country.
d. In most movies, Latinos are represented as either criminals or poor people.

Fiche 7 ▶ p. 256

23 **a.** talented young British **b.** convenient modern digital **c.** low-spirited British **d.** great new classical

24 **a.** well-known – badly-played – ear-splitting – bad-tempered – well-performed – heart-breaking **b.** world-famous – folk-inspired **c.** hard-working – award-winning **d.** eye-opening – soul-stirring

25 **a.** fascinating – moving **b.** overrated – disappointing **c.** interesting – awarded **d.** amazed – surprising – committed

Fiche 8 ▸ p. 257

26 **a.** less powerful than **b.** bigger than – more respected than **c.** worse than **d.** as easy as

27 **a.** The worst – the most shameful – the most criticised **b.** the best – the most useful **c.** the worst **d.** The largest – the most authentic

28 **a.** more and more **b.** more and more – less and less **c.** More and more **d.** fewer and fewer – less and less – more and more

29 **a.** The more open their reservations are, the less privacy they have.
b. The more they express themselves through art, the better they feel.
c. The more they get involved in the project, the better the chance they have of finding a job.
d. The poorest tribes are sometimes the least known.

Fiche 9 ▸ p. 258

30 **a.** I – it – We **b.** they – it – they – she **c.** him – me – him **d.** them – me

31 **a.** No one **b.** Someone – anyone **c.** Everyone – anyone **d.** Everyone

32 **a.** Wherever **b.** whenever **c.** Whatever **d.** Whoever

33 **a.** He composed the song himself and then he sang it to me: I loved it.
b. Whoever come to Chicago realises its cultural diversity.
c. These artists mesmerised us/amazed us. Two of them are really talented.
d. The dancers looked at each other, started dancing and then sat down.

Le groupe verbal

Fiche 10 ▸ p. 259

34 **a.** I don't mind listening to classical music.
b. He admitted to being a fan of Radio 3.
c. I'm looking forward to being auditioned/performing.
d. She can't help singing!

35 **a.** listening – studying – revise **b.** help – download **c.** going – tell **d.** listening – listen **e.** discovering – go

36 **a.** working – dancing **b.** to record **c.** seeing **d.** attending **e.** broadcasting

37 **a.** Before hearing them on the radio, I had seen them singing in concert.
b. My grandmother remembers listening to Churchill's speech on the BBC.
c. He hasn't stopped presenting the show but he has started playing the piano.
d. He wants to meet his favourite stars, he'd like to interview them for his show.
e. I'm used to listening to the radio at night, after work, while my parents listened to it in the morning.

Fiche 11 ▸ p. 260

38 **a.** Don't eat GMOs! **b.** Let's eat healthy food! **c.** Don't eat processed food! **d.** Let's try lab-grown meat! **e.** Try to change your eating habits.

39 **a.** Don't trust agro-business too much! **b.** Stop buying products whose origin is unknown. **c.** Let's make the right choice for our health and the planet! **d.** Reduce your consumption of processed food!

Fiche 12 ▸ p. 260

40 **a.** are coming – want **b.** is studying – loves – is thinking **c.** attract **d.** is leaving **e.** need

41 **a.** are offering **b.** believe – need **c.** is thinking – knows **d.** is having **e.** doesn't know

42 **a.** What are they doing this year? They're studying in Ireland, in Dublin.
b. What does he do? He is a university professor in Dublin.
c. He's thinking about his career. He likes languages and wants to work abroad.
d. This uni looks dynamic. Every year they organise a forum for foreign students.
e. He's working late tonight because he's revising for his exams. Usually, he doesn't work after 6 p.m.
f. I think he is studying in Dublin, not Cork.

Fiche 13 ▸ p. 261

43 **a.** used – demonstrated **b.** was interviewed – started **c.** used – was happening **d.** dreamt – loved – became **e.** told – was working – explained – was

44 **a.** His first works immediately broke the rules.
b. He started at 19 and chose street art right from the start/beginning.
c. He was explaining how he painted in the 80s.
d. Through this work, he wanted to raise awareness.
e. The artistic community started to value his work a decade ago.

Fiche 14 ▸ p. 262

45 **a.** came – has lived **b.** discovered – visited – have worked **c.** have never attended – have already seen **d.** started – arrived – has spoken **e.** have seen

46 **a.** has been teaching **b.** have witnessed – has been changing – has been melting – have been rising **c.** have created – have learnt **d.** has greatly increased **e.** has opened – has caused

Fiche 15 ▸ p. 262

47 **a.** have employed – for **b.** had – for **c.** has affected – for **d.** has decreased – since

48 **a.** *Charlotte a une nounou depuis sa naissance.*
b. *Elle a eu une nounou pendant 3 ans.*
c. *Avant la 2e GM, il fut majordome pendant 20 ans.*
d. *Depuis quelques temps, il y a de plus en plus de séries télé sur cette période.*

Fiche 16 ▸ p. 263

49 **a.** read – had never read **b.** had never attended – felt – was **c.** arrived – named – had named **d.** told – realised – had not heard **e.** used – had invented

50 **a.** would keep **b.** would paint **c.** had attended – had sung **d.** would be **e.** would never believe – had learnt – had sailed to

Fiche 17 ▸ p. 264

51 **a.** *Rappel de faits prévus* **b.** *Prédiction de l'avenir, suite logique par rapport au présent* **c.** *Situation prévue et projetée dans l'avenir* **d.** *Situation qui est sur le point de se réaliser* **e.** *Proposition polie*

52 **a.** He's likely to get… **b.** The world is to praise him. **c.** His movie is about to be in cinemas. **d.** He's going to start writing…

Fiche 18 ▸ p. 264

53 **a.** are written – are spoken **b.** was given – were removed **c.** have been removed – have been replaced **d.** are influenced

54 **a.** Both languages can be heard in the streets of Hong Kong.
b. HK is known as one region with two systems.
c. Some protesters have been imprisoned and then released.
d. This article about HK was published three days ago.

PRÉCIS GRAMMATICAL

Fiche 20 ▶ p. 265

55 **a.** could – could **b.** Can **c.** Would **d.** cannot – can **e.** would

56 **a.** This hashtag will become viral and it may change the lives of many rhinos.
b. On social media, you can see more and more activists' posts.
c. If I could participate to online democracy, I'd do it.
d. Thirty years ago, they couldn't make their voices heard/couldn't voice their opinions on social media.
e. In the years to come, the Internet will help support even more causes.

Fiche 21 ▶ p. 266

57 **a.** should have checked **b.** should **c.** must **d.** may/can – need to/must **e.** might

58 **a.** You mustn't read... **b.** Journalists shouldn't publish... **c.** They shouldn't have allowed... **d.** You must take a step back... **e.** You mustn't pass on... **f.** Politicians shouldn't tweet...

59 **a.** They ought to control/They ought not to allow.../Their site needs to changing their rules. **b.** You don't have to read... **c.** He has to/ought to sort out... **d.** A journalist needs to be ... **e.** They have to investigate...

60 **a.** have to – are not allowed to **b.** am allowed to – have to **c.** has to – be forbidden to **d.** are allowed to – have to

61 You can't stop people from voicing their opinion. / You should have listened to the citizens. / You must take action now. / You're not allowed to silence us. / It's forbidden to deny us our rights. / You can't ignore us.

Fiche 22 ▶ p. 267

62 **a.** cannot **b.** may **c.** might **d.** must

63 **a.** They can't have thought about the consequences.
b. I may go back...
c. She may join the party.
d. She must have thought...

Fiche 23 ▶ p. 267

64 **a.** would go **b.** would be/would have been **c.** wouldn't have left **d.** would stay

65 **a.** I wish I hadn't voted for Brexit.
b. If only he could change his vote!
c. I wish I could go back in time to tell/warn the British.
d. If only I had been able/had the right/had the chance to vote!

Fiche 24 ▶ p. 268

66 **a.** carefully **b.** passionately – professionally **c.** plays the piano very well – rarely **d.** often

67 **a.** (often) *Il écoute souvent Radio 1. Il trouve les présentateurs sympathiques/amicaux.*
b. (quietly) *Il alluma doucement la radio/alluma la radio en silence pendant que je dormais.*
c. (soon) *Ils diffuseront bientôt une émission de musique classique.*
d. (highly – probably – a few) *Son émission très acclamée sera certainement à l'antenne dans quelques jours.*

68 **a.** She rarely listens to the radio because she says she is too busy.
b. They are not passionate enough to listen to the show regularly.
c. I really find this new show on Radio 3 quite good!
d. They'll probably broadcast her latest song soon.

69 **a.** This new morning show is so interesting!
b. They're not famous enough to be broadcast by a big station.
c. She's talented enough to take part to the yearly/annual young talents contest.
d. Finally, he won't sing live on Radio 2 because he's too scared.

Fiche 25 ▶ p. 269

70 **a.** at – up – for **b.** to **c.** up – to **d.** in – to **e.** for **f.** for

71 **a.** look forward to tasting **b.** carry on/keep on innovating **c.** give up – looking for **d.** keeps on/carries on attracting **e.** got into/want into

72 **a.** What do they look forward to?/What are they looking forward to?
b. I didn't note down the address of this trendy restaurant in Hong Kong.
c. What is she looking for?
d. The handover speech was listened to by the whole world.
e. What have they waited for?
f. This great chef is looked up to (by many people)!

73 **a.** The demonstrators walked through the city.
b. I opened this book when I woke up this morning.
c. This is a cause worth fighting for.
d. Some look back but it's better to move forward/go ahead.
e. I took a few ideas during my stay.

De la phrase simple à la phrase complexe

Fiche 26 ▶ p. 270

74 **a.** She doesn't live with her tribe, neither does he.
b. I don't know anything about my ancestors.
c. No one says that.../Everyone says that it's not easier than...
d. You can't find Native American relics anywhere in this area.

75 **a.** and she did come back. **b.** but I do like it. **c.** do want **d.** but his brother did (get involved). **e.** do believe **f.** but my father does.

76 **a.** I don't know anything about their traditions.
b. I've never met any Native Americans, neither have my classmates.
c. No tribe avoided relocation.
d. None of them is Native American but they support their cause.

Fiche 27 ▶ p. 270

77 **a.** How determined these athletes are! **b.** What a moving opening ceremony! **c.** How thrilling the race was! **d.** What a stunning victory!

78 **a.** so moved – such an extraordinary game
b. so enthusiastic – such an awesome competition
c. so determined **d.** such an amazing moment – so captivated

Fiche 28 ▶ p. 271

79 **a.** When did they start their organic food business?
b. Who wanted to grow food responsibly?
c. Where did they relocate their farm?
d. Why did he change his habits?
e. Did they get any compensation from Monsanto?

80 **a.** How long did it take to turn your farm into an organic one?
b. Who/What helped you change your habits?
c. How difficult is it to grow organic vegetables?
d. How much does it cost to set up your own farming business?
e. Who/What made you change your mind?

Fiche 29 ▶ p. 272

81 **a.** No, I don't. **b.** Yes, he did. **c.** Yes, I have. **d.** Yes, I am. **e.** No, they won't.

82 **a.** We shouldn't eat GMO products, should we?
b. Patrick has turned to organic farming, hasn't he?
c. The Smiths stopped intensive farming, didn't they?
d. Let's not forget local farms, shall we?
e. We can change our habits, can't we?

Fiche 30 ▶ p. 272

83 **a.** She told us not to miss the concert.
b. He encouraged us to come and watch this show.
c. He advised me to listen to the band.
d. She encouraged me to try Hiplet.

84 **a.** They prefer not to attend a concert when they are in Chicago.
b. We expect you to come and visit us next month.
c. The Hiplet choreographer told his dancers to give their best during practice.
d. The musician asked her band to train harder last night.

85 **a.** It's impossible (for you/anyone) to hate Chicago.
b. It's important for you to understand Chicago's mood.
c. It's essential for the Sinfonietta to become known worldwide.
d. The choreographer expected the show to be a success.
e. My parents want the whole family to go to the concert in Chicago.
f. She told the dancers to perform to perfection.

86 **a.** It's essential for you to attend the ballet tonight.
b. He expects us to come to the concert tomorrow night.
c. The city's support enabled them play their outdoor concert.
d. It's enriching for me to learn music in Chicago.
e. I'd love to learn Hiplet!

Fiche 31 ▶ p. 273

87 **a.** listening **b.** the BBD broadcasting **c.** discovering **d.** singing **e.** listening

88 **a.** Do you mind turning the radio off please?
b. I'm considering taking part in the young talent competition.
c. I don't like his/him singing while listening to the radio.
d. Nothing will prevent me from listening to my favourite radio programme.
e. I avoid talking about music with my brother who can't stand my criticizing his musical tastes.

Fiche 32 ▶ p. 273

89 **a.** let him enjoy **b.** makes temp feel **c.** had a videoconference organised **d.** made me realise

90 **a.** My boss let me combine both my professional and my personal life.
b. Workplaces in Canada make workers feel comfortable at work.
c. This new workspace made me feel thrilled.
d. My company let me take a short leave to enjoy my toddlers.
e. My company lets me work from home.

Fiche 33 ▶ p. 274

91 **a.** unlike **b.** whereas **c.** otherwise **d.** yet **e.** Although

92 **a.** She has decided to get an education that's why she goes to school every day.
b. They are going to the polls tomorrow because they want to make their status evolve.
c. She first started as an actress in Bollywood, then she became a Hollywood star.
d. She's acting for change besides she is a leading member of her community.
e. They think voting is paramount, indeed she regularly encourages her neighbours to go to the polls.

93 **a.** Unlike **b.** yet **c.** that's why **d.** however **e.** as a consequence

94 **a.** before **b.** then **c.** While **d.** In the meantime

Fiche 34 ▶ p. 274

95 **a.** What **b.** which **c.** whose **d.** who

96 **a.** that/Ø **b.** where/on which **c.** who **d.** that/whom/Ø

Fiche 35 ▶ p. 275

97 **a.** until **b.** As soon as **c.** whenever **d.** as **e.** after

98 **a.** (can't understand – share) *Tu en peux pas/On ne peut pas comprendre ce que c'est que d'être un Aborigène à moins de partager leur quotidien.*
b. (go – will see) *Si tu vas en Australie, tu verras des traces de la culture aborigène.*
c. (will understand – make) *Tu comprendras leur culture à condition de faire l'effort de les rencontrer.*
d. (visit – will discover) *Quand tu visiteras l'Australie, tu découvriras un pays incroyable.*
e. (will/would open – learn/learnt) *Beaucoup de gens ouvriront/ouvriraient leurs yeux s'ils apprennent/apprenaient la situation des Aborigènes.*

Fiche 36 ▶ p. 276

99 **a.** *lien temporel* **b.** *conséquence* **c.** *but* **d.** *cause* **e.** *lien temporel*

100 **a.** What did they adopt renewable energy for?
b. They have resorted to green energy in order to protect nature and reduce/curb pollution.
c. Why didn't they invest in windmills? Because it's too expensive.
d. Our planet is in danger, that's why we should all adopt a responsible attitude.
e. I chose to change my habits so as to/in order to reduce/limit/curb pollution.

Fiche 37 ▶ p. 276

101 **a.** Although **b.** whereas **c.** whereas **d.** However **e.** Contrary to **f.** although

102 **a.** *Bien qu'étant une grand-mère, c'est une joueuse régulière.*
b. *On peut apprendre grâce aux jeux vidéo contrairement à ce que beaucoup de gens pensent.*
c. *Pendant qu'il jouait en ligne, il révisait aussi ses leçons de maths.*
d. *Elle a décidé d'essayer les jeux vidéo, toutefois, elle n'a pas aimé.*
e. *Mon père pense que les jeux en ligne sont inutiles alors que ma mère pense que cela peut développer de nouvelles compétences.*
f. *La campagne de recrutement de l'armée américaine est non seulement présente en ligne mais aussi dans les jeux vidéos.*

Fiche 38 ▶ p. 277

103 **a.** "Why do you want to make things change?" he asked.
b. "Because I think that's my duty as an Indian girl," she retorted.
c. "You're amazing!" he exclaimed.
d. "Join us and help us!" she ordered him.
e. "The future is in our hands," she stated/declared.

104 **a.** She declared that she would vote the next day to make things evolve.
b. She stated that she thought every woman was allowed to get an education.
c. She explained she didn't want to get married as she wanted to be independent.
d. She said she was standing there to help us stand up for our rights.
e. She told them that they had the power to change their lives.

105 **a.** She asked whether we wanted to join the movement.
b. She wondered why we wanted to support their cause.
c. She wanted to know if our daughter was going to school and why she wasn't.
d. He asked how he could help us.
e. He wondered who would benefit from those changes.

	Base verbale	Prétérit	Participe passé	Traduction
	Trois formes identiques			
C	cut /ʌ/	cut /ʌ/	cut /ʌ/	*couper*
H	hurt /ɜː/	hurt /ɜː/	hurt /ɜː/	*blesser*
L	let /e/	let /e/	let /e/	*permettre, louer*
P	put /ʊ/	put /ʊ/	put /ʊ/	*mettre, poser*
R	read /iː/	read /e/	read /e/	*lire*
S	set /e/	set /e/	set /e/	*fixer*
	shut /ʌ/	shut /ʌ/	shut /ʌ/	*fermer*
	Prétérit et participe passé identiques			
B	bend /e/	bent /e/	bent /e/	*(se) courber*
	bring /ɪ/	brought /ɔː/	brought /ɔː/	*apporter*
	build /ɪ/	built /ɪ/	built /ɪ/	*construire*
	burn /ɜː/	burnt /ɜː/	burnt /ɜː/	*brûler*
	buy /aɪ/	bought /ɔː/	bought /ɔː/	*acheter*
C	catch /æ/	caught /ɔː/	caught /ɔː/	*attraper*
D	dream /iː/	dreamt /e/	dreamt /e/	*rêver*
F	feel /iː/	felt /e/	felt /e/	*(se) sentir, éprouver*
	fight /aɪ/	fought /ɔː/	fought /ɔː/	*se battre, combattre*
	find /aɪ/	found /aʊ/	found /aʊ/	*trouver*
G	get /e/	got /ɒ/	got /ɒ/	*obtenir*
H	have /æ/	had /æ/	had /æ/	*avoir*
	hear /ɪə/	heard /ɜː/	heard /ɜː/	*entendre*
	hold /əʊ/	held /e/	held /e/	*tenir*
K	keep /iː/	kept /e/	kept /e/	*garder*
L	lead /iː/	led /e/	led /e/	*mener, guider*
	learn /ɜː/	learnt /ɜː/	learnt /ɜː/	*apprendre*
	leave /iː/	left /e/	left /e/	*laisser, quitter*
	lend /e/	lent /e/	lent /e/	*prêter*
	light /aɪ/	lit /ɪ/	lit /ɪ/	*allumer*
	lose /uː/	lost /ɒ/	lost /ɒ/	*perdre*
M	make /eɪ/	made /eɪ/	made /eɪ/	*faire, fabriquer*
	mean /iː/	meant /e/	meant /e/	*signifier, vouloir dire*
	meet /iː/	met /e/	met /e/	*(se) rencontrer*
P	pay /eɪ/	paid /eɪ/	paid /eɪ/	*payer*
S	say /eɪ/	said /e/	said /e/	*dire*
	sell /e/	sold /əʊ/	sold /əʊ/	*vendre*
	send /e/	sent /e/	sent /e/	*envoyer*
	shoot /uː/	shot /ɒ/	shot /ɒ/	*tirer*
	sit /ɪ/	sat /æ/	sat /æ/	*être assis*
	sleep /iː/	slept /e/	slept /e/	*dormir*
	smell /e/	smelt /e/	smelt /e/	*sentir (odorat)*
	spend /e/	spent /e/	spent /e/	*dépenser, passer (le temps)*
	stand /æ/	stood /ʊ/	stood /ʊ/	*être debout*
	stick /ɪ/	stuck /ʌ/	stuck /ʌ/	*coller*
	strike /aɪ/	struck /ʌ/	struck /ʌ/	*frapper*
T	teach /iː/	taught /ɔː/	taught /ɔː/	*enseigner*
	tell /e/	told /əʊ/	told /əʊ/	*dire, raconter*
	think /ɪ/	thought /ɔː/	thought /ɔː/	*penser*
U	understand /ʌ/ə/æ/	understood /ʌ/ə/ʊ/	understood /ʌ/ə/ʊ/	*comprendre*
W	win /ɪ/	won /ʌ/	won /ʌ/	*gagner*

	Base verbale	Prétérit	Participe passé	Traduction
	Deux formes identiques			
B	beat /iː/	beat /iː/	beaten /iː/ə/	*battre*
	become /ɪ/ʌ/	became /ɪ/eɪ/	become /ɪ/ʌ/	*devenir*
C	come /ʌ/	came /eɪ/	come /ʌ/	*venir*
R	run /ʌ/	ran /æ/	run /ʌ/	*courir*
	Trois formes différentes			
A	awake /ə/eɪ/	awoke /ə/əʊ/	awoken /ə/əʊ/ə/	*(se) réveiller*
B	be /iː/	was /ɒ/ / were /ɜː/	been /iː/	*être*
	bear /ɛə/	bore /ɔː/	borne /ɔː/	*supporter*
	begin /ɪ/ɪ/	began /ɪ/æ/	begun /ɪ/ʌ/	*commencer*
	bite /aɪ/	bit /ɪ/	bitten /ɪ/ə/	*mordre*
	blow /əʊ/	blew /uː/	blown /əʊ/	*souffler*
	break /eɪ/	broke /əʊ/	broken /əʊ/ə/	*casser*
C	choose /uː/	chose /əʊ/	chosen /əʊ/ə/	*choisir*
D	do /uː/	did /ɪ/	done /ʌ/	*faire*
	draw /ɔː/	drew /uː/	drawn /ɔː/	*dessiner*
	drink /ɪ/	drank /æ/	drunk /ʌ/	*boire*
	drive /aɪ/	drove /əʊ/	driven /ɪ/ə/	*conduire*
E	eat /iː/	ate /e/	eaten /iː/ə/	*manger*
F	fall /ɔː/	fell /e/	fallen /ɔː/ə/	*tomber*
	fly /aɪ/	flew /uː/	flown /əʊ/	*voler*
	forbid /ə/ɪ/	forbade /ə/eɪ/	forbidden /ə/ɪ/ə/	*interdire*
	foresee /ɔː/iː/	foresaw /ɔː/ɔː/	foreseen /ɔː/iː/	*prévoir*
	forget /ə/e/	forgot /ə/ɒ/	forgotten /ə/ɒ/ə/	*oublier*
	forgive /ə/ɪ/	forgave /ə/eɪ/	forgiven /ə/ɪ/ə/	*pardonner*
	freeze /iː/	froze /əʊ/	frozen /əʊ/ə/	*geler*
G	give /ɪ/	gave /eɪ/	given /ɪ/ə/	*donner*
	go /əʊ/	went /e/	gone /ɒ/	*aller*
	grow /əʊ/	grew /uː/	grown /əʊ/	*grandir, faire pousser*
H	hide /aɪ/	hid /ɪ/	hidden /ɪ/ə/	*(se) cacher*
K	know /nəʊ/	knew /njuː/	known /nəʊn/	*savoir, connaître*
L	lie /aɪ/	lay /eɪ/	lain /eɪ/	*être étendu*
R	ride /aɪ/	rode /əʊ/	ridden /ɪ/ə/	*aller (à cheval / vélo)*
	ring /ɪ/	rang /æ/	rung /ʌ/	*sonner*
	rise /aɪ/	rose /əʊ/	risen /ɪ/ə/	*s'élever, se lever*
S	see /iː/	saw /ɔː/	seen /iː/	*voir*
	shake /eɪ/	shook /ʊ/	shaken /eɪ/ə/	*secouer*
	show /əʊ/	showed /əʊ/	shown /əʊ/	*montrer*
	sing /ɪ/	sang /æ/	sung /ʌ/	*chanter*
	speak /iː/	spoke /əʊ/	spoken /əʊ/ə/	*parler*
	steal /iː/	stole /əʊ/	stolen /əʊ/ə/	*voler, dérober*
	swear /ɛə/	swore /ɔː/	sworn /ɔː/	*jurer*
	swim /ɪ/	swam /æ/	swum /ʌ/	*nager*
T	take /eɪ/	took /ʊ/	taken /eɪ/ə/	*prendre*
	tear /ɛə/	tore /ɔː/	torn /ɔː/	*déchirer*
	throw /əʊ/	threw /uː/	thrown /əʊ/	*jeter*
U	undergo /ʌ/ə/əʊ/	underwent /ʌ/ə/e/	undergone /ʌ/ə/ɒ/	*subir*
W	wake (up) /eɪ/ʌ/	woke (up) /əʊ/ʌ/	woken (up) /əʊ/ə/ʌ/	*(se) réveiller*
	wear /ɛə/	wore /ɔː/	worn /ɔː/	*porter (des vêtements)*
	write /aɪ/	wrote /əʊ/	written /ɪ/ə/	*écrire*

1 Uni life in Ireland

abroad *adv* *à l'étranger*
alien *n* *étranger(-ère)*
appeal to *v* *plaire à*
blend into *v* *s'intégrer à*
budding *adj* *en herbe*
co-worker *n* *collègue*
draw in *v* *attirer*
eager *adj* *passionné(e)*
enriching *adj* *enrichissant(e)*
entrepreneurial *adj* *entreprenant(e)*
facility *n* *établissement*
firm *n* *entreprise*
fit into *v* *s'adapter à*
foreign *adj* *étranger(-ère)*
globalisation *n* *mondialisation*
grow a business *v* *monter une entreprise*
hire *v* *engager*
impatient *adj* *impatient(e)*
innovative *adj* *novateur(trice)*
laboratory *n* *laboratoire*
make acquaintance with *v* *faire connaissance*
manipulate *v* *manipuler*
multicultural *adj* *multiculturel(le)*
multiculturalism *n* *multiculturalisme*
newcomer *n* *nouveau(-velle) venu(e)*
outreach *n* *portée*
practical *adj* *pratique*
practise *v* *s'entraîner*
rewarding *adj* *gratifiant(e)*
seize *v* *profiter, saisir*
skill *n* *compétence*
skillful *adj* *compétent(e)*
teamwork *n* *travail d'équipe*
techie *n* *geek*
theoretical *adj* *théorique*
tighten *v* *resserrer, renforcer*
top-level *adj* *de haut niveau*
top-notch *adj* *de premier ordre*
unknown *adj* *inconnu(e)*
useful *adj* *utile*
warm-hearted *adj* *chaleureux(se)*
welcome *v* *accueillir*
widen one's horizon *v* *élargir ses horizons*
yearn for *v* *avoir très envie de*

2 Alaska: the Last Frontier?

acculturation *n* *assimiliation à une culture*
alienation *n* *aliénation*
assimilate *v* *assimiler*
blame for *v* *accuser de*
bolster *v* *soutenir*
border *n* *frontière*
bountiful *adj* *généreux(-se)*
breathtaking *adj* *à couper le souffle*
carry on *v* *poursuivre*
confine *v* *isoler*
connection *n* *lien*
convenient *adj* *pratique*
custom *n* *tradition*
cut off from *v* *couper les liens avec*
disillusioned *adj* *désabusé(e)*
disruption *n* *bouleversement*
downgrade *v* *déclasser*
downtrodden *adj* *opprimé(e)*
eminent *adj* *remarquable*
expanse *n* *étendue*
experience *v* *ressentir*
hardship *n* *épreuve*
haven *n* *abri, refuge*
hold on to sth *v* *tenir fermement à*
hopeful *adj* *plein(e) d'espoir*
hurdle *n* *obstacle*
lure *v* *attirer, appâter*
misunderstanding *n* *incompréhension*
move to *v* *se déplacer vers*
out of reach *adj* *hors d'atteinte, inaccessible*
outsider *n* *étranger(-ère)*
pioneering *adj* *novateur(trice)*
protectionism *n* *protectionnisme*
pulling *adj* *attirant(e)*
reach out to *v* *aller à la rencontre de*
recreational *adj* *de loisir*
relocation *n* *déménagement, délocalisation*
remote *adj* *isolé(e)*
resilient *adj* *résistant(e)*
scheme *n* *projet*
struggle *v* *lutter*
ties *npl* *liens*
thwarted *adj* *contrarié(e)*
uproot *v* *déraciner*
wilderness *n* *contrée sauvage*

3 Radio Star in the UK

accurate *adj* *précis*
address *v* *s'adresser à*
airwaves *n* *ondes*
allure *n* *attrait*
app *n* *appli*
appealing *adj* *attirant(e)*
asset *n* *atout*
attend *v* *assister à*
audience *n* *auditoire*
be on air *v* *être à l'antenne*
bond *n* *lien*
breaking news *n* *flash info*
bridge *v* *combler*
bring together *v* *rassembler*
broad *adj* *large*
broadcast *v* *diffuser*
campaign *n* *campagne (de pub)*
censorship *n* *censure*
charts *n* *hit-parade*
circumvent *v* *contourner la loi*
conservative *adj* *conservateur(trice)*
convey *v* *transmettre*
demystify *v* *démystifier*
determined *adj* *déterminé(e)*
excluded *adj* *exclu(e)*
gather *v* *rassembler*
gap *n* *fossé*
host *n* *présentateur(trice)*
listener *n* *auditeur(trice)*
lose interest in *v* *se désintéresser de*
make a speech *v* *faire un discours*
mindset *n* *état d'esprit*
modern technology *n* *nouvelles technologies*
music festival *n* *festival de musique*
narrow-minded *adj* *étroit(e) d'esprit*
old-fashioned *adj* *démodé(e)*
on demand *adv* *sur demande*
open-minded *adj* *ouvert(e) d'esprit*
outdated *adj* *dépassé(e), obsolète*
outperform *v* *surpasser*
outreach *n* *portée*
passionate *adj* *passionné(e)*
podcast *n* *baladodiffusion*
present *v* *présenter*
propaganda *n* *propagande*
provide *v* *fournir*
raise awareness *v* *sensibiliser*
reach *v* *atteindre*
recording booth *n* *studio d'enregistrement*
rejuvenate *v* *rajeunir*
renew *v* *renouveler*
replay *n* *retransmission*
report *n* *reportage*
belonging *n* *appartenance*
seek *v* *rechercher, vouloir*
show *n* *émission*
spread *v* *répandre*
stay tuned *v* *rester à l'écoute*
strenghten *v* *renforcer*
surprise *v* *surprendre*
target *v* *viser*
tedious *adj* *ennuyeux(-euse)*
transmitter *n* *émetteur*
tune in *v* *écouter (la radio)*
turning point *n* *tournant*
unified *adj* *unifié(e)*
update *v* *mettre à jour*
up-to-date *adj* *à jour, actualisé(e)*
worldwide *adj* *mondial(e)*
youth *n* *les jeunes*

4 Masters and servants?

accomodation *n* *logement*
admire *v* *admirer*
avoid *v* *éviter*
awkward *adj* *gênant(e)*
be at sb's beck and call *v* *obeir au doigt et à l'œil*
be on an equal footing *v* *être sur un pied d'égalité*
befriend *v* *se lier d'amitié avec*
bond over *v* *créer un lien*
boundary *n* *limites, barrière*
break down barriers *v* *surmonter des obstacles*
butler *n* *majordome*
cheeky *adj* *insolent(e)*
chores *n* *corvées*
codified *adj* *codifié(e)*
conceal *v* *dissimuler, garder secret*
conventional *adj* *conventionnel(le)*
cook *n* *cuisinier(-ère)*
cross the line *v* *franchir la ligne rouge*
cut down on wages *v* *réduire les salaires*
daring *adj* *audacieux(-se)*
dedicate *v* *consacrer*
dedicated *adj* *dévoué(e)*
demanding *adj* *exigeant(e)*
denial *n* *déni*
despise *v* *mépriser*
devotion *n* *dévouement*
disclose *v* *révéler, dévoiler*
domineering *adj* *autoritaire*
employee *n* *employé(e)*
employer *n* *employeur(-se)*
enter service *v* *entrer en service*
exhausting *adj* *épuisant*
exploited *adj* *exploité(e)*
fall in love *v* *tomber amoureux(-se)*
feel independent from *v* *se sentir indépendant*
follow instructions *v* *suivre les ordres*
footman *n* *valet de pied*
full-time *adj* *à plein temps*
glass ceiling *n* *plafond de verre, limites hiérarchiques*
governess *n* *gouvernante*
harsh *adj* *rude, sévère*
have a stiff upper lip *v* *être impassible*
hierarchy *n* *hiérachie*
housekeeper *n* *gouvernante*
housemaid *n* *femme de chambre*
ignore one's needs *v* *ignorer ses propre besoins*
kitchen range *n* *fourneau*
lifelong *adj* *à vie*
look after *v* *s'occuper de*
low wages *n* *bas salaire*
manor *n* *manoir*
mansion *n* *manoir*
master/mistress *n* *maître/maîtresse*
menial *adj* *subalterne, ingrat(e)*
nursery *n* *garderie*
obedient *adj* *obéissant(e)*
obey the rules *v* *obéir aux règles*
pantry *n* *office*
powerless *adj* *impuissant(e)*
privacy *n* *intimité*
reception rooms *n* *salles de réception*
regular *adj* *habituel(le)*
reliable *adj* *fiable*
rely on *v* *compter sur*
respectful *adj* *respectueux(-se)*
restricted access *n* *accès interdit*
reward *v* *récompenser*
satisfy demands *v* *satisfaire les demandes*
segregated *adj* *séparé(e)*
self-employed *adj* *à son compte*
set boundaries *v* *fixer des limites*
social status *n* *statut social*
sophisticated *adj* *sophistiqué(e)*
stately home *n* *demeure seigneuriale*
temporary *adj* *temporaire*
tyrannical *adj* *tyrannique*
underpaid *adj* *sous-payé(e)*
upper-class *n* *haute société*
valet *n* *valet*
wait upon *v* *servir*
wealthy *adj* *riche*
well-mannered *adj* *bien élévé(e)*
work long hours *v* *travailler durant des heures*
working-class *n* *classe ouvrière*

5 No trespassing

advertise *v* *promouvoir*
alienating *adj* *aliénant(e)*
appropriate one's land *v* *s'approprier un territoire*
be pulled from one's home *v* *être chassé(e) de chez soi*
belong somewhere *v* *avoir sa place quelque part*
claim *n* *revendication*
compromise *v* *mettre en péril*
desperate *adj* *désespéré(e)*
display *n* *démonstration*
disrespectful *adj* *irrespectueux(-se)*
distort *v* *déformer*
embody *v* *incarner*
encroach on *v* *empiéter sur*
foster *v* *encourager*
genuine *adj* *authentique*
give hope *v* *donner de l'espoir*
heal the wounds of the past *v* *guérir les blessures du passé*
infringe on *v* *empiéter sur*
internship *n* *stage*
intimacy *n* *intimité*
intrude *v* *entrer sans permission*
intrusive *adj* *intrusif(-ve)*
make a spectacle of oneself *v* *se donner en spectacle*
meaningful *adj* *significatif(-ve)*
move back *v* *revenir*
off-limits *adj* *interdit d'accès*
on display *adv* *exposé(e)*
phony (US) *adj* *mensonger(-ère)*
regain confidence *v* *reprendre confiance*
remove *v* *enlever*
reservation *n* *réserve*
resilient *adj* *résistant(e)*
rise from ashes *v* *renaître de ses cendres*
sacred *adj* *sacré(e)*
showcase *v* *mettre en valeur, montrer*
stick to one's values *v* *être fidèle à ses valeurs*
testimony *n* *témoignage*
trail *n* *parcours, sentier*
tribe *n* *tribu*
way-out *n* *issue, solution*

6 Work sweet work

allocate *v* *attribuer*
better *v* *améliorer*
comfort *n* *confort*
commute *v* *faire la navette*
convenient *adj* *commode, pratique*
dedicated *adj* *dédié(e), consacré(e) à*
earn a living *v* *gagner sa vie*
fellowship *n* *camaraderie*
foster *v* *encourager*
humane *adj* *compatissant(e)*
incentive *n* *avantage, prime*
income *n* *revenu*
layout *n* *disposition, agencement*
neigbourhood *n* *voisinage, quartier*
pervasive *adj* *omniprésent(e)*
premises *n* *locaux*
provide *v* *fournir*
share spaces *n* *espaces partagés*
skills *npl* *compétences*
spy on *v* *espionner, épier*
supple *adj* *flexible*
surroundings *npl* *environs, alentours*
surveillance *n* *surveillance*
welfare *n* *bien-être*
well-being *n* *bien-être*
work environment *n* *environnement de travail*

7 Made in Brexit

address an issue v *aborder un sujet*
alarmed adj *inquiet(-ète)*
alter v *transformer, changer*
annoyed adj *contrarié(e)*
antagonistic adj *antagoniste, hostile*
appalled adj *consterné(e)*
argue v *se disputer*
assertion n *affirmation*
authoritarian adj *autoritaire*
be at odds over v *ne pas être d'accord avec*
be down in the mouth v *être triste*
be faithful to v *être fidèle à*
be pro-leave v *être pour la sortie de l'UE*
be pro-remain v *être contre la sortie de l'UE*
bleak adj *austère, morose*
campaign v *faire campagne*
caricature n *caricature*
cartoon n *dessin humoristique*
challenger n *opposant(e)*
chisel n *burin*
colourful adj *coloré(e)*
comic n *bande dessinée*
committed adj *engagé(e)*
confused about adj *désorienté(e) à propos de*
consultation meeting n *réunion de consultation*
controversial adj *controversé(e)*
convey a message v *transmettre un message*
cynical adj *cynique*
depict a situation v *décrire une situation*
derelict adj *délabré(e), abandonné(e)*
design n *conception*
disobedience n *désobéissance*
discord n *discorde, dissension*
dissent n *désaccord*
distressed adj *bouleversé(e)*
document v *recolter des données sur*
documented adj *documenté(e)*
drawing n *dessin*
dreary adj *ennuyeux(-se)*
drive a wedge between v *semer la discorde*
dull adj *sans intérêt, terne*
empowerment n *émancipation, force*
essay n *essai*
fearsome adj *redoutable*
fuel the discussion v *alimenter le débat*
foresee v *prévoir, anticiper*
gloomy adj *maussade, lugubre*
heal tensions v *apaiser les tensions*
impassioned adj *passionné(e)*
ironical adj *ironique*
judgmental adj *enclin à critiquer*
literature n *littérature*
militia n *milice*
nerve-racking adj *éprouvant(e)*
nervousness n *inquiétude, nervosité*
novel n *roman*
paste-up n *collage*
peel off (fig.) v *quitter*
policy n *politique*
politicised adj *politisé(e)*
portrayal n *portrait*
poster n *affiche*
provocative adj *provocateur(-trice)*
put sb's life at risk v *mettre la vie de qqn en danger*
reach an agreement v *parvenir à un accord*
refurbished adj *renové(e)*
remain v *rester*
remove v *sortir*
satirical adj *satirique*
science fiction n *science-fiction*
shake v *secouer*
short story n *nouvelle*
sketch n *aperçu*
speak out v *s'exprimer*
split v *diviser*
take a stand v *prendre position*
threatening adj *menaçant(e)*
torn apart adj *détruit(e)*
trustworthy adj *digne de confiance*
unbiased adj *impartial(e)*
upset v *contrarier*
voice one's concern v *exprimer sa position*
warfare n *lutte*
wear a gas mask v *porter un masque à gaz*

8 Art of Africa

abstract adj *abstrait(e)*
acknowledge v *admettre*
artistry n *talent artistique*
artwork n *œuvre d'art*
be grateful to v *être reconnaissant(e)*
blurred adj *flou(e)*
booming adj *retentissant(e)*
break the stigma v *rompre la stigmatisation*
buoyant adj *plein(e) d'entrain*
canvas n *toile*
colourful adj *coloré(e)*
confidence n *confiance en soi*
creativity n *créativité*
depict v *représenter, dépeindre*
display v *exposer*
exhibition n *exposition*
figurative adj *figuratif(-ve)*
flourishing adj *prospère*
give visibility to v *donner une visibilité à*
invest in v *investir dans*
legitimacy n *légitimité*
lively adj *vivant(e), animé(e)*
lucrative adj *lucratif(-ve)*
mirror v *refléter*
pay tribute to v *rendre hommage à*
popularity n *popularité*
praise v *faire l'éloge de*
recognition n *reconnaissance*
set an example v *donner l'exemple*
slum n *bidonvile*
soft power n *manière douce*
spread v *répandre*
storytelling n *narration*
talented adj *talentueux(-se)*
testimony n *témoignage*
truthful adj *honnête*
uncomfortable with adj *mal à l'aise avec*
worthy of adj *digne de*

9 Propagand'Art

activist n *activiste*
advocate v *prôner*
anonymity n *anonymat*
artwork n *œuvre d'art*
awake people's conscience v *faire prendre conscience*
brand marketing n *image de marque*
break the rules v *enfreindre les règles*
campaign n *faire campagne*
committed (to a cause) adj *engagé(e)*
controversial adj *polémique*
convey v *transmettre, communiquer*
creative adj *créatif(-ve)*
dissenting adj *contestataire*
epitomise v *incarner, symboliser*
express an idea v *exprimer une idée*
faithful adj *fidèle*
fame n *renommée, réputation*
give voice to v *exprimer*
grassroots adj *populaire*
iconic adj *emblématique*
influential adj *influent(e)*
instant hit n *succès instantané*
involved adj *impliqué(e)*
motto n *slogan*
painting n *tableau*
persistent adj *tenace*
provocative adj *provocateur(-trice)*
purposeful adj *déterminé(e)*
raise awareness about v *sensibiliser à*
reach v *atteindre*
review n *critique, avis*
take a stand v *prendre position*
typical adj *représentatif(-ve)*
vindication n *justification*

10 Gaming citizenship

ability n *capacité*
acknowledge v *admettre*
acknowledgement n *reconnaissance*
actually adv *vraiment, en réalité*
addicted adj *dépendant(e)*
anonymous adj *anonyme*
assert v *affirmer*
athlete n *athlète*
award a scholarship v *attribuer une bourse*
be prejudiced against v *avoir des préjugés sur*
be supposed to v *être supposé(e)*
biased adj *partial(e)*
bind v *lier*
blame for v *accuser*
blur the lines v *brouiller les frontières*
bond n *lien*
build relationships v *créer des liens*
career n *carrière*
championship n *championnat*
charity n *association caritative*
classified information n *information classée, secrète*
community n *communauté*
competitive adj *compétitif(-ve)*
crowdfunding n *financement participatif*
develop talents v *développer des talents*
discrimination n *discrimination*
disdainful adj *méprisant(e)*
disrespect v *manquer de respect*
distort v *déformer*
draw skills from v *faire appel à des compétences*
drawback n *inconvénient, désavantage*
educate v *éduquer*
empower v *valoriser, donner les moyens de*
empowerment n *responsabilisation, force*
encourage v *encourager*
ethical adj *éthique*
expect sb to v *attendre de qqn qu'il fasse qqc*
expert at adj *expert en*
figure out v *résoudre, comprendre*
fitness n *forme physique*
fundraising n *collecte de fonds*
gaming culture n *culture du jeu*
gender gap n *inégalités hommes-femmes*
illegality n *illégalité*
input n *contribution*
interview v *interviewer*
intuition n *intuition*
involvement n *implication*
isolate from v *isoler*
job hunt n *recherche d'emploi*
job interview n *entretien d'embauche*
knowledgeable adj *instruit(e)*
learn v *apprendre*
loneliness n *solitude*
look down on sb v *prendre qqn de haut*
misogynistic adj *misogyne*
mistake sth v *mal comprendre*
morality n *moralité*
offline adv *sur Internet, en ligne*
online adv *hors connection, hors ligne*
online gamer n *joueur(-se) en ligne*
open-minded adj *ouvert(e) d'esprit*
outreach n *rayonnement, portée*
performance n *performance*
popular adj *populaire*
preconceived ideas n *idées préconçues*
prepare for v *se préparer pour*
professional adj *professionnel(le)*
prospect n *chance, perspective*
pseudonym n *pseudonyme*
raise funds v *récolter des fonds*
recognised adj *reconnu(e)*
recruitment n *recrutement*
rely on v *compter sur*
respectful adj *respectueux(-se)*
seek v *rechercher*
self-sufficient adj *autonome*
sexism n *sexisme*
skillful adj *compétent(e), doué(e)*
superficial adj *superficiel(le)*
support a point v *défendre une idée*
supportive of adj *favorable à*
take seriously v *prendre sérieusement*
team building n *cohésion d'équipe*
team spirit n *esprit d'équipe*
team up with v *unir ses forces avec*
training n *entraînement*
understanding adj *compréhensif(-ve)*
unfair adj *injuste*
value n *valeur*
virtual adj *virtuel(le)*
worldly adv *mondialement*

11 Real or fake?

biased adj *partial(le)*
blur v *gommer, brouiller*
brainwash v *faire un lavage de cerveau*
bully v *harceler, s'en prendre à*
deceive v *tromper*
disinformation n *désinformation*
disseminate v *diffuser, répandre*
empowerment n *responsabilisation*
fail to recognise v *ne pas admettre*
fake adj *faux(-sse), mensonger(-ère)*
harassment n *harcèlement*
harmful adj *nuisible*
indoctrinate v *endoctriner*
lose touch v *perdre le contact*
mislead v *induire en erreur*
mistake sth for sth v *confondre*
mistaken adj *erroné(e)*
neutral adj *neutre*
news n sg *informations*
noxious adj *toxique*
pernicious adj *néfaste*
prompt debate v *susciter le débat*
propaganda n *propagande*
reliability n *fiabilité*
rumour n *rumeur*
slanderous adj *diffamatoire*
spot v *repérer*
trigger v *provoquer*
trustworthy adj *digne de confiance*
unethical adj *immoral(e), malhonnête*
viral adj *viral(e)*
weaponise v *transformer en arme*

12 South African online activism

activist n *activiste*
address an issue v *aborder un problème*
advocate v *prôner*
censor v *censurer*
censorship n *censure*
civic-minded adj *qui a l'esprit civique*
clarify v *clarifier qqch*
come to terms with v *accepter*
control v *contrôler*
critic n *critique (personne)*
criticism n *critique (fait de)*
defender n *défenseur(-se)*
discriminating adj *discriminant(e)*
give voice to v *exprimer*
illicit content n *contenu illicite*
immersive adj *en immersion*
indignant adj *indigné(e)*
internet user n *internaute*
ostracised adj *écarté(e), banni(e)*
prejudiced adj *qui a des préjugés*
prohibit v *interdire*
regulate v *réglementer*
remove v *enlever, retirer*
restrict v *restreindre*
take a stand v *prendre position*
whistleblower n *lanceur(-se) d'alerte*

13 Latino stories

abuse *v* *abuser, maltraiter*
acclaimed *adj* *plébiscité(e), acclamé(e)*
accuracy *n* *précision*
accurate *adj* *précis(e)*
advocate for *v* *défendre*
alike *adj* *semblable*
assimilation *n* *assimilation*
assume *v* *supposer*
prejudice sb against *loc v* *donner une mauvaise image de*
be respectful of *v* *être respectueux(-se)*
belittling *adj* *dénigrant(e)*
biased *adj* *de parti pris*
bridge a cultural gap *v* *combler les écarts culturels*
(re)claim *v* *réclamer*
cliché *n* *cliché*
confident *adj* *confiant(e)*
confine *v* *limiter*
congressman/woman *n* *député(e)*
convey an image *v* *véhiculer une image*
debunk *v* *briser (les stéréotypes)*
decry *v* *dénoncer*
defiant *adj* *rebelle*
dehumanisation *n* *déshumanisation*
dehumanise *v* *déshumaniser*
depict *v* *représenter*
derogatory *adj* *désobligeant(e)*
empowerment *n* *émancipation*
enduring *adj* *tenace*
expose *v* *exposer*
feature *n* *caractéristique*
figure *v* *personnalité*
grapple with *v* *essayer de maîtriser*
hardship *n* *épreuve*
harmful *adj* *nocif(-ve)*
high-skilled job *n* *emploi qualifié*
humanisation *n* *humanisation*
immigration policies *n* *politiques migratoires*
inaccuracy *n* *inexactitude*
inaccurate *adj* *inexact(e)*
induce sympathy with *v* *attirer la compassion de*
inspirational *adj* *inspirant(e)*
latch on to sth *v* *s'accrocher à qqc*
lead through research *v* *mener des recherches*
limit *v* *limiter*
limiting *adj* *limitant(e)*
low-income *adj* *à faible revenu*
make fun of *loc v* *se moquer de*
media outlet *n* *organe de presse*
menial job *n* *emploi subalterne*
misjudment *n* *mauvais jugement*
misleading *adj* *trompeur(-se)*
misrepresent *v* *déformer, présenter sous un faux jour*
mock *v* *se moquer de*
offend *v* *offenser*
one-dimensional *adj* *unidimensionnel*
politician *n* *figure politique*
raise awareness *v* *sensibiliser*
realise *v* *se rendre compte*
recognition *n* *reconnaissance*
regard as *v* *considérer comme*
relate to *v* *concerner, porter sur*
respectful *adj* *respectueux(-se)*
shed light on *v* *mettre en lumière*
simulate *v* *simuler*
skewed *adj* *déformé(e), dénaturé(e)*
speak up *v* *parler franchement*
support *v* *soutenir*
sympathetic *adj* *compatissant(e)*
take pride in *v* *être fier(-ère) de*
touchy *adj* *délicat, épineux (sujet)*
true-to-life *adj* *réaliste*
underrepresented *adj* *sous-représenté*
weigh in *v* *donner son point de vue*
worthy of *adj* *digne de*

14 Reach for the stars

acclimate *v* *s'acclimater*
achievement *n* *réalisation, exploit*
amazing *adj* *incroyable*
artificial means *n* *ressources artificielles*
breathable *adj* *respirable*
complete a mission *v* *remplir une mission*
convert into *v* *transformer en*
demanding *adj* *exigeant(e)*
dream-like *adj* *onirique*
evolve *v* *évoluer*
far-fetched *adj* *tiré par les cheveux*
fulfill one's dream *v* *réaliser son rêve*
futuristic *adj* *futuriste*
human colonisation *n* *colonisation humaine*
inhospitable *adj* *inhospitalier(-ère)*
knowledge *n* *connaissance*
land *v* *atterrir*
launch *v* *lancer*
look ahead *v* *anticiper*
orbital flight *n* *vol en orbite*
outer space *n* *espace*
pioneering *adj* *novateur(trice)*
realistic *adj* *réaliste*
rocket *n* *fusée*
secure *adj* *sûr, fiable*
settle *v* *s'installer*
space travel *n* *voyage dans l'espace*
spacecraft *n* *vaisseau spatial*
spacewalk *n* *sortie dans l'espace*
suited to habitation *adj* *habitable*
survival *n* *survie*
take off *v* *décoller*
thrilling *adj* *palpitant(e)*
unbreathable *adj* *irrespirable*
unforgettable *adj* *inoubliable*
visionary *adj* *visionnaire*
weightlessness *v* *apesanteur*

15 Gangsters on screen

adapt *v* *adapter*
alike *adj* *semblable*
alluring *adj* *séduisant(e)*
awe *v* *sidérer*
betray *v* *trahir*
biopic *n* *film biographique*
blur *v* *effacer, brouiller*
cliché *n* *cliché*
close to reality *adj* *proche de la réalité*
compare *v* *comparer*
conjure up *v* *évoquer, rappeler*
copy *v* *copier*
creeping *adj* *insidieux(-se)*
distinction *n* *différence*
dramatised *adj* *dramatisé(e)*
draw one's inspiration from *v* *s'inspirer de*
faithful *adj* *fidèle*
false *adj* *faux(-se)*
far from reality *adj* *loin de la réalité*
fictitious *adj* *fictif(-ve)*
fiction *n* *fiction*
flicker *v* *vaciller*
glimmer *n* *faible lueur*
illustrate *v* *illustrer*
inspired by *adj* *inspiré(e) de*
lie *v* *mentir*
likely *adj* *probable*
look/sound like *v* *ressembler à*
murky *adj* *glauque*
non-fiction *adj* *non romanesque*
novel *n* *roman*
outlaw *n* *hors-la-loi*
peerless *adj* *hors pair*
reflect *v* *refléter*
rewarding *adj* *gratifiant(e)*
series *n* *série*
short story *n* *nouvelle*
show *v* *montrer*
similarities *n* *similitudes*
stalk *v* *traquer*
tell the truth *loc v* *dire la vérité*
thud *n* *bruit sourd*
unfaithful *adj* *indigne de confiance*
unlikely *adj* *invraisemblable*
unrealistic *adj* *irréaliste*
unrivaled *adj* *inégalé(e)*
verisimilitude *n* *vraisemblance*

16 Food for thought

additive n *additif*
agrochemical adj *agrochimique*
alter v *modifier*
antibiotic n *antibiotique*
bland adj *fade*
breakthrough n *avancée, découverte*
breed v *élever*
build up resistance v *développer de la résistance*
carcinogenic adj *cancérigène*
cattle n *bétail*
cause diseases v *provoquer des maladies*
chemical treatment n *traitement chimique*
chemical n *produit chimique*
consume v *consommer*
contaminate v *contaminer*
crop n *récolte*
cuisine n *gastronomie*
culinary adj *culinaire*
dairy n *exploitation laitière*
detrimental adj *néfaste*
device n *appareil*
diet n *régime*
discard v *se débarrasser de*
dish n *plat*
drought n *sécheresse*
edgy adj *audacieux(-se), avant-gardiste*
efficiency n *efficacité*
energy-saving adj *basse consommation*
entertain v *divertir*
environmentally harmful adj *mauvais pour l'environnement*
experiment n *expérience (scientifique)*
factory farming n *élevage indutriel*
fertiliser n *engrais*
field n *champ*
flavour n *saveur*
free-range farming n *élevage en plein air*
GMO n *OGM*
grow (crops) v *cultiver*
harvest v *récolter*
hazardous adj *dangereux(-se)*
healthy adj *sain(e)*
increase v *augmenter*
indoor adj *d'intérieur*
indoors adv *dedans, à l'intérieur*
ingenious adj *ingénieux(-se)*
intensive farming n *élevage intensif*
jeopardise v *mettre en danger*
lab-grown adj *cultivé(e) en laboratoire*
lack n *pénurie*
large-scale adj *à grande échelle*
lawsuit n *procès, action en justice*
livestock n *bétail*
manufacturing n *industrie*
meatless adj *sans viande*
meet the people's needs v *répondre aux besoins de la population*
nutritional adj *nutritif(-ve)*
nutritious adj *nourrissant(e)*
organic adj *bio*
outdoor adj *de plein air*
outdoors adv *dehors, à l'extérieur*
over production n *surproduction*
packaging n *emballage*
pasture n *pâturage*
pesticide n *pesticide*
playful adj *enjoué(e)*
poison n *poison*
poultry farm n *élevage de volailles*
prevent disease(s) v *prévenir les maladies*
processed food n *nourriture industrielle*
profitable adj *rentable*
recycle v *recycler*
resources n pl *ressources*
result in v *donner lieu, conduire à*
run (a farm) v *diriger (une ferme)*
safe adj *sûr(e), en sécurité*
save v *économiser*
savoury adj *salé(e)*
side effect n *effet secondaire*
sceptical adj *sceptique*
shortage n *pénurie*
soil n *sol, terre*
spare v *économiser*
spread v *épandre*
stem cells n *cellules souches*
subsidise v *subventionner*
sue v *pousuivre en justice*
suffer from v *souffrir de*
sustainable adj *durable*
tasteless adj *fade*
tasty adj *savoureux(-se)*
turn sth into v *transformer qqch en*
unhealthy adj *malsain(e)*
vegetable garden n *potager*
vegetarian adj *végétarien(ne)*
waste v *gaspiller*
weedkiller n *désherbant*
yield n *rendement*

17 Carbonfree UK

achievement n *réussite*
benefit n *avantage, intérêt*
call for action v *appeler à l'action*
campaign for/against v *faire campagne pour/contre*
costly v *coûteux(-se)*
damage n *dégâts*
demonstration n *manifestation*
depend on v *dépendre de*
eco-friendly adj *écologique, respectueux de l'environnement*
efficient adj *efficient(e)*
fossil energies n *énergies fossiles*
greenhouse effect n *effet de serre*
groundbreaking adj *révolutionnaire*
implement v *mettre en œuvre*
improvement n *amélioration*
innovative adj *innovant(e)*
involved adj *impliqué(e)*
oil n *pétrole*
output n *rendement*
pioneering adj *innovant(e)*
power plant n *centrale nucléaire*
process n *processus*
rebellious adj *rebelle*
reliable adj *fiable*
renewable adj *renouvelable*
scale n *échelle*
secure adj *sûr(e) , sécurisé(e)*
seek a solution v *chercher une solution*
solar panels n *panneaux solaires*
sustainable adj *durable*
tackle a challenge v *relever un défi*
tackle an issue v *soulever un problème*
take the lead v *prendre l'initiative*
use up v *épuiser*
waste v *gaspiller*

18 Predpol

abide by the law v *respecter la loi*
accurate adj *précis*
automated adj *automatisé(e)*
be likely to v *être susceptible de*
biased adj *partial(le)*
data n *données*
deter from v *dissuader de*
deterrent adj *dissuasif(-ve)*
discriminate v *faire une distinction*
flawless adj *sans défaut*
forecast v *prévoir, prédire*
high-risk adj *à haut risque*
hold sb accountable for v *tenir qqn pour responsable de*
mislead v *induire en erreur*
occur v *se produire, advenir*
prevent from v *empêcher de*
proactive adj *préventif(-ve)*
purpose n *but, intention*
racial profiling n *profilage racial*
remedy n *remède*
software n *logiciel*
trust v *faire confiance*
upgrade v *mettre à jour, actualiser*
warn v *mettre en garde*

19 Indian girl power

abused *adj* *maltraité(e)*
accomplishments *n* *réussite*
advocate/endorse a cause *v* *soutenir une cause*
attend school *v* *aller à l'école*
backing *n* *soutien*
ballot *n* *vote*
be committed to *v* *s'engager à*
bet on *v* *parier sur*
bind together *v* *lier*
break out of *v* *s'échapper de*
bring knowledge *v* *apporter des connaissances*
bring to light *v* *mettre en lumière*
bring together *v* *rassembler*
career plan *n* *plan de carrière*
come up the social ladder *v* *gravir les échelons*
confidence *n* *confiance en soi*
conservative *adj* *conservateur(-trice)*
demand *v* *exiger*
despise *v* *mépriser*
disgraceful *adj* *déshonorant(e), honteu(-se)*
downtrodden *adj* *opprimé(e)*
drop out of school *v* *abandonner l'école*
emancipate *v* *émanciper*
expectation *n* *attente*
forward-thinking *adj* *visionnaire*
founder *n* *fondateur(-trice)*
free oneself from *v* *se libérer de*
galvanising *adj* *encourageant(e)*
gender gap *n* *inégalités hommes-femmes*
give access to *v* *donner accès à*
go on a journey *v* *partir en voyage*
ideology *n* *idéologie*
incentive *n* *incitation, motivation*
income *n* *revenu*
independence *n* *indépendance*
inspirational *adj* *inspirant(e)*
invest in *v* *investir dans*
launch legal proceedings *v* *entamer des poursuites*
learn *v* *apprendre*
live up to *loc v* *être à la hauteur de*
look down on sb *loc v* *mépriser qqn*
modern *adj* *moderne*
out of harm's way *adj* *hors de danger*
patriarchal *adj* *patriarcal*
peers *n* *semblables*
portrayal *n* *portrait, représentation*
raise expectations *v* *susciter des attentes*
rally *v* *mobiliser, rallier*
reclaim space *v* *se réapproprier l'espace*
recognition *n* *reconnaissance*
require *v* *avoir besoin de*
respect *v* *respecter*
role model *n* *modèle*
save money *v* *économiser de l'argent*
scholarship *n* *bourse d'étude*
self-sufficient *adj* *autonome*
self-sufficiency *n* *aunonomie, indépendance*
sisterhood *n* *solidarité féminine*
skilled *adj* *qualifié(e)*
stand one's ground *v* *défendre ses principes*
step forward *n* *pas en avant, progrès*
stigmatise *v* *stigmatiser*
strengthen bonds *v* *renforcer des liens*
submissive *adj* *soumis(e)*
teach *v* *enseigner*
train *v* *entraîner*
under-represented *adj* *sous représenté(e)*
unequal *adj* *inégal(e)*
upbringing *n* *éducation*
voice an issue *v* *exprimer un problème*
(wide) range *n* *(large) éventail*
widen sb's prospects *v* *s'ouvrir des perspectives*

20 Chicago Swing

appealing *adj* *attirant(e)*
astonishing *adj* *étonnant(e)*
attend a concert *v* *assister à un concert*
be familiar with *v* *bien connaître*
brass instruments *n* *instruments à cuivre*
bring people together *v* *rassembler*
call for *n* *requête*
challenge stereotypes *v* *défier les clichés*
gather *v* *rassembler*
genre *n* *genre*
grant *v* *accorder*
have access to *v* *avoir accès à*
identify with *v* *s'identifier à*
inherit from *v* *hériter de*
life-changing *adj* *qui change la vie*
multicultural *adj* *multiculturel(le)*
musician *n* *musicien(ne)*
numerous *adj* *nombreux(-se)*
open-air *adj* *en plein air*
open-minded *adj* *ouvert(e) d'esprit*
orchestra *n* *orchestre*
originate from *v* *venir de, être originaire de*
outfit *n* *tenue*
overcome *v* *surmonter*
perform *v* *jouer, se produire*
praise *v* *faire l'éloge de, louer*
role model *n* *modèle*
roots *n* *racines*
self-confident *adj* *sûr(e) de soi*
stage *n* *scène*
string instruments *n* *instruments à cordes*
take pride in one's origins *v* *être fier(-ère) de ses origines*
talented *adj* *talentueux(-se)*
transmit *v* *transmettre*
troupe *n* *troupe de théâtre*
uplifting *adj* *exaltant(e)*
welcoming *adj* *accueillant(e)*
widespread *adj* *répandu(e)*

21 Invictus Games

be driven by *v* *être motivé(e), poussé(e) par*
bounce back *v* *rebondir, se remettre de*
bravery *n* *courage*
compete *v* *s'affronter*
dedication *n* *dévouement*
determined *adj* *déterminé(e)*
disability *n* *handicap*
disable *adj* *handicapé(e)*
embody *v* *incarner*
engage in *v* *s'impliquer dans*
honour *n* *honneur*
hopeful *adj* *optimiste*
injured *adj* *blessé(e)*
multi-sport event *n* *compétition multisport*
overcome obstacles *v* *surmonter des obstacles*
overwhelming *adj* *accablant(e)*
perseverance *n* *persévérance*
purpose *n* *but, intention*
recovery *n* *guérison*
resilient *adj* *résistant(e)*
seize the opportunity *v* *saisir l'occasion*
sense of community *n* *sentiment d'appartenance commune*
soldier *n* *soldat*
solidarity *n* *solidarité*
sporty *adj* *sportif (ve)*
stand together *v* *être uni(e)s*
strive *v* *faire tout son possible*
strong-minded *adj* *qui a du caractère*
take part in *v* *participer*
team *n* *équipe*
trauma *n* *traumatisme*
unflinching *adj* *déterminé(e)*
wheelchair *n* *fauteuil roulant*
wounded *adj* *blessé(e)*

AXE 8 : TERRITOIRE ET MÉMOIRE

22 Landscape of History

acknowledge *v* *admettre, reconnaître*
age-old *adj* *antique, très ancien*
amnesty *n* *amnistie, pardon officiel*
ancestral roots *n* *racines ancestrales*
attraction *n* *attirance*
awkward *adj* *gênant(e)*
be tied to *v* *être attaché(e) à*
be torn apart *loc v* *être déchiré(e)*
be worthy of *v* *être digne de*
bond *n* *lien*
bring together *v* *rassembler*
claim ownership of *v* *revendiquer la possession de*
collective memory *n* *mémoire collective*
conquer *v* *conquérir*
consensus *n* *consensus*
convict *n* *prisonnier(-ère)*
countless *adj* *innombrable*
damaged *adj* *abîmé(e)*
deserving *adj* *méritant(e)*
dispel tensions *v* *apaiser les tensions*
evidence *n* *preuve*
forefather *n* *ancêtre*
forgiveness *n* *pardon*
hand down to *v* *léguer, transmettre*
hard-working *adj* *travailleur(-euse)*
heritage *n* *patrimoine*
homeland *n* *pays natal*
imprint *n* *empreinte*
indigenous *adj* *indigène*
inherit *v* *hériter*
keep track of *loc v* *garder une trace de*
landmark *n* *monument*
lay claim to *loc v* *revendiquer*
leave one's mark on *v* *laisser son empreinte sur*
legacy *n* *héritage*
line *n* *lignée*
memorial *n* *mémorial, monument à*
name sth atfer *v* *donner le nom de qqn à*
national pride *n* *fierté nationale*
nationwide *adj* *national(e)*
overwhelming *adj* *écrasant(e), irrésistible*
owner *n* *propriétaire*
predicament *n* *situation difficile*
purpose *n* *but*
reconcile *v* *se réconcilier*
reenactment *n* *reconstitution (historique)*
remind sb of *v* *rappeler qqc à qqn*
righteous *adj* *juste, droit(e)*
rightful *adj* *légitime*
roots *n* *racines*
sacred land *n* *terre sacrée*
sense of belonging *n* *sentiment d'appartenance*
settle *v* *s'installer*
share *v* *partager*
start anew *v* *recommencer à zéro*
struggle *n* *lutte, épreuve*
sturdy *adj* *robuste*
take possession *v* *prendre possession de*
take pride in *v* *être fier(-ère) de*
timeless *adj* *intemporel(le)*
trace *n* *trace*
trace back to *v* *remonter aux origines de*
treasured *adj* *précieux(-se), chéri(e)*
turn over a new leaf *v* *tourner la page*
twofold *adj* *double*

23 Hong Kong

act in good/bad faith *v* *agir de bonne/mauvaise foi*
authoritarian *adj* *autoritaire*
autonomous *adj* *autonome*
bear the traces of *v* *porter les traces de*
be deeply influenced by *v* *être profondément influencé(e) par*
belong to *v* *appartenir à*
compatible with *adj* *compatible avec*
characteristic *adj* *charactéristique*
citizenship *n* *citoyenneté*
colonial-era *adj* *de l'époque coloniale*
colonise *v* *coloniser*
commemorate *v* *commémorer*
conservative *adj* *conservateur(-trice)*
decolonise *v* *décoloniser*
dependency *n* *dépendance*
display *n* *démonstration*
emotional *adj* *émouvant(e)*
enjoy freedoms *v* *jouir des libertés*
fall into disrepair *v* *se détériorer*
feel nostalgic about *v* *être nostalgique de*
forgotten *adj* *oublié(e)*
govern *v* *gouverner*
harbour *n* *port*
incompatible with *adj* *incompatible avec*
inheritance *n* *héritage*
lease *n* *bail*
legacy *n* *patrimoine*
meaningful *adj* *significatif(-ve), important(e)*
nostalgia *n* *nostalgie*
obliterate *v* *détruire, anéantir*
own *v* *posséder*
ravaged *adj* *ravage(é), dévasté(e)*
remains *n* *vestiges*
remind sb of sth *v* *rappeler qqc à qqn*
ruins *n* *ruines*
shake off one's past *v* *remuer le passé de qqn*
status *n* *état, position*
system of governance *n* *système de gouvernance*
tour *v* *visiter*
trade *n* *commerce*
uprooted *adj* *déraciné(e)*
wistful *adj* *nostalgique*

24 Alactraz

bootlegging *n* *trafic d'alcool*
captivate *v* *fasciner*
cell *n* *cellule*
claim *v* *revendiquer*
commit a crime *v* *commettre un crime*
convict *n* *prisonnier(-ère)*
crime *n* *crime, délit*
curiosity *n* *curiosité*
demand *v* *exiger*
disturb *v* *perturber*
draw in *v* *attirer*
escape *v* *s'échapper*
escape *n* *évasion*
fearful *adj* *inquiet(-ète)*
force *v* *obliger*
grim past *n* *sombre passé*
haunt *v* *hanter*
ignite *v* *déclencher*
inmate *n* *détenu(e)*
in the name of *prep* *au nom de*
island *n* *île*
legendary *adj* *légendaire*
lighthouse *n* *phare*
lock *v* *verrouiller, enfermer*
lockup *n* *prison*
mainland *n* *continent*
manage to *v* *réussir à*
maximum-security *adj* *de sécurité maximale*
memory *n* *souvenirs, mémoire*
Native American *adj* *amérindien*
occupy *v* *occuper*
organised crime *n* *crime organisé*
outlive *v* *survivre à*
prison guard *n* *gardien(ne) de prison*
property *n* *propriété*
protester *n* *manifestant*
reservation *n* *réserve*
scared *adj* *effrayé(e)*
scarry *adj* *effrayant(e)*
shut down *v* *fermer définitivement*
souvenir *n* *souvenir (objet)*
tribe *n* *tribu*

Crédits photographiques

Couverture h © SL_Photography/Istock ; **b** © Gregory Costanzo/Image Bank/Getty ; **6 h** © Mikel Bilbao/AGE ; **m** © Cultura/Hémis.fr ; **b** © Kevin Lake-Jack Agency for BBC Sounds ; **7 h** © BBC Film, Cross Street Films/Coll. Christophe L ; **m** © Antonia Gonzales ; **b** © James Cheng Architects ; **8 h** © Denis Prezat/Avenir Pictures/ABC/Andia.fr ; **m** © 2018 Portrait *Ancestral Manifestations* by Alexis Tsegba ; **b** © Shepard Fairey/Obey Giant ; **9 h** © Luke Walker/Getty/AFP ; **m** © 2018 Newsy ; **b** Social South Africa/Twitter DR ; **10 h** © Josh Blaylock, Dean Haspiel, Shawn DePasquale, Pat Shand/Devil's Due Comics ; **m** © 20th Century Fox Film Corporation/Coll. Christophe L ; **b** © BBC, Tiger Aspect Productions, Coryn Mandabach Productions/Coll. Christophe L ; **11 h** © Melhjad/Shutterstock ; **m** © Kevin J. Frost/Shutterstock ; **b** © Cruise Wagner Productions, Blue Tulip Productions/Coll. Christophe L ; **12 h** © Piyal Adhikary/Newscom/EPA/MaxPPP ; **m** © Jack Vartoogian/Archives Photo/Getty ; **b** © @The Invictus Games Foundation ; **13 h** Charlotte Allingham DR ; **m** © Jon Arnold Images/Hémis.fr ; **b** © Wall/D. Delimont/Andia.fr ; **24** © 2019 Education in Ireland ; **25 h** © 2016 World learning ; **b** © Mikel Bilbao/AGE ; **26 h** © ESB Professional/Shutterstock/shiksha4u.com DR ; **b** © Vladimir Borovic/Istock ; **27** techlifeireland.com DR ; **28 g** © Cultura/Hémis.fr ; **d** © Rainer Lesniewski/Shutterstock ; **29 g** royalalaskanmovers.com DR ; **d** © Alaska Stock/AGE ; **30** © 2016 CNN ; **31 h** Picador USA/Macmillan DR ; **b** © 2016 Us Fish and Wildlife Service ; **32 g** © 2016 Now This World ; **d** © Ubisoft ; **33** © 2016 CNN ; **36** © Kevin Lake-Jack Agency for BBC Sounds ; **37 hg** © Justin Kase Znimez/Alamy/Photo12 ; **hd** © Nick Harrison/Alamy/Photo12 ; **m** © Damon Albarn/BBC ; **b** © BBC Audio Drama Awards, BBC ; **38** © Perfect World Pictures, Working Title Films/Coll. Christophe L ; **39 h** © Topical Press Agency/Hulton Archive/Getty ; **b** © 2018 headstogether.org.uk ; **40 h** © Focus Features/Everett Collection/Aurimages ; **b** © Alamy/Photo12 ; **41** BBC Glastonbury DR ; **42** © Decca Classics ; **43** © Kevin Lake-Jack Agency for BBC Sounds ; **45** © Decca Classics ; **48 hd** © Cultura/Hémis.fr ; **hg** © Mikel Bilbao/AGE ; **bg** © Sean Drake/Latin Content Editorial/Getty ; **bd** © Damon Albarn/BBC ; **49 g** Matt Wuerker/Cartoonist Group ; **d** No Jazz Fest DR ; **50** © BBC Film, Cross Street Films/Coll. Christophe L ; **51 hg** © Focus Features, Carnival Films & Television, Perfect World Pictures/Coll. Christophe L ; **hd** © Joap Buitendjik, Focus Features, Carnival Films & Television, Perfect World Pictures/Coll. Christophe L ; **b** © 2016 CBC News ; **52** © author/Immediate Media Co. ; **53** © Richard Green/Alamy/Photo12 ; **54** Lucent Books DR ; **55** Faber & Faber DR ; **56** © Matt Crossick/PA Wire/Abaca ; **59** © Focus Features, Carnival Films & Television, Perfect World Pictures/Coll. Christophe L ; **61** © Dave Granlund/Cagle Cartoon ; **62** © Peinture de Max D. Stanley/R. Michelson Galleries ; **63 h** © Stephanie Keith/Reuters ; **bg** © Amelissimo/Shutterstock ; **bd** © 2017 Square ; **64 h** © Peathgee Inc/AGE ; **b** © 2014 Native News ; **65** © Antonia Gonzales ; **66** © Alina Reynbakh/Shutterstock ; **67** © 2017 PBS ; **69 h** © 2019 PBS News Hours ; **b** © Kevin Lamarque/Reuters ; **70** © James Cheng Architects ; **71 h** © 2017 Menkes ; **b** Imageflow/Shutterstock ; **72** © Marcin Balcerzak/Shutterstock ; **73 g** © 2020 ESDC ; **d** © Photograph by David Bacque, Instagram ; **74 hg** © Focus Features, Carnival Films & Television, Perfect World Pictures/Coll. Christophe L ; **hd** © Alina Reynbakh/Shutterstock ; **bg** © Alamy/Photo12 ; **bd** © Anton Prohorov/Shutterstock ; **75 g** © Anwar Hussein/Wireimage/Getty ; **d** © IanDognall Computing/Alamy/Photo12 ; **76** © Denis Prezat/Avenir Pictures/ABC/Andia.fr ; **77 h** © Mark Knight/Herald Sun/NewsCorp ; **b** Copyright © 2018 by Bob Blighty, All rights reserved ; **78** © 2018 Cover from *Middle England* by Jonathan Coe, published by Viking, reprinted by permission of The Random House Group Limited ; **79 h** © Baffin Media, Channel Four/Coll. Christophe L ; **b** © Baffin Media, Channel Four/Coll. Christophe L ; **80** *Night of the Party* Copyright © Tracey Mathias, 2018, Reproduced with the permission of Scholastic Limited, All Rights Reserved ; **81** © Ubisoft ; **82 h** © Nathan Lloyd ; **b** CBC News DR ; **83** *Night of the Party* Copyright © Tracey Mathias, 2018, Reproduced with the permission of Scholastic Limited, All Rights Reserved ; **85** © Denis Prezat/Avenir Pictures/ABC/Andia.fr ; **86** © 2018 Euronews ; **88** © 2018 Portrait *Ancestral Manifestations* by Alexis Tsegba ; **89 hg** Blankets and Wine DR ; **hd** L'Afro DR ; **b** © Marc Shoul ; **90** Nigeria360 DR ; **91 h** © Damien Grenon/Photo12 ; **b** © 2017 Great Big Story ; **92 g** © Agathe Poupeney/Divergence ; **d** © Tsoku Maela ; **93** © Damien Grenon/Photo12 ; **95** Lupita Nyong'o DR ; **96** © Shepard Fairey/Obey Giant ; **97 h** © Shepard Fairey/Obey Giant ; **b** © 2009 CNN ; **98 h** © Al Diaz/Miami Herald, tribune News Service/Getty ; **b** © Shepard Fairey/Obey Giant ; **99** © Shepard Fairey/Obey Giant ; **100 hg** © Nathan Lloyd ; **hd** © Al Diaz/Miami Herald, tribune News Service/Getty ; **b** Christie's Images/Bridgeman Images © Adagp, Paris 2020 ; **101 g** © JMF News/Alamy/Photo12 ; **d** The Visual Arts Library, London/Bridgeman Images © The Andy Warhol Foundation for the Visual Arts, Inc. / Licensed by ADAGP, Paris 2020 ; **102** © Luke Walker/Getty/AFP ; **103 g** Assisted living today DR ; **d** Gamers Outreach ; **104** © The University of Utah ; **105 h** Penguin Random House DR ; **b** © 2016 XPrize ; **106 h** © 2017 Intelligence Squared ; **b** Tor Teen/Macmillan DR ; **107 h** © Paul Morigi/WireImage/Getty ; **b** The Wall Street Journal DR ; **108** © Alysun/Shutterstock ; **109** © 2017 Intelligence Squared ; **111** © Gorenboff/Shutterstock ; **114** © Nate Beeler/Cagle Cartoon ; **115 g** © 2018 Newsy ; **d** © Perdrag Srbljanin/Cartoon Movement ; **116 h** © Monkey Business Images/Shutterstock ; **b** © 2017 iste.org, used with permission from the International Society for Technology in Education ; **117 h** © 2017 Brookings ; **b** © Ingrid Rice/Cagle Cartoon ; **118** © Chip Somodevilla/Getty/AFP ; **119** © 2017 Brookings ; **122** Social South Africa/Twitter DR ; **123 h** © 2018 Global Citizen ; **b** © Charlie Shoemaker/Getty/AFP ; **124 h** © Igor Volosovich/Shutterstock/Website developed by Flow Communications for the World Wide Fund for Nature (WWF), https://www.flowsa.com/news/iam4rhinos_campaign_takes_twitter_by_storm ; **b** © Tim Booth/Shutterstock ; **125** freedomhouse.org DR ; **126 h** © Luke Walker/Getty/AFP ; **m** © 2018 Newsy ; **b** Social South Africa/Twitter DR ; **127 g** Cagle DR ; **d** WWF DR ; **128** © Pantelion Films/Coll. Christophe L ; **129 g** Alamy/Photo12 ; **d** © 2015 California State University San Marcos ; **130 h** © Adriana M. Barraza/Wenn.com/AGE ; **b** © 2017 SoulPancake ; **131** © Courtesy of David Wilson ; **132 h** © 2017 Fusion ; **b** © The Walt Disney Company/Coll. Christophe L ; **133** © WarParty Film/Coll. Christophe L ; **134 h** © Scott Ersen/Getty/AFP ; **b** © Josh Blaylock, Dean Haspiel, Shawn DePasquale, Pat Shand/Devil's Due Comics ; **135** © 2015 Coca Cola ; **137** © 2015 California State University San Marcos ; **138** © 2013 ABC24 ; **140** © 20th Century Fox Film Corporation/Coll. Christophe L ; **141 hg** © The Granger Collection/Bridgeman Images ; **hd** © Nasa/JSC ; **b** © Nasa ; **142 h** Collection particulière, © Adagp, Paris 2020 pour Christopher Foss ; **b** © NG Images/Alamy/Photo12 ; **143 h** © 20th Century Fox Film Corporation/Coll. Christophe L ; **b** © NG Images/Alamy/Photo12 ; **144** Doubleday DR ; **145** © 20th Century Fox Film Corporation/Coll. Christophe L ; **148** © BBC, Tiger Aspect Productions, Coryn Mandabach Productions/Coll. Christophe L ; **149 hg** © World History Archive/Alamy/Photo12 ; **hd** © BBC, Tiger Aspect Productions, Coryn Mandabach Productions/Coll. Christophe L ; **b** © KGPA Ltd/Alamy/Photo12 ; **150** © BBC, Tiger Aspect Productions, Coryn Mandabach Productions/Coll. Christophe L ; **151 h** © BBC, Tiger Aspect Productions, Coryn Mandabach Productions/Coll. Christophe L ; **b** © BBC, Tiger Aspect Productions, Coryn Mandabach Productions/Coll. Christophe L ; **152 h** © WarParty Film/Coll. Christophe L ; **m** © BBC, Tiger Aspect Productions, Coryn Mandabach Productions/Coll. Christophe L ; **b** Penguin Random House DR ; **153 g** © Comfreak/Pixabay ; **d** © Cartoon by Dr Jack & Curtis, EWN.co.za ; **154** © Rsooll/Shutterstock ; **155 g** © LoopAll/Shutterstock ; **hd** © Rebecca Cooke/Greenpeace ; **b** © Valentin Russanov/Istock ; **156 g** Top Master's in Healthcare DR ; **m** © Andrei Stanescu/Alamy/Photo12 ; **d** © 2018 CBS ; **157 h** National Geographic DR ; **b** © Monticello/Shutterstock ; **158** © Melhjad/Shutterstock ; **159 h** © Chris Wildt/Cartoonstock ; **b** © 2012 Aol ; **160 h** © 2016 Stories ; **b** © Akarat Phasura/Shutterstock ; **161** © 2016 Made Man ; **163** © Daniel M. Ernst/Shutterstock ; **164** © 2019 What if ; **165** © Larry Lambert/Cartoonstock ; **166** © Kevin J. Frost/Shutterstock ; **167 h** © 2019 Committee on Climate Change ; **b** © KPS Energy ; **168** Vintage Edition ; **169 h** © 2017 Innovative UK ; **b** © Drax Power Station ; **170** © 2014 gouv.uk ; **174** © Cruise Wagner Productions, Blue Tulip Productions/Coll. Christophe L ; **175** Topic DR ; **176 h** Lexis Nexis DR ; **b** © 2018 Wired ; **177** © 2019 Stop LAPD Spying ; **178 hg** © Akarat Phasura/Shutterstock ; **hd** © Lush/Shutterstock ; **b** © Kevin J. Frost/Shutterstock ; **179 g** © Farley Katz/Cartoonstock ; **d** © Fred Ho/Shutterstock ; **180 hg** © Denis Makarenko/Shutterstock ; **hmg** © 2017 Hague Talks ; **hm** © Raveendran/AFP ; **hmd** © Loyal Music ; **hd** © Ullstein Bild/Akg-Images ; **mg** © Sfgp/Album/Akg-Images ; **mmd** © Nasa/KSC ; **md** © Adeck Berry/AFP ; **bd** © Arunima Sinha/AFP ; **181 h** © Nora Schuster/Imagno/Akg-Images ; **m** © Loyal Music ; **b** The Mark Gordon Company, Random Acts Entertainment, ABC Studios/Coll. Christophe L ; **182 h** © 2017 Nokia Mobile ; **b** © Manjunath Kiran/AFP ; **183** © Courtesy od Aqui Thami, The Sister Library ; **184** © Saumya Khandelwal ; **185 h** © Piyal Adhikary/Newscom/EPA/MaxPPP ; **b** © 2017 Hague Talks ; **186 h** © 2015 Wall Street Journal ; **b** © 2019 @harnidhk ; **187** © 2017 Hague Talks ; **189** © The Mark Gordon Company, Random Acts Entertainment, ABC Studios/Coll. Christophe L ; **192 h** © Jack Vartoogian/Archives Photo/Getty ; **b** © Pavalena/Shutterstock ; **193 hg** © Chicago Sinfonietta ; **hd** © UIG/AGE ; **b** © Arnold Turner/AP/Sipa ; **194 hg** © Youth Opera Council ; **hm** © Jaclyn Simpson ; **hd** © Jaclyn Simpson ; **m-bg-bm-bd** © Chicago Jazz Philharmonic ; **195** © Courtesy of Rick Seguso ; **196 h** © 2018 CS ; **b** © Jose M. Osorio/Chicago Tribune/Tribune News Service/Getty ; **199** ©

2018 UIC School ; **200 h-b** © @The Invictus Games Foundation ; **201** © 2014 IGF ; **202 h** © @The Invictus Games Foundation ; **b** © Invictus Games Sydney 2018 ; **203 h** © Mark Metcalfe/Getty/AFP ; **b** © @The Invictus Games Foundation ; **204 hg** © Jose M. Osorio/Chicago Tribune/Tribune News Service/Getty ; **hd** © 2015 Wall Street Journal ; **b** © @The Invictus Games Foundation ; **205 g** © Papworth Trust 2014 ; **d** © Courtesy of Michael D'Antuono, Art & Response ; **206 hg** © Beeboys/Shutterstock ; **hm** © Cezary Wojtowski/Shutterstock ; **hd** © PominOz/Shutterstock ; **mg** © Jeremy Red/Shutterstock ; **mm** © Tim Graham/AGE ; **md** © Totajla/Shutterstock ; **bg** © Fritz16/Shutterstock ; **bm** © John Crux/Shutterstock ; **bd** © Amophoto.au/Shutterstock ; **207 h** © Bruno Colliot/AGE ; **bg** © Andrey Kozhekin/Shutterstock ; **b** © 2019 Port Stephens Council ; **208** © 2000 Extract from *Down Under* by Bill Bryson, published by Black Swan, reprinted by permission of The Random House Group Limited ; **209** © Dedoma/Shutterstock ; **210** © Richard Cummins/Alamy/Photo12 ; **211** © Greg Sullavan/Getty ; **212 g** Charlotte Allingham DR ; **d** © 2018 gov.au ; **213** © Greg Sullavan/Getty ; **215** © 2019 Port Stephens Council ; **217** © Awesome Design Studio/Shutterstock ; **218 g** © Pavalena/Shutterstock ; **d** © Jon Arnold Images/Hémis.fr ; **219 h** © Dannybird Stockimo/Alamy/Photo12 ; **b** © Jean Hean-Kyun/Newscom/EPA/MaxPPP ; **220** © Reuters ; **221 h** © Radharc Images/Alamy/Photo12 ; **b** Xinhua/Alamy/Photo12 ; **222** © Cartoon de Hen Kim Song, ThinkChina.sg ; **226-227** © Wall/D. Delimont/Andia.fr ; **227 h** © Clari Massimiliano/Shutterstock ; **b** Everett Collection/Aurimages ; **228 fond** © Derson Vogel/Alamy/Photo12 ; **h** © Moviepix/Donaldson Coll./Getty ; **bg** © US Department of Justice/Reuters ; **bd** © Ingo Schulz/AGE ; **229 g** © Bettmann/Getty ; **d** © Mariah-Rose McClaren and Eleri Harris, https://thenib.com/, All Rights Reserved ; **230 hg** Charlotte Allingham DR ; **hd** © Dannybird Stockimo/Alamy/Photo12 ; **b** © Bettmann/Getty ; **231 g** Visit Britain DR ; **d** Lucy Nicholson/Reuters ; **234** © Rebecca Cooke/Greenpeace ; **235 h** © 2016 XPrize ; **m** © 2016 XPrize ; **b** © 2016 XPrize ; **238** © Daniel M. Ernst/Shutterstock ; **244 h** © Nathan Lloyd ; **b** CBC News DR ; **261** © AlessandroBiascioli/Shutterstock ; **266** © Chip Somodevilla/Getty/AFP ; **276** © Alysun/Shutterstock.

Crédits textes

14-17 © Contenus éditoriaux fournis par l'ONISEP : *Coordination : Emmanuel Percq ; Edition : Isabelle Dussouet.* ; **25** Blackstone Publishing DR ; **22-23** © Olivier Jaoui/Directeur de Mission –Admission/Spécialiste de la préparation des étudiants à l'oral et aux entretiens ; **27** techlifeireland.com DR ; **30** © 2017 Extract from *Iced in Alaska* by Mark Wilkinson ; **31** Picador USA/Macmillan DR ; **32** © 2017 Inuit Art Quarterly, https://www.pressreader.com/canada/inuit-art-quarterly/textview ; **35** © 2017 Extract from *The Great Alone* by Kristin Hannah, published by Macmillan, reproduced with permission of the Licensor through PLSClear. ; **38** © 2012 Tom Vitale for National Public Radio, Inc. Excerpts from news report titled "Winston Churchill's Way With Words" by Tom Vitale were originally published on npr.org on July 14, 2012, and were used with the permission of NPR. Any unauthorized duplication is strictly prohibited. ; **40 h** © 1990 *Extract from Rocking the boat* by Ian Ross, published by Cornerstone, reprinted by permission of The Random House Group Limited ; **b** © 2017 Extract from Radio rebels go straight: Pirate station Caroline gets a licence by Sky News, https://news.sky.com/story/radio-rebels-go-straight-pirate-station-caroline-gets-a-licence-10987940 ; **41** © Copyright Guardian News & Media Ltd 2020 ; **42** © Copyright Guardian News & Media Ltd 2019 ; **46-47** © Copyright Guardian News & Media Ltd 2020 ; **47** pcmag.com DR ; **53** © 1979 Extract from Servant's Hall by Margaret Powell, reprinted by permission of the literary estate of Margaret Powell, David Higham Associated Limited ; **55** Faber & Faber DR ; **56** © 2019 The Spectator, https://www.spectator.co.uk/2019/05/we-all-have-servants-now/ ; **57** Rose Bailey, National Trust DR ; **60** Town and Country DR ; **61** © 2018 Extract from *Middle England* by Jonathan Coe, published by Viking, reprinted by permission of The Random House Group Limited ; **64** Penguin US DR ; **65** Indian Country Today DR ; **66 h** Paste Magazine DR ; **m** © 1948 "Caughnawaga" by A. M. Klein, University of Toronto Press ; **70** Vancouver Sun DR ; **71** © 2018 torontoemployment.law ; **72 h** Diane Jermyn/The Globe and Mail DR ; **m** Visier/ca.indeed.com DR ; **73** CBC News DR ; **78** © 2018 Extract from *Middle England* by Jonathan Coe, published by Viking, reprinted by permission of The Random House Group Limited ; **80** *Night of the Party* Copyright © Tracey Mathias, 2018, Reproduced with the permission of Scholastic Limited, All Rights Reserved ; **81** © Copyright Guardian News & Media Ltd 2019 ; **82** CBC News DR ; **86-87** © 2017 Extract from *Autumn*, part II by Ali Smith, reprinted by permission of The Random House Group Limited ; **87** The Japan Times/AFP-JIJI **DR** ; **92** Hyperallergic DR ; **96** Time Out DR ; **98** Copyblogger DR ; **99** © 2019 CNN, article from https://edition.cnn.com/style/article/shepard-fairey-beyond-the-streets-interview/index.html ; **103** © Copyright Guardian News & Media Ltd 2019 ; **104** © 2018 techedupteacher.com ; **105** © Copyright Guardian News & Media Ltd 2019 ; **106** Tor Teen/Macmillan DR ; **107** The Wall Street Journal DR ; **108** Today online DR ; **112-113** Euro News DR ; **117** © 2017 Brookings, https://www.brookings.edu/research/how-to-combat-fake-news-and-disinformation/ ; **118** The Verge DR ; **119** © 2017 Brookings, https://www.brookings.edu/research/how-to-combat-fake-news-and-disinformation/ ; **122** The Establishment/Afropunk DR ; **123** Tanja Bosch/researchgate.net DR ; **124** © 2013 WWF, https://www.wwf.org.za.2013 ; **125** © 2019 The 'Internet censorship' bill: Coming soon to South Africa, Aisling McCarthy, media update ; **130** © Copyright Guardian News & Media Ltd 2019 ; **131** From SOFI MENDOZA'S GUIDE TO GETTING LOST IN MEXICO by Malin Alegria. Copyright © 2007 by 360 Youth, LLC d/b/a Alloy Entertainment and Malin Alegria. Reprinted with the permission of Simon & Schuster Books for Young Readers, an imprint of Simon & Schuster Children's Publishing Division. All rights reserved. ; **133** NBC News DR ; **138-139** © 2019 MailOnline, dailymail.co.uk ; **139** Insider DR ; **141** © Arthur C. Clarke ; **142** Penguin Random House DR ; **143** Penguin Random House DR ; **144** © 2018 Simon Worrall, NG image collection ; **145** Reel views DR ; **147** Harper Voyager DR ; **148** The New York Times DR ; **149** Radio Times DR ; **150** © 1994 Nick Cave, published by Mute Song Limited ; **157** National Geographic DR ; **158** © 2017 The New Food Economy ; **160** Ted Crunch DR ; **165** © 2016 National Public Radio, Inc. Excerpts from news report titled "A Chocolate Pill? Scientists To Test Whether Cocoa Extract Boosts Health" by Allison Aubrey was originally published on npr.org on August 29, 2016, and were used with the permission of NPR. Any unauthorized duplication is strictly prohibited. ; **167** ITV News DR ; **168** Vintage/Penguin DR ; **169** © 2019 Hull Daily Mail ; **170** © Copyright Guardian News & Media Ltd 2019 ; **171** Hull Daily Mail DR ; **173** © Copyright Guardian News & Media Ltd 2019 ; **174** Gollancz/Baror International DR ; **175** Predpol.com DR ; **176** © 2019 Los Angeles Times ; **177 h** © 2019 Los Angeles Times ; **m** Scientific American DR ; **181** © Priyanka Chopra ; **182** © 2018 Feminism in India, https://feminisminindia.com/2018/10/01/supreme-court-sabarimala-verdict/ ; **183** Dazed digital DR ; **184** Flatiron Books/Macmillan DR ; **185** © 2019 www.efe.com ; **186** © 2019 @harnidhk ; **190-191** © 1999 Sharon Maas, *Of Marriageable Age*, published by Bookouture ; **191** Your Story DR ; **193** © 2018 TripAdvisor ; **195** © 2016 Ray Celestin, *Dead Man's Blues*, published by Pan Macmillan, reproduced with permission of the Licensor through PLSClear. ; **196** wfmt DR ; **197** Kevin Coval DR ; **200** © @The Invictus Games Foundation ; **202** © 2018 @The Invictus Games Foundation ; **208** © 2000 Extract from *Down Under* by Bill Bryson, published by Black Swan, reprinted by permission of The Random House Group Limited ; **209** Duane W. Hamacher/The Conversation DR ; **210** © 2009 Extract from the Australian historical novel *Hannah* (ISBN 978-0-9870595-7-4) by Raymond W. Clarke ; **211** © Australian Government, Parks Australia ; **216-217** © Copyright Guardian News & Media Ltd 2020 ; **219** The Irish Times DR ; **220** Amitav Ghosh, Flood of Fire © Amitav Ghosh 2016, reproduced by permission of John Murray Press, a division of Hodder and Stoughton Limited ; **221** TripSavvy DR ; **222 h** Hong Kong Free Press/Agence France-Presse DR ; **m** The Globe and Mail DR ; **223** Hong Kong Free Press/Agence France-Presse DR ; **225** South China Morning Post DR ; **227** © 2008 Theresa Breslin, *Prisoner in Alcatraz*, published by Barrington Stoke Ltd, reproduced by permission of David Higham Ltd.

L'éditeur et les auteurs remercient Catherine Baudry, professeure d'anglais à Saint-Denis (93) pour sa relecture pédagogique.

Direction éditoriale : Marie Lucas

Édition : Perrine Dutertre assistée de Cyrielle Massieux

Relecture : Seonaid Cruickshank

Iconographie : Valérie Delchambre

Conception de la couverture : Massimo Miola, Elise Launay

Conception de la maquette : Massimo Miola, Elise Launay

Illustration : Philippe Chauvet (p. 24)

Infographies : Emilie Coquard (pages *Boost your English*), Marlène Dorgny (p. 175)

Mise en pages : Anne-Danielle Naname, Laure Gros

Composition du précis grammatical : Soft Office

North America

Animation interactive

The Bristish Isles

Animation interactive

Animation interactive

Animation interactive

The English-speaking world

Animation interactive

N° de projet 10266611 Dépôt légal : Avril 2020 Achevé d'imprimer en Juillet 2020 par Rotolito S.p.A. Italie